한국가스기술공사

NCS + 최종점검 모의고사 5회

SD에듀
㈜시대고시기획

2024 최신판 SD에듀 All-New 한국가스기술공사
NCS+최종점검 모의고사 5회+무료NCS특강

Always **with you**

사람의 인연은 길에서 우연하게 만나거나 함께 살아가는 것만을 의미하지는 않습니다.
책을 펴내는 출판사와 그 책을 읽는 독자의 만남도 소중한 인연입니다.
SD에듀는 항상 독자의 마음을 헤아리기 위해 노력하고 있습니다. 늘 독자와 함께하겠습니다.

머리말

세계 일류 에너지 기술기업으로 도약하는 한국가스기술공사는 2024년 신입직원을 채용할 예정이다. 한국가스기술공사의 채용절차는 「서류전형 → 필기전형 → 면접전형 → 합격자 결정」 순으로 진행한다. 필기전형은 직업기초능력, 직무수행능력, 인성검사로 진행하며, 그중 직업기초능력은 문제해결능력, 수리능력, 자원관리능력, 기술능력, 조직이해능력 총 5개의 영역을 평가한다. 직무수행능력은 분야별로 내용이 다르므로 반드시 확정된 채용공고를 확인해야 한다. 또한, 필기전형에서 고득점을 받기 위해 다양한 유형에 대한 폭넓은 학습과 문제풀이능력을 높이는 등 철저한 준비가 필요하다.

한국가스기술공사 필기전형 합격을 위해 SD에듀에서는 한국가스기술공사 판매량 1위의 출간 경험을 토대로 다음과 같은 특징을 가진 도서를 출간하였다.

도서의 특징

❶ 합격으로 이끌 가이드를 통한 채용 흐름 파악!
- 한국가스기술공사 소개를 통해 채용 흐름을 파악하는 데 도움이 될 수 있도록 하였다.

❷ 기출복원문제를 통한 출제 유형 파악!
- 2023년 주요 공기업 NCS 기출복원문제를 통해 공기업별 NCS 필기 유형을 확인할 수 있도록 하였다.

❸ 한국가스기술공사 필기전형 출제 영역별 맞춤 문제로 실력 상승!
- 직업기초능력 출제유형분석&실전예제를 수록하여 NCS 필기전형에 완벽히 대비할 수 있도록 하였다.

❹ 최종점검 모의고사로 완벽한 실전 대비!
- 철저한 분석을 통해 실제 유형과 유사한 최종점검 모의고사를 수록하여 자신의 실력을 최종 점검할 수 있도록 하였다.

❺ 다양한 콘텐츠로 최종 합격까지!
- 한국가스기술공사 채용 가이드와 면접 기출질문을 수록하여 채용을 준비하는 데 부족함이 없도록 하였다.
- 온라인 모의고사 응시 쿠폰을 무료로 제공하여 필기전형을 대비할 수 있도록 하였다.

끝으로 본 도서를 통해 한국가스기술공사 채용을 준비하는 모든 수험생 여러분이 합격의 기쁨을 누리기를 진심으로 기원한다.

SDC(Sidae Data Center) 씀

미션

> 깨끗하고 안전한 에너지 기술 Solution 제공으로 탄소중립 실현 기여

비전

> 천연가스의 안전한 공급 및 국민생활의 편의 증진을 위한
> Vision 2030

핵심가치

> 안전우선 / 기술중시 / 상생협력 / 미래선도

전략방향

- 스마트 기술 기반 정비경쟁력 제고
- 그린에너지 미래성장동력 확보
- 지속 가능 성장 인프라 강화
- 위기 대응 경영시스템 혁신

중장기 경영목표(Vision 2030)

중대재해사고 ZERO 달성	매출 1조 원	에너지 전문인력 1만 명 양성	EBITDA 대 매출액 10% 이상
에너지설비 100% 완벽 정비	기술개발 활용성과 10% 증가	ESG 지속가능지수 S등급	부채비율 80% 미만

12대 전략과제

1. 가스플랜트 정비사업 안전 및 안정적 공급 실현

2. 스마트 정비체계 기반 생산성 제고

3. 에너지 정비 기술솔루션 사업 확대

4. 수소산업 지원 플랫폼 사업 확대

5. 친환경에너지사업 선도적 수행

6. 대외협력 기반 EPC 사업 확대 및 글로벌 엔지니어링 기술경쟁력 강화

7. 미래 성장사업 인재경영시스템 구축

8. KOGAS-Tech형 ESG 가치체계 확립

9. 중대재해 예방 및 환경품질체계 확립

10. 혁신계획 체계적 이행과 경영전략 실행력 강화

11. 전사 리스크 관리를 통한 재무성과 창출

12. 조직역량 강화 및 합리적 조직 운영

신입 채용 안내 INFORMATION

○ 지원자격

❶ 연령 · 성별 : 제한 없음(단, 임용일 기준 만 60세 초과자 제외)
❷ 학력 · 전공 : 제한 없음
❸ 병역 : 남자의 경우 병역필(임용일 전까지 전역 가능한 자 포함) 또는 면제자
❹ 임용일부터 근무 가능자
❺ 한국가스기술공사 인사규정에 의한 채용 결격사유가 없는 자

○ 필기전형

구분	내용	문항
직업기초능력	문제해결능력, 수리능력, 자원관리능력, 기술능력, 조직이해능력	50문항 (영역별 10문항)
직무수행능력	채용 분야별 전공과목	50문항
인성검사	책임감, 성실성 등 인성분야 항목	

○ 면접전형

구분	내용
직업기초능력	직업인으로서 공통적으로 갖추어야 할 능력
직무수행능력	해당 직무수행에 필요한 지식, 기술, 태도 및 발전 가능성 등 평가

❖ 위 채용안내는 2023년 하반기 채용공고를 기준으로 작성하였으므로 세부사항은 확정된 채용공고를 확인하기 바랍니다.

2023년 하반기 기출분석 ANALYSIS

총평

한국가스기술공사 필기전형의 경우, 시간이 많이 소요되는 문제가 일부 있었으나 어려운 문제는 많지 않아 난이도가 평이했다는 후기가 많았다. NCS는 피듈형으로 출제되었으며, 전공 필기는 과목마다 편차가 있으나 전공에 대한 지식이 어느 정도 있다면 어렵지 않게 풀 수 있을 정도로 난이도가 높지 않았다는 의견이 다수였다.

문제해결능력

출제 특징	• 참 · 거짓 문제 출제됨 • 계산 문제 출제됨
출제 키워드	• 자리 배치, 가위바위보 규칙을 통한 계단 오르기 등

수리능력

출제 특징	• 응용 수리 문제가 다수 출제됨
출제 키워드	• 평행사변형 넓이, 소금물의 양, 기차 길이, 주사위 확률, 원고지 장수 등

전공 출제 키워드

전기	• 원형코일 전류, 특고압 변압기 용량, 반사파, 쿨롱의 힘, 전선 길이 등
기계	• 재결정 온도, 재료역학, 단면계수, 푸아송 비, 레이놀즈 수, 오토 사이클과 랭킨 사이클 등

NCS 문제 유형 소개 NCS TYPES

※ 다음은 K공단의 국내 출장비 지급 기준에 대한 자료이다. 이어지는 질문에 답하시오. [15~16]

〈국내 출장비 지급 기준〉

① 근무지로부터 편도 100km 미만의 출장은 공단 차량 이용을 원칙으로 하며, 다음 각호에 따라 "별표 1"에 해당하는 여비를 지급한다.
  ⊙ 일비
    ⓐ 근무시간 4시간 이상 : 전액
    ⓑ 근무시간 4시간 미만 : 1일분의 2분의 1
  ⓒ 식비 : 명령권자가 근무시간이 모두 소요되는 1일 출장으로 인정한 경우에는 1일분의 3분의 1 범위 내에서 지급
  ⓒ 숙박비 : 편도 50km 이상의 출장 중 출장일수가 2일 이상으로 숙박이 필요할 경우, 증빙자료 제출 시 숙박비 지급
② 제1항에도 불구하고 공단 차량을 이용할 수 없어 개인 소유 차량으로 업무를 수행한 경우에는 일비를 지급하지 않고 이사장이 따로 정하는 바에 따라 교통비를 지급한다.
③ 근무지로부터 100km 이상의 출장은 "별표 1"에 따라 교통비 및 일비는 전액을, 식비는 1일분의 3분의 2 해당액을 지급한다. 다만, 업무 형편상 숙박이 필요하다고 인정할 경우에는 출장기간에 대하여 숙박비, 일비, 식비 전액을 지급할 수 있다.

〈별표 1〉

구분	교통비				일비 (1일)	숙박비 (1박)	식비 (1일)
	철도임	선임	항공임	자동차임			
임원 및 본부장	1등급	1등급	실비	실비	30,000원	실비	45,000원
1, 2급 부서장	1등급	2등급	실비	실비	25,000원	실비	35,000원
2, 3, 4급 부장	1등급	2등급	실비	실비	20,000원	실비	30,000원
4급 이하 팀원	2등급	2등급	실비	실비	20,000원	실비	30,000원

1. 교통비는 실비를 기준으로 하되, 실비 정산은 국토해양부장관 또는 특별시장·광역시장·도지사·특별자치도지사 등이 인허한 요금을 기준으로 한다.
2. 선임 구분표 중 1등급 해당자는 특등, 2등급 해당자는 1등을 적용한다.
3. 철도임 구분표 중 1등급은 고속철도 특실, 2등급은 고속철도 일반실을 적용한다.
4. 임원 및 본부장의 식비가 위 정액을 초과하였을 경우 실비를 지급할 수 있다.
5. 운임 및 숙박비의 할인이 가능한 경우에는 할인 요금으로 지급한다.
6. 자동차임 실비 지급은 연료비와 실제 통행료를 지급한다.
   (연료비)=[여행거리(km)]×(유가)÷(연비)
7. 임원 및 본부장을 제외한 직원의 숙박비는 70,000원을 한도로 실비를 정산할 수 있다.

특징
▶ 대부분 의사소통능력, 수리능력, 문제해결능력을 중심으로 출제(일부 기업의 경우 자원관리능력, 조직이해능력을 출제)
▶ 자료에 대한 추론 및 해석 능력을 요구

대행사
▶ 엑스퍼트컨설팅, 커리어넷, 태드솔루션, 한국행동과학연구소(행과연), 휴노 등

모듈형

| 대인관계능력

60 다음 자료는 갈등해결을 위한 6단계 프로세스이다. 3단계에 해당하는 대화의 예로 가장 적절한 것은?

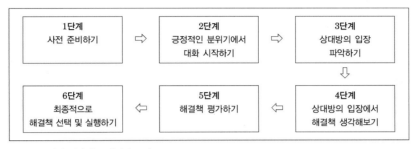

① 그럼 A씨의 생각대로 진행해 보시죠.

특징
▶ 이론 및 개념을 활용하여 푸는 유형
▶ 채용 기업 및 직무에 따라 NCS 직업기초능력평가 10개 영역 중 선발하여 출제
▶ 기업의 특성을 고려한 직무 관련 문제를 출제
▶ 주어진 상황에 대한 판단 및 이론 적용을 요구

대행사 ▶ 인트로맨, 휴스테이션, ORP연구소 등

피둘형(PSAT형 + 모듈형)

| 문제해결능력

60 P회사는 직원 20명에게 나눠 줄 추석 선물 품목을 조사하였다. 다음은 유통업체별 품목 가격과 직원들의 품목 선호도를 나타낸 자료이다. 이를 참고하여 P회사에서 구매하는 물품과 업체를 바르게 연결한 것은?

〈업체별 품목 금액〉

구분		1세트당 가격	혜택
A업체	돼지고기	37,000원	10세트 이상 주문 시 배송 무료
	건어물	25,000원	
B업체	소고기	62,000원	20세트 주문 시 10% 할인
	참치	31,000원	
C업체	스팸	47,000원	50만 원 이상 주문 시 배송 무료
	김	15,000원	

〈구성원 품목 선호도〉

특징
▶ 기초 및 응용 모듈을 구분하여 푸는 유형
▶ 기초인지모듈과 응용업무모듈로 구분하여 출제
▶ PSAT형보다 난도가 낮은 편
▶ 유형이 정형화되어 있고, 유사한 유형의 문제를 세트로 출제

대행사 ▶ 사람인, 스카우트, 인크루트, 커리어케어, 트리피, 한국사회능력개발원 등

주요 공기업 적중 문제 TEST CHECK

한국가스기술공사

03 G회사의 마케팅 부서 직원 A ~ H가 원탁에 앉아서 회의를 하려고 한다. 다음 〈조건〉을 참고했을 때, 항상 참인 것은?(단, 서로 이웃해 있는 직원 간의 사이는 모두 동일하다)

> **조건**
> • A와 C는 가장 멀리 떨어져 있다.
> • A 옆에는 G가 앉는다.
> • B와 F는 서로 마주보고 있다.
> • D는 E 옆에 앉는다.
> • H는 B 옆에 앉지 않는다.

① 총 경우의 수는 네 가지이다.
② A와 B 사이에는 항상 누군가 앉아 있다.
③ C 옆에는 항상 E가 있다.
④ E와 G는 항상 마주 본다.
⑤ G의 오른쪽 옆에는 항상 H가 있다.

---

12 매일의 날씨 자료를 수집 및 분석한 결과, 전날의 날씨를 기준으로 그 다음 날의 날씨가 변할 확률은 다음과 같았다. 만약 내일 날씨가 화창하다면, 사흘 뒤에 비가 올 확률은?

전날 날씨	다음 날 날씨	확률
화창	화창	25%
화창	비	30%
비	화창	40%
비	비	15%

※ 날씨는 '화창'과 '비'로만 구분하여 분석함

① 12%   ② 13%
③ 14%   ④ 15%
⑤ 16%

한국가스공사

사각형 길이 ▶ 유형

03 가로, 세로의 길이가 각각 30cm, 20cm인 직사각형이 있다. 가로의 길이를 줄여서 직사각형의 넓이를 $\frac{1}{3}$ 이하로 줄이고자 할 때, 몇 cm 이상 줄여야 하는가?

① 5cm

② 10cm

③ 15cm

④ 20cm

⑤ 25cm

인구 추이 ▶ 유형

※ 다음은 인구 고령화 추이를 나타낸 자료이다. 이어지는 질문에 답하시오. [2~4]

〈인구 고령화 추이〉

(단위 : %)

구분	2002년	2007년	2012년	2017년	2022년
노인부양비	5.2	7.0	11.3	15.6	22.1
고령화지수	19.7	27.6	43.1	69.9	107.1

※ [노인부양비(%)]=(65세 이상 인구)÷(15 ~ 64세 인구)×100
※ [고령화지수(%)]=(65세 이상 인구)÷(0 ~ 14세 인구)×100

02 2002년 0 ~ 14세 인구가 50,000명이었을 때, 2002년 65세 이상 인구는 몇 명인가?

① 8,650명

② 8,750명

③ 9,850명

④ 9,950명

⑤ 10,650명

주요 공기업 적중 문제 TEST CHECK

글의 제목 ▶ 유형

05 다음 기사의 제목 으로 가장 적절한 것은?

> K공사는 7 ~ 8월 두 달간 주택용 전기요금 누진제를 한시적으로 완화하기로 했다. 금액으로 치면 모두 2,761억 원가량으로, 가구당 평균 19.5%의 인하 효과가 기대된다. 이를 위해 K공사는 현행 3단계인 누진 구간 중 1단계와 2단계 구간을 확대하는 내용이 담긴 누진제 완화 방안을 발표했다. 사상 유례 없는 폭염 상황에서 7월과 8월 두 달간 누진제를 한시적으로 완화하기로 한 것이다. 누진제 완화는 현재 3단계인 누진 구간 중 1단계와 2단계 구간을 확대하는 방식으로 진행된다. 각 구간별 상한선을 높이게 되면 평소보다 시간당 100kW 정도씩 전기를 더 사용해도 상급 구간으로 이동하지 않기 때문에 누진제로 인해 높은 전기요금이 적용되는 걸 피할 수 있다.
> K공사는 누진제 완화와는 별도로 사회적 배려계층을 위한 여름철 냉방 지원 대책도 마련했다. 기초 생활수급자와 장애인, 사회복지시설 등에 적용되는 K공사의 전기요금 복지할인 규모를 7 ~ 8월 두 달간 추가로 30% 확대하기로 한 것이다. 또한, 냉방 복지 지원 대상을 출생 1년 이하 영아에서 3년 이하 영·유아 가구로 늘려 모두 46만 가구에 매년 250억 원을 추가 지원하기로 했다.
> K공사는 "폭염이 장기간 지속되면서 사회적 배려계층이 가장 큰 영향을 받기 때문에 특별히 기존 복지할인제도에 더해 추가 보완대책을 마련했다."고 설명했다. 누진제 한시 완화와 사회적 배려계층 지원 대책에 소요되는 재원에 대해서는 재난안전법 개정과 함께 재해대책 예비비 등을 활용해 정부 재정으로 지원하는 방안을 적극 강구하기로 했다.

① 사상 유례없이 장기간 지속되는 폭염
② 1단계와 2단계의 누진 구간 확대
③ 폭염에 대비한 전기요금 대책
④ 주택용 전기요금 누진제 한시적 완화

암호 ▶ 키워드

01 귀하는 최근 회사 내 업무용 개인 컴퓨터의 보안을 강화하기 위하여 다음과 같은 메일을 받았다. 메일 내용을 토대로 귀하가 취해야 할 행동으로 옳지 않은 것은?

발신 : 전산보안팀
수신 : 전 임직원
제목 : 업무용 개인 컴퓨터 보안대책 공유

내용 :
안녕하십니까. 전산팀 ○○○ 팀장입니다.
최근 개인정보 유출 등 전산보안 사고가 자주 발생하고 있어 각별한 주의가 필요한 상황입니다. 이에 따라 자사에서도 업무상 주요 정보가 유출되지 않도록 보안프로그램을 업그레이드하는 등 전산보안을 더욱 강화하고 있습니다. 무엇보다 업무용 개인 컴퓨터를 사용하는 분들이 특히 신경을 많이 써주셔야 철저한 보안이 실천됩니다. 번거로우시더라도 아래와 같은 사항을 따라주시길 바랍니다.

- 인터넷 익스플로러를 종료할 때마다 검색기록이 삭제되도록 설정해주세요.
- 외출 또는 외근으로 장시간 컴퓨터를 켜두어야 하는 경우에는 인터넷 검색기록을 직접 삭제해주세요.
- 인터넷 검색기록 삭제 시, 기본 설정되어 있는 항목 외에도 '다운로드 기록', '양식 데이터', 암호, '추적방지, ActiveX 필터링 및 Do Not Track 데이터'를 모두 체크하여 삭제해주세요(단, 즐겨찾기 웹 사이트 데이터 보존 부분은 체크 해제할 것).

한국동서발전

신재생 ▶ 키워드

17 다음 중 스마트미터에 대한 내용으로 올바르지 않은 것은?

스마트미터는 소비자가 사용한 전력량을 일방적으로 보고하는 것이 아니라, 발전사로부터 전력 공급 현황을 받을 수 있는 양방향 통신, AMI(AMbient Intelligence)로 나아간다. 때문에 부가적인 설비를 더하지 않고 소프트웨어 설치만으로 집안의 통신이 가능한 각종 전자기기를 제어하는 기능까지 더할 수 있어 에너지를 더욱 효율적으로 관리하게 해주는 전력 시스템이다.

스마트미터는 신재생에너지가 보급되기 위해 필요한 스마트그리드의 기초가 되는 부분으로 그 시작은 자원 고갈에 대한 걱정과 환경 보호 협약 때문이었다. 하지만 스마트미터가 촉구되었던 더 큰 이유는 안정적으로 전기를 이용할 수 있느냐 하는 두려움 때문이었다. 사회는 끊임없는 발전을 이뤄왔지만 천재지변으로 인한 시설 훼손이나 전력 과부하로 인한 블랙아웃 앞에서는 어쩔 도리가 없었다. 태풍과 홍수, 산사태 등으로 막대한 피해를 보았던 2000년대 초반 미국을 기점으로, 전력 정보의 신뢰도를 위해 스마트미터 산업은 크게 주목받기 시작했다. 대중은 비상시 전력 보급 현황을 알기 원했고, 미 정부는 전력 사용 현황을 파악함은 물론, 소비자가 전력 사용량을 확인할 수 있도록 제공하여 소비자 스스로 전력 사용을 줄이길 바랐다.

한편, 스마트미터는 기존의 전력 계량기를 교체해야 하는 수고와 비용이 들지만, 실시간으로 에너지 사용량을 알 수 있기 때문에 이용하는 순간부터 공급자인 발전사와 소비자 모두가 전력 정보를 편리하게 접할 수 있을 뿐만 아니라 효율적으로 관리가 가능해진다. 앞으로는 소비자로부터 멀리 떨어진 대규모 발전 시설에서 생산하는 전기뿐만 아니라, 스마트 그린시티에 설치된 발전설비를 통한 소량의 전기들까지 전기 가격을 하나의 정보로 규합하여 소비자가 필요에 맞게 전기를 소비할 수 있게 하였다. 또한, 소형 설비로 생산하거나 에너지 저장 시스템에 사용하다 남은 소량의 전기는 전력 시장에 역으로 제공해 보상을 받을 수도 있게 된다.

미래 에너지는 신재생에너지로의 완전한 전환이 중요하지만, 산업체는 물론 개개인이 에너지를 절약하는 것 역시

한국중부발전

글의 수정 ▶ 유형

11 다음 ㉠ ~ ㉣의 수정사항으로 적절하지 않은 것은?

오늘날 인류가 왼손보다 오른손을 ㉠ 더 선호하는 경향은 어디서 비롯되었을까? 오른손을 귀하게 여기고 왼손을 천대하는 현상은 어쩌면 산업화 이전 사회에서 배변 후 사용할 휴지가 없었다는 사실과 관련이 있을 법하다. 맨손으로 배변 뒤처리를 하는 것은 ㉡ 불쾌할 뿐더러 병균을 옮길 위험을 수반하는 일이었다. 이런 위험의 가능성을 낮추는 간단한 방법은 음식을 먹거나 인사할 때 다른 손을 사용하는 것이었다. 기술 발달 이전의 사회는 대개 왼손을 배변 뒤처리에, 오른손을 먹고 인사하는 일에 사용했다.

나는 이런 배경이 인간 사회에 널리 나타나는 '오른쪽'에 대한 긍정과 '왼쪽'에 대한 ㉢ 반감을 어느 정도 설명해 줄 수 있으리라고 생각한다. 그러나 이 설명은 왜 애초에 오른손이 먹는 일에, 그리고 왼손이 배변 처리에 사용되었는지 설명해주지 못한다. 동서양을 막론하고, 왼손잡이 사회는 확인된 바가 없기 때문이다. ㉣ 하지만 왼손잡이 사회가 존재할 가능성도 있으므로 만약 왼손잡이를 선호하는 사회가 발견된다면 이러한 논란은 종결되고 왼손잡이와 오른손잡이에 대한 새로운 이론이 등장할 것이다. 그러므로 근본적인 설명은 다른 곳에서 찾아야 할 것 같다.

한쪽 손을 주로 쓰는 경향은 뇌의 좌우반구의 기능 분화와 관련되어 있는 것으로 보인다. 보고된 증거에 따르면, 왼손잡이는 읽기와 쓰기, 개념적·논리적 사고 같은 좌반구 기능에서 오른손잡이보다 상대적으로 미약한 대신 상상력, 패턴 인식, 창의력 등 전형적인 우반구 기능에서는 상대적으로 기민한 경우가 많다.

나는 이성 대 직관의 힘겨루기, 뇌의 두 반구 사이의 힘겨루기가 오른손과 왼손의 힘겨루기로 표면화된 것이 아닐까 생각한다. 즉, 오른손이 원래 왼손보다 더 능숙했기 때문이 아니라 뇌의 좌반구가

도서 200% 활용하기 STRUCTURES

1 기출복원문제로 출제 경향 파악

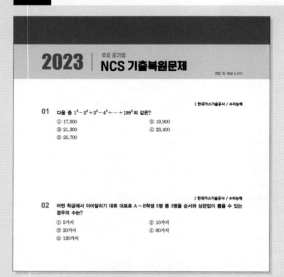

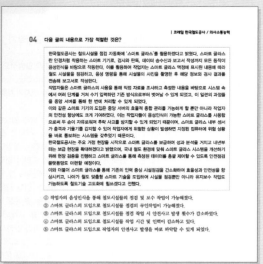

▶ 2023년 주요 공기업 NCS 기출복원문제를 수록하여 공기업별 NCS 필기 경향을 파악할 수 있도록 하였다.

2 출제유형분석 + 유형별 실전예제로 필기전형 완벽 대비

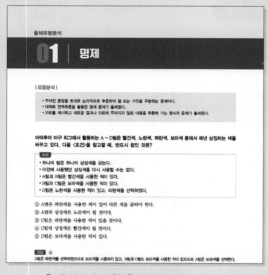

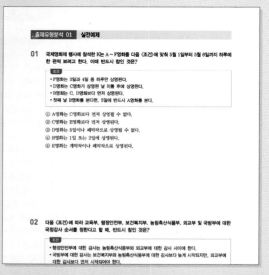

▶ NCS 출제 영역에 대한 출제유형분석과 유형별 실전예제를 수록하여 NCS 문제에 대한 접근 전략을 익히고 점검할 수 있도록 하였다.

3 최종점검 모의고사 + OMR을 활용한 실전 연습

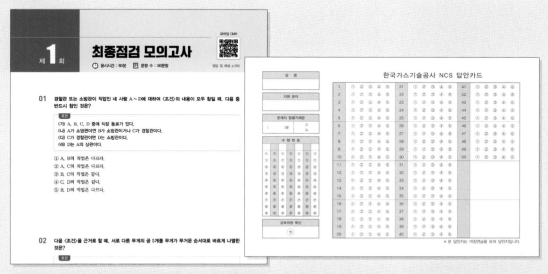

▶ 최종점검 모의고사와 OMR 답안카드를 수록하여 실제로 시험을 보는 것처럼 최종 마무리 연습을 할 수 있도록 하였다.
▶ 모바일 OMR 답안채점/성적분석 서비스를 통해 필기전형에 대비할 수 있도록 하였다.

4 인성검사부터 면접까지 한 권으로 최종 마무리

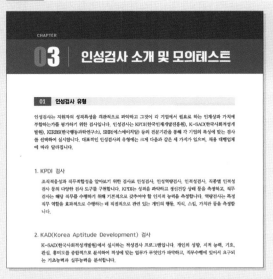
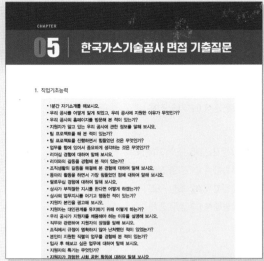

▶ 인성검사 모의테스트를 수록하여 인성검사 유형 및 문항을 확인할 수 있도록 하였다.
▶ 한국가스기술공사의 면접 기출질문을 수록하여 면접에서 나오는 질문을 미리 파악하고 면접에 대비할 수 있도록 하였다.

이 책의 차례 CONTENTS

Add+

2023년 주요 공기업
NCS 기출복원문제

01 다음 중 $1^2 - 2^2 + 3^2 - 4^2 + \cdots + 199^2$의 값은?

① 17,500 　　　　　　　　　　② 19,900

③ 21,300 　　　　　　　　　　④ 23,400

⑤ 25,700

02 어떤 학급에서 이어달리기 대회 대표로 A ~ E학생 5명 중 3명을 순서와 상관없이 뽑을 수 있는 경우의 수는?

① 5가지 　　　　　　　　　　② 10가지

③ 20가지 　　　　　　　　　　④ 60가지

⑤ 120가지

03 커피 X 300g은 A원두와 B원두의 양을 1 : 2 비율로 배합하여 만들고, 커피 Y 300g은 A원두와 B원두의 양을 2 : 1 비율로 배합하여 만든다. 커피 X, Y 300g의 판매 가격이 각각 3,000원, 2,850원일 때, B원두의 100g당 원가는?(단, 판매 가격은 원가의 합의 1.5배이다)

① 500원 　　　　　　　　　　② 600원

③ 700원 　　　　　　　　　　④ 800원

⑤ 1,000원

04 다음 글의 내용으로 가장 적절한 것은?

> 한국철도공사는 철도시설물 점검 자동화에 '스마트 글라스'를 활용하겠다고 밝혔다. 스마트 글라스란 안경처럼 착용하는 스마트 기기로, 검사와 판독, 데이터 송수신과 보고서 작성까지 모든 동작이 음성인식을 바탕으로 작동한다. 이를 활용하여 작업자는 스마트 글라스 액정에 표시된 내용에 따라 철도 시설물을 점검하고, 음성 명령을 통해 시설물의 사진을 촬영한 후 해당 정보와 검사 결과를 전송해 보고서로 작성한다.
>
> 작업자들은 스마트 글라스의 사용을 통해 직접 자료를 조사하고 측정한 내용을 바탕으로 시스템 속에서 여러 단계를 거쳐 수기 입력하던 기존 방식으로부터 벗어날 수 있게 되었고, 이 일련의 과정들을 중앙 서버를 통해 한 번에 처리할 수 있게 되었다.
>
> 이와 같은 스마트 기기의 도입은 중앙 서버의 효율적 종합 관리를 가능하게 할 뿐만 아니라 작업자의 안전성 향상에도 크게 기여하였다. 이는 작업자들이 음성인식이 가능한 스마트 글라스를 사용함으로써 두 손이 자유로워져 추락 사고를 방지할 수 있게 되었기 때문이며, 스마트 글라스 내부 센서가 충격과 기울기를 감지할 수 있어 작업자에게 위험한 상황이 발생하면 지정된 컴퓨터에 위험 상황을 바로 통보하는 시스템을 갖추었기 때문이다.
>
> 한국철도공사는 주요 거점 현장을 시작으로 스마트 글라스를 보급하여 성과 분석을 거치고 내년부터는 보급 현장을 확대하겠다고 밝혔으며, 국내 철도 환경에 맞춰 스마트 글라스 시스템을 개선하기 위해 현장 검증을 진행하고 스마트 글라스를 통해 측정된 데이터를 총괄 제어할 수 있도록 안전점검 플랫폼망도 마련할 예정이다.
>
> 이와 더불어 스마트 글라스를 통해 기존의 인력 중심 시설점검을 간소화하여 효율성과 안전성을 향상시키고, 나아가 철도 맞춤형 스마트 기술을 도입하여 시설물 점검뿐만 아니라 유지보수 작업도 가능하도록 철도기술 고도화에 힘쓰겠다고 전했다.

① 작업자의 음성인식을 통해 철도시설물의 점검 및 보수 작업이 가능해졌다.
② 스마트 글라스의 도입으로 철도시설물 점검의 무인작업이 가능해졌다.
③ 스마트 글라스의 도입으로 철도시설물 점검 작업 시 안전사고 발생 횟수가 감소하였다.
④ 스마트 글라스의 도입으로 철도시설물 작업 시간 및 인력이 감소하고 있다.
⑤ 스마트 글라스의 도입으로 작업자의 안전사고 발생을 바로 파악할 수 있게 되었다.

05 다음 글에 대한 설명으로 적절하지 않은 것은?

> 2016년 4월 27일 오전 7시 20분경 임실역에서 익산으로 향하던 열차가 전기 공급 중단으로 멈추는 사고가 발생해 약 50분간 열차 운행이 중단되었다. 바로 전차선에 지어진 까치집 때문이었는데, 까치가 집을 지을 때 사용하는 젖은 나뭇가지나 철사 등이 전선과 닿거나 차로에 떨어져 합선과 단전을 일으킨 것이다.
>
> 비록 이번 사고는 단전에서 끝났지만, 고압 전류가 흐르는 전차선인 만큼 철사와 젖은 나뭇가지만으로도 자칫하면 폭발사고로 이어질 우려가 있다. 지난 5년간 까치집으로 인한 단전사고는 한 해 평균 3～4건 발생해 왔으며, 한국철도공사는 사고방지를 위해 까치집 방지 설비를 설치하고 설비가 없는 구간은 작업자가 육안으로 까치집 생성 여부를 확인해 제거하고 있는데, 이렇게 제거해 온 까치집 수가 연평균 8,000개에 달한다. 하지만 까치집은 빠르면 불과 4시간 만에 완성되어 작업자들에게 큰 곤욕을 주고 있다.
>
> 이에 한국철도공사는 전차선로 주변 까치집 제거의 효율성과 신속성을 높이기 위해 인공지능(AI)과 사물인터넷(IoT) 등 첨단 기술을 활용하기에 이르렀다. 열차 운전실에 영상 장비를 설치해 달리는 열차에서 전차선을 촬영한 화상 정보를 인공지능으로 분석함으로써 까치집 등의 위험 요인을 찾아 해당 위치와 현장 이미지를 작업자에게 실시간으로 전송하는 '실시간 까치집 자동 검출 시스템'을 개발한 것이다. 하지만 시속 150km로 빠르게 달리는 열차에서 까치집 등의 위험 요인을 실시간으로 판단해 전송하는 것이다 보니 그 정확도는 65%에 불과했다.
>
> 이에 한국철도공사는 전차선과 까치집을 정확하게 식별하기 위해 인공지능이 스스로 학습하는 '딥러닝' 방식을 도입했고, 전차선을 구성하는 복잡한 구조 및 까치집과 유사한 형태를 빅데이터로 분석해 이미지를 구분하는 학습을 실시한 결과 까치집 검출 정확도는 95%까지 상승했다. 또한 해당 이미지를 실시간 문자메시지로 작업자에게 전송해 위험 요소와 위치를 인지시켜 현장에 적용할 수 있다는 사실도 확인했다. 현재는 이와 더불어 정기열차가 운행하지 않거나 작업자가 접근하기 쉽지 않은 차량 정비 시설 등에 드론을 띄워 전차선의 까치집을 발견 및 제거하는 기술도 시범 운영하고 있다.

① 인공지능도 학습을 통해 그 정확도를 향상시킬 수 있다.
② 빠른 속도에서 인공지능의 사물 식별 정확도는 낮아진다.
③ 사람의 접근이 불가능한 곳에 위치한 까치집의 제거도 가능해졌다.
④ 까치집 자동 검출 시스템을 통해 실시간으로 까치집 제거가 가능해졌다.
⑤ 인공지능 등의 스마트 기술 도입으로 까치집 생성의 감소를 기대할 수 있다.

06 다음 글을 이해한 내용으로 적절하지 않은 것은?

> 열차 내에서의 범죄가 급격하게 증가함에 따라 한국철도공사는 열차 내 범죄 예방과 안전 확보를 위해 2023년까지 현재 운행하고 있는 열차의 모든 객실에 CCTV를 설치하고, 모든 열차 승무원에게 바디캠을 지급하겠다고 밝혔다.
> CCTV는 열차 종류에 따라 운전실에서 비상시 실시간으로 상황을 파악할 수 있는 '네트워크 방식'과 각 객실에서의 영상을 저장하는 '개별 독립 방식'이라는 2가지 방식으로 사용 및 설치가 진행될 예정이며, 객실에는 사각지대를 없애기 위해 4대 가량의 CCTV가 설치된다. 이 중 2대는 휴대 물품 도난 방지 등을 위해 휴대 물품 보관대 주변에 위치하게 된다.
> 이에 따라 한국철도공사는 CCTV 제품 품평회를 가져 제품의 형태와 색상, 재질 등에 대한 의견을 나누고 각 제품이 실제로 열차 운행 시 진동과 충격 등에 적합한지 시험을 거친 후 도입할 예정이다.

① 현재는 모든 열차의 객실 전부에 CCTV가 설치되어 있진 않을 것이다.
② 과거에 비해 승무원에 대한 승객의 범죄행위 증거 취득이 유리해질 것이다.
③ CCTV 설치를 통해 인적 피해와 물적 피해 모두 예방할 수 있을 것이다.
④ CCTV 설치를 통해 실시간으로 모든 객실을 모니터링할 수 있을 것이다.
⑤ CCTV의 내구성뿐만 아니라 외적인 디자인도 제품 선택에 영향을 줄 수 있을 것이다.

07 작년 K대학교에 재학 중인 학생 수는 6,800명이고 남학생 수와 여학생 수의 비는 8 : 9였다. 올해 남학생 수와 여학생 수의 비가 12 : 13만큼 줄어들어 7 : 8이 되었다고 할 때, 올해 K대학교의 전체 재학생 수는?

① 4,440명   ② 4,560명
③ 4,680명   ④ 4,800명
⑤ 4,920명

<2023년 한국의 국립공원 기념주화 예약 접수>

- 우리나라 자연환경의 아름다움과 생태 보전의 중요성을 널리 알리기 위해 K공사는 한국의 국립공원 기념주화 3종(설악산, 치악산, 월출산)을 발행할 예정임
- 예약 접수일 : 3월 2일(목) ~ 3월 17일(금)
- 배부 시기 : 2023년 4월 28일(금)부터 예약자가 신청한 방법으로 배부
- 기념주화 상세

화종	앞면	뒷면
은화Ⅰ – 설악산		
은화Ⅱ – 치악산		
은화Ⅲ – 월출산		

- 발행량 : 화종별 10,000장씩 총 30,000장
- 신청 수량 : 단품 및 3종 세트로 구분되며 단품과 세트에 중복신청 가능
  - 단품 : 1인당 화종별 최대 3장
  - 3종 세트 : 1인당 최대 3세트
- 판매 가격 : 액면금액에 판매 부대비용(케이스, 포장비, 위탁판매수수료 등)을 부가한 가격
  - 단품 : 각 63,000원(액면가 50,000원＋케이스 등 부대비용 13,000원)
  - 3종 세트 : 186,000원(액면가 150,000원＋케이스 등 부대비용 36,000원)
- 접수 기관 : 우리은행, 농협은행, K공사
- 예약 방법 : 창구 및 인터넷 접수
  - 창구 접수
    신분증[주민등록증, 운전면허증, 여권(내국인), 외국인등록증(외국인)]을 지참하고 우리·농협은행 영업점을 방문하여 신청
  - 인터넷 접수
    ① 우리·농협은행의 계좌를 보유한 고객은 개시일 9시부터 마감일 23시까지 홈페이지에서 신청
    ② K공사 온라인 쇼핑몰에서는 가상계좌 방식으로 개시일 9시부터 마감일 23시까지 신청
- 구입 시 유의사항
  - 수령자 및 수령지 등 접수 정보가 중복될 경우 단품별 10장, 3종 세트 10세트만 추첨 명단에 등록
  - 비정상적인 경로나 방법으로 접수할 경우 당첨을 취소하거나 배송을 제한

08 다음 중 한국의 국립공원 기념주화 발행 사업의 내용으로 옳은 것은?

① 국민들을 대상으로 예약 판매를 실시하며, 외국인에게는 판매하지 않는다.

② 1인당 구매 가능한 최대 주화 수는 10장이다.

③ 기념주화를 구입하기 위해서는 우리·농협은행 계좌를 사전에 개설해 두어야 한다.

④ 사전예약을 받은 뒤, 예약 주문량에 맞추어 제한된 수량만 생산한다.

⑤ K공사를 통한 예약 접수는 온라인에서만 가능하다.

09 외국인 A씨는 이번에 발행되는 기념주화를 예약 주문하려고 한다. 다음 상황을 참고했을 때 A씨가 기념주화 구매 예약을 할 수 있는 방법으로 옳은 것은?

〈외국인 A씨의 상황〉

• A씨는 국내 거주 외국인으로 등록된 사람이다.

• A씨의 명의로 국내은행에 개설된 계좌는 총 2개로, 신한은행, 한국씨티은행에 1개씩이다.

• A씨는 우리은행이나 농협은행과는 거래이력이 없다.

① 여권을 지참하고 우리은행이나 농협은행 지점을 방문한다.

② K공사 온라인 쇼핑몰에서 신용카드를 사용한다.

③ 계좌를 보유한 신한은행이나 한국씨티은행의 홈페이지를 통해 신청한다.

④ 외국인등록증을 지참하고 우리은행이나 농협은행 지점을 방문한다.

⑤ 우리은행이나 농협은행의 홈페이지에서 신청한다.

10 다음은 기념주화를 예약한 5명의 신청내역이다. 이 중 가장 많은 금액을 지불한 사람의 구매 금액은?

(단위 : 세트, 장)

구매자	3종 세트	단품		
		은화Ⅰ – 설악산	은화Ⅱ – 치악산	은화Ⅲ – 월출산
A	2	1	–	–
B	–	2	3	3
C	2	1	1	–
D	3	–	–	–
E	1	–	2	2

① 558,000원　　　　　　　② 561,000원

③ 563,000원　　　　　　　④ 564,000원

⑤ 567,000원

11 다음 자료에 대한 설명으로 가장 적절한 것은?

- **KTX 마일리지 적립**
  - KTX 이용 시 결제금액의 5%가 기본 마일리지로 적립됩니다.
  - 더블적립(×2) 열차로 지정된 열차는 추가로 5%가 적립됩니다(결제금액의 총 10%).
    ※ 더블적립 열차는 홈페이지 및 코레일톡 애플리케이션에서만 승차권 구매 가능
  - 선불형 교통카드 Rail+(레일플러스)로 승차권을 결제하는 경우 1% 보너스 적립도 제공되어 최대 11% 적립이 가능합니다.
  - 마일리지를 적립받고자 하는 회원은 승차권을 발급받기 전에 코레일 멤버십카드 제시 또는 회원번호 및 비밀번호 등을 입력해야 합니다.
  - 해당 열차 출발 후에는 마일리지를 적립받을 수 없습니다.
- **회원 등급 구분**

구분	등급 조건	제공 혜택
VVIP	• 반기별 승차권 구입 시 적립하는 마일리지가 8만 점 이상인 고객 또는 기준일부터 1년간 16만 점 이상 고객 중 매년 반기 익월 선정	• 비즈니스 회원 혜택 기본 제공 • KTX 특실 무료 업그레이드 쿠폰 6매 제공 • 승차권 나중에 결제하기 서비스 (열차 출발 3시간 전까지)
VIP	• 반기별 승차권 구입 시 적립하는 마일리지가 4만 점 이상인 고객 또는 기준일부터 1년간 8만 점 이상 고객 중 매년 반기 익월 선정	• 비즈니스 회원 혜택 기본 제공 • KTX 특실 무료 업그레이드 쿠폰 2매 제공
비즈니스	• 철도 회원으로 가입한 고객 중 최근 1년간 온라인에서 로그인한 기록이 있거나, 회원으로 구매실적이 있는 고객	• 마일리지 적립 및 사용 가능 • 회원 전용 프로모션 참가 가능 • 열차 할인상품 이용 등 기본서비스와 멤버십 제휴서비스 등 부가서비스 이용
패밀리	• 철도 회원으로 가입한 고객 중 최근 1년간 온라인에서 로그인한 기록이 없거나, 회원으로 구매실적이 없는 고객	• 멤버십 제휴서비스 및 코레일 멤버십 라운지 이용 등의 부가서비스 이용 제한 • 휴면 회원으로 분류 시 별도 관리하며, 본인 인증 절차로 비즈니스 회원으로 전환 가능

  - 마일리지는 열차 승차 다음날 적립되며, 지연료를 마일리지로 적립하신 실적은 등급 산정에 포함되지 않습니다.
  - KTX 특실 무료 업그레이드 쿠폰 유효기간은 6개월이며, 반기별 익월 10일 이내에 지급됩니다.
  - 실적의 연간 적립 기준일은 7월 지급의 경우 전년도 7월 1일부터 당해 연도 6월 30일까지 실적이며, 1월 지급은 전년도 1월 1일부터 전년도 12월 31일까지의 실적입니다.
  - 코레일에서 지정한 추석 및 설 명절 특별수송기간의 승차권은 실적 적립 대상에서 제외됩니다.
  - 회원 등급 조건 및 제공 혜택은 사전 공지 없이 변경될 수 있습니다.
  - 승차권 나중에 결제하기 서비스는 총 편도 2건 이내에서 제공되며, 3회 자동 취소 발생(열차 출발 전 3시간 내 미결제) 시 서비스가 중지됩니다. 리무진+승차권 결합 발권은 2건으로 간주되며, 정기권, 특가상품 등은 나중에 결제하기 서비스 대상에서 제외됩니다.

① 코레일에서 운행하는 모든 열차는 이용 때마다 결제금액의 최소 5%가 KTX 마일리지로 적립된다.
② 회원 등급이 높아져도 열차 탑승 시 적립되는 마일리지는 동일하다.
③ 비즈니스 등급은 기업회원을 구분하는 명칭이다.
④ 6개월간 마일리지 4만 점을 적립하더라도 VIP 등급을 부여받지 못할 수 있다.
⑤ 회원 등급이 높아도 승차권을 정가보다 저렴하게 구매할 수 있는 방법은 없다.

12 다음 문단을 논리적 순서대로 바르게 나열한 것은?

(가) 주장애관리는 장애정도가 심한 장애인이 의원뿐만 아니라 병원 및 종합병원급에서 장애 유형별 전문의에게 전문적인 장애관리를 받을 수 있는 서비스이다. 이전에는 대상 관리 유형이 지체장애, 시각장애, 뇌병변장애로 제한되어 있었으나, 3단계부터는 지적장애, 정신장애, 자폐성 장애까지 확대되어 더 많은 중증장애인들이 장애관리를 받을 수 있게 되었다.

(나) 이와 같이 3단계 장애인 건강주치의 시범사업은 기존 1·2단계 시범사업보다 더욱 확대되어 많은 중증장애인들의 참여를 예상하고 있다. 장애인 건강주치의 시범사업에 신청하기 위해서는 국민건강보험공단 홈페이지의 건강IN에서 장애인 건강주치의 의료기관을 찾은 후 해당 의료기관에 방문하여 장애인 건강주치의 이용 신청사실 통지서를 작성하면 신청할 수 있다.

(다) 장애인 건강주치의 제도가 제공하는 서비스는 일반건강관리, 주(主)장애관리, 통합관리로 나누어진다. 일반건강관리 서비스는 모든 유형의 중증장애인이 만성질환 등 전반적인 건강관리를 받을 수 있는 서비스로, 의원급에서 원하는 의사를 선택하여 참여할 수 있다. 1·2단계까지의 사업에서는 만성질환관리를 위해 장애인 본인이 검사비용의 30%를 부담해야 했지만, 3단계부터는 본인부담금 없이 질환별 검사바우처로 제공한다.

(라) 마지막으로 통합관리는 일반건강관리와 주장애관리를 동시에 받을 수 있는 서비스로, 동네에 있는 의원급 의료기관에 속한 지체·뇌병변·시각·지적·정신·자폐성 장애를 진단하는 전문의가 주장애관리와 만성질환관리를 모두 제공한다. 이 3가지 서비스들은 거동이 불편한 환자를 위해 의사나 간호사가 직접 집으로 방문하는 방문 서비스를 제공하고 있으며 기존까지는 연 12회였으나, 3단계 시범사업부터 연 18회로 증대되었다.

(마) 보건복지부와 국민건강보험공단은 2021년 9월부터 3단계 장애인 건강주치의 시범사업을 진행하였다. 장애인 건강주치의 제도는 중증장애인이 인근 지역에서 주치의로 등록 신청한 의사 중 원하는 의사를 선택하여 장애로 인한 건강문제, 만성질환 등 건강상태를 포괄적이고 지속적으로 관리 받을 수 있는 제도로, 2018년 5월 1단계 시범사업을 시작으로 2단계 시범사업까지 완료되었다.

① (다) - (마) - (가) - (나) - (라)
② (다) - (가) - (라) - (마) - (나)
③ (마) - (가) - (라) - (나) - (다)
④ (마) - (다) - (가) - (라) - (나)

※ 다음 글을 읽고 이어지는 질문에 답하시오. [13~14]

척추는 신체를 지탱하고, 뇌로부터 이어지는 중추신경인 척수를 보호하는 중요한 뼈 구조물이다. 보통 사람들은 허리에 심한 통증이 느껴지면 허리디스크(추간판탈출증)를 떠올리는데, 디스크 이외에도 통증을 유발하는 척추 질환은 다양하다. 특히 노인 인구가 증가하면서 척추관협착증(요추관협착증)의 발병 또한 늘어나고 있다. 허리디스크와 척추관협착증은 사람들이 혼동하기 쉬운 척추 질환으로, 발병 원인과 치료법이 다르기 때문에 두 질환의 차이를 이해하고 통증 발생 시 질환에 맞춰 적절하게 대응할 필요가 있다.

허리디스크는 척추 뼈 사이에 쿠션처럼 완충 역할을 해주는 디스크(추간판)에 문제가 생겨 발생한다. 디스크는 찐득찐득한 수핵과 이를 둘러싸는 섬유륜으로 구성되는데, 나이가 들어 탄력이 떨어지거나, 젊은 나이에도 급격한 충격에 의해서 섬유륜에 균열이 생기면 속의 수핵이 빠져나오면서 주변 신경을 압박하거나 염증을 유발한다. 허리디스크가 발병하면 초기에는 허리 통증으로 시작되어 점차 허벅지에서 발까지 찌릿하게 저리는 방사통을 유발하고, 디스크에서 수핵이 흘러나오는 상황이기 때문에 허리를 굽히거나 앉아 있으면 디스크에 가해지는 압력이 높아져 통증이 더욱 심해진다. 허리디스크는 통증이 심한 질환이지만, 흘러나온 수핵은 대부분 대식세포에 의해 제거되고, 자연치유가 가능하기 때문에 병원에서는 주로 통증을 줄이고, 안정을 취하는 방법으로 보존치료를 진행한다. 하지만 염증이 심해져 중앙 척수를 건드리게 되면 하반신 마비 등의 증세가 나타날 수 있는데, 이러한 경우에는 탈출된 디스크 조각을 물리적으로 제거하는 수술이 필요하다.

반면, 척추관협착증은 대표적인 척추 퇴행성 질환으로 주변 인대(황색 인대)가 척추관을 압박하여 발생한다. 척추관은 척추 가운데 신경 다발이 지나갈 수 있도록 속이 빈 공간인데, 나이가 들면서 척추가 흔들리게 되면 흔들리는 척추를 붙들기 위해 인대가 점차 두꺼워지고, 척추 뼈에 변형이 생겨 결과적으로 척추관이 좁아지게 된다. 이렇게 오랜 기간 동안 변형된 척추 뼈와 인대가 척추관 속의 신경을 눌러 발생하는 것이 척추관협착증이다. 척추관 속의 신경이 눌리게 되면 통증과 함께 저리거나 당기게 되어 보행이 힘들어지며, 지속적으로 압박받을 경우 척추 신경이 경색되어 하반신 마비 증세로 악화될 수 있다. 일반적으로 서 있을 경우보다 허리를 구부렸을 때 척추관이 더 넓어지므로 허리디스크 환자와 달리 앉아 있을 때 통증이 완화된다. 척추관협착증은 자연치유가 되지 않고 척추관이 다시 넓어지지 않으므로 발병 초기를 제외하면 일반적으로 변형된 부분을 제거하는 수술을 하게 된다.

이와 같이 허리디스크와 척추관협착증은 똑같이 허리 통증을 유발하지만 원인과 증상, 치료법이 서로 상이하다. 비교적 고령인 60대 이상의 사람이 만성적으로 서 있을 때 통증이 나타난다면 　　㉠　　을/를 의심해야 하며, 비교적 젊은 20 ~ 50대의 사람이 앉아 있을 때 통증이 급작스럽게 나타날 때는 　　㉡　　을/를 의심해야 한다. 척추는 우리의 몸을 지탱하는 중요한 골격이며, 신경계와 밀접한 관련이 있으므로 통증이 발생한다면 자신의 몸 상태를 잘 파악하고, 초기에 치료를 받는 것이 중요하다.

| 국민건강보험공단 / 의사소통능력

13 다음 중 윗글의 내용으로 적절하지 않은 것은?

① 일반적으로 허리디스크는 척추관협착증에 비해 급작스럽게 증상이 나타난다.
② 허리디스크는 서 있을 때 통증이 더 심해진다.
③ 허리디스크에 비해 척추관협착증은 외과적 수술 빈도가 높다.
④ 허리디스크와 척추관협착증 모두 증세가 심해지면 하반신 마비의 가능성이 있다.

14 다음 중 빈칸 ㉠과 ㉡에 들어갈 단어가 바르게 연결된 것은?

	㉠	㉡
①	허리디스크	추간판탈출증
②	허리디스크	척추관협착증
③	척추관협착증	요추관협착증
④	척추관협착증	허리디스크

15 다음은 K지역의 연도별 건강보험금 부과액 및 징수액에 대한 자료이다. 직장가입자 건강보험금 징수율이 가장 높은 해와 지역가입자의 건강보험금 징수율이 가장 높은 해를 바르게 짝지은 것은?

〈건강보험금 부과액 및 징수액〉

(단위 : 백만 원)

구분		2019년	2020년	2021년	2022년
직장가입자	부과액	6,706,712	5,087,163	7,763,135	8,376,138
	징수액	6,698,187	4,898,775	7,536,187	8,368,972
지역가입자	부과액	923,663	1,003,637	1,256,137	1,178,572
	징수액	886,396	973,681	1,138,763	1,058,943

※ (징수율) = $\dfrac{(징수액)}{(부과액)} \times 100$

	직장가입자	지역가입자
①	2022년	2020년
②	2022년	2019년
③	2021년	2020년
④	2021년	2019년

16 다음은 K병원의 하루 평균 이뇨제, 지사제, 진통제 사용량에 대한 자료이다. 이에 대한 설명으로 옳지 않은 것은?

〈하루 평균 이뇨제, 지사제, 진통제 사용량〉

구분	2018년	2019년	2020년	2021년	2022년	1인 1일 투여량
이뇨제	3,000mL	3,480mL	3,360mL	4,200mL	3,720mL	60mL/일
지사제	30정	42정	48정	40정	44정	2정/일
진통제	6,720mg	6,960mg	6,840mg	7,200mg	7,080mg	60mg/일

※ 모든 의약품은 1인 1일 투여량을 준수하여 투여했다.

① 전년 대비 2022년 사용량 감소율이 가장 큰 의약품은 이뇨제이다.
② 5년 동안 지사제를 투여한 환자 수의 평균은 18명 이상이다.
③ 이뇨제 사용량은 증가와 감소를 반복하였다.
④ 매년 진통제를 투여한 환자 수는 이뇨제를 투여한 환자 수의 2배 이하이다.

17 다음은 분기별 상급병원, 종합병원, 요양병원의 보건인력 현황에 대한 자료이다. 분기별 전체 보건인력 중 전체 사회복지사 인력의 비율로 옳지 않은 것은?

〈상급병원, 종합병원, 요양병원의 보건인력 현황〉

(단위 : 명)

구분		2022년 3분기	2022년 4분기	2023년 1분기	2023년 2분기
상급병원	의사	20,002	21,073	22,735	24,871
	약사	2,351	2,468	2,526	2,280
	사회복지사	391	385	370	375
종합병원	의사	32,765	33,084	34,778	33,071
	약사	1,941	1,988	2,001	2,006
	사회복지사	670	695	700	720
요양병원	의사	19,382	19,503	19,761	19,982
	약사	1,439	1,484	1,501	1,540
	사회복지사	1,887	1,902	1,864	1,862
계		80,828	82,582	86,236	86,707

※ 보건인력은 의사, 약사, 사회복지사 인력 모두를 포함한다.

① 2022년 3분기 : 약 3.65%
② 2022년 4분기 : 약 3.61%
③ 2023년 1분기 : 약 3.88%
④ 2023년 2분기 : 약 3.41%

18 다음은 건강생활실천지원금제에 대한 자료이다. 〈보기〉의 신청자 중 예방형과 관리형에 해당하는 사람을 바르게 분류한 것은?

〈건강생활실천지원금제〉

- 사업설명 : 참여자 스스로 실천한 건강생활 노력 및 건강개선 결과에 따라 지원금을 지급하는 제도
- 시범지역

지역	예방형	관리형
서울	노원구	중랑구
경기·인천	안산시, 부천시	인천 부평구, 남양주시, 고양일산(동구, 서구)
충청권	대전 대덕구, 충주시, 충남 청양군(부여군)	대전 동구
전라권	광주 광산구, 전남 완도군, 전주시(완주군)	광주 서구, 순천시
경상권	부산 중구, 대구 남구, 김해시, 대구 달성군	대구 동구, 부산 북구
강원·제주권	원주시, 제주시	원주시

- 참여대상 : 주민등록상 주소지가 시범지역에 해당되는 사람 중 아래에 해당하는 사람

구분	조건
예방형	만 20 ~ 64세인 건강보험 가입자(피부양자 포함) 중 국민건강보험공단에서 주관하는 일반건강검진 결과 건강관리가 필요한 사람[*]
관리형	고혈압·당뇨병 환자

[*]건강관리가 필요한 사람 : 다음에 모두 해당하거나 ①, ② 또는 ①, ③에 해당하는 사람

① 체질량지수(BMI) 25kg/m^2 이상
② 수축기 혈압 120mmHg 이상 또는 이완기 혈압 80mmHg 이상
③ 공복혈당 100mg/dL 이상

보기

신청자	주민등록상 주소지	체질량지수	수축기 혈압 / 이완기 혈압	공복혈당	기저질환
A	서울 강북구	22kg/m^2	117mmHg / 78mmHg	128mg/dL	–
B	서울 중랑구	28kg/m^2	125mmHg / 85mmHg	95mg/dL	–
C	경기 안산시	26kg/m^2	142mmHg / 92mmHg	99mg/dL	고혈압
D	인천 부평구	23kg/m^2	145mmHg / 95mmHg	107mg/dL	고혈압
E	광주 광산구	28kg/m^2	119mmHg / 78mmHg	135mg/dL	당뇨병
F	광주 북구	26kg/m^2	116mmHg / 89mmHg	144mg/dL	당뇨병
G	부산 북구	27kg/m^2	118mmHg / 75mmHg	132mg/dL	당뇨병
H	강원 철원군	28kg/m^2	143mmHg / 96mmHg	115mg/dL	고혈압
I	제주 제주시	24kg/m^2	129mmHg / 83mmHg	108mg/dL	–

※ 단, 모든 신청자는 만 20 ~ 64세이며, 건강보험에 가입하였다.

	예방형	관리형		예방형	관리형
①	A, E	C, D	②	B, E	F, I
③	C, E	D, G	④	F, I	C, H

19 K동에서는 임신한 주민에게 출산장려금을 지원하고자 한다. 출산장려금 지급 기준 및 K동에 거주하는 임산부에 대한 정보가 다음과 같을 때, 출산장려금을 가장 먼저 받을 수 있는 사람은?

〈K동 출산장려금 지급 기준〉

• 출산장려금 지급액은 모두 같으나, 지급 시기는 모두 다르다.
• 지급 순서 기준은 임신일, 자녀 수, 소득 수준 순서이다.
• 임신일이 길수록, 자녀가 많을수록, 소득 수준이 낮을수록 먼저 받는다(단, 자녀는 만 19세 미만의 아동 및 청소년으로 제한한다).
• 임신일, 자녀 수, 소득 수준이 모두 같으면 같은 날에 지급한다.

〈K동 거주 임산부 정보〉

임산부	임신일	자녀	소득 수준
A	150일	만 1세	하
B	200일	만 3세	상
C	100일	만 10세, 만 6세, 만 5세, 만 4세	상
D	200일	만 7세, 만 5세, 만 3세	중
E	200일	만 20세, 만 16세, 만 14세, 만 10세	상

① A임산부
② B임산부
③ D임산부
④ E임산부

20 다음 글의 주제로 가장 적절한 것은?

현재 우리나라의 진료비 지불제도 중 가장 주도적으로 시행되는 지불제도는 행위별수가제이다. 행위별수가제는 의료기관에서 의료인이 제공한 의료서비스(행위, 약제, 치료 재료 등)에 대해 서비스별로 가격(수가)을 정하여 사용량과 가격에 의해 진료비를 지불하는 제도로, 의료보험 도입 당시부터 채택하고 있는 지불제도이다. 그러나 최근 관련 전문가들로부터 이러한 지불제도를 개선해야 한다는 목소리가 많이 나오고 있다.

조사에 의하면 우리나라의 국민의료비를 증대시키는 주요 원인은 고령화로 인한 진료비 증가와 행위별수가제로 인한 비용의 무한 증식이다. 현재 우리나라의 국민의료비는 OECD 회원국 중 최상위를 기록하고 있으며 앞으로 더욱 심화될 것으로 예측된다. 특히 행위별수가제는 의료행위를 할수록 지불되는 진료비가 증가하므로 CT, MRI 등 영상검사를 중심으로 의료 남용이나 과다 이용 문제가 발생하고 있고, 병원의 이익 증대를 위하여 환자에게는 의료비 부담을, 의사에게는 업무 부담을, 건강보험에는 재정 부담을 증대시키고 있다.

이러한 행위별수가제의 문제점을 개선하기 위해 일부 질병군에서는 환자가 입원해서 퇴원할 때까지 발생하는 진료에 대하여 질병마다 미리 정해진 금액을 내는 제도인 포괄수가제를 시행 중이며, 요양병원, 보건기관에서는 입원 환자의 질병, 기능 상태에 따라 입원 1일당 정액수가를 적용하는 정액수가제를 병행하여 실시하고 있지만 비용 산정의 경직성, 의사 비용과 병원 비용의 비분리 등 여러 가지 문제점이 있어 현실적으로 효과를 내지 못하고 있다는 지적이 나오고 있다.

기획재정부와 보건복지부는 시간이 지날수록 건강보험 적자가 계속 증대되어 머지않아 고갈될 위기에 있다고 발표하였다. 당장 행위별수가제를 전면적으로 폐지할 수는 없으므로 기존의 다른 수가제의 문제점을 개선하여 확대하는 등 의료비 지불방식의 다변화가 구조적으로 진행되어야 할 것이다.

① 신포괄수가제의 정의
② 행위별수가제의 한계점
③ 의료비 지불제도의 역할
④ 건강보험의 재정 상황
⑤ 다양한 의료비 지불제도 소개

21 다음 중 제시된 단어와 그 뜻이 바르게 연결되지 않은 것은?

① 당위(當爲) : 마땅히 그렇게 하거나 되어야 하는 것

② 구상(求償) : 자연적인 재해나 사회적인 피해를 당하여 어려운 처지에 있는 사람을 도와줌

③ 명문(明文) : 글로 명백히 기록된 문구 또는 그런 조문

④ 유기(遺棄) : 어떤 사람이 종래의 보호를 거부하여 그를 보호받지 못하는 상태에 두는 일

⑤ 추계(推計) : 일부를 가지고 전체를 미루어 계산함

22 질량이 2kg인 공을 지표면으로부터 높이가 50cm인 지점에서 지표면을 향해 수직으로 4m/s의 속력으로 던져 공이 튀어 올랐다. 다음 〈조건〉을 보고 가장 높은 지점에서 공의 위치에너지를 구하면?(단, 에너지 손실은 없으며, 중력가속도는 10m/s²으로 가정한다)

> **조건**
>
> - (운동에너지)$=\left[\dfrac{1}{2}\times(질량)\times(속력)^2\right]$J
>
>   (위치에너지)$=[(질량)\times(중력가속도)\times(높이)]$J
>
>   (역학적 에너지)$=[(운동에너지)+(위치에너지)]$J
> - 에너지 손실이 없다면 역학적 에너지는 어떠한 경우에도 변하지 않는다.
> - 공이 지표면에 도달할 때 위치에너지는 0이고, 운동에너지는 역학적 에너지와 같다.
> - 공이 튀어 오른 후 가장 높은 지점에서 운동에너지는 0이고, 위치에너지는 역학적 에너지와 같다.
> - 운동에너지와 위치에너지를 구하는 식에 대입하는 질량의 단위는 kg, 속력의 단위는 m/s, 중력가속도의 단위는 m/s², 높이의 단위는 m이다.

① 26J ② 28J

③ 30J ④ 32J

⑤ 34J

23 A부장이 시속 200km의 속력으로 달리는 기차로 1시간 30분 걸리는 출장지에 자가용을 타고 출장을 갔다. 시속 60km의 속력으로 가고 있는데, 속력을 유지한 채 가면 약속시간보다 1시간 늦게 도착할 수 있어 도중에 시속 90km의 속력으로 달려 약속시간보다 30분 일찍 도착하였다. A부장이 시속 90km의 속력으로 달린 거리는?(단, 달리는 동안 속력은 시속 60km로 달리는 도중에 시속 90km로 바뀌는 경우를 제외하고는 그 속력을 유지하는 것으로 가정한다)

① 180km

② 210km

③ 240km

④ 270km

⑤ 300km

24 S공장은 어떤 상품을 원가에 23%의 이익을 남겨 판매하였으나, 잘 팔리지 않아 판매가에서 1,300원 할인하여 판매하였다. 이때 얻은 이익이 원가의 10%일 때, 상품의 원가는?

① 10,000원

② 11,500원

③ 13,000원

④ 14,500원

⑤ 16,000원

25 A ~ G 7명은 일렬로 배치된 의자에 다음 〈조건〉과 같이 앉는다. 이때 가능한 경우의 수는?

조건
- A는 양 끝에 앉지 않는다.
- G는 가운데에 앉는다.
- B는 G의 바로 옆에 앉는다.
---

① 60가지

② 72가지

③ 144가지

④ 288가지

⑤ 366가지

26 S유치원에 다니는 아이 11명의 평균 키는 113cm이다. 키가 107cm인 원생이 유치원을 나가게 되어 원생이 10명이 되었을 때, 남은 유치원생 10명의 평균 키는?

① 113cm

② 113.6cm

③ 114.2cm

④ 114.8cm

⑤ 115.4cm

27 다음 글과 같이 한자어 및 외래어를 순화한 내용으로 적절하지 않은 것은?

> 열차를 타다 보면 한 번쯤은 다음과 같은 안내방송을 들어 봤을 것이다.
> "○○역 인근 '공중사상사고' 발생으로 KTX 열차가 지연되고 있습니다."
> 이때 들리는 안내방송 중 한자어인 '공중사상사고'를 한 번에 알아듣기란 일반적으로 쉽지 않다. 실제로 S교통공사 관계자는 승객들로부터 안내방송 문구가 적절하지 않다는 지적을 받아 왔다고 밝혔으며, 이에 S교통공사는 국토교통부와 협의를 거쳐 보다 이해하기 쉬운 안내방송을 전달하기 위해 문구를 바꾸는 작업에 착수하기로 결정하였다고 전했다.
> 우선 가장 먼저 수정하기로 한 것은 한자어 및 외래어로 표기된 철도 용어이다. 그중 대표적인 것이 '공중사상사고'이다. S교통공사 관계자는 이를 '일반인의 사상사고'나 '열차 운행 중 인명사고' 등과 같이 이해하기 쉬운 말로 바꿀 예정이라고 밝혔다. 이 외에도 열차 지연 예상 시간, 사고복구 현황 등 열차 내 안내방송을 승객에게 좀 더 알기 쉽고 상세하게 전달할 것이라고 전했다.

① 열차시격 → 배차간격

② 전차선 단전 → 선로 전기 공급 중단

③ 우회수송 → 우측 선로로 변경

④ 핸드레일(Handrail) → 안전손잡이

⑤ 키스 앤 라이드(Kiss and Ride) → 환승정차구역

28 다음 글에서 언급되지 않은 내용은?

전 세계적인 과제로 탄소중립이 대두되자 친환경적 운송수단인 철도가 주목받고 있다. 특히 국제에너지기구는 철도를 에너지 효율이 가장 높은 운송 수단으로 꼽으며, 철도 수송을 확대하면 세계 수송 부문에서 온실가스 배출량이 그렇지 않을 때보다 약 6억 톤이 줄어들 수 있다고 하였다.

특히 철도의 에너지 소비량은 도로의 22분의 1이고, 온실가스 배출량은 9분의 1에 불과해, 탄소 배출이 높은 도로 운행의 수요를 친환경 수단인 철도로 전환한다면 수송 부문 총배출량이 획기적으로 감소될 것이라 전망하고 있다.

이에 발맞춰 우리나라의 S철도공단도 '녹색교통'인 철도 중심 교통체계를 구축하기 위해 박차를 가하고 있으며, 정부 역시 '2050 탄소중립 실현' 목표에 발맞춰 저탄소 철도 인프라 건설·관리로 탄소를 지속적으로 감축하고자 노력하고 있다.

S철도공단은 철도 인프라 생애주기 관점에서 탄소를 감축하기 위해 먼저 철도 건설 단계에서부터 친환경·저탄소 자재를 적용해 탄소 배출을 줄이고 있다. 실제로 중앙선 안동 ~ 영천 간 궤도 설계 당시 철근 대신에 저탄소 자재인 유리섬유 보강근을 콘크리트 궤도에 적용했으며, 이를 통한 탄소 감축효과는 약 6,000톤으로 추정된다. 이 밖에도 저탄소 철도 건축물 구축을 위해 2025년부터 모든 철도건축물을 에너지 자립률 60% 이상(3등급)으로 설계하기로 결정했으며, 도심의 철도 용지는 지자체와 협업을 통해 도심 속 철길 숲 등 탄소 흡수원이자 지역민의 휴식처로 철도부지 특성에 맞게 조성되고 있다.

S철도공단은 이와 같은 철도로의 수송 전환으로 약 20%의 탄소 감축 목표를 내세웠으며, 이를 위해서는 정부의 노력도 필요하다고 강조하였다. 특히 수송 수단 간 공정한 가격 경쟁이 이루어질 수 있도록 도로 차량에 집중된 보조금 제도를 화물차의 탄소배출을 줄이기 위한 철도 전환교통 보조금으로 확대하는 등 실질적인 방안의 필요성을 제기하고 있다.

① 녹색교통으로 철도 수송이 대두된 배경
② 철도 수송 확대를 통해 기대할 수 있는 효과
③ 국내의 탄소 감축 방안이 적용된 설계 사례
④ 정부의 철도 중심 교통체계 구축을 위해 시행된 조치
⑤ S철도공단의 철도 중심 교통체계 구축을 위한 방안

29 다음 글의 주제로 가장 적절한 것은?

지난 5월 아이슬란드에 각종 파이프와 열교환기, 화학물질 저장탱크, 압축기로 이루어져 있는 '조지 올라 재생가능 메탄올 공장'이 등장했다. 이곳은 이산화탄소로 메탄올을 만드는 첨단 시설로, 과거 2011년 아이슬란드 기업 '카본리사이클링인터내셔널(CRI)'이 탄소 포집·활용(CCU) 기술의 실험을 위해서 지은 곳이다.

이곳에서는 인근 지열발전소에서 발생하는 적은 양의 이산화탄소(CO_2)를 포집한 뒤 물을 분해해 조달한 수소(H_2)와 결합시켜 재생 메탄올(CH_3OH)을 제조하였으며, 이때 필요한 열과 냉각수 역시 지열발전소의 부산물을 이용했다. 이렇게 만들어진 메탄올은 자동차, 선박, 항공 연료는 물론 플라스틱 제조 원료로 활용되는 등 여러 곳에서 활용되었다.

하지만 이렇게 메탄올을 만드는 것이 미래 원료 문제의 근본적인 해결책이 될 수는 없었다. 왜냐하면 메탄올이 만드는 에너지보다 메탄올을 만드는 데 들어가는 에너지가 더 필요하다는 문제점에 더하여 액화천연가스(LNG)를 메탄올로 변환할 경우 이전보다 오히려 탄소배출량이 증가하고, 탄소배출량을 감소시키기 위해서는 태양광과 에너지 저장장치를 활용해 메탄올 제조에 필요한 에너지를 모두 조달해야만 하기 때문이다.

또한 탄소를 포집해 지하에 영구 저장하는 탄소포집 저장방식과 달리, 탄소를 포집해 만든 연료나 제품은 사용 중에 탄소를 다시 배출할 가능성이 있어 이에 대한 논의가 분분한 상황이다.

① 탄소 재활용의 득과 실
② 재생 에너지 메탄올의 다양한 활용
③ 지열발전소에서 탄생한 재활용 원료
④ 탄소 재활용을 통한 미래 원료의 개발
⑤ 미래의 에너지 원료로 주목받는 재활용 원료, 메탄올

30 다음은 A ~ C철도사의 연도별 차량 수 및 승차인원에 대한 자료이다. 이에 대한 설명으로 옳지 않은 것은?

<표>

〈철도사별 차량 수 및 승차인원〉

구분	2020년			2021년			2022년		
	A	B	C	A	B	C	A	B	C
차량 수(량)	2,751	103	185	2,731	111	185	2,710	113	185
승차인원 (천 명/년)	775,386	26,350	35,650	768,776	24,746	33,130	755,376	23,686	34,179

① C철도사가 운영하는 차량 수는 변동이 없다.

② 3년간 전체 승차인원 중 A철도사 철도를 이용하는 승차인원의 비율이 가장 높다.

③ A ~ C철도사의 철도를 이용하는 연간 전체 승차인원 수는 매년 감소하였다.

④ 3년간 차량 1량당 연간 평균 승차인원 수는 B철도사가 가장 적다.

⑤ C철도사의 차량 1량당 연간 승차인원 수는 200천 명 미만이다.

31 총무부에 근무하는 A사원은 각 부서에 필요한 사무용품을 조사한 결과, 볼펜 30자루, 수정테이프 8개, 연필 20자루, 지우개 5개가 필요하다고 한다. 다음 〈조건〉에 따라 비품을 구매할 때, 지불할 수 있는 가장 저렴한 금액은?(단, 필요한 비품 수를 초과하여 구매할 수 있고, 지불하는 금액은 배송료를 포함한다)

> **조건**
>
> • 볼펜, 수정테이프, 연필, 지우개의 판매 금액은 다음과 같다(단, 모든 품목은 낱개로 판매한다).
>
> | 품목 | 가격(원/1EA) | 비고 |
> |---|---|---|
> | 볼펜 | 1,000 | 20자루 이상 구매 시 개당 200원 할인 |
> | 수정테이프 | 2,500 | 10개 이상 구매 시 개당 1,000원 할인 |
> | 연필 | 400 | 12자루 이상 구매 시 연필 전체 가격의 25% 할인 |
> | 지우개 | 300 | 10개 이상 구매 시 개당 100원 할인 |
>
> • 품목당 할인을 적용한 금액의 합이 3만 원을 초과할 경우, 전체 금액의 10% 할인이 추가로 적용된다.
> • 전체 금액의 10% 할인 적용 전 금액이 5만 원 초과 시 배송료는 무료이다.
> • 전체 금액의 10% 할인 적용 전 금액이 5만 원 이하 시 배송료 5,000원이 별도로 적용된다.

① 51,500원 ② 51,350원

③ 46,350원 ④ 45,090원

⑤ 42,370원

32 다음은 A ~ H국의 연도별 석유 생산량에 대한 자료이다. 이에 대한 설명으로 옳은 것은?

<연도별 석유 생산량>

(단위 : bbl/day)

국가	2018년	2019년	2020년	2021년	2022년
A	10,356,185	10,387,665	10,430,235	10,487,336	10,556,259
B	8,251,052	8,297,702	8,310,856	8,356,337	8,567,173
C	4,102,396	4,123,963	4,137,857	4,156,121	4,025,936
D	5,321,753	5,370,256	5,393,104	5,386,239	5,422,103
E	258,963	273,819	298,351	303,875	335,371
F	2,874,632	2,633,087	2,601,813	2,538,776	2,480,221
G	1,312,561	1,335,089	1,305,176	1,325,182	1,336,597
H	100,731	101,586	102,856	103,756	104,902

① 석유 생산량이 매년 증가한 국가의 수는 6개이다.

② 2018년 대비 2022년에 석유 생산량 증가량이 가장 많은 국가는 A이다.

③ 매년 E국가의 석유 생산량은 H국가 석유 생산량의 3배 미만이다.

④ 연도별 석유 생산량 상위 2개 국가의 생산량 차이는 매년 감소한다.

⑤ 2018년 대비 2022년에 석유 생산량 감소율이 가장 큰 국가는 F이다.

33 A씨는 최근 승진한 공무원 친구에게 선물로 개당 12만 원인 수석을 보내고자 한다. 다음 부정청탁 및 금품 등 수수의 금지에 관한 법률에 따라 선물을 보낼 때, 최대한 많이 보낼 수 있는 수석의 수는?(단, A씨는 공무원인 친구와 직무 연관성이 없는 일반인이며, 선물은 한 번만 보낸다)

> 금품 등의 수수 금지(부정청탁 및 금품 등 수수의 금지에 관한 법률 제8조 제1항)
> 공직자 등은 직무 관련 여부 및 기부·후원·증여 등 그 명목에 관계없이 동일인으로부터 1회에 100만 원 또는 매 회계연도에 300만 원을 초과하는 금품 등을 받거나 요구 또는 약속해서는 아니 된다.

① 7개
② 8개
③ 9개
④ 10개
⑤ 11개

34 S대리는 업무 진행을 위해 본사에서 거래처로 외근을 가고자 한다. 본사에서 거래처까지 가는 길이 다음과 같을 때, 본사에서 출발하여 C와 G를 거쳐 거래처로 간다면 S대리의 최소 이동거리는?(단, 어떤 곳을 먼저 가도 무관하다)

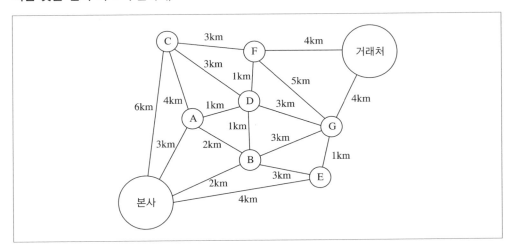

① 8km
② 9km
③ 13km
④ 16km
⑤ 18km

35 S사는 개발 상품 매출 순이익에 기여한 직원에게 성과급을 지급하고자 한다. 기여도에 따른 성과급 지급 기준과 〈보기〉를 참고하여 성과급을 차등지급할 때, 가장 많은 성과급을 지급받는 직원은? (단, 팀장에게 지급하는 성과급은 기준 금액의 1.2배이다)

〈기여도에 따른 성과급 지급 기준〉

매출 순이익	개발 기여도			
	1% 이상 5% 미만	5% 이상 10% 미만	10% 이상 20% 미만	20% 이상
1천만 원 미만	–	–	매출 순이익의 1%	매출 순이익의 2%
1천만 원 이상 3천만 원 미만	5만 원	매출 순이익의 1%	매출 순이익의 2%	매출 순이익의 5%
3천만 원 이상 5천만 원 미만	매출 순이익의 1%	매출 순이익의 2%	매출 순이익의 3%	매출 순이익의 5%
5천만 원 이상 1억 원 미만	매출 순이익의 1%	매출 순이익의 3%	매출 순이익의 5%	매출 순이익의 7.5%
1억 원 이상	매출 순이익의 1%	매출 순이익의 3%	매출 순이익의 5%	매출 순이익의 10%

보기

직원	직책	매출 순이익	개발 기여도
A	팀장	4,000만 원	25%
B	팀장	2,500만 원	12%
C	팀원	1억 2,500만 원	3%
D	팀원	7,500만 원	7%
E	팀원	800만 원	6%

① A
② B
③ C
④ D
⑤ E

36 다음 글의 내용으로 적절하지 않은 것은?

> 최근 국내 건설업계에서는 3D 프린팅 기술을 건설 분야와 접목하고자 노력하고 있다. 해외 건설사들도 3D 프린팅 기술을 이용한 건축 시장을 선점하기 위한 경쟁이 활발히 이루어지고 있으며 이미 미국 텍사스 지역에서 3D 프린팅 기술을 이용하여 주택 4채를 1주일 만에 완공한 바 있다. 또한 우리나라에서도 인공 조경 벽 등 건설 현장에서 3D 프린팅 건축물을 차차 도입해가고 있다.
>
> 왜 건설업계에서는 3D 프린팅 기술을 주목하게 되었을까? 3D 프린팅 건축 방식은 전통 건축 방식과 비교하여 비용을 절감할 수 있고 공사 기간이 단축되는 점을 장점으로 꼽을 수 있다. 특히 짧은 공사 기간이 천재지변으로 인한 이재민 등을 위한 주거시설을 빠르게 준비할 수 있다는 점에서 호평받고 있다. 또한 전통 건축 방식으로는 구현하기 힘든 다양한 디자인을 구현할 수 있는 점과 건축 폐기물 및 CO_2 배출량 감소 등 환경보호 면에서도 긍정적인 평가를 받고 있으며 각 국가 간 이해관계 충돌로 인한 직·간접적 자재 수급난을 해결할 수 있는 점도 긍정적 평가를 받는 요인이다.
>
> 어떻게 3D 프린터로 건축물을 세우는 것일까? 먼저 일반적인 3D 프린팅의 과정을 알아야 한다. 일반적인 3D 프린팅은 컴퓨터로 물체를 3D 형태로 모델링한 후 용융성 플라스틱이나 금속 등을 3D 프린터 노즐을 통해 분사하여 아래부터 층별로 겹겹이 쌓는 과정을 거친다.
>
> 3D 프린팅 건축 방식도 마찬가지이다. 컴퓨터를 통해 건축물을 모델링 후 모델링한 정보에 따라 콘크리트, 금속, 폴리머 등의 건축자재를 노즐을 통해 분사시켜 층층이 쌓아 올리면서 컴퓨터로 설계한 대로 건축물을 만든다. 기계가 대신 건축물을 만든다는 점에서 사람의 힘으로 한계가 있는 기존 건축방식의 해결은 물론 코로나19 이후 인건비 상승 및 전문인력 수급난을 해결할 수 있다는 점 또한 호평받고 있다.
>
> 하지만 우리나라에서의 3D 프린팅 건설 사업은 관련 인증 및 안전 규정 미비 등의 제도적 한계와 기술적 한계로 인해 상용화 단계에 이르지 못하고 있다. 특히 3D 프린터로 구조물을 적층하여 구조물을 쌓아 올리는 데에는 로봇 팔이 필요한데 아직은 5층 이하의 저층 주택 준공이 한계인 반면, 현 대한민국 주택시장은 아파트 같이 고층 건물이 주력이므로 3D 프린팅 고층 건축물 제작 기술이 개발되어야 하는 과제가 있다.

① 이미 해외에서는 3D 프린터를 이용하여 주택을 시공한 바 있다.

② 3D 프린팅 건축 방식은 전통 건축 방식에 비해 환경오염을 줄일 수 있다.

③ 3D 프린팅 건축 기술은 전문인력 수급난을 해소할 수 있는 새로운 기술이다.

④ 3D 프린팅 건축 기술로 인해 대량의 실업자가 발생할 것이다.

⑤ 현재 우리나라는 3D 프린팅 건축 기술의 제도적 장치 및 기술적 한계를 해결해야만 하는 과제가 있다.

37 다음 그림과 같은 정오각형 모양의 탁자에 남학생 5명과 여학생 5명이 앉고자 할 때, 각 변에 남학생과 여학생이 이웃하여 앉을 확률은?(단, 회전하여 일치하는 것은 모두 같은 것으로 본다)

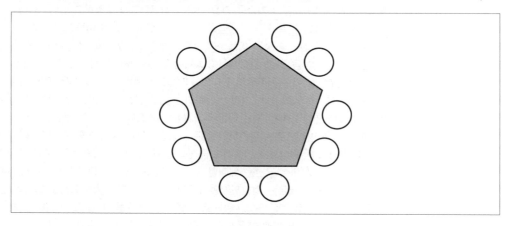

① $\dfrac{1}{63}$

② $\dfrac{1}{21}$

③ $\dfrac{4}{63}$

④ $\dfrac{2}{21}$

⑤ $\dfrac{8}{63}$

38 갑씨는 종합병원에 방문하여 A ~ C과 진료를 모두 받아야 한다. 〈조건〉이 다음과 같을 때, 갑씨가 가장 빠르게 진료받을 수 있는 경로는?(단, 주어진 조건 외에는 고려하지 않는다)

> **조건**
> • 모든 과의 진료는 오전 9시 시작이다.
> • 모든 과의 점심시간은 오후 12시 30분부터 1시 30분까지이다.
> • A과와 C과는 본관에 있고, B과는 별관에 있다. 본관과 별관 이동에는 셔틀로 약 30분이 소요되며, 점심시간에는 셔틀이 운행하지 않는다.
> • A과는 오전 10시부터 오후 3시까지만 진료를 한다.
> • B과는 점심시간 후에 사람이 몰려 약 1시간의 대기시간이 필요하다.
> • A과 진료는 단순 진료로 30분 정도 소요될 예정이다.
> • B과 진료는 치료가 필요하여 1시간 정도 소요될 예정이다.
> • C과 진료는 정밀검사가 필요하여 2시간 정도 소요될 예정이다.

① A − B − C

② A − C − B

③ B − C − A

④ C − B − A

⑤ C − A − B

※ 다음은 K사 인턴 참여자에 대한 업무능력을 평가한 성적표이다. 이어지는 질문에 답하시오. **[39~40]**

	A	B	C	D	E	F
1	〈K사 인턴 업무능력 평가〉					
2	이름	업무정확도	업무속도	근무태도	회사적응도	평균
3	고○○	8.5	5	8.5	8.5	
4	김○○	6	10	6.5	9	
5	김○○	6.5	8	10	8.5	
6	나○○	10	8	7.5	6	
7	도○○	8	6	8	9	
8	박○○	7	7.5	7.5	7.5	
9	신○○	8	7	8.5	10	
10	오○○	9.5	10	8	6.5	
11	유○○	7	8.5	10	10	
12	이○○	7	6	9	8.5	
13	이○○	5	9	6	8	
14	전○○	7.5	8.5	7.5	8	
15	차○○	10	6.5	9	10	
16	천○○	8	7.5	7	7.5	

┃ 한국공항공사 / 정보능력

39 인턴 14명의 평균을 소수점 둘째 자리 이하를 버림하여 구하고자 할 때, [F3]에 들어갈 함수로 옳은 것은?

① =AVERAGE(ROUNDDOWN(B3:E3),1)

② =AVERAGE(ROUNDDOWN(B3:E3,1))

③ =ROUNDDOWN(AVERAGE(B3:E3),1)

④ =ROUNDDOWN(AVERAGE(B3:E3,1))

⑤ =ROUNDDOWN(AVERAGE(B3:E3))

┃ 한국공항공사 / 정보능력

40 평균이 8.5점 이상인 인턴을 정직원으로 채용하고자 할 때, 채용 가능한 인원의 수를 구하는 함수는?

① =SUMIF(F3:F16, ">=8.5")

② =SUMIF(F3:F16, >=8.5)

③ =COUNTIF(F3:F16, ">=8.5")

④ =COUNTIF(F3:F16, >=8.5)

⑤ =IF(F3:F16, ">=8.5")

41 다음 중 〈보기〉에 해당하는 문제해결방법이 바르게 연결된 것은?

보기

㉠ 중립적인 위치에서 그룹이 나아갈 방향과 주제에 대한 공감을 이룰 수 있도록 도와주어 깊이 있는 커뮤니케이션을 통해 문제점을 이해하고 창조적으로 해결하도록 지원하는 방법이다.
㉡ 상이한 문화적 토양을 가진 구성원이 사실과 원칙에 근거한 토론을 바탕으로 서로의 생각을 직설적인 논쟁이나 협상을 통해 의견을 조정하는 방법이다.
㉢ 구성원이 같은 문화적 토양을 가지고 서로를 이해하는 상황에서 권위나 공감에 의지하여 의견을 중재하고, 타협과 조정을 통해 해결을 도모하는 방법이다.

	㉠	㉡	㉢
①	하드 어프로치	퍼실리테이션	소프트 어프로치
②	퍼실리테이션	하드 어프로치	소프트 어프로치
③	소프트 어프로치	하드 어프로치	퍼실리테이션
④	퍼실리테이션	소프트 어프로치	하드 어프로치
⑤	하드 어프로치	소프트 어프로치	퍼실리테이션

42 A ~ G 7명은 주말 여행지를 고르기 위해 투표를 진행하였다. 다음 〈조건〉과 같이 투표를 진행하였을 때, 투표를 하지 않은 사람을 모두 고르면?

조건

• D나 G 중 적어도 한 명이 투표하지 않으면, F는 투표한다.
• F가 투표하면, E는 투표하지 않는다.
• B나 E 중 적어도 한 명이 투표하지 않으면, A는 투표하지 않는다.
• A를 포함하여 투표한 사람은 모두 5명이다.

① B, E
② B, F
③ C, D
④ C, F
⑤ F, G

43 다음과 같이 G마트에서 파는 물건을 상품코드와 크기에 따라 엑셀 프로그램으로 정리하였다. 상품코드가 S3310897이고, 크기가 '중'인 물건의 가격을 구하는 함수로 옳은 것은?

	A	B	C	D	E	F
1						
2		상품코드	소	중	대	
3		S3001287	18,000	20,000	25,000	
4		S3001289	15,000	18,000	20,000	
5		S3001320	20,000	22,000	25,000	
6		S3310887	12,000	16,000	20,000	
7		S3310897	20,000	23,000	25,000	
8		S3311097	10,000	15,000	20,000	
9						

① =HLOOKUP(S3310897,$B$2:$E$8,6,0)

② =HLOOKUP("S3310897",$B$2:$E$8,6,0)

③ =VLOOKUP("S3310897",$B$2:$E$8,2,0)

④ =VLOOKUP("S3310897",$B$2:$E$8,6,0)

⑤ =VLOOKUP("S3310897",$B$2:$E$8,3,0)

44 다음 중 Windows Game Bar 녹화 기능에 대한 설명으로 옳지 않은 것은?

① 〈Windows 로고 키〉+〈Alt〉+〈G〉를 통해 백그라운드 녹화 기능을 사용할 수 있다.

② 백그라운드 녹화 시간은 변경할 수 있다.

③ 녹화한 영상의 저장 위치는 변경할 수 없다.

④ 각 메뉴의 단축키는 본인이 원하는 키 조합에 맞추어 변경할 수 있다.

⑤ 게임 성능에 영향을 줄 수 있다.

※ 다음 글을 읽고 이어지는 질문에 답하시오. [45~46]

우리나라에서 500MW 규모 이상의 발전설비를 보유한 발전사업자(공급의무자)는 신재생에너지 공급의무화제도(RPS; Renewable Portfolio Standard)에 의해 의무적으로 일정 비율 이상을 기존의 화석연료를 변환시켜 이용하거나 햇빛·물·지열·강수·생물유기체 등 재생 가능한 에너지를 변환시켜 이용하는 에너지인 신재생에너지로 발전해야 한다. 이에 따라 공급의무자는 매년 정해진 의무공급비율에 따라 신재생에너지를 사용하여 전기를 공급해야 하는데 의무공급비율은 매년 확대되고 있으므로 여기에 맞춰 태양광, 풍력 등 신재생에너지 발전설비를 추가로 건설하기에는 여러 가지 한계점이 있다. ㉠ 공급의무자는 의무공급비율을 외부 조달을 통해 충당하게 되는데 이를 인증하는 것이 신재생에너지 공급인증서(REC; Renewable Energy Certificates)이다. 공급의무자는 신재생에너지 발전사에서 판매하는 REC를 구매하는 것으로 의무공급비율을 달성하게 되며, 이를 이행하지 못할 경우 미이행 의무량만큼 해당 연도 평균 REC 거래가격의 1.5배 이내에서 과징금이 부과된다.

신재생에너지 공급자가 공급의무자에게 REC를 판매하기 위해서는 먼저「신에너지 및 재생에너지 개발·이용·보급 촉진법(신재생에너지법)」제12조의7에 따라 공급인증기관(에너지관리공단 신재생에너지센터, 한국전력거래소 등)으로부터 공급 사실을 증명하는 공급인증서를 신청해야 한다. 인증 신청을 받은 공급인증기관은 신재생에너지 공급자, 신재생에너지 종류별 공급량 및 공급기간, 인증서 유효기간을 명시한 공급인증서를 발급해 주는데, 여기서 공급인증서의 유효기간은 발급받은 날로부터 3년이며, 공급량은 발전방식에 따라 실제 공급량에 가중치를 곱해 표기한다. 이렇게 발급받은 REC는 공급인증기관이 개설한 거래시장인 한국전력거래소에서 거래할 수 있으며, 거래시장에서 공급의무자가 구매하여 의무공급량에 충당한 공급인증서는 효력을 상실하여 폐기하게 된다.

RPS 제도를 통한 REC 거래는 최근 더욱 확대되고 있다. 시행 초기에는 전력거래소에서 신재생에너지 공급자와 공급의무자 간 REC를 거래하였으나, 2021년 8월 이후 에너지관리공단에서 운영하는 REC 거래시장을 통해 한국형 RE100에 동참하는 일반기업들도 신재생에너지 공급자로부터 REC를 구매할 수 있게 되었고 여기서 구매한 REC는 기업의 온실가스 감축실적으로 인정되어 인센티브 등 다양한 혜택을 받을 수 있게 된다.

┃ 한국남동발전 / 의사소통능력

45 다음 중 윗글의 내용으로 적절하지 않은 것은?

① 공급의무자는 의무공급비율 달성을 위해 반드시 신재생에너지 발전설비를 건설해야 한다.

② REC 거래를 위해서는 먼저 공급인증기관으로부터 인증서를 받아야 한다.

③ 일반기업도 REC 구매를 통해 온실가스 감축실적을 인정받을 수 있다.

④ REC에 명시된 공급량은 실제 공급량과 다를 수 있다.

┃ 한국남동발전 / 의사소통능력

46 다음 중 빈칸 ㉠에 들어갈 접속부사로 가장 적절한 것은?

① 한편

② 그러나

③ 그러므로

④ 예컨대

47 다음은 N사의 비품 구매 신청 기준이다. 부서별로 비품 수량 현황과 기준을 참고하여 비품을 신청해야 할 때, 비품 신청 수량이 바르게 연결되지 않은 부서는?

〈비품 구매 신청 기준〉

비품	연필	지우개	볼펜	수정액	테이프
최소 수량	30자루	45개	60자루	30개	20개

• 팀별 비품 보유 수량이 비품 구매 신청 기준 이하일 때, 해당 비품을 신청할 수 있다.
• 각 비품의 신청 가능한 개수는 최소 수량에서 부족한 수량 이상 최소 보유 수량의 2배 이하이다.
예 연필 20자루, 지우개 50개, 볼펜 50자루, 수정액 40개, 테이프 30개가 있다면 지우개, 수정액, 테이프는 신청할 수 없고, 연필은 10자루 이상 60자루 이하, 볼펜은 10자루 이상 120자루 이하를 신청할 수 있다.

〈N사 부서별 비품 수량 현황〉

팀＼비품	연필	지우개	볼펜	수정액	테이프
총무팀	15자루	30개	20자루	15개	40개
연구개발팀	45자루	60개	50자루	20개	30개
마케팅홍보팀	40자루	40개	15자루	5개	10개
인사팀	25자루	50개	80자루	50개	5개

	팀	연필	지우개	볼펜	수정액	테이프
①	총무팀	15자루	15개	40자루	15개	0개
②	연구개발팀	0자루	0개	100자루	20개	0개
③	마케팅홍보팀	20자루	10개	50자루	50개	40개
④	인사팀	45자루	0개	0자루	0개	30개

※ 다음 글을 읽고 이어지는 질문에 답하시오. [48~49]

실험실에서 모르모트(Marmotte)는 신약 등의 생체실험 시 사람 대신 동물실험에 쓰이는 쥐와 같은 설치류의 통칭으로 부르고 있다. 흔히 '모르모트'라는 말을 들으면 실험체 이미지가 떠오르는 이유가 이 때문이며, 각 계층에서 실험적으로 쓰이는 모습을 비유적으로 표현할 때 '실험쥐', '모르모트' 등으로 쓰인다.

모르모트는 '마멋(Marmot)'에서 유래된 말이다. 더 정확하게 말하면 네덜란드에서 기니피그를 마멋이란 동물로 착각하여 마멋이라 불렀고 일본으로 전파되어 국내로 들어오며 모르모트는 기니피그를 칭하는 말이 되었다. 즉, 모르모트는 기니피그를 칭하는 말이지만 모르모트의 어원인 마멋과는 다른 동물인 다소 혼동의 여지가 있는 상황이 된 것이다.

기니피그와 같은 쥐가 동물실험에 쓰이는 비율은 원숭이, 돼지 등을 제치고 압도적으로 높은 비율을 차지하고 있다. 그렇다면 동물실험에서 인간과 유사하다고 알려진 원숭이나 침팬지 등의 영장류를 쓰지 않고 외형부터 인간과 동떨어져 있으며 더러움의 상징 중 하나인 쥐를 동물실험으로 쓰는 이유는 무엇일까? 의외로 쥐는 인간 유전자와 매우 흡사하다고 한다. 쥐와 인간은 약 99% 정도 유사한 유전자를 가졌으며 약 300개의 유전자만이 다르다는 연구 결과도 있다. 심지어 인간과 쥐의 유전자 지도를 대조하여 새로 발견한 사람의 유전자가 1,000개 이상이라는 자료도 있다.

뛰어난 번식력 또한 실험용으로 쓰이는 이유 중 하나이다. 쥐는 한 번 새끼를 낳을 때 적게는 5마리에서 많게는 15마리도 넘게 새끼를 낳을 수 있으며, 임신 기간 또한 30일 미만으로 짧고 새끼를 낳은 후에도 바로 임신이 가능한 생물로 알려져 있다. 또한 한 세대가 2~3년으로 짧아 어떤 약물이 세대 간에 미치는 영향을 빠르게 조사할 수 있다는 점 또한 실험 대상으로 적합한 조건이다.

그렇다면 사람들은 왜 약물의 위험성을 실험할 때 동물실험을 할까? 이는 질병의 예방법을 발견할 수 있기 때문이다. 실제로 홍역은 5세 미만 영아 사망의 원인 중 하나였으나, 동물실험을 거쳐 백신을 개발하였고, 이 백신으로 예방접종을 실시하여 홍역 발병률 및 사망률을 80% 이상 낮출 수 있었다. 또한 사람을 대상으로 실험할 경우 약물이 인체에 어떤 영향을 끼칠지 모르기 때문이다. 임상실험에 참여한 사람이 약물 부작용으로 몸이 상하기도 하고 심한 경우 사망에 이르는 사례가 꾸준히 발생하고 있다. 이와 같이 사람의 몸이 상하거나 사망에 이르는 사례를 줄이기 위해 신약 개발 시 동물실험을 거치곤 한다.

_____ ㉠ _____ 동물윤리적인 관점에서 동물실험은 반갑지 않은 면이다. 신약 개발을 위한 동물실험은 꽤 오랫동안 동물보호단체들이 끊임없이 던져온 문제이며, 시민의식도 성장하면서 동물실험의 필요성에 대한 시민들의 생각 또한 달라졌다. 2021년 농림축산검역본부의 동물실험윤리위원회 운영 및 동물실험 실태조사에 따르면 동물실험에 쓰인 동물의 수는 쥐만 하더라도 연간 약 347만 마리이다. 이는 전체 동물실험의 약 71%이며, 실험에 쓰였던 다른 동물의 수까지 합치면 그 수는 결코 무시할 수 없다. 이에 농림축산검역본부는 동물실험에 대한 지침을 발표하였다. 동물실험 진행 시 규정에 따른 동물실험계획서를 먼저 제출하여 승인 후에 비로소 동물실험을 진행할 수 있도록 한 것이다. 게다가 최근 2022년 12월 미국 FDA는 신약 개발 시 동물실험 의무조항을 폐지하기까지 하였다.

단순 동물을 향한 연민만으로 동물실험을 반대하는 사람이 있는 것은 아니다. 아무리 인간과 유사한 동물로 안정성을 검증했다 하더라도 인간과 동물은 엄연히 다른 종이므로 예상치 못한 위험요인이 도사릴 수 있다는 것이다. 실제로 1950년대 독일에서는 '탈리도마이드'라는 약품이 쥐를 통한 동물실험으로 안정성이 입증되어 대중들에게 시판되었다. 하지만 판매 후 유통된 5년간 전 세계에서 약 12,000명의 기형아를 출산하게 된 원인으로 지목되었고 임산부 복용이 금지되는 등 매우 제한적으로 사용되고 있다. 이는 인류 역사상 손에 꼽을만한 약물 부작용 사건으로 남게 되었다.

48 다음 중 윗글의 빈칸 ㉠에 들어갈 접속부사로 가장 적절한 것은?

① 예를 들면

② 그랬더니

③ 또한

④ 왜냐하면

⑤ 하지만

49 다음 중 윗글을 읽고 이해한 내용으로 적절하지 않은 것은?

① 실험실에서 동물실험에 쓰이는 설치류의 통칭을 '모르모트'라고 부른다.

② 기니피그와 마멋은 다른 동물이다.

③ 쥐와 인류의 유전자는 300여 개의 유전자가 같을 정도로 매우 유사하다.

④ 2022년 이전까지는 미국 FDA에서는 신약 개발 시 의무적으로 동물실험을 통해 안정성을 검증하도록 했다.

⑤ 동물실험을 거쳐 안정성을 입증한 약물도 사람에게 치명적일 수 있다.

50 다음 〈보기〉를 경우의 수가 큰 순서대로 바르게 나열한 것은?

> **보기**
>
> ㄱ. A ~ G 7명이 일렬로 설 때, A가 양 끝에 서는 경우의 수
> ㄴ. R, E, C, Y, C, L, E를 일렬로 나열하는 경우의 수
> ㄷ. 중복을 허락하여 0 ~ 4의 5개 자연수로 짝수인 다섯 자릿수를 만드는 경우의 수

① ㄱ - ㄷ - ㄴ

② ㄴ - ㄱ - ㄷ

③ ㄴ - ㄷ - ㄱ

④ ㄷ - ㄱ - ㄴ

⑤ ㄷ - ㄴ - ㄱ

아이들이 답이 있는 질문을 하기 시작하면 그들이 성장하고 있음을 알 수 있다.

- 존 J. 플롬프 -

PART **1**

직업기초능력

문제해결능력

합격 Cheat Key

문제해결능력은 업무를 수행하면서 여러 가지 문제 상황이 발생하였을 때, 창의적이고 논리적인 사고를 통하여 이를 올바르게 인식하고 적절히 해결하는 능력으로, 하위 능력에는 사고력과 문제처리능력이 있다.

문제해결능력은 NCS 기반 채용을 진행하는 대다수의 공사·공단에서 채택하고 있으며, 다양한 자료와 함께 출제되는 경우가 많아 어렵게 느껴질 수 있다. 특히, 난이도가 높은 문제로 자주 출제되기 때문에 다른 영역보다 더 많은 노력이 필요할 수는 있지만 그렇기에 차별화를 할 수 있는 득점 영역이므로 포기하지 말고 꾸준하게 노력해야 한다.

1 질문의 의도를 정확하게 파악하라!

문제해결능력은 문제에서 무엇을 묻고 있는지 정확하게 파악하여 먼저 풀이 방향을 설정하는 것이 가장 효율적인 방법이다. 특히, 조건이 주어지고 답을 찾는 창의적·분석적인 문제가 주로 출제되고 있기 때문에 처음에 정확한 풀이 방향이 설정되지 않는다면 문제를 제대로 풀지 못하게 되므로 첫 번째로 출제 의도 파악에 집중해야 한다.

2 중요한 정보는 반드시 표시하라!

출제 의도를 정확히 파악하기 위해서는 문제의 중요한 정보를 반드시 표시하거나 메모하여 하나의 조건, 단서도 잊고 넘어가는 일이 없도록 해야 한다. 실제 시험에서는 시간의 압박과 긴장감으로 정보를 잘못 적용하거나 잊어버리는 실수가 많이 발생하므로 사전에 충분한 연습이 필요하다.

3 반복 풀이를 통해 취약 유형을 파악하라!

문제해결능력은 특히 시간관리가 중요한 영역이다. 따라서 정해진 시간 안에 고득점을 할 수 있는 효율적인 문제 풀이 방법을 찾아야 한다. 이때, 반복적인 문제 풀이를 통해 자신이 취약한 유형을 파악하는 것이 중요하다. 정확하게 풀 수 있는 문제부터 빠르게 풀고 취약한 유형은 나중에 푸는 효율적인 문제 풀이를 통해 최대한 고득점을 맞는 것이 중요하다.

01 | 명제

| 유형분석 |

- 주어진 문장을 토대로 논리적으로 추론하여 참 또는 거짓을 구분하는 문제이다.
- 대체로 연역추론을 활용한 명제 문제가 출제된다.
- 자료를 제시하고 새로운 결과나 자료에 주어지지 않은 내용을 추론해 가는 형식의 문제가 출제된다.

아마추어 야구 리그에서 활동하는 A ~ D팀은 빨간색, 노란색, 파란색, 보라색 중에서 매년 상징하는 색을 바꾸고 있다. 다음 〈조건〉을 참고할 때, 반드시 참인 것은?

조건

- 하나의 팀은 하나의 상징색을 갖는다.
- 이전에 사용했던 상징색을 다시 사용할 수는 없다.
- A팀과 B팀은 빨간색을 사용한 적이 있다.
- B팀과 C팀은 보라색을 사용한 적이 있다.
- D팀은 노란색을 사용한 적이 있고, 파란색을 선택하였다.

① A팀은 파란색을 사용한 적이 있어 다른 색을 골라야 한다.
② A팀의 상징색은 노란색이 될 것이다.
③ C팀은 파란색을 사용한 적이 있을 것이다.
④ C팀의 상징색은 빨간색이 될 것이다.
⑤ D팀은 보라색을 사용한 적이 있다.

정답 ④

D팀은 파란색을 선택하였으므로 보라색을 사용하지 않고, B팀과 C팀도 보라색을 사용한 적이 있으므로 A팀은 보라색을 선택한다. B팀은 빨간색을 사용한 적이 있고, 파란색과 보라색은 사용할 수 없으므로 노란색을 선택한다. C팀은 나머지 빨간색을 선택한다.

A팀	B팀	C팀	D팀
보라색	노란색	빨간색	파란색

따라서 항상 참인 것은 ④이다.

오답분석

①・③・⑤ 주어진 조건만으로는 판단하기 힘들다.
② A팀의 상징색은 보라색이다.

풀이 전략!

명제와 관련한 기본적인 논법에 대해서는 미리 학습해 두며, 이를 바탕으로 각 문장에 있는 핵심단어 또는 문구를 기호화하여 정리한 후, 선택지와 비교하여 참 또는 거짓을 판단한다.

01　국제영화제 행사에 참석한 K는 A ~ F영화를 다음 〈조건〉에 맞춰 5월 1일부터 5월 6일까지 하루에 한 편씩 보려고 한다. 이때 반드시 참인 것은?

> **조건**
> • F영화는 3일과 4일 중 하루만 상영된다.
> • D영화는 C영화가 상영된 날 이틀 후에 상영된다.
> • B영화는 C, D영화보다 먼저 상영된다.
> • 첫째 날 B영화를 본다면, 5일에 반드시 A영화를 본다.

① A영화는 C영화보다 먼저 상영될 수 없다.
② C영화는 E영화보다 먼저 상영된다.
③ D영화는 5일이나 폐막작으로 상영될 수 없다.
④ B영화는 1일 또는 2일에 상영된다.
⑤ E영화는 개막작이나 폐막작으로 상영된다.

02　다음 〈조건〉에 따라 교육부, 행정안전부, 보건복지부, 농림축산식품부, 외교부 및 국방부에 대한 국정감사 순서를 정한다고 할 때, 반드시 참인 것은?

> **조건**
> • 행정안전부에 대한 감사는 농림축산식품부와 외교부에 대한 감사 사이에 한다.
> • 국방부에 대한 감사는 보건복지부와 농림축산식품부에 대한 감사보다 늦게 시작되지만, 외교부에 대한 감사보다 먼저 시작되어야 한다.
> • 교육부에 대한 감사는 아무리 늦어도 보건복지부 또는 농림축산식품부 중 적어도 어느 한 부서에 대한 감사보다는 먼저 시작되어야 한다.
> • 보건복지부는 농림축산식품부보다 먼저 감사를 시작한다.

① 교육부는 첫 번째 또는 두 번째에 감사를 시작한다.
② 보건복지부는 두 번째로 감사를 시작한다.
③ 농림축산식품부보다 늦게 감사를 받는 부서의 수가 일찍 받는 부서의 수보다 적다.
④ 국방부는 행정안전부보다 감사를 일찍 시작한다.
⑤ 외교부보다 늦게 감사를 받는 부서가 있다.

03 K베이커리에서는 A ~ D단체에 우유식빵, 밤식빵, 옥수수식빵, 호밀식빵을 다음 〈조건〉에 따라 한 종류씩 납품하려고 한다. 이때 반드시 참인 것은?

> **조건**
> • 이전에 납품했던 종류의 빵은 다시 납품할 수 없다.
> • 우유식빵과 밤식빵은 A에 납품된 적이 있다.
> • 옥수수식빵과 호밀식빵은 C에 납품된 적이 있다.
> • 옥수수식빵은 D에 납품된다.

① 우유식빵은 B에 납품된 적이 있다.
② 옥수수식빵은 A에 납품된 적이 있다.
③ 호밀식빵은 A에 납품될 것이다.
④ 우유식빵은 C에 납품된 적이 있다.
⑤ 호밀식빵은 D에 납품된 적이 있다.

04 K대학교의 기숙사에 거주하는 A ~ D는 1층부터 4층에 매년 새롭게 방을 배정받고 있으며, 올해도 방을 배정받는다. 다음 〈조건〉을 참고할 때, 반드시 참인 것은?

> **조건**
> • 한 번 배정받은 층에는 다시 배정받지 않는다.
> • A와 D는 2층에 배정받은 적이 있다.
> • B와 C는 3층에 배정받은 적이 있다.
> • A와 B는 1층에 배정받은 적이 있다.
> • A, B, D는 4층에 배정받은 적이 있다.

① C는 4층에 배정될 것이다.
② D는 3층에 배정받은 적이 있다.
③ C는 1층에 배정받은 적이 있다.
④ C는 2층에 배정받은 적이 있다.
⑤ 기숙사에 3년 이상 산 사람은 A밖에 없다.

05 A ~ E사원이 강남, 여의도, 상암, 잠실, 광화문 다섯 지역에 각각 출장을 간다. 다음 대화에서 1명은 거짓말을 하고 나머지 4명은 진실을 말하고 있을 때, 반드시 거짓인 것은?

> A : B는 상암으로 출장을 가지 않는다.
> B : D는 강남으로 출장을 간다.
> C : B는 진실을 말하고 있다.
> D : C는 거짓말을 하고 있다.
> E : C는 여의도, A는 잠실로 출장을 간다.

① A사원은 광화문으로 출장을 가지 않는다.
② B사원은 여의도로 출장을 가지 않는다.
③ C사원은 강남으로 출장을 가지 않는다.
④ D사원은 잠실로 출장을 가지 않는다.
⑤ E사원은 상암으로 출장을 가지 않는다.

06 어느 호텔 라운지에 둔 화분이 투숙자 중 1명에 의해 깨진 사건이 발생했다. 이 호텔에는 갑, 을, 병, 정, 무 5명의 투숙자가 있었으며, 각 투숙자는 다음과 같이 진술하였다. 5명의 투숙자 중 4명은 진실을 말하고 1명이 거짓말을 하고 있다면, 거짓말을 하고 있는 사람은 누구인가?

> 갑 : '을'은 화분을 깨뜨리지 않았다.
> 을 : 화분을 깨뜨린 사람은 '정'이다.
> 병 : 내가 깨뜨렸다.
> 정 : '을'의 말은 거짓말이다.
> 무 : 나는 깨뜨리지 않았다.

① 갑   ② 을
③ 병   ④ 정
⑤ 무

07 이번 학기에 4개의 강좌 A ~ D가 새로 개설되는데, 강사 갑 ~ 무 중 4명이 한 강좌씩 맡으려 한다. 배정 결과를 궁금해 하는 5명은 다음 〈조건〉과 같이 예측했다. 배정 결과를 보니 갑 ~ 무의 진술 중 한 명의 진술만이 거짓이고 나머지는 참임이 드러났을 때, 다음 중 바르게 추론한 것은?

> **조건**
>
> 갑 : 을이 A강좌를 담당하고 병은 강좌를 담당하지 않을 것이다.
> 을 : 병이 B강좌를 담당할 것이다.
> 병 : 정은 D강좌가 아닌 다른 강좌를 담당할 것이다.
> 정 : 무가 D강좌를 담당할 것이다.
> 무 : 을의 말은 거짓일 것이다.

① 갑은 A강좌를 담당한다.
② 을은 C강좌를 담당한다.
③ 병은 강좌를 담당하지 않는다.
④ 정은 D강좌를 담당한다.
⑤ 무는 B강좌를 담당한다.

08 A ~ D사원은 각각 홍보부, 총무부, 영업부, 기획부 소속으로 3 ~ 6층의 서로 다른 층에서 근무하고 있다. 이들 중 한 명이 거짓말을 하고 있을 때, 다음 중 바르게 추론한 것은?(단, 각 팀은 서로 다른 층에 위치한다)

> A사원 : 저는 홍보부와 총무부 소속이 아니며, 3층에서 근무하고 있지 않습니다.
> B사원 : 저는 영업부 소속이며, 4층에서 근무하고 있습니다.
> C사원 : 저는 홍보부 소속이며, 5층에서 근무하고 있습니다.
> D사원 : 저는 기획부 소속이며, 3층에서 근무하고 있습니다.

① A사원은 홍보부 소속이다.
② B사원은 영업부 소속이다.
③ 기획부는 3층에 위치한다.
④ 홍보부는 4층에 위치한다.
⑤ D사원은 5층에서 근무하고 있다.

09 K공사의 A팀 가대리, 나사원, 다사원, 라사원, 마대리 중 1명이 어제 출근하지 않았다. 이와 관련하여 5명의 직원이 다음과 같이 말했고, 이들 중 2명이 거짓말을 한다고 할 때, 다음 중 출근하지 않은 사람은 누구인가?(단, 출근을 하였어도, 결근 사유를 듣지 못할 수도 있다)

> 가대리 : 나는 출근했고, 마대리도 출근했다. 누가 왜 출근하지 않았는지는 알지 못한다.
> 나사원 : 다사원은 출근하였다. 가대리님의 말은 모두 사실이다.
> 다사원 : 라사원은 출근하지 않았다.
> 라사원 : 나사원의 말은 모두 사실이다.
> 마대리 : 출근하지 않은 사람은 라사원이다. 라사원이 개인 사정으로 인해 출석하지 못한다고 가대리님에게 전했다.

① 가대리
② 나사원
③ 다사원
④ 라사원
⑤ 마대리

10 다음 〈조건〉을 통해 얻을 수 있는 결론으로 옳은 것은?

> **조건**
> • 재현이가 춤을 추면 서현이나 지훈이가 춤을 춘다.
> • 재현이가 춤을 추지 않으면 종열이가 춤을 춘다.
> • 종열이가 춤을 추지 않으면 지훈이도 춤을 추지 않는다.
> • 종열이는 춤을 추지 않았다.

① 재현이만 춤을 추었다.
② 서현이만 춤을 추었다.
③ 지훈이만 춤을 추었다.
④ 재현이와 지훈이 모두 춤을 추었다.
⑤ 재현이와 서현이 모두 춤을 추었다.

02 | 규칙 적용

| 유형분석 |

- 주어진 상황과 규칙을 종합적으로 활용하여 풀어 가는 문제이다.
- 일정, 비용, 순서 등 다양한 내용을 다루고 있어 유형을 한 가지로 단일화하기 어렵다.

갑은 다음 규칙을 참고하여 알파벳을 숫자로 변환하고자 한다. 규칙을 적용한 〈보기〉의 ㉠ ~ ㉣ 알파벳에 부여된 숫자의 규칙에 따를 때, 알파벳 Z에 해당하는 각각의 자연수를 모두 더한 값은?

〈규칙〉

① 알파벳 'A'부터 'Z'까지 순서대로 자연수를 부여한다.
　예 A=2라고 하면 B=3, C=4, D=5이다.
② 단어의 음절에 같은 알파벳이 연속되는 경우 ①에서 부여한 숫자를 알파벳이 연속되는 횟수만큼 거듭제곱한다.
　예 A=2이고 단어가 'AABB'이면 AA는 '2^2'이고, BB는 '3^2'이므로 '49'로 적는다.

보기

㉠ AAABBCC는 100000010200110404로 변환된다.
㉡ CDFE는 3465로 변환된다.
㉢ PJJYZZ는 1712126729로 변환된다.
㉣ QQTSR은 625282726으로 변환된다.

① 154
② 176
③ 199
④ 212
⑤ 234

정답 ④

㉠ A=100, B=101, C=102이다. 따라서 Z=125이다.
㉡ C=3, D=4, E=5, F=6이다. 따라서 Z=26이다.
㉢ P가 17임을 볼 때, J=11, Y=26, Z=27이다.
㉣ Q=25, R=26, S=27, T=28이다. 따라서 Z=34이다.
따라서 Z에 해당하는 값을 모두 더하면 125+26+27+34=212이다.

풀이 전략!

문제에 제시된 조건이나 규칙을 정확히 파악한 후, 선택지나 상황에 적용하여 문제를 풀어 나간다.

01 다음은 도서코드(ISBN)에 대한 자료이다. 주문한 도서에 대한 설명으로 옳은 것은?

〈[예시] 도서코드(ISBN)〉

국제표준도서번호					부가기호		
접두부	국가번호	발행자번호	서명식별번호	체크기호	독자대상	발행형태	내용분류
123	12	1234567		1	1	1	123

※ 국제표준도서번호는 5개의 군으로 나누어지고 군마다 '-'로 구분한다.

〈도서코드(ISBN) 세부사항〉

접두부	국가번호	발행자번호	서명식별번호	체크기호
978 또는 979	한국 89 미국 05 중국 72 일본 40 프랑스 22	발행자번호 - 서명식별번호 7자리 숫자 예 8491 - 208 : 발행자번호가 8491번인 출판사에서 208번째 발행한 책		0 ~ 9

독자대상	발행형태	내용분류
0 교양 1 실용 2 여성 3 (예비) 4 청소년 5 중·고등 학습참고서 6 초등 학습참고서 7 아동 8 (예비) 9 전문	0 문고본 1 사전 2 신서판 3 단행본 4 전집 5 (예비) 6 도감 7 그림책, 만화 8 혼합자료, 점자자료, 전자책, 마이크로자료 9 (예비)	030 백과사전 100 철학 170 심리학 200 종교 360 법학 470 생명과학 680 연극 710 한국어 770 스페인어 740 영미문학 720 유럽사

〈주문도서〉

978 - 05 - 441 - 1011 - 314710

① 한국에서 출판한 도서이다.
② 441번째 발행된 도서이다.
③ 발행자번호는 총 7자리이다.
④ 한 권으로만 출판되지는 않았다.
⑤ 한국어로 되어 있다.

02 K공사는 철도사고가 발생했을 경우 안전하고 신속한 대응태세를 확립하기 위한 비상대응훈련을 실시하고 있다. 이에 따라 철도사고의 종류, 형태, 대상, 위치를 고려하여 비상사고 유형을 분류하고, 이를 코드화하였다. 〈보기〉에 따라 비상대응훈련을 했을 때, 중앙관제센터에 비상사고 코드를 잘못 전송한 것은?

〈비상사고 유형 분류〉

철도사고 종류	철도사고 형태	철도사고 대상	철도사고 위치
충돌사고(C)	1. 열차 정면충돌	1. 전동열차 2. 고속열차 3. 여객열차 4. 여객·위험물 수송열차 5. 시설·전기분야	1. 역내 2. 본선구간 3. 터널 4. 교량
충돌사고(C)	2. 열차 추돌		
충돌사고(C)	3. 열차 측면충돌		
탈선사고(R)	1. 열차 탈선		
화재사고(F)	1. 열차화재		
화재사고(F)	2. 차량화재		
화재사고(F)	3. 역사화재		
위험물(H)	1. 화학공업(유류)		
위험물(H)	2. 화약류(화약, 폭약, 화공품)		
위험물(H)	3. 산류(황산 등)		
위험물(H)	4. 가스류(압축·액화가스)		
위험물(H)	5. 가연성 물질(액체·고체류)		
위험물(H)	6. 산화부식제		
위험물(H)	7. 독물류(방사능물질, 휘산성)		
위험물(H)	8. 특별취급 화공품(타르류 등)		
자연재해(N)	1. 침수(노반 유실)		
자연재해(N)	2. 강설		
자연재해(N)	3. 지진		
테러(T)	1. 독가스 테러		
테러(T)	2. 폭발물 테러		
테러(T)	3. 생화학(탄저균) 테러		
차량 및 시설 장애(I)	1. 차량 고장 및 장애		
차량 및 시설 장애(I)	2. 시설 고장 및 장애		
차량 및 시설 장애(I)	3. 전기 고장 및 장애		

〈비상사고 코드화〉

구분	철도사고 종류	철도사고 형태	철도사고 대상	철도사고 위치
사용문자	알파벳 문자	숫자	숫자	숫자
표기방법	C : 충돌사고 R : 탈선사고 F : 화재사고 H : 위험물 N : 자연재해 T : 테러 I : 차량 및 시설장해	세부적인 사고 유형을 오름차순 숫자로 표현	1. 전동열차 2. 고속열차 3. 여객열차 4. 여객·위험물 열차 5. 시설·전기분야	1. 역내 2. 본선구간 3. 터널 4. 교량

PART 1

(가) 사고 상황 : ○○터널 내 여객열차 폭발물 테러

(나) 사고 상황 : ○○터널 내 여객열차 탈선

(다) 사고 상황 : ○○터널 내 여객열차 화재

(라) 사고 상황 : ○○터널 내 황산 수송열차 누출 발생

(마) 사고 상황 : 여객열차 본선구간 폭우로 인한 선로 침수로 노반 유실 발생

① (가) : T233   ② (나) : R133

③ (다) : F133   ④ (라) : H343

⑤ (마) : N134

03 다음 〈조건〉을 근거로 〈보기〉를 계산한 값은?

조건

연산자 A, B, C, D는 다음과 같이 정의한다.

• A : 좌우에 있는 두 수를 더한다. 단, 더한 값이 10 미만이면 좌우에 있는 두 수를 곱한다.

• B : 좌우에 있는 두 수 가운데 큰 수에서 작은 수를 뺀다. 단, 두 수가 같거나 뺀 값이 10 미만이면 두 수를 곱한다.

• C : 좌우에 있는 두 수를 곱한다. 단, 곱한 값이 10 미만이면 좌우에 있는 두 수를 더한다.

• D : 좌우에 있는 두 수 가운데 큰 수를 작은 수로 나눈다. 단, 두 수가 같거나 나눈 값이 10 미만이면 두 수를 곱한다.

※ 연산은 '( )', '{ }'의 순으로 한다.

보기

$$\{(1\,A\,5)\,B\,(3\,C\,4)\}\,D\,6$$

① 10   ② 12

③ 90   ④ 210

⑤ 360

※ 김대리는 사내 메신저의 보안을 위해 암호화 규칙을 만들어 동료들과 대화하기로 하였다. 이어지는 질문에 답하시오. [4~5]

〈암호화 규칙〉

• 한글 자음은 사전 순서에 따라 바로 뒤의 한글 자음으로 변환한다.
　예 ㄱ → ㄴ … ㅎ → ㄱ
• 쌍자음의 경우 자음 두 개로 풀어 표기한다.
　예 ㄲ → ㄴㄴ
• 한글 모음은 사전 순서에 따라 알파벳 a, b, c …로 변환한다.
　예 ㅏ → a, ㅐ → b … ㅢ → t, ㅣ → u
• 겹받침의 경우 풀어 표기한다.
　예 맑다 → ㅂaㅁㄴㄹa
• 공백은 0으로 표현한다.

---

04 메신저를 통해 김대리가 오늘 점심 메뉴로 'ㄴuㅂㅋuㅊㅊuㄴb'를 먹자고 했을 때, 김대리가 말한 메뉴는?

① 김치김밥　　　　　　　　　　② 김치찌개
③ 계란말이　　　　　　　　　　④ 된장찌개
⑤ 부대찌개

05 김대리는 이번 주 금요일에 사내 워크숍에서 사용할 조별 구호를 '존중과 배려'로 결정하였고, 메신저를 통해 조원들에게 알리려고 한다. 다음 중 김대리가 전달할 구호를 암호화 규칙에 따라 바르게 변환한 것은?

① ㅊiㄷㅊuㅈㄴjㅅbㅁg　　　　　② ㅊiㄷㅊnㅈㄴjㅅbㅁg
③ ㅊiㄷㅊnㅈㄴj0ㅅbㅁg　　　　　④ ㅊiㄷㅊnㅈㄴia0ㅅbㅁg
⑤ ㅊiㄷㅊuㅈㄴia0ㅅbㅁg

06 K제품을 운송하는 A씨는 업무상 편의를 위해 고객의 주문 내역을 임의의 기호로 기록하고 있다. 다음과 같은 주문전화가 왔을 때, A씨가 기록한 기호로 옳은 것은?

〈임의기호〉

재료	연강	고강도강	초고강도강	후열처리강
	MS	HSS	AHSS	PHTS
판매량	낱개	1묶음	1box	1set
	01	10	11	00
지역	서울	경기남부	경기북부	인천
	E	S	N	W
윤활유 사용	청정작용	냉각작용	윤활작용	밀폐작용
	P	C	I	S
용도	베어링	스프링	타이어코드	기계구조
	SB	SS	ST	SM

※ A씨는 [재료] – [판매량] – [지역] – [윤활유 사용] – [용도]의 순서로 기호를 기록한다.

〈주문전화〉

B씨 : 어이~ A씨. 나야. 나. 인천 지점에서 같이 일했던 B. 내가 필요한 것이 있어서 전화했어. 일단 서울 지점의 C씨가 스프링으로 사용할 제품이 필요하다고 하는데 한 박스 정도면 될 것 같아. 이전에 주문했던 대로 연강에 윤활용으로 윤활유 사용한 제품으로 부탁하네. 나는 이번에 경기도 남쪽으로 가는데 거기에 있는 내 사무실 알지? 거기로 초고강도강 타이어코드용으로 1세트 보내줘. 밀폐용으로 윤활유 사용한 제품으로 부탁해. 저번에 냉각용으로 사용한 제품은 생각보다 좋진 않았어.

① MS11EISB, AHSS00SSST
② MS11EISS, AHSS00SSST
③ MS11EISS, HSS00SSST
④ MS11WISS, AHSS10SSST
⑤ MS11EISS, AHSS00SCST

03 | SWOT 분석

| 유형분석 |

- 상황에 대한 환경 분석결과를 통해 주요 과제를 도출하는 문제이다.
- 주로 3C 분석 또는 SWOT 분석을 활용한 문제들이 출제되고 있으므로 해당 분석도구에 대한 사전 학습이 요구된다.

다음은 중국의 셰일 가스 개발에 대한 SWOT 분석결과이다. 약점 요인에서 ㉠에 들어갈 내용으로 적절하지 않은 것은?

S(강점)	W(약점)
• 중국의 셰일 가스 잠재량과 매장량은 미국보다 많음 • 중국의 셰일 층은 두껍고 많은 가스를 함유해 장기간의 안정적인 가스 생산 가능 • 셰일 가스는 석탄 등 다른 연료보다 탄소 배출량이 훨씬 낮음	• 시추 작업에 막대한 양의 물이 소모되는데, 폐수로 인한 지하수 오염 등의 환경 파괴를 초래할 수 있어 폐수 정화·재활용 기술 개발이 시급함 • _____㉠_____
O(기회)	T(위협)
• 중국 정부의 셰일 가스 개발계획 공포 • 중국은 세계적인 에너지 소비국이며, 향후 에너지 수요는 지속적인 증가 예상 • 중국 정부는 시장 경쟁을 촉진하기 위해 셰일 가스 광업권의 독점을 금지하며, 외국 자본 등의 참여를 허용함	• 복잡한 지질학적 조건으로 인한 가채자원량의 급감 가능성 • 셰일 가스의 탐사·개발을 지원하는 장려 정책 등 시스템의 부재

① 중국은 파이프라인 네트워크와 전문 노동자 등 인프라가 부족함
② 중국에서 장비·시설·인력 개발 및 채굴 등에 소모되는 비용이 높음
③ 셰일 가스 개발에 대한 제한적인 투자 및 파이프라인 등 관련 인프라의 미비
④ 시추 등 중국의 핵심 기술 수준은 미국 등의 경쟁국보다 상대적으로 낮은 수준임
⑤ 시추 과정에서 배출되는 메탄 가스는 온실가스로 중국의 평균기온을 높일 수 있음

정답 ③

약점은 목표 달성을 저해하는 내부적 요인, 위협은 목표 달성을 저해하는 외부적 요인을 뜻한다. 제한적인 투자는 개발 가능성을 희박하게 만드는 외부적 요인이며, 인프라의 미비 또한 개발·활용 등 셰일 가스 산업의 발전을 제한하고 시장의 성장을 가로막는 외부적 요인이다. 따라서 제한적인 투자와 관련 인프라의 미비는 약점(W) 요인이 아니라 위협(T) 요인에 해당하는 내용이다.

풀이 전략!

문제에 제시된 분석도구를 확인한 후, 분석결과를 종합적으로 판단하여 각 선택지의 전략 과제와 일치 여부를 판단한다.

01 레저용 차량을 생산하는 K기업에 대한 다음의 SWOT 분석결과를 참고할 때, 〈보기〉 중 각 전략에 따른 대응으로 적절한 것을 모두 고르면?

SWOT 분석은 조직의 외부환경 분석을 통해 기회와 위협 요인을 파악하고, 조직의 내부 역량 분석을 통해서 조직의 강점과 약점을 파악하여, 이를 토대로 강점은 최대화하고 약점은 최소화하며, 기회는 최대한 활용하고 위협에는 최대한 대처하는 전략을 세우기 위한 분석 방법이다.

〈SWOT 분석 매트릭스〉

구분	강점(Strength)	약점(Weakness)
기회(Opportunity)	SO전략 : 공격적 전략 강점으로 기회를 살리는 전략	WO전략 : 방향전환 전략 약점을 보완하여 기회를 살리는 전략
위협(Threat)	ST전략 : 다양화 전략 강점으로 위협을 최소화하는 전략	WT전략 : 방어적 전략 약점을 보완하여 위협을 최소화하는 전략

〈K기업의 SWOT 분석결과〉

강점(Strength)	약점(Weakness)
• 높은 브랜드 이미지·평판 • 훌륭한 서비스와 판매 후 보증수리 • 확실한 거래망, 딜러와의 우호적인 관계 • 막대한 R&D 역량 • 자동화된 공장 • 대부분의 차량 부품 자체 생산	• 한 가지 차종에만 집중 • 고도의 기술력에 대한 과도한 집중 • 생산설비에 막대한 투자 → 차량모델 변경의 어려움 • 한 곳의 생산 공장만 보유 • 전통적인 가족형 기업 운영
기회(Opportunity)	위협(Threat)
• 소형 레저용 차량에 대한 수요 증대 • 새로운 해외시장의 출현 • 저가형 레저용 차량에 대한 선호 급증	• 휘발유의 부족 및 가격의 급등 • 레저용 차량 전반에 대한 수요 침체 • 다른 회사들과의 경쟁 심화 • 차량 안전 기준의 강화

보기

ㄱ. ST전략 : 기술개발을 통하여 연비를 개선한다.
ㄴ. SO전략 : 대형 레저용 차량을 생산한다.
ㄷ. WO전략 : 규제강화에 대비하여 보다 안전한 레저용 차량을 생산한다.
ㄹ. WT전략 : 생산량 감축을 고려한다.
ㅁ. WO전략 : 국내 다른 지역이나 해외에 공장들을 분산 설립한다.
ㅂ. ST전략 : 경유용 레저 차량 생산을 고려한다.
ㅅ. SO전략 : 해외 시장 진출보다는 내수 확대에 집중한다.

① ㄱ, ㄴ, ㅁ, ㅂ   ② ㄱ, ㄹ, ㅁ, ㅂ
③ ㄱ, ㄹ, ㅁ, ㅅ   ④ ㄴ, ㄹ, ㅁ, ㅂ
⑤ ㄴ, ㄹ, ㅂ, ㅅ

02 다음은 K섬유회사에 대한 SWOT 분석자료이다. 분석에 따른 대응 전략으로 적절한 것을 〈보기〉에서 모두 고르면?

• 첨단 신소재 관련 특허 다수 보유	• 신규 생산 설비 투자 미흡 • 브랜드의 인지도 부족
S(강점)	W(약점)
O(기회)	T(위협)
• 고기능성 제품에 대한 수요 증가 • 정부 주도의 문화 콘텐츠 사업 지원	• 중저가 의류용 제품의 공급 과잉 • 저임금의 개발도상국과 경쟁 심화

보기

ㄱ. SO전략으로 첨단 신소재를 적용한 고기능성 제품을 개발한다.
ㄴ. ST전략으로 첨단 신소재 관련 특허를 개발도상국의 경쟁업체에 무상 이전한다.
ㄷ. WO전략으로 문화 콘텐츠와 디자인을 접목한 신규 브랜드 개발을 통해 적극적으로 마케팅 한다.
ㄹ. WT전략으로 기존 설비에 대한 재투자를 통해 대량생산 체제로 전환한다.

① ㄱ, ㄷ
② ㄱ, ㄹ
③ ㄴ, ㄷ
④ ㄴ, ㄹ
⑤ ㄷ, ㄹ

03 K공사의 기획팀 B팀장은 C사원에게 K공사에 대한 마케팅 전략 보고서를 요청하였다. C사원이 B팀장에게 제출한 SWOT 분석이 다음과 같을 때, 다음 ㉠ ~ ㉤ 중 SWOT 분석에 들어갈 내용으로 적절하지 않은 것은?

강점(Strength)	• 새롭고 혁신적인 서비스 • ㉠ 직원들에게 가치를 더하는 공사의 다양한 측면 • 특화된 마케팅 전문 지식
약점(Weakness)	• 낮은 품질의 서비스 • ㉡ 경쟁자의 시장 철수로 인한 시장 진입 가능성
기회(Opportunity)	• ㉢ 합작회사를 통한 전략적 협력 구축 가능성 • 글로벌 시장으로의 접근성 향상
위협(Threat)	• ㉣ 주력 시장에 나타난 신규 경쟁자 • ㉤ 경쟁 기업의 혁신적 서비스 개발 • 경쟁 기업과의 가격 전쟁

① ㉠
② ㉡
③ ㉢
④ ㉣
⑤ ㉤

04 K공사에서 근무하는 A사원은 경제자유구역사업에 대한 SWOT 분석결과 자료를 토대로, SWOT 분석에 의한 경영전략에 맞추어 〈보기〉와 같이 판단하였다. 다음 중 A사원이 판단한 SWOT 분석에 의한 경영전략의 내용으로 적절하지 않은 것을 모두 고르면?

〈경제자유구역사업에 대한 SWOT 분석결과〉

구분	분석결과
강점(Strength)	• 성공적인 경제자유구역 조성 및 육성 경험 • 다양한 분야의 경제자유구역 입주희망 국내기업 확보
약점(Weakness)	• 과다하게 높은 외자금액 비율 • 외국계 기업과 국내기업 간의 구조 및 운영상 이질감
기회(Opportunity)	• 국제경제 호황으로 인하여 타국 사업지구 입주를 희망하는 해외시장부문의 지속적 증가 • 국내 진출 해외기업 증가로 인한 동형화 및 협업 사례 급증
위협(Threat)	• 국내 거주 외국인 근로자에 대한 사회적 포용심 부족 • 대대적 교통망 정비로 인한 기성 대도시의 흡수효과 확대

〈SWOT 분석에 의한 경영전략〉

• SO전략 : 강점을 활용해 기회를 포착하는 전략
• ST전략 : 강점을 활용해 위협을 최소화하거나 회피하는 전략
• WO전략 : 약점을 보완하여 기회를 포착하는 전략
• WT전략 : 약점을 보완하여 위협을 최소화하거나 회피하는 전략

보기

ㄱ. 성공적인 경제자유구역 조성 노하우를 활용하여 타국 사업지구로의 진출을 희망하는 해외기업을 유인 및 유치하는 전략은 SO전략에 해당한다.
ㄴ. 다수의 풍부한 경제자유구역 성공 사례를 바탕으로 외국인 근로자를 국내주민과 문화적으로 동화시킴으로써 원활한 지역발전의 토대를 조성하는 전략은 ST전략에 해당한다.
ㄷ. 기존에 국내에 입주한 해외기업의 동형화 사례를 활용하여 국내기업과 외국계 기업의 운영상 이질감을 해소하여 생산성을 증대시키는 전략은 WO전략에 해당한다.
ㄹ. 경제자유구역 인근 대도시와의 연계를 활성화하여 경제자유구역 내 국내·외 기업 간의 이질감을 해소하는 전략은 WT전략에 해당한다.

① ㄱ, ㄴ
② ㄱ, ㄷ
③ ㄴ, ㄷ
④ ㄴ, ㄹ
⑤ ㄷ, ㄹ

04 | 자료 해석

| 유형분석 |

- 주어진 자료를 해석하고 활용하여 풀어가는 문제이다.
- 꼼꼼하고 분석적인 접근이 필요한 다양한 자료들이 출제된다.

다음 중 정수장 수질검사 현황에 대해 바르게 설명한 사람은?

〈정수장 수질검사 현황〉

| 급수 지역 | 항목 | | | | | | 검사결과 | |
	일반세균 100 이하 (CFU/mL)	대장균 불검출 (수/100mL)	NH3-N 0.5 이하 (mg/L)	잔류염소 4.0 이하 (mg/L)	구리 1 이하 (mg/L)	망간 0.05 이하 (mg/L)	적합	기준 초과
함평읍	0	불검출	불검출	0.14	0.045	불검출	적합	없음
이삼읍	0	불검출	불검출	0.27	불검출	불검출	적합	없음
학교면	0	불검출	불검출	0.13	0.028	불검출	적합	없음
엄다면	0	불검출	불검출	0.16	0.011	불검출	적합	없음
나산면	0	불검출	불검출	0.12	불검출	불검출	적합	없음

① A사원 : 함평읍의 잔류염소는 가장 낮은 수치를 보였고, 기준치에 적합하네.

② B사원 : 모든 급수지역에서 일반세균이 나오지 않았어.

③ C사원 : 기준치를 초과한 곳은 없었지만 적합하지 않은 지역은 있어.

④ D사원 : 대장균과 구리가 검출되면 부적합 판정을 받는구나.

⑤ E사원 : 구리가 검출되지 않은 지역은 세 곳이야.

정답 ②

오답분석

① 잔류염소에서 가장 낮은 수치를 보인 지역은 나산면(0.12)이고, 함평읍(0.14)은 세 번째로 낮다.

③ 기준치를 초과한 곳도 없고, 모두 적합 판정을 받았다.

④ 함평읍과 학교면, 엄다면은 구리가 검출되었지만 적합 판정을 받았다.

⑤ 구리가 검출되지 않은 지역은 이삼읍과 나산면으로 두 곳이다.

풀이 전략!

문제 해결을 위해 필요한 정보가 무엇인지 먼저 파악한 후, 제시된 자료를 분석적으로 읽고 해석한다.

01 다음 글과 상황을 근거로 판단할 때, 출장을 함께 갈 수 있는 직원들의 조합으로 가능한 것은?

> K공사 B지사에서는 12월 11일 회계감사 관련 서류 제출을 위해 본사로 출장을 가야 한다. 오전 8시 정각 출발이 확정되어 있으며, 출발 후 B지사에 복귀하기까지 총 8시간이 소요된다. 단, 비가 오는 경우 1시간이 추가로 소요된다.
> • 출장인원 중 한 명이 직접 운전하여야 하며, '운전면허 1종 보통' 소지자만 운전할 수 있다.
> • 출장시간에 사내 업무가 겹치는 경우에는 출장을 갈 수 없다.
> • 출장인원 중 부상자가 포함되어 있는 경우, 서류 박스 운반 지연으로 인해 30분이 추가로 소요된다.
> • 차장은 책임자로서 출장인원에 적어도 한 명은 포함되어야 한다.
> • 주어진 조건 외에는 고려하지 않는다.

〈상황〉

• 12월 11일은 하루 종일 비가 온다.
• 12월 11일 당직 근무는 17시 10분에 시작한다.

직원	직위	운전면허	건강상태	출장 당일 사내 업무
갑	차장	1종 보통	부상	없음
을	차장	2종 보통	건강	17시 15분 계약업체 면담
병	과장	없음	건강	17시 35분 관리팀과 회의
정	과장	1종 보통	건강	당직 근무
무	대리	2종 보통	건강	없음

① 갑, 을, 병
② 갑, 병, 정
③ 을, 병, 무
④ 을, 정, 무
⑤ 병, 정, 무

02 귀하는 점심식사 중 식당에 있는 TV에서 정부의 정책에 대한 뉴스가 나오는 것을 보았다. 함께 점심을 먹는 동료들과 뉴스를 보고 나눈 대화의 내용으로 적절하지 않은 것은?

〈뉴스〉

앵커 : 저소득층에게 법률서비스를 제공하는 정책을 구상 중입니다. 정부는 무료로 법률자문을 하겠다고 자원하는 변호사를 활용하는 자원봉사제도, 정부에서 법률 구조공단 등의 기관을 신설하고 변호사를 유급으로 고용하여 법률서비스를 제공하는 유급법률구조제도, 정부가 법률서비스의 비용을 대신 지불하는 법률보호제도 등의 세 가지 정책대안 중 하나를 선택할 계획입니다.

이 정책대안을 비교하는 데 고려해야 할 정책목표는 비용저렴성, 접근용이성, 정치적 실현가능성, 법률서비스의 전문성입니다. 정책대안과 정책목표의 상관관계는 화면으로 보여드립니다. 각 대안이 정책목표를 달성하는 데 유리한 경우는 (+)로, 불리한 경우는 (−)로 표시하였으며, 유·불리 정도는 같습니다. 정책목표에 대한 가중치의 경우, '0'은 해당 정책목표를 무시하는 것을, '1'은 해당 정책목표를 고려하는 것을 의미합니다.

〈정책대안과 정책목표의 상관관계〉

정책목표	가중치		정책대안		
	A안	B안	자원봉사제도	유급법률구조제도	법률보호제도
비용저렴성	0	0	+	−	−
접근용이성	1	0	−	+	−
정치적 실현가능성	0	0	+	−	+
전문성	1	1	−	+	−

① 아마도 전문성 면에서는 유급법률구조제도가 자원봉사제도보다 더 좋은 정책 대안으로 평가받게 되겠군.
② A안에 가중치를 적용할 경우 유급법률구조제도가 가장 적절한 정책대안으로 평가받게 되지 않을까?
③ 반대로 B안에 가중치를 적용할 경우 자원봉사제도가 가장 적절한 정책대안으로 평가받게 될 것 같아.
④ A안과 B안 중 어떤 것을 적용하더라도 정책대안 비교의 결과는 달라지지 않을 것으로 보여.
⑤ 비용저렴성을 달성하기에 가장 유리한 정책대안은 자원봉사제도로군.

03 K공사에서 새로운 기계를 구매하기 위해 검토 중이라는 소문을 B사 영업사원인 귀하가 입수했다. K공사 구매 담당자는 공사 방침에 따라 실속(가격)이 최우선이며 그다음이 품격(디자인)이고 구매하려는 기계의 제작사들이 비슷한 기술력을 가지고 있기 때문에 성능은 다 같다고 생각하고 있다. 따라서 사후관리(A/S)를 성능보다 우선시하고 있다고 한다. 귀하는 오늘 경쟁사와 자사 기계에 대한 종합 평가서를 참고하여 K공사의 구매 담당자를 설득시킬 계획이다. 귀하가 할 수 있는 설명으로 적절하지 않은 것은?

〈종합 평가서〉

구분	A사	B사	C사	D사	E사	F사
성능(높은 순)	1	4	2	3	6	5
디자인(평가가 좋은 순)	3	1	2	4	5	6
가격(낮은 순)	1	3	5	6	4	2
A/S 특징(신속하고 철저한 순)	6	2	5	3	1	4

※ 숫자는 순위를 나타낸다.

① A사 제품은 가격은 가장 저렴하나 A/S가 늦고 철저하지 않습니다. 우리 제품을 사면 제품 구매 비용은 A사보다 많이 들어가나 몇 년 운용을 해보면 실제 A/S 지체 비용으로 인한 손실액이 A사보다 적기 때문에 실제로 이익입니다.

② C사 제품보다는 우리 회사 제품이 가격이나 디자인 면에서 우수하고 A/S 또한 빠르고 정확하기 때문에 비교할 바가 안 됩니다. 성능이 우리 것보다 조금 낫다고는 하나 사실 이 기계의 성능은 서로 비슷하기 때문에 우리 회사 제품이 월등하다고 볼 수 있습니다.

③ D사 제품은 먼저 가격에서나 디자인 그리고 A/S에서 우리 제품을 따라올 수 없습니다. 성능도 엇비슷하기 때문에 결코 우리 회사 제품과 견줄 것이 못 됩니다.

④ E사 제품은 A/S 면에서 가장 좋은 평가를 받고 있으나 성능 면에서 가장 뒤처지기 때문에 고려할 가치가 없습니다. 특히 A/S가 잘되어 있다면 오히려 성능이 뒤떨어져서 일어나는 사인이기 때문에 재고할 가치가 없습니다.

⑤ F사 제품은 우리 회사 제품보다 가격은 저렴하지만 A/S나 디자인 면에서 우리 제품이 더 좋은 평가를 받고 있으므로 우리 회사 제품이 더 뛰어납니다.

B시에서는 친환경 건축물 인증제도를 시행하고 있다. 이는 건축물의 설계, 시공 등의 건설과정이 쾌적한 거주환경과 자연환경에 미치는 영향을 점수로 평가하여 인증하는 제도로, 건축물에 다음과 같이 인증등급을 부여한다.

〈평가점수별 인증등급〉

평가점수	인증등급
80점 이상	최우수
70 ~ 80점 미만	우수
60 ~ 70점 미만	우량
50 ~ 60점 미만	일반

또한 친환경 건축물 최우수, 우수 등급이면서 건축물 에너지효율 1등급 또는 2등급을 추가로 취득한 경우, 다음과 같은 취·등록세액 감면 혜택을 얻게 된다.

〈취·등록세액 감면 비율〉

구분	최우수 등급	우수 등급
에너지효율 1등급	12%	8%
에너지효율 2등급	8%	4%

04 다음 상황에 근거할 때, 〈보기〉에서 옳은 것을 모두 고르면?

〈상황〉

• K건설회사가 신축하고 있는 건물의 예상되는 친환경 건축물 평가점수는 63점이고 에너지효율은 3등급이다.
• 친환경 건축물 평가점수를 1점 높이기 위해서는 1,000만 원, 에너지효율을 한 등급 높이기 위해서는 2,000만 원의 추가 투자비용이 든다.
• 신축 건물의 감면 전 취·등록세 예상액은 총 20억 원이다.
• K건설회사는 경제적 이익을 극대화하고자 한다.
※ 경제적 이익 또는 손실 : (취·등록세 감면액)−(추가 투자액)
※ 기타 비용과 이익은 고려하지 않는다.

보기

ㄱ. 추가 투자함으로써 경제적 이익을 얻을 수 있는 최소 투자금액은 1억 1,000만 원이다.
ㄴ. 친환경 건축물 우수 등급, 에너지효율 1등급을 받기 위해 추가 투자할 경우 경제적 이익이 가장 크다.
ㄷ. 친환경 건축물 우수 등급, 에너지 효율 2등급을 받기 위해 최소로 투자할 경우 경제적 손실이 2,000만 원 발생한다.

① ㄱ
② ㄷ
③ ㄱ, ㄴ
④ ㄴ, ㄷ
⑤ ㄱ, ㄴ, ㄷ

05 K건설회사의 직원들이 신축 건물에 대해 대화를 나누고 있다. 다음 대화 내용 중 옳지 않은 것은?

① 갑 : 현재 우리회사 신축 건물의 등급은 우량 등급이야.

② 을 : 신축 건물 예상평가결과 취·등록세액 감면 혜택을 받을 수 있어.

③ 병 : 추가 투자를 해서 에너지효율을 높일 필요가 있어.

④ 정 : 얼마만큼의 투자가 필요한지 계획하는 것은 예산 관리의 일환이야.

⑤ 무 : 추가 투자에 예산을 배정하기에 앞서 우선순위를 결정해야 해.

06 같은 해에 입사한 동기 A ~ E는 모두 서로 다른 부서에서 일하고 있다. 이들이 근무하는 부서와 해당 부서의 성과급은 다음과 같다. 부서 배치와 휴가에 대한 조건들을 참고했을 때, 옳은 것은?

〈부서별 성과급〉

비서실	영업부	인사부	총무부	홍보부
60만 원	20만 원	40만 원	60만 원	60만 원

※ 각 사원은 모두 각 부서의 성과급을 동일하게 받는다.

〈부서 배치 조건〉

• A는 성과급이 평균보다 적은 부서에서 일한다.
• B와 D의 성과급을 더하면 나머지 3명의 성과급 합과 같다.
• C의 성과급은 총무부보다는 적지만 A보다는 많이 받는다.
• C와 D 중 한 사람은 비서실에서 일한다.
• E는 홍보부에서 일한다.

〈휴가 조건〉

• 영업부 직원은 비서실 직원보다 휴가를 더 늦게 가야 한다.
• 인사부 직원은 첫 번째 또는 제일 마지막으로 휴가를 가야 한다.
• B의 휴가 순서는 이들 중 세 번째이다.
• E는 휴가를 반납하고 성과급을 2배로 받는다.

① A의 3개월 치 성과급은 C의 2개월 치 성과급보다 많다.

② C가 맨 먼저 휴가를 갈 경우, B가 맨 마지막으로 휴가를 가게 된다.

③ D가 C보다 성과급이 많다.

④ 휴가철이 끝난 직후, 급여명세서에 D와 E의 성과급 차이는 3배이다.

⑤ B는 A보다 휴가를 먼저 출발한다.

CHAPTER 02

수리능력

합격 Cheat Key

수리능력은 사칙 연산·통계·확률의 의미를 정확하게 이해하고 이를 업무에 적용하는 능력으로, 기초 연산과 기초 통계, 도표 분석 및 작성의 문제 유형으로 출제된다. 수리능력 역시 채택하지 않는 공사·공단이 거의 없을 만큼 필기시험에서 중요도가 높은 영역이다.

특히, 난이도가 높은 공사·공단의 시험에서는 도표 분석, 즉 자료 해석 유형의 문제가 많이 출제되고 있고, 응용 수리 역시 꾸준히 출제하는 공사·공단이 많기 때문에 기초 연산과 기초 통계에 대한 공식의 암기와 자료 해석 능력을 기를 수 있는 꾸준한 연습이 필요하다.

1 응용 수리의 공식은 반드시 암기하라!

응용 수리는 공사·공단마다 출제되는 문제는 다르지만, 사용되는 공식은 비슷한 경우가 많으므로 자주 출제되는 공식을 반드시 암기하여야 한다. 문제에서 묻는 것을 정확하게 파악하여 그에 맞는 공식을 적절하게 적용하는 꾸준한 노력과 공식을 암기하는 연습이 필요하다.

2 **자료의 해석은 자료에서 즉시 확인할 수 있는 지문부터 확인하라!**

수리능력 중 도표 분석, 즉 자료 해석 능력은 많은 시간을 필요로 하는 문제가 출제되므로, 증가 · 감소 추이와 같이 눈으로 확인이 가능한 지문을 먼저 확인한 후 복잡한 계산이 필요한 지문을 확인하는 방법으로 문제를 풀이한다면 시간을 조금이라도 아낄 수 있다. 또한, 여러 가지 보기가 주어진 문제 역시 지문을 잘 확인하고 문제를 풀이한다면 불필요한 계산을 생략할 수 있으므로 항상 지문부터 확인하는 습관을 들여야 한다.

3 **도표 작성에서 지문에 작성된 도표의 제목을 반드시 확인하라!**

도표 작성은 하나의 자료 혹은 보고서와 같은 수치가 표현된 자료를 도표로 작성하는 형식으로 출제되는데, 대체로 표보다는 그래프를 작성하는 형태로 많이 출제된다. 지문을 살펴보면 각 지문에서 주어진 도표에도 소제목이 있는 경우가 대부분이다. 이때, 자료의 수치와 도표의 제목이 일치하지 않는 경우 함정이 존재하는 문제일 가능성이 높으므로 도표의 제목을 반드시 확인하는 것이 중요하다.

01 | 응용 수리

| 유형분석 |

- 문제에서 제공하는 정보를 파악한 뒤, 사칙연산을 활용하여 계산하는 전형적인 수리문제이다.
- 문제를 풀기 위한 정보가 산재되어 있는 경우가 많으므로 주어진 조건 등을 꼼꼼히 확인해야 한다.

A씨는 저가항공을 이용하여 비수기에 제주도 출장을 가려고 한다. 1인 기준으로 작년에 비해 비행기 왕복 요금은 20% 내렸고, 1박 숙박비는 15% 올라서 올해의 비행기 왕복 요금과 1박 숙박비 합계는 작년보다 10% 증가한 금액인 308,000원이라고 한다. 이때, 1인 기준으로 올해의 비행기 왕복 요금은?

① 31,000원
② 32,000원
③ 33,000원
④ 34,000원
⑤ 35,000원

정답 ②

작년 비행기 왕복 요금을 x원, 작년 1박 숙박비를 y원이라 하면

$$-\frac{20}{100}x + \frac{15}{100}y = \frac{10}{100}(x+y) \cdots \text{⊙}$$

$$\left(1 - \frac{20}{100}\right)x + \left(1 + \frac{15}{100}\right)y = 308,000 \cdots \text{ⓒ}$$

⊙, ⓒ을 정리하면

$y = 6x \cdots$ ⓒ

$16x + 23y = 6,160,000 \cdots$ ⓔ

ⓒ, ⓔ을 연립하면

$16x + 138x = 6,160,000$

$x = 40,000, \ y = 240,000$

따라서 올해 비행기 왕복 요금은 $40,000 - 40,000 \times \frac{20}{100} = 32,000$원이다.

풀이 전략!

문제에서 묻는 바를 정확하게 확인한 후, 필요한 조건 또는 정보를 구분하여 신속하게 풀어 나간다. 단, 계산에 착오가 생기지 않도록 유의한다.

01 농도 8%의 소금물 200g에서 한 컵의 소금물을 떠내고 떠낸 양만큼 물을 부었다. 그리고 다시 농도 2%의 소금물을 더 넣었더니 농도 3%의 소금물 320g이 되었다고 할 때, 떠낸 소금물의 양은?

① 100g   ② 110g

③ 120g   ④ 130g

⑤ 150g

02 등산을 하는 데 올라갈 때는 시속 3km로 걷고, 내려올 때는 올라갈 때보다 5km 더 먼 길을 시속 4km로 걷는다. 올라갔다가 내려올 때 총 3시간이 걸렸다면, 올라갈 때 걸은 거리는 몇 km인가?

① 3km   ② 4km

③ 5km   ④ 6km

⑤ 7km

03 철도 길이가 570m인 터널이 있다. A기차는 터널을 완전히 빠져나갈 때까지 50초가 걸렸고, 기차 길이가 A기차의 길이보다 60m 짧은 B기차는 23초가 걸렸다. 두 기차가 터널 양 끝에서 동시에 출발하면 $\frac{1}{3}$ 지점에서 만난다고 할 때, A기차의 길이는?(단, 기차의 속력은 일정하다)

① 150m   ② 160m

③ 170m   ④ 180m

⑤ 190m

0 ~ 9까지의 숫자가 적힌 카드를 세 장 뽑아서 홀수인 세 자리의 수를 만들려고 할 때, 가능한 경우의 수는?

① 280가지　　　　　　　　　　② 300가지

③ 320가지　　　　　　　　　　④ 340가지

⑤ 360가지

05 주사위를 두 번 던질 때, 두 눈의 합이 10 이상 나올 확률은?

① $\dfrac{1}{2}$　　　　　　　　　　② $\dfrac{1}{3}$

③ $\dfrac{1}{4}$　　　　　　　　　　④ $\dfrac{1}{5}$

⑤ $\dfrac{1}{6}$

06 K야구팀의 작년 승률은 40%였고, 올해는 총 120경기 중 65승을 하였다. 작년과 올해의 경기를 합하여 구한 승률이 45%일 때, K야구팀이 승리한 총횟수는?

① 151회　　　　　　　　　　② 152회

③ 153회　　　　　　　　　　④ 154회

⑤ 155회

07 조각 케이크 1조각을 정가로 팔면 3,000원의 이익을 얻는다. 만일, 장사가 되지 않아 정가에서 20%를 할인하여 5개 팔았을 때 순이익과 조각 케이크 1조각당 정가에서 2,000원씩 할인하여 4개를 팔았을 때의 매출액이 같다면, 이 상품의 정가는 얼마인가?

① 4,000원   ② 4,100원

③ 4,300원   ④ 4,400원

⑤ 4,600원

08 선규와 승룡이가 함께 일하면 5일이 걸리는 일을 선규가 먼저 4일을 진행하고, 승룡이가 7일을 진행하면 끝낼 수 있다고 한다. 승룡이가 이 일을 혼자 한다면 며칠이 걸리겠는가?

① 11일   ② 12일

③ 14일   ④ 15일

⑤ 16일

09 아버지와 어머니의 나이 차는 4세이고, 형과 동생의 나이 차는 2세이다. 또한, 아버지와 어머니의 나이의 합은 형 나이의 6배이다. 형과 동생의 나이의 합이 40세라면 아버지의 나이는 몇 세인가? (단, 아버지가 어머니보다 나이가 더 많다)

① 59세   ② 60세

③ 63세   ④ 65세

⑤ 67세

10 A와 B는 가위바위보를 해서 이기면 2계단을 올라가고, 지면 1계단을 내려가는 게임을 하였다. 게임이 끝난 후, A는 11계단, B는 2계단을 올라가 있었다. A가 이긴 횟수는?(단, 비기는 경우는 고려하지 않는다)

① 5번
② 8번
③ 12번
④ 18번
⑤ 20번

11 처음 숫자의 십의 자리 숫자와 일의 자리 숫자의 합은 10이고, 이 숫자의 십의 자리 숫자와 일의 자리 숫자의 자리를 바꾼 수를 2로 나눈 값은 처음 숫자보다 14만큼 작다. 처음 숫자는 얼마인가?

① 43
② 44
③ 45
④ 46
⑤ 48

12 K공사에서 공청회를 개최하였다. 공청회 자리에 참석한 여자 인원수는 공청회에 참석한 전체 인원의 $\frac{3}{7}$ 보다 13명 적었고, 남자 인원수는 전체 인원의 $\frac{1}{2}$ 보다 33명 많았다. 공청회에 참석한 전체 인원은 몇 명인가?

① 210명
② 240명
③ 280명
④ 330명
⑤ 350명

13 K고등학교는 도서관에 컴퓨터를 설치하려고 한다. 컴퓨터 구매 가격을 알아보니, 한 대당 100만 원이고 4대 이상 구매 시 3대까지는 한 대당 100만 원, 4대 이상부터는 한 대당 80만 원에 판매가 되고 있었다. 컴퓨터 구매에 배정된 예산이 2,750만 원일 때, 최대 몇 대의 컴퓨터를 구매할 수 있는가?

① 33대　　　　　　　　　　　　② 34대
③ 35대　　　　　　　　　　　　④ 36대
⑤ 37대

14 너비는 같고 지름이 각각 10cm인 A롤러와 3cm인 B롤러로 각각 벽을 칠하고 있다. 두 롤러가 처음으로 같은 면적을 칠했을 때 A롤러와 B롤러 각각의 회전수의 합은?(단, 롤러는 한 번 칠할 때 1회전씩 하며, 회전 중간에 멈추는 일은 없다)

① 11바퀴　　　　　　　　　　　② 12바퀴
③ 13바퀴　　　　　　　　　　　④ 14바퀴
⑤ 15바퀴

15 그림과 같은 모양의 직각삼각형 ABC가 있다. 변 AB의 길이는 18cm이고 직각삼각형의 둘레가 72cm일 때, 직각삼각형 ABC의 넓이는?

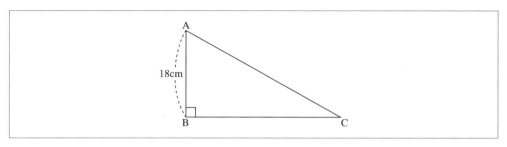

① 182cm^2　　　　　　　　　　② 186cm^2
③ 192cm^2　　　　　　　　　　④ 210cm^2
⑤ 216cm^2

02 | 도표 계산

| 유형분석 |

- 주어진 자료를 통해 문제에서 주어진 특정한 값을 찾고, 자료의 변동량을 구할 수 있는지 평가하는 유형이다.
- 각 그래프의 선이 어떤 항목을 의미하는지와 단위를 정확히 확인한다.
- 그림을 통해 계산하지 않고 눈으로 확인할 수 있는 내용(증감추이)이 있는지 확인한다.

다음은 2023년도 K지역 고등학교 학년별 도서 선호 분야 비율에 대한 자료이다. 취업 관련 도서를 선호하는 3학년 학생 수 대비 철학·종교 도서를 선호하는 1학년 학생 수의 비율로 옳은 것은?(단, 모든 계산은 소수점 첫째 자리에서 반올림한다)

〈K지역 고등학교 학년별 도서 선호 분야 비율〉

(단위 : 명, %)

학년	사례 수	장르 소설	문학	자기 계발	취업 관련	예술· 문화	역사· 지리	과학· 기술	정치· 사회	철학· 종교	경제· 경영	기타
소계	1,160	28.9	18.2	7.7	6.8	5.4	6.1	7.9	5.7	4.2	4.5	4.5
1학년	375	29.1	18.1	7.0	6.4	8.7	5.3	7.8	4.1	3.0	6.5	4.0
2학년	417	28.4	18.7	8.9	7.5	3.8	6.3	8.3	8.1	5.0	3.1	1.9
3학년	368	29.3	17.8	7.1	6.6	3.7	6.8	7.6	4.8	4.5	4.1	7.7

① 42% ② 46%

③ 54% ④ 58%

⑤ 72%

정답 ②

취업 관련 도서를 선호하는 3학년 학생 수는 $368 \times 0.066 = 24$명이고, 철학·종교 도서를 선호하는 1학년 학생 수는 $375 \times 0.03 = 11$명이다.

따라서 취업 관련 도서를 선호하는 3학년 학생 수 대비 철학·종교 도서를 선호하는 1학년 학생 수의 비율은 $\frac{11}{24} \times 100 = 46\%$이다.

풀이 전략!

선택지에 주어진 값의 차이가 크지 않다면 어림값을 활용하는 것이 오히려 풀이 속도를 지연시킬 수 있으므로 주의해야 한다.

01 다음은 공공기관 청렴도 평가 현황 자료이다. 내부청렴도가 가장 높은 해와 낮은 해를 차례대로 나열하면?

〈공공기관 청렴도 평가 현황〉

(단위 : 점)

구분	2020년	2021년	2022년	2023년
종합청렴도	6.23	6.21	6.16	6.8
외부청렴도	8.0	8.0	8.0	8.1
내부청렴도				
정책고객평가	6.9	7.1	7.2	7.3
금품제공률	0.7	0.7	0.7	0.5
향응제공률	0.7	0.8	0.8	0.4
편의제공률	0.2	0.2	0.2	0.2

※ 종합청렴도, 외부청렴도, 내부청렴도, 정책고객평가는 각각 10점 만점으로, 10점에 가까울수록 청렴도가 높다는 의미이다.
※ (종합청렴도)={(외부청렴도)×0.6+(내부청렴도)×0.3+(정책고객평가)×0.1}−(감점요인)
※ 금품제공률, 향응제공률, 편의제공률은 감점요인이다.

　　　　가장 높은 해　　　가장 낮은 해
① 　　2020년　　　　　2022년
② 　　2021년　　　　　2022년
③ 　　2021년　　　　　2023년
④ 　　2022년　　　　　2023년
⑤ 　　2022년　　　　　2021년

02 다음은 K공단에서 발표한 최근 2개년 1/4분기 산업단지별 수출현황을 나타낸 자료이다. (가), (나), (다)에 들어갈 수치가 바르게 연결된 것은?(단, 전년 대비 수치는 소수점 둘째 자리에서 반올림한다)

〈최근 2개년 1/4분기 산업단지별 수출현황〉

(단위 : 백만 달러)

구분	2023년 1/4분기	2022년 1/4분기	전년 대비
국가	66,652	58,809	13.3% 상승
일반	34,273	29,094	(가)% 상승
농공	2,729	3,172	14.0% 하락
합계	(나)	91,075	(다)% 상승

	(가)	(나)	(다)
①	15.8	103,654	13.8
②	15.8	104,654	11.8
③	17.8	102,554	13.8
④	17.8	103,654	11.8
⑤	17.8	103,654	13.8

03 다음은 폐기물협회에서 제공하는 전국 폐기물 발생 현황 자료이다. 빈칸에 해당하는 값으로 옳은 것은?(단, 소수점 둘째 자리에서 반올림한다)

〈전국 폐기물 발생 현황〉

(단위 : 톤 / 일, %)

구분		2018년	2019년	2020년	2021년	2022년	2023년
총계	발생량	359,296	357,861	365,154	373,312	382,009	382,081
	증감률	6.6	−0.4	2.0	2.2	2.3	0.02
의료 폐기물	발생량	52,072	50,906	49,159	48,934	48,990	48,728
	증감률	3.4	−2.2	−3.4	(ㄱ)	0.1	−0.5
사업장 배출시설계 폐기물	발생량	130,777	123,604	137,875	137,961	146,390	149,815
	증감률	13.9	(ㄴ)	11.5	0.1	6.1	2.3
건설 폐기물	발생량	176,447	183,351	178,120	186,417	186,629	183,538
	증감률	2.6	3.9	−2.9	4.7	0.1	−1.7

	(ㄱ)	(ㄴ)
①	−0.5	−5.5
②	−0.5	−4.5
③	−0.6	−5.5
④	−0.6	−4.5
⑤	−0.7	−5.5

04 다음은 세계 음악시장의 규모에 관한 자료이다. 〈조건〉에 근거하여 2023년의 음악시장 규모를 구하면?(단, 소수점 둘째 자리에서 반올림한다)

〈세계 음악시장 규모〉

(단위 : 백만 달러)

구분		2018년	2019년	2020년	2021년	2022년
공연음악	후원	5,930	6,008	6,097	6,197	6,305
	티켓 판매	20,240	20,688	21,165	21,703	22,324
	합계	26,170	26,696	27,262	27,900	28,629
음반	디지털	8,719	9,432	10,180	10,905	11,544
	다운로드	5,743	5,986	6,258	6,520	6,755
	스트리밍	1,530	2,148	2,692	3,174	3,557
	모바일	1,447	1,298	1,230	1,212	1,233
	오프라인 음반	12,716	11,287	10,171	9,270	8,551
	합계	30,155	30,151	30,531	31,081	31,640
합계		56,325	56,847	57,793	58,981	60,269

조건

• 2023년 공연음악 후원금은 2022년보다 1억 1천 8백만 달러, 티켓 판매는 2022년보다 7억 4천만 달러가 증가할 것으로 예상된다.
• 스트리밍 시장의 경우 빠르게 성장하는 추세로 2023년 스트리밍 시장 규모는 2018년 스트리밍 시장 규모의 2.5배가 될 것으로 예상된다.
• 오프라인 음반 시장은 점점 감소하는 추세로 2023년 오프라인 음반 시장 규모는 2022년 대비 6%의 감소율을 보일 것으로 예상된다.

	공연음악	스트리밍	오프라인 음반
①	29,487백만 달러	3,711백만 달러	8,037.9백만 달러
②	29,487백만 달러	3,825백만 달러	8,037.9백만 달러
③	29,685백만 달러	3,825백만 달러	7,998.4백만 달러
④	29,685백만 달러	4,371백만 달러	7,998.4백만 달러
⑤	29,685백만 달러	3,825백만 달러	8,037.9백만 달러

05 다음은 2023년 K시 5개 구 주민의 돼지고기 소비량에 대한 자료이다. 〈조건〉을 이용하여 변동계수가 3번째로 큰 구를 구하면?

〈5개 구 주민의 돼지고기 소비량 통계〉

(단위 : kg)

구분	평균(1인당 소비량)	표준편차
A구	( )	5
B구	( )	4
C구	30	6
D구	12	4
E구	( )	8

※ (변동계수)$=\dfrac{(표준편차)}{(평균)}\times100$

조건
- A구의 1인당 소비량과 B구의 1인당 소비량을 합하면 C구의 1인당 소비량과 같다.
- A구의 1인당 소비량과 D구의 1인당 소비량을 합하면 E구 1인당 소비량의 2배와 같다.
- E구의 1인당 소비량은 B구의 1인당 소비량보다 6kg 더 많다.

① A구
② B구
③ C구
④ D구
⑤ E구

06 다음은 K은행 영업부의 2023년 분기별 영업 실적을 나타낸 그래프이다. 2023년 전체 실적에서 1 ~ 2분기와 3 ~ 4분기가 각각 차지하는 비율을 바르게 나열한 것은?(단, 소수점 둘째 자리에서 반올림한다)

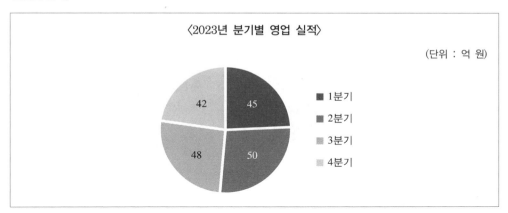

	1 ~ 2분기	3 ~ 4분기
①	48.6%	51.4%
②	50.1%	49.9%
③	51.4%	48.6%
④	49.9%	50.1%
⑤	50.0%	50.0%

07 다음은 2023년 방송산업 종사자 수를 나타낸 자료이다. 2023년 추세에 언급되지 않은 분야의 인원은 고정되어 있었다고 할 때, 2022년 방송산업 종사자 수는 모두 몇 명인가?

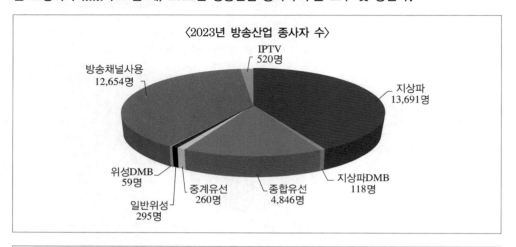

⟨2023년 방송산업 종사자 수⟩
- IPTV 520명
- 방송채널사용 12,654명
- 지상파 13,691명
- 위성DMB 59명
- 중계유선 260명
- 일반위성 295명
- 종합유선 4,846명
- 지상파DMB 118명

⟨2023년 추세⟩

지상파 방송사(지상파DMB 포함) 종사자 수는 전년보다 301명(2.2%)이 증가한 것으로 나타났다. 직종별로 방송직에서는 PD(1.4% 감소)와 아나운서(1.1% 감소), 성우, 작가, 리포터, 제작지원 등의 기타 방송직(5% 감소)이 감소했으나, 카메라, 음향, 조명, 미술, 편집 등의 제작관련직(4.8% 증가)과 기자(0.5% 증가)는 증가했다. 그리고 영업홍보직(13.5% 감소), 기술직(6.1% 감소), 임원(0.7% 감소)은 감소했으나, 연구직(11.7% 증가)과 관리행정직(5.8% 증가)은 증가했다.

① 20,081명
② 24,550명
③ 32,142명
④ 32,443명
⑤ 34,420명

다음은 K기업의 매출액과 분기별 매출액의 영업팀 구성비를 나타낸 자료이다. 연간 영업팀의 매출 순위와 1위 팀이 기록한 연 매출액을 차례대로 나열한 것은?

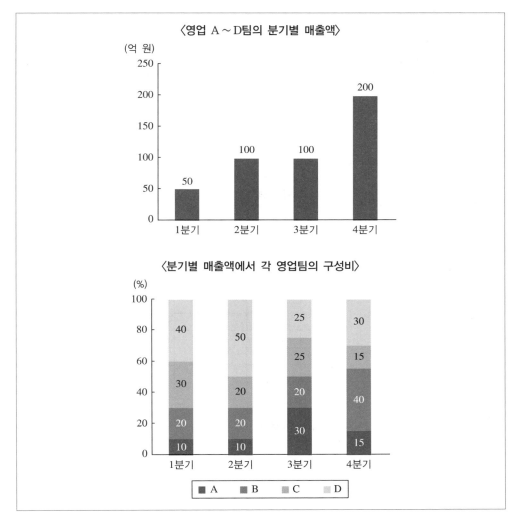

〈영업 A ~ D팀의 분기별 매출액〉

〈분기별 매출액에서 각 영업팀의 구성비〉

① A − B − C − D, 120억 원
② D − B − A − C, 120억 원
③ D − B − C − A, 155억 원
④ B − A − C − D, 120억 원
⑤ B − A − D − C, 155억 원

09 다음은 소나무재선충병 발생지역에 대한 자료이다. 이를 참고할 때, 고사한 소나무 수가 가장 많은 발생지역은?

〈소나무재선충병 발생지역별 소나무 수〉

(단위 : 천 그루)

발생지역	소나무 수
거제	1,590
경주	2,981
제주	1,201
청도	279
포항	2,312

〈소나무재선충병 발생지역별 감염률 및 고사율〉

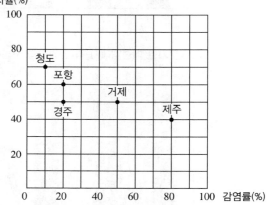

고사율(%)

감염률(%)

※ 감염률(%)=$\dfrac{발생지역의\ 감염된\ 소나무\ 수}{발생지역의\ 소나무\ 수}\times100$

※ 고사율(%)=$\dfrac{발생지역의\ 고사한\ 소나무\ 수}{발생지역의\ 감염된\ 소나무\ 수}\times100$

① 거제
② 경주
③ 제주
④ 청도
⑤ 포항

10 다음은 2023년도 연령대별 인구수 현황을 나타낸 그래프이다. 각 연령대를 기준으로 남성 인구가 40% 이하인 연령대 ㉠과 여성 인구가 50% 초과 60% 이하인 연령대 ㉡이 바르게 연결된 것은?

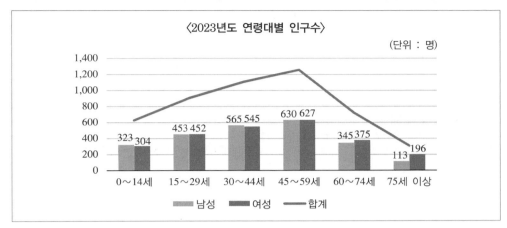

	㉠	㉡
①	0 ~ 14세	15 ~ 29세
②	30 ~ 44세	15 ~ 29세
③	45 ~ 59세	60 ~ 74세
④	75세 이상	60 ~ 74세
⑤	75세 이상	45 ~ 59세

03 | 자료 이해

| 유형분석 |

- 제시된 표를 분석하여 선택지의 정답 유무를 판단하는 문제이다.
- 표의 수치 등을 통해 변화량이나 증감률, 비중 등을 비교하여 판단하는 문제가 자주 출제된다.
- 지원하고자 하는 공사공단이나 산업과 관련된 자료 등이 문제의 자료로 많이 다뤄진다.

다음은 연도별 근로자 수 변화 추이에 대한 자료이다. 이에 대한 설명으로 옳지 않은 것은?

〈연도별 근로자 수 변화 추이〉

(단위 : 천 명)

연도	전체	남성	비중	여성	비중
2019년	14,290	9,061	63.4%	5,229	36.6%
2020년	15,172	9,467	62.4%	5,705	37.6%
2021년	15,535	9,633	62.0%	5,902	38.0%
2022년	15,763	9,660	61.3%	6,103	38.7%
2023년	16,355	9,925	60.7%	6,430	39.3%

① 매년 남성 근로자 수가 여성 근로자 수보다 많다.
② 2023년 여성 근로자 수는 전년보다 약 5.4% 증가하였다.
③ 2019년 대비 2023년 근로자 수의 증가율은 여성이 남성보다 높다.
④ 전체 근로자 중 여성 근로자 수의 비중이 가장 큰 해는 2023년이다.
⑤ 2019 ~ 2023년 동안 남성 근로자 수와 여성 근로자 수의 차이는 매년 증가한다.

2019 ~ 2023년의 남성 근로자 수와 여성 근로자 수 차이를 구하면 다음과 같다.

• 2019년 : $9,061-5,229=3,832$천 명
• 2020년 : $9,467-5,705=3,762$천 명
• 2021년 : $9,633-5,902=3,731$천 명
• 2022년 : $9,660-6,103=3,557$천 명
• 2023년 : $9,925-6,430=3,495$천 명

즉, 2019 ~ 2023년 동안 남성 근로자 수와 여성 근로자 수의 차이는 매년 감소한다.

오답분석

① · ④ 제시된 자료를 통해 알 수 있다.

② 2022년 대비 2023년 여성 근로자 수의 증가율 : $\dfrac{6,430-6,103}{6,103}\times100 ≒ 5.4\%$

③ 성별 2019년 대비 2023년 근로자 수의 증가율은 다음과 같다.

• 남성 : $\dfrac{9,925-9,061}{9,061}\times100 ≒ 9.54\%$

• 여성 : $\dfrac{6,430-5,229}{5,229}\times100 ≒ 22.97\%$

따라서 여성의 증가율이 더 높다.

풀이 전략!

자료만 보고도 풀 수 있거나 계산이 필요 없는 선택지를 먼저 해결한다.
평소 변화량이나 증감률, 비중 등을 구하는 공식을 알아 두고 있어야 하며, 지원하는 기업이나 산업에 관한 자료 등을 확인하여 비교하는 연습 등을 한다.

01 다음은 2023년 9월 K공항 요일별 통계에 대한 자료이다. 이를 대한 설명으로 옳지 않은 것은?

〈2023년 9월 K공항 요일별 통계〉

(단위 : 편, 명, 톤)

요일	운항			여객			화물		
	도착	출발	합계	도착	출발	합계	도착	출발	합계
월요일	2,043	2,013	4,056	343,499	365,749	709,248	11,715	12,316	24,031
화요일	2,024	2,074	4,098	338,558	338,031	676,589	14,322	16,501	30,823
수요일	2,148	2,129	4,277	356,678	351,097	707,775	17,799	18,152	35,951
목요일	2,098	2,104	4,202	342,374	341,613	683,987	17,622	17,859	35,481
금요일	2,141	2,158	4,299	361,849	364,481	726,330	17,926	18,374	36,300
토요일	2,714	2,694	5,408	478,544	475,401	953,945	23,386	24,647	48,033
일요일	2,710	2,671	5,381	476,258	460,560	936,818	21,615	22,285	43,900
합계	15,878	15,843	31,721	2,697,760	2,696,932	5,394,692	124,385	130,134	254,519

① 운항편이 가장 많은 요일은 여객과 화물에서도 가장 높은 수치를 보이고 있다.

② 9월간 K공항에 도착한 화물 중 일요일에 도착한 화물의 무게는 월요일에 도착한 화물 무게의 1.5배 이상이다.

③ K공항에 도착하는 화물보다 K공항에서 출발하는 화물이 항상 더 많다.

④ 화요일 ~ 일요일 도착 운항편의 전일 대비 증감추이는 같은 기간 출발 여객수의 전일 대비 증감추이와 같다.

⑤ 비행기 1대당 탑승객은 평균적으로 출발편이 도착편보다 많다.

02 다음은 인터넷 공유활동 참여 현황을 정리한 자료이다. 이를 바르게 이해하지 못한 사람은?

〈인터넷 공유활동 참여율(복수응답)〉

(단위 : %)

구분		커뮤니티 이용	퍼나르기	블로그 운영	댓글달기	UCC 게시
성별	남성	79.1	64.1	49.9	52.2	46.1
	여성	76.4	59.6	55.1	38.4	40.1
연령대별	10대	75.1	63.9	54.7	44.3	51.3
	20대	88.8	74.4	76.3	47.3	54.4
	30대	77.3	58.5	46.3	44.0	37.5
	40대	66.0	48.6	27.0	48.2	29.6

※ 성별, 연령대별 조사인원은 동일함

① A사원 : 자료에 의하면 20대가 다른 연령대에 비해 인터넷상에서 공유활동을 활발히 참여하고 있네요.

② B주임 : 대체로 남성이 여성에 비해 상대적으로 활발한 활동을 하고 있는 것 같아요. 그런데 블로그 운영 활동은 여성이 더 많네요.

③ C대리 : 남녀 간의 참여율 격차가 가장 큰 영역은 댓글달기이네요. 반면에 커뮤니티 이용은 남녀 간의 참여율 격차가 가장 적네요.

④ D사원 : 10대와 30대의 공유활동 참여율을 크기순으로 나열하면 재미있게도 두 연령대의 활동 순위가 동일하네요.

⑤ E사원 : 40대는 대부분의 공유활동에서 모든 연령대의 참여율보다 낮지만, 댓글달기에서는 가장 높은 참여율을 보이고 있네요.

03 다음은 수도권 지역의 기상실황표이다. 이에 대한 설명으로 옳지 않은 것은?

〈기상실황표〉

지역	시정(km)	현재 기온(℃)	이슬점 온도(℃)	불쾌지수	습도(%)	풍향	풍속(m/s)	기압(hPa)
서울	6.9	23.4	14.6	70	58	동	1.8	1012.7
백령도	0.4	16.1	15.2	61	95	동남동	4.4	1012.6
인천	10.2	21.3	15.3	68	69	서남서	3.8	1012.9
수원	7.7	23.8	16.8	72	65	남서	1.8	1012.9
동두천	10.1	23.6	14.5	71	57	남남서	1.5	1012.6
파주	20.0	20.9	14.7	68	68	남남서	1.5	1013.1
강화	4.2	20.7	14.8	67	67	남동	1.7	1013.3
양평	6.6	22.7	14.5	70	60	동남동	1.4	1013.0
이천	8.4	23.7	13.8	70	54	동북동	1.4	1012.8

① 시정이 가장 좋은 곳은 파주이다.
② 이슬점 온도가 가장 높은 지역은 불쾌지수 또한 가장 높다.
③ 불쾌지수가 70을 초과한 지역은 2곳이다.
④ 현재 기온이 가장 높은 지역은 이슬점 온도와 습도 또한 가장 높다.
⑤ 시정이 가장 좋지 않은 지역은 풍속이 가장 강하다.

04 다음은 K그룹의 주요 경영지표이다. 이에 대한 설명으로 옳은 것은?

〈경영지표〉

(단위 : 억 원)

연도	공정자산총액	부채총액	자본총액	자본금	매출액	당기순이익
2018년	2,610	1,658	952	464	1,139	170
2019년	2,794	1,727	1,067	481	2,178	227
2020년	5,383	4,000	1,383	660	2,666	108
2021년	5,200	4,073	1,127	700	4,456	−266
2022년	5,242	3,378	1,864	592	3,764	117
2023년	5,542	3,634	1,908	417	4,427	65

① 자본총액은 꾸준히 증가하고 있다.
② 직전 해의 당기순이익과 비교했을 때, 당기순이익이 가장 많이 증가한 해는 2019년이다.
③ 공정자산총액과 부채총액의 차가 가장 큰 해는 2023년이다.
④ 각 지표 중 총액 규모가 가장 큰 것은 매출액이다.
⑤ 2018 ~ 2021년 사이에 자본총액 중 자본금이 차지하는 비중은 계속 증가하고 있다.

05 다음은 2014 ~ 2023년 범죄별 발생건수에 관한 자료이다. 이에 대한 설명으로 옳은 것은?

〈2014 ~ 2023년 범죄별 발생건수〉

(단위 : 천 건)

구분	2014년	2015년	2016년	2017년	2018년	2019년	2020년	2021년	2022년	2023년
사기	282	272	270	266	242	235	231	234	241	239
절도	366	356	371	354	345	319	322	328	348	359
폭행	139	144	148	149	150	155	161	158	155	156
방화	5	4	2	1	2	5	2	4	5	3
살인	3	11	12	13	13	15	16	12	11	14

① 2014 ~ 2023년 동안 범죄별 발생건수의 순위는 매년 동일하다.

② 2014 ~ 2023년 동안 발생한 방화의 총 발생건수는 3만 건 미만이다.

③ 2015 ~ 2023년까지 전년 대비 사기 범죄건수 증감추이는 폭행의 경우와 반대이다.

④ 2016년 전체 범죄발생건수 중 절도가 차지하는 비율은 50% 이상이다.

⑤ 2014년 대비 2023년 전체 범죄발생건수 감소율은 5% 이상이다.

06 다음은 자동차 생산·내수·수출 현황에 대한 자료이다. 이에 대한 설명으로 옳지 않은 것은?

〈자동차 생산·내수·수출 현황〉

(단위 : 대, %)

구분		2019년	2020년	2021년	2022년	2023년
생산	차량 대수	4,086,308	3,826,682	3,512,926	4,271,741	4,657,094
	증감률	(6.4)	(▽6.4)	(▽8.2)	(21.6)	(9.0)
내수	차량 대수	1,219,335	1,154,483	1,394,000	1,465,426	1,474,637
	증감률	(4.7)	(▽5.3)	(20.7)	(5.1)	(0.6)
수출	차량 대수	2,847,138	2,683,965	2,148,862	2,772,107	3,151,708
	증감률	(7.5)	(▽5.7)	(▽19.9)	(29.0)	(13.7)

① 2019년에는 전년 대비 생산, 내수, 수출이 모두 증가했다.

② 내수가 가장 큰 폭으로 증가한 해에는 생산과 수출이 모두 감소했다.

③ 수출이 증가했던 해는 생산과 내수 모두 증가했다.

④ 내수는 증가했지만 생산과 수출이 모두 감소한 해도 있다.

⑤ 생산이 증가했지만 내수나 수출이 감소한 해가 있다.

07 다음은 2017년부터 2022년까지 K국의 인구성장률과 합계출산율에 대한 자료이다. 이에 대한 설명으로 옳지 않은 것은?

〈인구성장률〉

(단위 : %)

구분	2017년	2018년	2019년	2020년	2021년	2022년
인구성장률	0.53	0.46	0.63	0.54	0.45	0.39

〈합계출산율〉

(단위 : 명)

구분	2017년	2018년	2019년	2020년	2021년	2022년
합계출산율	1.297	1.187	1.205	1.239	1.172	1.052

※ 합계출산율 : 가임여성 1명이 평생 낳을 것으로 예상되는 평균 출생아 수

① K국의 인구성장률은 2019년 이후로 계속해서 감소하고 있다.
② 2017년부터 2022년 동안 인구성장률이 가장 낮았던 해는 합계출산율도 가장 낮았다.
③ 2018년부터 2019년 동안 합계출산율과 인구성장률의 전년 대비 증감추이는 동일하다.
④ 2017년부터 2022년 동안 인구성장률과 합계출산율이 두 번째로 높은 해는 모두 2020년이다.
⑤ 2022년의 인구성장률은 2019년 대비 40% 이상 감소했다.

08 K회사에서는 업무효율을 높이기 위해 근무여건 개선방안에 대하여 논의하고자 한다. 논의 자료를 위하여 전 직원의 야간근무 현황을 조사하였다. 이에 대한 설명으로 옳지 않은 것은?

〈야간근무 현황(주 단위)〉

(단위 : 일, 시간)

구분	부장	차장	과장	대리	사원
평균 야간근무 빈도	1.2	2.2	2.4	1.8	1.4
평균 야간근무 시간	1.8	3.3	4.8	6.3	4.2

※ 60분의 $\frac{2}{3}$ 이상을 채울 시 1시간으로 야간근무 수당을 계산한다.

① 과장은 한 주에 평균적으로 2.4일 정도 야간근무를 한다.
② 전 직원의 주 평균 야간근무 빈도는 1.8일이다.
③ 사원은 한 주 동안 평균 4시간 12분 정도 야간근무를 하고 있다.
④ 1회 야간근무 시 평균적으로 가장 긴 시간 동안 일하는 직원은 대리이다.
⑤ 야간근무 수당이 시간당 10,000원이라면 과장은 주 평균 50,000원을 받는다.

09 다음은 수송부문 대기 중 온실가스 배출량에 관한 자료이다. 이에 대한 설명으로 옳지 않은 것은?

〈수송부문 대기 중 온실가스 배출량〉

(단위 : ppm)

연도	구분	합계	이산화탄소	아산화질소	메탄
2019년	합계	83,617.9	82,917.7	197.6	502.6
	산업 부문	58,168.8	57,702.5	138.0	328.3
	가계 부문	25,449.1	25,215.2	59.6	174.3
2020년	합계	85,343.0	84,626.3	202.8	513.9
	산업 부문	59,160.2	58,686.7	141.4	332.1
	가계 부문	26,182.8	25,939.6	61.4	181.8
2021년	합계	85,014.3	84,306.8	203.1	504.4
	산업 부문	60,030.0	59,553.9	144.4	331.7
	가계 부문	24,984.3	24,752.9	58.7	172.7
2022년	합계	86,338.3	85,632.1	205.1	501.1
	산업 부문	64,462.4	63,936.9	151.5	374.0
	가계 부문	21,875.9	21,695.2	53.6	127.1
2023년	합계	88,261.4	87,547.5	211.0	502.9
	산업 부문	65,491.6	64,973.3	155.9	362.4
	가계 부문	22,769.8	22,574.2	55.1	140.5

① 이산화탄소의 비중은 어느 시기든 상관없이 가장 크다.

② 연도별 가계와 산업 부문의 배출량 차이 값은 2023년에 가장 크다.

③ 연도별 가계와 산업 부문의 배출량 차이 값은 해가 지날수록 지속적으로 증가한다.

④ 해당 기간 동안 온실가스 배출량 총량은 지속적으로 증가하고 있다.

⑤ 모든 시기에서 메탄은 아산화질소보다 항상 많은 양이 배출되고 있다.

10 다음은 어린이 보호구역 지정대상 및 현황에 대한 자료이다. 이에 대한 설명으로 옳지 않은 것을 〈보기〉에서 모두 고르면?

〈어린이 보호구역 지정대상 및 지정현황〉

(단위 : 곳)

구분		2016년	2017년	2018년	2019년	2020년	2021년	2022년
어린이보호구역 지정대상	합계	17,339	18,706	18,885	21,274	21,422	20,579	21,273
어린이보호구역 지정현황	합계	14,921	15,136	15,444	15,799	16,085	16,355	16,555
	초등학교	5,917	5,946	5,975	6,009	6,052	6,083	6,127
	유치원	6,766	6,735	6,838	6,979	7,056	7,171	7,259
	특수학교	131	131	135	145	146	148	150
	보육시설	2,107	2,313	2,481	2,650	2,775	2,917	2,981
	학원	–	11	15	16	56	36	38

보기

ㄱ. 2019년부터 2022년까지 어린이보호구역 지정대상은 전년 대비 매년 증가하였다.

ㄴ. 2017년 어린이보호구역 지정대상 중 어린이보호구역으로 지정된 구역의 비율은 75% 이상이다.

ㄷ. 어린이보호구역으로 지정된 구역 중 학원이 차지하는 비중은 2020년부터 2022년까지 전년 대비 매년 증가하였다.

ㄹ. 어린이보호구역으로 지정된 구역 중 초등학교가 차지하는 비중은 2016년부터 2020년까지 매년 60% 이상이다.

① ㄱ, ㄴ

② ㄴ, ㄹ

③ ㄱ, ㄴ, ㄷ

④ ㄱ, ㄷ, ㄹ

⑤ ㄴ, ㄷ, ㄹ

11 다음은 지식경제부에서 2023년 11월에 발표한 산업경제지표 추이 자료이다. 이에 대한 설명으로 옳지 않은 것은?

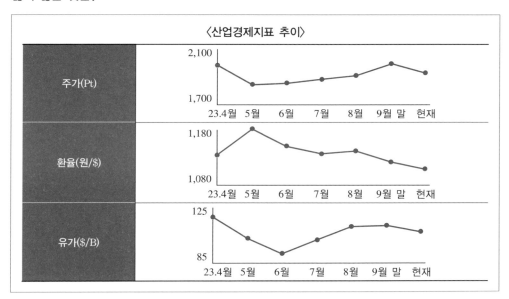

① 주가는 5월에 급락했다가 9월 말까지 서서히 회복세를 보였으나, 현재는 다시 하락해서 2023년 4월선을 회복하지 못하고 있다.

② 환율은 5월 이후 하락세에 있으므로 원화가치는 높아질 것이다.

③ 유가는 6월까지는 큰 폭으로 하락했으나, 그 이후 9월까지 서서히 상승세를 보이고 있다.

④ 숫자상의 변동 폭이 가장 작은 것은 유가이다.

⑤ 2023년 8월을 기점으로 위 세 가지 부분은 모두 하락세를 보이고 있다.

12 다음은 우리나라 1차 에너지 소비량 현황 자료이다. 이에 대한 설명으로 옳은 것은?

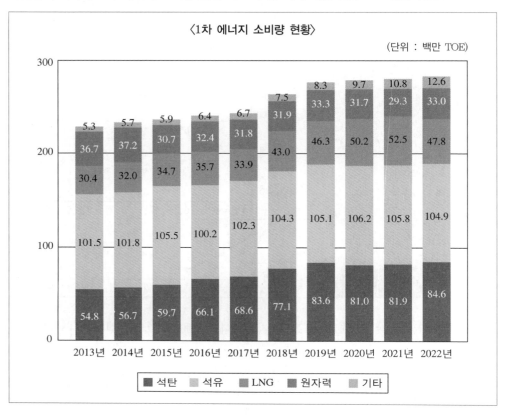

① 매년 석유 소비량이 나머지 에너지 소비량의 합보다 많다.
② 석탄 소비량은 완만한 하락세를 보이고 있다.
③ 기타 에너지 소비량이 지속적으로 감소하는 추세이다.
④ 2014 ~ 2018년 원자력 소비량은 증감을 반복하고 있다.
⑤ 2014 ~ 2018년 LNG 소비량의 증가 추세는 그 정도가 심화되었다.

13 다음은 청년층 고용동향에 대한 자료이다. 이에 대한 설명으로 옳지 않은 것은?

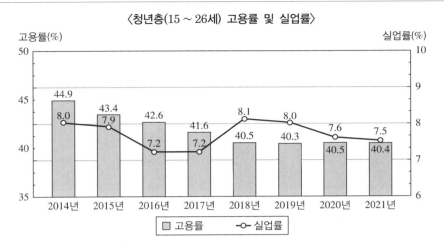

〈청년층(15 ～ 26세) 고용률 및 실업률〉

※ 실업률 : [(실업자수)/(경제활동인구)]×100
※ 고용률 : [(취업자수)/(생산가능인구)]×100

〈청년층(15 ～ 26세) 고용동향〉

(단위 : 천 명, %)

구분	2014년	2015년	2016년	2017년	2018년	2019년	2020년	2021년
생산가능인구	9,920	9,843	9,855	9,822	9,780	9,705	9,589	9,517
경제활동인구	4,836	4,634	4,530	4,398	4,304	4,254	4,199	4,156
경제활동참가율	48.8	47.1	46.0	44.8	44.0	43.8	43.8	43.7

※ 생산가능인구 : 만 15세 이상 인구
※ 경제활동인구 : 만 15세 이상 인구 중 취업자와 실업자
※ 경제활동참가율 : [(경제활동인구)/(생산가능인구)]×100

① 2014년부터 2016년까지 청년층 고용률과 실업률의 증감추이는 동일하다.
② 전년과 비교했을 때, 2015년에 경제활동인구가 가장 많이 감소했다.
③ 생산가능인구는 매년 감소하고 있다.
④ 고용률 대비 실업률 비율이 가장 높았던 해는 2018년이다.
⑤ 경제활동참가율은 전체적으로 감소하고 있다.

자원관리능력

합격 Cheat Key

자원관리능력은 현재 NCS 기반 채용을 진행하는 많은 공사·공단에서 핵심영역으로 자리 잡아, 일부를 제외한 대부분의 시험에서 출제되고 있다.

세부 유형은 비용 계산, 해외파견 지원금 계산, 주문 제작 단가 계산, 일정 조율, 일정 선정, 행사 대여 장소 선정, 최단거리 구하기, 시차 계산, 소요시간 구하기, 해외파견 근무 기준에 부합하는 또는 부합하지 않는 직원 고르기 등으로 나눌 수 있다.

1 시차를 먼저 계산하라!

시간 자원 관리의 대표유형 중 시차를 계산하여 일정에 맞는 항공권을 구입하거나 회의시간을 구하는 문제에서는 각각의 나라 시간을 한국 시간으로 전부 바꾸어 계산하는 것이 편리하다. 조건에 맞는 나라들의 시간을 전부 한국 시간으로 바꾸고 한국 시간과의 시차만 더하거나 빼면 시간을 단축하여 풀 수 있다.

2 선택지를 잘 활용하라!

계산을 해서 값을 요구하는 문제 유형에서는 선택지를 먼저 본 후 자리 수가 몇 단위로 끝나는지 확인해야 한다. 예를 들어 412,300원, 426,700원, 434,100원인 선택지가 있다고 할 때, 제시된 조건에서 100원 단위로 나올 수 있는 항목을 찾아 그 항목만 계산하는 방법이 있다. 또한, 일일이 계산하는 문제가 많다. 예를 들어 640,000원, 720,000원, 810,000원 등의 수를 이용해 푸는 문제가 있다고 할 때, 만 원 단위를 절사하고 계산하여 64, 72, 81처럼 요약하는 방법이 있다.

3 최적의 값을 구하는 문제인지 파악하라!

물적 자원 관리의 대표유형에서는 제한된 자원 내에서 최대의 만족 또는 이익을 얻을 수 있는 방법을 강구하는 문제가 출제된다. 이때, 구하고자 하는 값을 x, y로 정하고 연립방정식을 이용해 x, y 값을 구한다. 최소 비용으로 목표생산량을 달성하기 위한 업무 및 인력 할당, 정해진 시간 내에 최대 이윤을 낼 수 있는 업체 선정, 정해진 인력으로 효율적 업무 배치 등을 구하는 문제에서 사용되는 방법이다.

4 각 평가항목을 비교하라!

인적 자원 관리의 대표유형에서는 각 평가항목을 비교하여 기준에 적합한 인물을 고르거나, 저렴한 업체를 선정하거나, 총점이 높은 업체를 선정하는 문제가 출제된다. 이런 유형은 평가항목에서 가격이나 점수 차이에 영향을 많이 미치는 항목을 찾아 1 ～ 2개의 선택지를 삭제하고, 남은 3 ～ 4개의 선택지만 계산하여 시간을 단축할 수 있다.

01 | 시간 계획

| 유형분석 |

- 시간 자원과 관련된 다양한 정보를 활용하여 풀어 가는 유형이다.
- 대체로 교통편 정보나 국가별 시차 정보가 제공되며, 이를 근거로 '현지 도착시간 또는 약속된 시간 내에 도착하기 위한 방안'을 고르는 문제가 출제된다.

해외영업부 A대리는 B부장과 함께 샌프란시스코에 출장을 가게 되었다. 샌프란시스코의 시각은 한국보다 16시간 느리고, 비행 시간은 10시간 25분일 때 샌프란시스코 현지 시각으로 11월 17일 오전 10시 35분에 도착하는 비행기를 타려면 한국 시각으로 인천공항에 몇 시까지 도착해야 하는가?

구분	날짜	출발 시각	비행 시간	날짜	도착 시각
인천 → 샌프란시스코	11월 17일		10시간 25분	11월 17일	10:35
샌프란시스코 → 인천	11월 21일	17:30	12시간 55분	11월 22일	22:25

※ 단, 비행기 출발 1시간 전에 공항에 도착해 티켓팅을 해야 한다.

① 12:10
② 13:10
③ 14:10
④ 15:10
⑤ 16:10

정답 ④

인천에서 샌프란시스코까지 비행 시간은 10시간 25분이므로, 샌프란시스코 도착 시각에서 거슬러 올라가면 샌프란시스코 시각으로 00시 10분에 출발한 것이 된다. 이때 한국은 샌프란시스코보다 16시간 빠르기 때문에 한국 시각으로는 16시 10분에 출발한 것이다. 하지만 비행기 티켓팅을 위해 출발 1시간 전에 인천공항에 도착해야 하므로 15시 10분까지 공항에 가야 한다.

풀이 전략!

문제에서 묻는 것을 정확히 파악한다. 특히 제한사항에 대해서는 빠짐없이 확인해 두어야 한다. 이후 제시된 정보(시차 등)에서 필요한 것을 선별하여 문제를 풀어 간다.

01 K공사에서 H기능사 실기시험 일정을 5월 중에 3일간 진행하려고 한다. 일정은 다른 국가기술자격 실기시험일 또는 행사일에는 할 수 없으며, 필기시험일은 중복이 가능하다. H기능사 실기시험 날짜로 적절한 것은?

<5월 달력>

일요일	월요일	화요일	수요일	목요일	금요일	토요일
			1	2	3 체육대회	4
5 어린이날	6	7	8	9 A기술사 필기시험	10	11
12 석가탄신일	13	14 B산업기사 실기시험	15 B산업기사 실기시험	16 B산업기사 실기시험	17	18
19	20	21	22	23	24	25
26	27	28	29	30	31	

※ 실기시험은 월 ~ 토요일에 실시한다.
※ 24 ~ 29일 동안 시험장 보수공사를 실시한다.

① 3 ~ 6일
② 7 ~ 9일
③ 13 ~ 15일
④ 23 ~ 25일
⑤ 29 ~ 31일

02 K공사 인사팀에는 팀장 1명, 과장 2명과 A대리가 있다. 팀장 1명과 과장 2명은 4월 안에 휴가를 다녀와야 하고, 팀장이나 과장이 1명이라도 없는 경우, A대리는 자리를 비울 수 없다. 다음 〈조건〉에 따른 A대리의 연수 마지막 날짜는?

> **조건**
> • 4월 1일은 월요일이며, K공사는 주5일제이다.
> • 마지막 주 금요일에는 중요한 세미나가 있어 그 주에는 모든 팀원이 자리를 비울 수 없다.
> • 팀장은 첫째 주 화요일부터 3일 동안 휴가를 신청했다.
> • B과장은 둘째 주 수요일부터 5일 동안 휴가를 신청했다.
> • C과장은 셋째 주에 2일간의 휴가를 마치고 금요일부터 출근할 것이다.
> • A대리는 주말 없이 진행되는 연수에 5일 연속 참여해야 한다.

① 8일　　　　　　　　　　② 9일
③ 23일　　　　　　　　　④ 24일
⑤ 30일

03 다음은 K회사 신제품개발1팀의 하루 업무 스케줄에 대한 자료이다. 신입사원 A씨는 스케줄을 바탕으로 금일 회의 시간을 정하려고 한다. 1시간 동안 진행될 팀 회의의 가장 적절한 시간대는?

〈K회사 신제품개발1팀 스케줄〉

시간	직위별 스케줄				
	부장	차장	과장	대리	사원
09:00 ~ 10:00	업무회의				
10:00 ~ 11:00					비품요청
11:00 ~ 12:00			시장조사	시장조사	시장조사
12:00 ~ 13:00	점심식사				
13:00 ~ 14:00	개발전략수립		시장조사	시장조사	시장조사
14:00 ~ 15:00		샘플검수	제품구상	제품구상	제품구상
15:00 ~ 16:00			제품개발	제품개발	제품개발
16:00 ~ 17:00					
17:00 ~ 18:00			결과보고	결과보고	

① 09:00 ~ 10:00　　　　　② 10:00 ~ 11:00
③ 14:00 ~ 15:00　　　　　④ 16:00 ~ 17:00
⑤ 17:00 ~ 18:00

04 자동차 부품을 생산하는 K기업은 반자동과 자동 생산라인을 하나씩 보유하고 있다. 최근 일본의 자동차 회사와 수출계약을 체결하여 자동차 부품 34,500개를 납품하였다. 아래 K기업의 생산조건을 고려할 때, 일본에 납품할 부품을 생산하는 데 소요된 시간은 얼마인가?

〈자동차 부품 생산조건〉

• 반자동라인은 4시간에 300개의 부품을 생산하며, 그중 20%는 불량품이다.
• 자동라인은 3시간에 400개의 부품을 생산하며, 그중 10%는 불량품이다.
• 반자동라인은 8시간마다 2시간씩 생산을 중단한다.
• 자동라인은 9시간마다 3시간씩 생산을 중단한다.
• 불량 부품은 생산 후 폐기하고 정상인 부품만 납품한다.

---

① 230시간   ② 240시간
③ 250시간   ④ 260시간
⑤ 280시간

05 해외로 출장을 가는 김대리는 다음과 같이 이동하려고 계획하고 있다. 연착 없이 계획대로 출장지에 도착했다면, 도착했을 때의 현지 시각은?

• 서울 시각으로 5일 오후 1시 35분에 출발하는 비행기를 타고, 경유지 한 곳을 거쳐 출장지에 도착한다.
• 경유지는 서울보다 1시간 빠르고, 출장지는 경유지보다 2시간 느리다.
• 첫 번째 비행은 3시간 45분이 소요된다.
• 경유지에서 3시간 50분을 대기하고 출발한다.
• 두 번째 비행은 9시간 25분이 소요된다.

---

① 오전 5시 35분   ② 오전 6시
③ 오후 5시 35분   ④ 오후 6시
⑤ 오전 7시

06 다음은 K제품의 생산계획을 나타낸 자료이다. 〈조건〉에 따라 공정이 진행될 때, 첫 번째 완제품이 생산되기 위해서는 최소 몇 시간이 소요되는가?

〈K제품 생산계획〉

공정	선행공정	소요시간
A	없음	3
B	A	1
C	B, E	3
D	없음	2
E	D	1
F	C	2

조건
- 공정별로 1명의 작업 담당자가 공정을 수행한다.
- A공정과 D공정의 작업 시점은 같다.
- 공정 간 제품의 이동 시간은 무시한다.

① 6시간　　　　　　　　　　② 7시간
③ 8시간　　　　　　　　　　④ 9시간
⑤ 10시간

07 청원경찰은 6층 회사건물을 각 층마다 모두 순찰한 후에 퇴근한다. 다음 〈조건〉에 따라 1층에서 출발하여 순찰을 완료하고 1층으로 돌아오기까지 소요되는 최소 시간은?(단, 〈조건〉 외의 다른 요인은 고려하지 않는다)

조건
- 층간 이동은 엘리베이터로만 해야 하며, 엘리베이터가 한 개 층을 이동하는 데는 1분이 소요된다.
- 엘리베이터는 한 번에 최대 세 개 층(예 1층 → 4층)을 이동할 수 있다.
- 엘리베이터는 한 번 위로 올라갔으면, 그 다음에는 아래 방향으로 내려오고, 그 다음에는 다시 위 방향으로 올라가야 한다.
- 하나의 층을 순찰하는 데는 10분이 소요된다.

① 1시간　　　　　　　　　　② 1시간 10분
③ 1시간 16분　　　　　　　　④ 1시간 22분
⑤ 1시간 30분

08 K공사 홍보팀 팀원들은 함께 출장근무를 마치고 서울로 복귀하고자 한다. 다음 자료에 따를 때, 서울에 가장 일찍 도착할 수 있는 예정시각은?

〈상황〉

- 홍보팀 팀원은 총 4명이다.
- 대전에서 출장을 마치고 서울로 돌아가려고 한다.
- 고속버스터미널에는 은행, 편의점, 화장실, 패스트푸드점 등이 있다.
  ※ 시설별 소요시간 : 은행 30분, 편의점 10분, 화장실 20분, 패스트푸드점 25분

〈대화 내용〉

- A과장 : 긴장이 풀려서 그런가? 배가 출출하네. 햄버거라도 사 먹어야겠어.
- B대리 : 저도 출출하긴 한데 그것보다 화장실이 더 급하네요. 금방 다녀오겠습니다.
- C주임 : 그럼 그사이에 버스표를 사야 하니 은행에 들러 현금을 찾아오겠습니다.
- D사원 : 저는 그동안 버스 안에서 먹을 과자를 편의점에서 사 오겠습니다.
- A과장 : 지금이 16시 50분이니까 다들 각자 볼일 보고 빨리 돌아와. 다 같이 타고 가야 하니까.

〈시외버스 배차정보〉

대전 출발	서울 도착	잔여좌석 수
17:00	19:00	6
17:15	19:15	8
17:30	19:30	3
17:45	19:45	4
18:00	20:00	8
18:15	20:15	5
18:30	20:30	6
18:45	20:45	10
19:00	21:00	16

① 19:00　　　　　　② 19:15

③ 19:45　　　　　　④ 20:15

⑤ 20:45

02 | 비용 계산

| 유형분석 |

- 예산 자원과 관련된 다양한 정보를 활용하여 풀어 가는 문제이다.
- 대체로 한정된 예산 내에서 수행할 수 있는 업무 및 예산 가격을 묻는 문제가 출제된다.

연봉 실수령액을 구하는 식이 〈보기〉와 같을 때, 연봉이 3,480만 원인 A씨의 연봉 실수령액은?(단, 원 단위는 절사한다)

> **보기**
>
> - (연봉 실수령액)=(월 실수령액)×12
> - (월 실수령액)=(월 급여)−[(국민연금)+(건강보험료)+(고용보험료)+(장기요양보험료)+(소득세)+ (지방세)]
> - (국민연금)=(월 급여)×4.5%
> - (건강보험료)=(월 급여)×3.12%
> - (고용보험료)=(월 급여)×0.65%
> - (장기요양보험료)=(건강보험료)×7.38%
> - (소득세)=68,000원
> - (지방세)=(소득세)×10%

① 30,944,400원
② 31,078,000원
③ 31,203,200원
④ 32,150,800원
⑤ 32,497,600원

정답 ①

A씨의 월 급여는 3,480÷12=290만 원이다.
국민연금, 건강보험료, 고용보험료를 제외한 금액을 계산하면
290만 원−{290만 원×(0.045+0.0312+0.0065)}
→ 290만 원−(290만 원×0.0827)
→ 290만 원−239,830=2,660,170원
- 장기요양보험료 : (290만 원×0.0312)×0.0738≒6,670원(∵ 원 단위 절사)
- 지방세 : 68,000×0.1=6,800원
따라서 A씨의 월 실수령액은 2,660,170−(6,670+68,000+6,800)=2,578,700원이고,
연봉 실수령액은 2,578,700×12=30,944,400원이다.

풀이 전략!

제한사항인 예산을 고려하여 문제에서 묻는 것을 정확히 파악한 후, 제시된 정보에서 필요한 것을 선별하여 문제를 풀어 간다.

01 수인이는 베트남 여행을 위해 K국제공항에서 환전하기로 하였다. 다음은 K환전소의 당일 환율 및 수수료를 나타낸 자료이다. 수인이가 한국 돈으로 베트남 현금 1,670만 동을 환전한다고 할 때, 수수료까지 포함하여 필요한 돈은 얼마인가?(단, 모든 계산과정에서 구한 값은 일의 자리에서 버림한다)

〈K환전소 환율 및 수수료〉

- 베트남 환율 : 483원/만 동
- 수수료 : 0.5%
- 우대사항 : 50만 원 이상 환전 시 70만 원까지 수수료 0.4%로 인하 적용
　　　　　　100만 원 이상 환전 시 총금액 수수료 0.4%로 인하 적용

① 808,840원　　　　　　　　　　② 808,940원
③ 809,840원　　　　　　　　　　④ 809,940원
⑤ 810,040원

02 다음 글을 바탕으로 전세 보증금이 1억 원인 전세 세입자가 월세 보증금 1천만 원에 전월세 전환율 한도 수준까지의 월세 전환을 원할 경우, 월 임대료 지불액은 얼마인가?

나날이 치솟는 전세 보증금! 집주인이 2년 만에 전세 보증금을 올려달라고 하는데 사실 월급쟁이로 생활비를 쓰고 남은 돈을 저축하자면 그 목돈을 마련하지 못해 전세자금 대출을 알아보곤 한다. 그럴 때 생각해 볼 수 있는 것이 반전세나 월세 전환이다. 이렇게 되면 임대인들도 보증금 몇 천만 원에서 나오는 이자보다 월 임대료가 매달 나오는 것이 좋다 보니 먼저 요구하기도 한다. 바로 그것이 '전월세 전환율'이다.
전월세 전환율은 [(월 임대료)×(12개월)/{(전세 보증금)−(월세 보증금)}]×100으로 구할 수 있다. 그렇다면 전월세 전환율 비율의 제한은 어떻게 형성되는 걸까?
우리나라는 「주택임대차보호법」에서 산정률 제한을 두고 있다. 보통 10%, 기준금리 4배수 중 낮은 비율의 범위를 초과할 수 없다고 규정하고 있기 때문에 현재 기준금리가 1.5%로 인상되어 6%가 제한선이 된다.

① 450,000원　　　　　　　　　　② 470,000원
③ 500,000원　　　　　　　　　　④ 525,000원
⑤ 550,000원

03 K공사는 연말 시상식을 개최하여 한 해 동안 모범이 되거나 훌륭한 성과를 낸 직원을 독려하고자 한다. 상 종류 및 수상인원, 상품에 대한 정보가 다음과 같을 때, 총상품구입비는 얼마인가?

〈시상내역〉

상 종류	수상인원	상품
사내선행상	5	인당 금 도금 상패 1개, 식기 1세트
사회기여상	1	인당 은 도금 상패 1개, 신형 노트북 1대
연구공로상	2	인당 금 도금 상패 1개, 안마의자 1개, 태블릿 PC 1대
성과공로상	4	인당 은 도금 상패 1개, 만년필 2개, 태블릿 PC 1대
청렴모범상	2	인당 동 상패 1개, 안마의자 1개

- 상패 제작비용
  - 금 도금 상패 : 개당 55,000원(5개 이상 주문 시 개당 가격 10% 할인)
  - 은 도금 상패 : 개당 42,000원(주문수량 4개당 1개 무료 제공)
  - 동 상패 : 개당 35,000원
- 물품 구입비용(개당)
  - 식기 세트 : 450,000원
  - 신형 노트북 : 1,500,000원
  - 태블릿PC : 600,000원
  - 만년필 : 100,000원
  - 안마의자 : 1,700,000원

① 14,085,000원　　　　　　② 15,050,000원

③ 15,534,500원　　　　　　④ 16,805,000원

⑤ 17,200,000원

04 다음 A ~ D 4명이 저녁 식사를 하고 〈조건〉에 따라 돈을 지불했을 때, C가 낸 금액은 얼마인가?

> **조건**
> • A는 B, C, D가 지불한 금액 합계의 20%를 지불했다.
> • C는 A와 B가 지불한 금액 합계의 40%를 지불했다.
> • A와 B가 지불한 금액 합계와 C와 D가 지불한 금액 합계는 같다.
> • D가 지불한 금액에서 16,000원을 빼면 A가 지불한 금액과 같다.

① 18,000원　　　　　　　　　　② 20,000원
③ 22,000원　　　　　　　　　　④ 24,000원
⑤ 26,000원

05 K기업은 창고업체를 통해 A ~ C 세 제품군을 보관하고 있다. 각 제품군에 대한 정보를 참고하여 다음 〈조건〉에 따라 K기업이 보관료로 지급해야 할 총금액은 얼마인가?

제품군	매출액(억 원)	용량	
		용적(CUBIC)	무게(톤)
A	300	3,000	200
B	200	2,000	300
C	100	5,000	500

> **조건**
> • A제품군은 매출액의 1%를 보관료로 지급한다.
> • B제품군은 1CUBIC당 20,000원의 보관료를 지급한다.
> • C제품군은 1톤당 80,000원의 보관료를 지급한다.

① 3억 2천만 원　　　　　　　　② 3억 4천만 원
③ 3억 6천만 원　　　　　　　　④ 3억 8천만 원
⑤ 4억 원

06 육아휴직급여를 담당하는 인사부 K사원은 최근 신청인원 명단을 받아 휴직기간 동안 지급될 급여를 계산해 보고해야 한다. 육아휴직급여 지원이 다음과 같을 때, 세 사람이 받을 수 있는 급여액을 모두 더한 것은?

〈육아휴직급여〉

근로자가 만 8세 이하 또는 초등학교 2학년 이하의 자녀를 양육하기 위하여 남녀고용평등과 일·가정 양립 지원에 관한 법률 제19조에 의한 육아휴직을 30일 이상 부여받은 경우 지급되는 급여입니다.

■ 해당조건 및 혜택
- 육아휴직 기간 : 1년 이내
- 육아휴직개시일 이전에 피보험단위기간이 180일 이상
- 육아휴직개시일 이후 1월부터 종료일 이후 12월 이내 신청
- 육아휴직 첫 3개월 동안은 월 통상임금의 100분의 80(상한액 : 월 150만 원, 하한액 : 월 70만 원), 나머지 기간에 대해서는 월 통상임금의 100분의 40(상한액 : 월 100만 원, 하한액 : 월 50만 원)을 지급함
- 아빠의 달 : 동일한 자녀에 대하여 부모가 순차적으로 휴직할 경우 두 번째 사용자의 첫 3개월 급여는 통상임금의 100%(최대 150만 원, 둘째 아이에 대해서는 200만 원)를 지원

〈신청인원〉

구분	성별	자녀	통상임금	육아휴직기간	비고
A씨	여	6살(첫째)	220만 원	8개월	–
B씨	남	3살(둘째)	300만 원	1년	아빠의 달
C씨	남	8살(첫째)	90만 원	6개월	–

① 2,580만 원
② 2,739만 원
③ 2,756만 원
④ 2,912만 원
⑤ 3,121만 원

07 A씨와 B씨는 카셰어링 업체인 K카를 이용하여 각각 일정을 소화하였다. K카의 이용요금표와 일정이 다음과 같을 때, A씨와 B씨의 이용요금은?

〈K카 이용요금표〉

구분	기준요금 (10분)	누진 할인요금				주행요금
		대여요금(주중)		대여요금(주말)		
		1시간	1일	1시간	1일	
모닝	880원	3,540원	35,420원	4,920원	49,240원	160원/km
레이		3,900원	39,020원	5,100원	50,970원	
아반떼	1,310원	5,520원	55,150원	6,660원	65,950원	170원/km
K3						

※ 주중/주말 기준
 – 주중 : 일요일 20:00 ~ 금요일 12:00
 – 주말 : 금요일 12:00 ~ 일요일 20:00
 (공휴일 및 당사 지정 성수기 포함)
※ 최소 예약은 30분이며 10분 단위로 연장할 수 있습니다(1시간 이하는 10분 단위로 환산하여 과금합니다).
※ 예약시간이 4시간을 초과하는 경우에는 누진 할인요금이 적용됩니다(24시간 한도).
※ 연장요금은 기준요금으로 부과합니다.
※ 이용시간 미연장에 따른 반납지연 페널티 요금은 초과한 시간에 대한 기준요금의 2배가 됩니다.

〈일정〉

• A씨
 – 차종 : 아반떼
 – 예약시간 : 3시간(토요일, 11:00 ~ 14:00)
 – 주행거리 : 92km
 – A씨는 지난주 토요일, 친구 결혼식에 참석하기 위해 인천에 다녀왔다. 인천으로 가는 길은 순탄하였으나 돌아오는 길에는 고속도로에서 큰 사고가 있었던 모양인지 예상했던 시간보다 1시간 30분이 더 걸렸다. A씨는 이용시간을 연장해야 한다는 사실을 몰라 하지 못했다.
• B씨
 – 차종 : 레이
 – 예약시간 : 1일 8시간(목요일, 익일 ~ 08:00)
 – 주행거리 : 243km
 – B씨는 납품지연에 따른 상황을 파악하기 위해 강원도 원주에 있는 거래처에 들러 이틀에 걸쳐 일을 마무리한 후 예정된 일정에 맞추어 다시 서울로 돌아왔다.

	A씨	B씨		A씨	B씨
①	61,920원	120,140원	②	62,800원	122,570원
③	62,800원	130,070원	④	63,750원	130,070원
⑤	63,750원	130,200원			

08 다음은 K시의 가정용 수도요금 기준과 계산 방법에 관한 자료이다. K시의 주민 A씨는 다음의 자료를 이용하여 A씨 건물의 수도요금을 계산해보고자 한다. A씨 건물의 2개월 수도 사용량이 $400m^3$, 세대수는 4세대이고, 계량기 구경이 20mm인 경우 요금총액은 얼마인가?

〈사용요금 요율표(1개월 기준)〉

구분	사용 구분(m^3)	m^3당 단가(원)	구분	사용 구분(m^3)	m^3당 단가(원)
상수도	0 이상 30 이하	360	하수도	0 이상 30 이하	360
	30 초과 50 이하	550		30 초과 50 이하	850
	50 초과	790		50 초과	1,290
물이용부담금	1m^3당	170		유출지하수 1m^3당 360원	

〈계량기 구경별 기본요금(1개월 기준)〉

구경(mm)	요금(원)	구경(mm)	요금(원)	구경(mm)	요금(원)	구경(mm)	요금(원)
15	1,080	40	16,000	100	89,000	250	375,000
20	3,000	50	25,000	125	143,000	300	465,000
25	5,200	65	38,900	150	195,000	350	565,000
32	9,400	75	52,300	200	277,000	400	615,000

〈요금총액 계산방법〉

상수도요금 : ①+②원(원 단위 절사)	① (사용요금)=(1세대 1개월 요금)×(세대수)×(개월수) ② (기본요금)=(계량기 구경별 기본요금)×(개월수)
하수도요금 : 원(원 단위 절사)	(하수도요금)=(1세대 1개월 요금)×(세대수)×(개월수)
물이용부담금 : 원(원 단위 절사)	(물이용부담금)=(1세대 1개월 요금)×(세대수)×(개월수)
요금총액	(상수도요금)+(하수도요금)+(물이용부담금)

※ [세대당 월평균 사용량(m^3)]=[사용량(m^3)]÷(개월수)÷(세대수)
※ (1세대 1개월 요금)=(세대당 월평균 사용량)×(요율)
※ 상수도 및 하수도 요율 적용은 사용 구분별로 해당 구간의 요율을 적용한다.
　[예] 세대당 월평균 사용량이 $60m^3$인 경우에 가정용 상수도요금
　　→ ($30m^3$×360원)+($20m^3$×550원)+($10m^3$×790원)
※ 물이용부담금 요율 적용은 사용 구분 없이 1m^3당 170원을 적용한다.

① 470,800원
② 474,600원
③ 484,800원
④ 524,800원
⑤ 534,600원

09 K컨벤션에서 회의실 예약업무를 담당하고 있는 A씨는 2주 전 B기업으로부터 오전 10 ~ 12시에 35명, 오후 1 ~ 4시에 10명이 이용할 수 있는 회의실 예약문의를 받았다. A씨는 회의실 예약 설명 서를 B기업으로 보냈고 B기업은 자료를 바탕으로 회의실을 선택하여 621,000원을 결제했다. 그러 나 이용일 4일 전 B기업이 오후 회의실 사용을 취소했을 때, 〈조건〉에 따라 B기업에 주어야 할 환불금액은?(단, 회의에서는 노트북과 빔프로젝터를 이용하며, 부대장비 대여료도 환불규칙에 포 함된다)

〈회의실 사용료(VAT 포함)〉

회의실	수용 인원(명)	면적(m^2)	기본임대료(원)		추가임대료(원)	
			기본시간	임대료	추가시간	임대료
대회의실	90	184		240,000		120,000
별실	36	149		400,000		200,000
세미나 1	21	43	2시간	136,000	시간당	68,000
세미나 2						
세미나 3	10	19		74,000		37,000
세미나 4	16	36		110,000		55,000
세미나 5	8	15		62,000		31,000

〈부대장비 대여료(VAT 포함)〉

장비명	사용료(원)				
	1시간	2시간	3시간	4시간	5시간
노트북	10,000	10,000	20,000	20,000	30,000
빔프로젝터	30,000	30,000	50,000	50,000	70,000

조건
- 기본임대 시간은 2시간이며, 1시간 단위로 연장할 수 있습니다.
- 예약 시 최소 인원은 수용 인원의 과반수 이상이어야 합니다.
- 예약 가능한 회의실 중 비용이 저렴한 쪽을 선택해야 합니다.

〈환불규칙〉

- 결제완료 후 계약을 취소하시는 경우 다음과 같이 취소 수수료가 발생합니다.
  - 이용일 기준 7일 이전 : 취소수수료 없음
  - 이용일 기준 6일 ~ 3일 이전 : 취소수수료 10%
  - 이용일 기준 2일 ~ 1일 이전 : 취소수수료 50%
  - 이용일 당일 : 환불 없음
- 회의실에는 음식물을 반입하실 수 없습니다.
- 이용일 7일 전까지(7일 이내 예약 시에는 예약신청일 중) 결제하셔야 합니다.
- 결제변경은 해당 회의실 이용시간 전까지 가능합니다.

① 162,900원   ② 183,600원
③ 211,500원   ④ 246,600원
⑤ 387,000원

03 | 품목 확정

| 유형분석 |

- 물적 자원과 관련된 다양한 정보를 활용하여 풀어 가는 문제이다.
- 공정도·제품·시설 등에 대한 가격·특징·시간 정보가 제시되며, 이를 종합적으로 고려하는 문제가 출제된다.

K씨는 로봇청소기를 합리적으로 구매하기 위해 모델별로 성능을 비교·분석하였다. 〈보기〉에 따라 K씨가 선택할 로봇청소기 모델로 옳은 것은?

〈로봇청소기 모델별 성능 분석표〉

모델	청소 성능		주행 성능			소음 방지	자동 복귀	안전성	내구성	경제성
	바닥	카펫	자율주행 성능	문턱 넘김	추락 방지					
A	★★★	★	★★	★★	★★	★★★	★★★	★★★	★★★	★★
B	★★	★★★	★★★	★★★	★	★★★	★★	★★★	★★★	★★
C	★★★	★★★	★★★	★	★★★	★★★	★★★	★★★	★★★	★
D	★★	★★	★★★	★★	★	★★	★★	★★★	★★	★★
E	★★★	★★★	★★	★★★	★★	★★★	★★	★★★	★★★	★★★

※ ★★★ : 적합, ★★ : 보통, ★ : 미흡

> **보기**
>
> K씨 : 로봇청소기는 내구성과 안전성이 1순위이고 집에 카펫은 없으니 바닥에 대한 청소 성능이 2순위야. 글을 쓰는 아내를 위해서 소음도 중요하겠지, 문턱이나 추락할만한 공간은 없으니 자율주행성능만 좋은 것으로 살펴보면 되겠네. 나머지 기준은 크게 신경 안 써도 될 것 같아.

① A모델
② B모델
③ C모델
④ D모델
⑤ E모델

정답 ③

내구성과 안전성 모두 적합한 로봇청소기 모델은 A, B, C, E이며, 바닥에 대한 청소 성능의 경우 A, C, E가 적합하다. 소음방지의 경우는 A, B, C, E가 적합하고, 자율주행성능은 B, C, D가 적합하다. 따라서 K씨는 내구성, 안전성, 바닥에 대한 청소 성능, 소음방지, 자율주행성능에 모두 적합한 C모델을 선택할 것이다.

풀이 전략!

문제에서 제시한 물적 자원의 정보를 문제의 의도에 맞게 선별하면서 풀어 간다.

01 최대리는 노트북을 사고자 K전자 홈페이지에 방문하였다. 노트북 A ~ E를 최종 후보로 선정 후 〈조건〉에 따라 점수를 부여하여 점수가 가장 높은 제품을 고를 때, 최대리가 고를 노트북은?

구분	A	B	C	D	E
저장용량 / 저장매체	512GB / HDD	128GB / SSD	1,024GB / HDD	128GB / SSD	256GB / SSD
배터리 지속시간	최장 10시간	최장 14시간	최장 8시간	최장 13시간	최장 12시간
무게	2kg	1.2kg	2.3kg	1.5kg	1.8kg
가격	120만 원	70만 원	135만 원	90만 원	85만 원

〈노트북 최종 후보〉

조건

• 항목별로 순위를 정하여 5점 ~ 1점을 순차적으로 부여한다(단, 동일한 성능일 경우 동일한 점수를 부여한다).
• 저장용량은 클수록, 배터리 지속시간은 길수록, 무게는 가벼울수록, 가격은 저렴할수록 높은 점수를 부여한다.
• 저장매체가 SSD일 경우 3점을 추가로 부여한다.

① A　　　　　　　　　　　　　　② B
③ C　　　　　　　　　　　　　　④ D
⑤ E

02 K공사에서 근무하는 S사원은 새로 도입되는 교통관련 정책 홍보자료를 만들어서 배포하려고 한다. 다음 중 가장 저렴한 비용으로 인쇄할 수 있는 인쇄소로 옳은 것은?

〈인쇄소별 비용 견적〉

(단위 : 원)

인쇄소	페이지당 비용	표지 가격		권당 제본 비용	할인
		유광	무광		
A	50	500	400	1,500	–
B	70	300	250	1,300	–
C	70	500	450	1,000	100부 초과 시 초과 부수만 총비용에서 5% 할인
D	60	300	200	1,000	–
E	100	200	150	1,000	총 인쇄 페이지 5,000페이지 초과 시 총비용에서 20% 할인

※ 홍보자료는 관내 20개 지점에 배포하고, 지점마다 10부씩 배포한다.
※ 홍보자료는 30페이지 분량으로 제본하며, 표지는 유광표지로 한다.

① A인쇄소
② B인쇄소
③ C인쇄소
④ D인쇄소
⑤ E인쇄소

03 K씨는 밤도깨비 야시장에서 푸드 트럭을 운영하기로 계획하고 있다. 순이익이 가장 높은 메인 메뉴 한 가지를 선정하려고 할 때, K씨가 선정할 메뉴로 옳은 것은?

메뉴	예상 월간 판매량(개)	생산 단가(원)	판매 가격(원)
A	500	3,500	4,000
B	300	5,500	6,000
C	400	4,000	5,000
D	200	6,000	7,000
E	150	3,000	5,000

① A
② B
③ C
④ D
⑤ E

04 K회사 마케팅 팀장은 팀원 50명에게 연말 선물을 하기 위해 물품을 구매하려고 한다. 아래는 업체별 품목 가격과 팀원들의 품목 선호도를 나타낸 자료이다. 다음 〈조건〉에 따라 팀장이 구매하는 물품과 업체를 순서대로 바르게 나열한 것은?

〈업체별 품목 가격〉

구분		한 벌당 가격(원)
A업체	티셔츠	6,000
	카라 티셔츠	8,000
B업체	티셔츠	7,000
	후드 집업	10,000
	맨투맨	9,000

〈팀원 품목 선호도〉

순위	품목
1	카라 티셔츠
2	티셔츠
3	후드 집업
4	맨투맨

조건

• 팀원의 선호도를 우선으로 품목을 선택한다.
• 총구매금액이 30만 원 이상이면 총금액에서 5%를 할인해 준다.
• 차순위 품목이 1순위 품목보다 총금액이 20% 이상 저렴하면 차순위를 선택한다.

① 티셔츠, A업체 ② 카라 티셔츠, A업체
③ 티셔츠, B업체 ④ 후드 집업, B업체
⑤ 맨투맨, B업체

다음은 K기업의 재고 관리에 대한 자료이다. 금요일까지 부품 재고 수량이 남지 않게 완성품을 만들 수 있도록 월요일에 주문할 부품 A∼C의 개수가 바르게 연결된 것은?(단, 주어진 조건 이외에는 고려하지 않는다)

〈부품 재고 수량과 완성품 1개당 소요량〉

부품	부품 재고 수량(개)	완성품 1개당 소요량(개)
A	500	10
B	120	3
C	250	5

〈완성품 납품 수량〉

구분	월요일	화요일	수요일	목요일	금요일
완성품 납품 수량(개)	없음	30	20	30	20

※ 부품 주문은 월요일에 한 번 신청하며, 화요일 작업 시작 전에 입고된다.
※ 완성품은 부품 A, B, C를 모두 조립해야 한다.

	A	B	C		A	B	C
①	100개	100개	100개	②	100개	180개	200개
③	500개	100개	100개	④	500개	150개	200개
⑤	500개	180개	250개				

06 K공사는 직원용 컴퓨터를 교체하려고 한다. 다음 〈조건〉을 만족하는 컴퓨터로 옳은 것은?

〈컴퓨터별 가격 현황〉

구분	A컴퓨터	B컴퓨터	C컴퓨터	D컴퓨터	E컴퓨터
모니터	20만 원	23만 원	20만 원	19만 원	18만 원
본체	70만 원	64만 원	60만 원	54만 원	52만 원
세트 (모니터+본체)	80만 원	75만 원	70만 원	66만 원	65만 원
성능평가	중	상	중	중	하
할인혜택	–	세트로 15대 이상 구매 시 총금액에서 100만 원 할인	모니터 10대 초과 구매 시 초과 대수 15% 할인	–	–

조건
- 예산은 1,000만 원이다.
- 교체할 직원용 컴퓨터는 모니터와 본체 각각 15대이다.
- 성능평가에서 '중' 이상을 받은 컴퓨터로 교체한다.
- 컴퓨터 구매는 세트 또는 모니터와 본체 따로 구매할 수 있다.

① A컴퓨터　　　　　　　　② B컴퓨터
③ C컴퓨터　　　　　　　　④ D컴퓨터
⑤ E컴퓨터

07 사진관은 올해 찍은 사진을 모두 모아서 1개의 USB에 저장하려고 한다. 사진의 용량 및 찍은 사진 장수가 자료와 같을 때, 최소 몇 GB의 USB가 필요한가?(단, 1MB=1,000KB, 1GB=1,000MB이며, USB 용량은 소수점 자리는 버림한다)

〈올해 찍은 사진 자료〉

구분	크기(cm)	용량	장수
반명함	3×4	150KB	8,000장
신분증	3.5×4.5	180KB	6,000장
여권	5×5	200KB	7,500장
단체사진	10×10	250KB	5,000장

① 3GB　　　　　　　　　② 4GB
③ 5GB　　　　　　　　　④ 6GB
⑤ 7GB

08 K사 기획팀 A사원은 다음 주 금요일에 열릴 세미나 장소를 섭외하라는 부장님의 지시를 받았다. 세미나에 참여할 인원은 총 17명이며, 모든 인원이 앉을 수 있는 테이블과 의자, 발표에 사용할 빔프로젝터 1개가 필요하다. A사원은 대회의실을 선택하였고, 필요한 비품은 모든 회의실과 창고에서 확보한 후 부족한 물품을 주문하였다. 주문한 물품이 도착한 후 물품을 확인했지만 수량을 착각해 빠트린 것이 있었다. 다시 주문하게 된다면 A사원이 추가로 주문할 물품 목록으로 알맞은 것은?

〈회의실별 비품 현황〉

구분	대회의실	1회의실	2회의실	3회의실	4회의실
테이블(2인용)	1	1	2	–	–
의자	3	2	–	–	4
빔프로젝터	–	–	–	–	–
화이트보드	–	–	–	–	–
보드마카	2	3	1	–	2

〈창고 내 비품 보유 현황〉

구분	테이블(2인용)	의자	빔프로젝터	화이트보드	보드마카
창고	–	2	1	5	2

〈1차 주문서〉

1. 테이블 4개
2. 의자 1개
3. 화이트보드 1개
4. 보드마카 2개

① 빔프로젝터 : 1개, 의자 : 3개
② 빔프로젝터 : 1개, 테이블 : 1개
③ 테이블 : 1개, 의자 : 5개
④ 테이블 : 9개, 의자 : 6개
⑤ 테이블 : 9개, 의자 : 3개

09 K발전 기획전략처 문화홍보부 S대리는 부서 출장 일정에 맞춰 업무 시 사용할 렌터카를 대여하려고 한다. 제시된 자료에 따라 S대리가 일정에 사용할 렌터카는?

〈문화홍보부 출장 일정〉

일자	내용	인원	짐 무게
2023 − 08 − 07(월)	보령화력 3부두 방문	2명	6kg
2023 − 08 − 08(화)	임금피크제 도입 관련 세미나 참여	3명	3kg
2023 − 08 − 09(수)	신서천화력 건설사업	5명	–
2023 − 08 − 10(목)	햇빛새싹발전소(학교태양광) 발전사업 대상지 방문	3명	3kg
2023 − 08 − 11(금)	제주 LNG복합 건설사업 관련 좌담회	8명	2kg
2023 − 08 − 14(월)	H그린파워 제철 부생가스 발전사업 관련 미팅	10명	3kg
2023 − 08 − 16(수)	방만경영 개선 이행실적 발표회	4명	1kg
2023 − 08 − 17(목)	보령항로 준설공사현장 방문	3명	2kg
2023 − 08 − 18(금)	보령 본사 방문	4명	6kg

※ 짐 무게 3kg당 탑승인원 1명으로 취급한다.

〈렌터카 요금 안내〉

렌터카	요금	유류	최대 탑승인원
A	45,000원	경유	4명
B	60,000원	휘발유	5명
C	55,000원	LPG	8명
D	55,000원	경유	6명

※ 렌터카 선정 시 가격을 가장 우선으로 하고, 최대 탑승인원을 다음으로 한다.
※ 8월 1일 ~ 8월 12일까지는 여름휴가 할인행사로 휘발유 차량을 30% 할인한다.

보내는 이 : S대리
안녕하십니까, 문화홍보부 S대리입니다.
금주 문화홍보부에서 참여하는 햇빛새싹발전소 발전사업 대상지 방문과 차주 보령 본사 방문에 관련된 정보를 첨부합니다. 해당 사항 확인해주시기 바랍니다. 감사합니다.

받는 이 : 문화홍보부

① A렌터카, B렌터카   ② A렌터카, D렌터카
③ B렌터카, C렌터카   ④ B렌터카, D렌터카
⑤ C렌터카, D렌터카

04 | 인원 선발

| 유형분석 |

- 인적 자원과 관련된 다양한 정보를 활용하여 풀어 가는 문제이다.
- 주로 근무명단, 휴무일, 업무할당 등의 주제로 다양한 정보를 활용하여 종합적으로 풀어 가는 문제가 출제된다.

어느 버스회사에서 (가)시에서 (나)시를 연결하는 버스 노선을 개통하기 위해 새로운 버스를 구매하려고 한다. 다음 〈조건〉과 같이 노선을 운행하려고 할 때, 최소 몇 대의 버스를 구매해야 하며, 이때 필요한 운전사는 최소 몇 명인가?

조건

- 새 노선의 왕복 시간은 2시간이다(승하차 시간을 포함).
- 배차시간은 15분 간격이다.
- 운전사의 휴식시간은 매 왕복 후 30분씩이다.
- 첫차는 5시 정각에, 막차는 23시 정각에 (가)시를 출발한다.
- 모든 차는 (가)시에 도착하자마자 (나)시로 곧바로 출발하는 것을 원칙으로 한다.
  즉, (가)시에 도착하는 시간이 바로 (나)시로 출발하는 시간이다.
- 모든 차는 (가)시에서 출발해서 (가)시로 복귀한다.

	버스	운전사
①	6대	8명
②	8대	10명
③	10대	12명
④	12대	14명
⑤	14대	16명

정답 ②

왕복 시간이 2시간, 배차 간격이 15분이라면 첫차가 재투입되는 데 필요한 앞차의 수는 첫차를 포함해서 8대이다(∵ 15분×8대=2시간이므로 8대 버스가 운행된 이후 9번째에 첫차 재투입 가능).
운전사는 왕복 후 30분의 휴식을 취해야 하므로 첫차를 운전했던 운전사는 2시간 30분 뒤에 운전을 시작할 수 있다. 따라서 8대의 버스로 운행하더라도 150분 동안 운행되는 버스 150÷15=10대를 운전하기 위해서는 10명의 운전사가 필요하다.

풀이 전략!

문제에서 신입사원 채용이나 인력배치 등의 주제가 출제될 경우에는 주어진 규정 혹은 규칙을 꼼꼼히 확인하여야 한다. 이를 근거로 각 선택지가 어긋나지 않는지 검토하며 문제를 풀어 간다.

01 다음은 K학교의 성과급 기준표이다. 이를 적용해 K학교 교사들의 성과급 배점을 계산하고자 할 때, 〈보기〉의 교사 A ~ E 중 가장 높은 배점을 받을 교사는?

〈성과급 기준표〉

구분	평가사항	배점기준	
수업지도	주당 수업시간	24시간 이하	14점
		25시간	16점
		26시간	18점
		27시간 이상	20점
	수업 공개 유무	교사 수업 공개	10점
		학부모 수업 공개	5점
생활지도	담임 유무	담임교사	10점
		비담임교사	5점
담당업무	업무 곤란도	보직교사	30점
		비보직교사	20점
경력	호봉	10호봉 이하	5점
		11 ~ 15호봉	10점
		16 ~ 20호봉	15점
		21 ~ 25호봉	20점
		26 ~ 30호봉	25점
		31호봉 이상	30점

※ 수업지도 항목에서 교사 수업 공개, 학부모 수업 공개를 모두 진행했을 경우 10점으로 배점하며, 수업 공개를 하지 않았을 경우 배점은 없다.

보기

교사	주당 수업시간	수업 공개 유무	담임 유무	업무 곤란도	호봉
A	20시간	–	담임교사	비보직교사	32호봉
B	29시간	–	비담임교사	비보직교사	35호봉
C	26시간	학부모 수업 공개	비담임교사	보직교사	22호봉
D	22시간	교사 수업 공개	담임교사	보직교사	17호봉
E	25시간	교사 수업 공개, 학부모 수업 공개	비담임교사	비보직교사	30호봉

① A교사
② B교사
③ C교사
④ D교사
⑤ E교사

02 다음은 K기업 직원들의 이번 주 초과근무 계획표이다. 하루에 5명 이상 초과근무를 할 수 없고, 초과근무 시간은 각자 일주일에 10시간을 초과할 수 없다고 한다. 1명만 초과근무 일정을 수정할 수 있을 때, 규칙에 어긋난 요일과 그 날에 속한 사람 중 변경해야 할 직원은 누구인가?(단, 주말은 1시간당 1.5시간으로 계산한다)

〈초과근무 계획표〉

성명	초과근무 일정	성명	초과근무 일정
김혜정	월요일 3시간, 금요일 3시간	김재건	수요일 1시간
이설희	토요일 6시간	신혜선	수요일 4시간, 목요일 3시간
임유진	토요일 3시간, 일요일 1시간	한예리	일요일 6시간
박주환	목요일 2시간	정지원	월요일 6시간, 목요일 3시간
이지호	화요일 4시간	최명진	화요일 5시간
김유미	금요일 6시간, 토요일 2시간	김우석	목요일 1시간
정해리	월요일 5시간	이상엽	목요일 6시간, 일요일 3시간

	요일	직원		요일	직원
①	월요일	김혜정	②	목요일	정지원
③	목요일	이상엽	④	토요일	임유진
⑤	토요일	김유미			

03 다음 자료에 따라 하루 동안 고용할 수 있는 최대 인원은?

총예산	본예산	500,000원
	예비비	100,000원
고용비	1인당 수당	50,000원
	산재보험료	(수당)×0.504%
	고용보험료	(수당)×1.3%

① 10명		② 11명	
③ 12명		④ 13명	
⑤ 14명			

04 다음은 부서별로 핵심역량가치 중요도를 정리한 표와 신입사원들의 핵심역량평가 결과표이다. 결과표를 바탕으로 한 C사원과 E사원의 부서 배치로 올바른 것은?(단, '−'는 중요도를 고려하지 않는다는 표시이다)

〈핵심역량가치 중요도〉

구분	창의성	혁신성	친화력	책임감	윤리성
영업팀	−	중	상	중	−
개발팀	상	상	하	중	상
지원팀	−	중	−	상	하

〈핵심역량평가 결과표〉

구분	창의성	혁신성	친화력	책임감	윤리성
A사원	상	하	중	상	상
B사원	중	중	하	중	상
C사원	하	상	상	중	하
D사원	하	하	상	하	중
E사원	상	중	중	상	하

	C사원	E사원
①	개발팀	지원팀
②	개발팀	영업팀
③	지원팀	영업팀
④	영업팀	개발팀
⑤	영업팀	지원팀

05 K공사는 동절기에 인력을 감축하여 운영한다. 다음 〈조건〉을 참고할 때, 동절기 업무시간 단축 대상자는?

〈동절기 업무시간 단축 대상자 현황〉

성명	업무성과 평가	통근거리	자녀 유무
최나래	C	3km	×
박희영	B	5km	○
이지규	B	52km	×
박슬기	A	55km	○
황보연	D	30km	○
김성배	B	75km	×
이상윤	C	60km	○
이준서	B	70km	○
김태란	A	68km	○
한지혜	C	50km	×

조건

- K공사의 동절기 업무시간 단축 대상자는 총 2명이다.
- 업무성과 평가에서 상위 40% 이내에 드는 경우 동절기 업무시간 단축 대상자 후보가 된다.
  ※ 단, A>B>C>D 순서로 매기고, 동순위자 발생 시 동순위자를 모두 고려한다.
- 통근거리가 50km 이상인 경우에만 동절기 업무시간 단축 대상자가 될 수 있다.
- 동순위자 발생 시 자녀가 있는 경우에는 동절기 업무시간 단축 대상 우선순위를 준다.
- 위의 조건에서 대상자가 정해지지 않은 경우, 통근거리가 가장 먼 직원부터 대상자로 선정한다.

① 황보연, 이상윤
② 박슬기, 김태란
③ 이준서, 김태란
④ 이준서, 김성배
⑤ 김성배, 이지규

06 K공사 재무회계부에서는 주말 사무보조 직원을 채용하기 위해 공고문을 게재하였으며, 지원자 명단은 다음과 같다. 다음 자료를 참고하였을 때, 최소비용으로 가능한 한 많은 인원을 채용하고자 한다면 총 몇 명의 지원자를 채용할 수 있겠는가?(단, 급여는 지원자가 희망하는 금액으로 지급한다)

〈사무보조 직원 채용 공고문〉

- 업무내용 : 문서수발, 전화응대 등
- 지원자격 : 경력, 성별, 나이, 학력 무관
- 근무조건 : 장기(6개월 이상, 협의 불가) / 주말 11:00 ~ 22:00(협의 가능)
- 급여 : 협의 후 결정
- 연락처 : 02-000-0000

〈지원자 명단〉

성명	희망근무기간	근무가능시간	최소근무시간 (하루 기준)	희망임금 (시간당 / 원)
박소다	10개월	11:00 ~ 18:00	3시간	7,500
서창원	12개월	12:00 ~ 20:00	2시간	8,500
한승희	8개월	18:00 ~ 22:00	2시간	7,500
김병우	4개월	11:00 ~ 18:00	4시간	7,000
우병지	6개월	15:00 ~ 20:00	3시간	7,000
김래원	10개월	16:00 ~ 22:00	2시간	8,000
최지홍	8개월	11:00 ~ 18:00	3시간	7,000

※ 지원자 모두 주말 이틀 중 하루만 출근하기를 원함
※ 하루에 2회 이상 출근은 불가함

---

① 2명 ② 3명
③ 4명 ④ 5명
⑤ 6명

07 K회사에서는 신입사원 2명을 채용하기 위하여 서류와 필기 전형을 통과한 갑 ~ 정 4명의 최종 면접을 실시하려고 한다. 다음 표와 같이 4개 부서의 팀장이 각각 4명을 모두 면접하여 채용 우선순위를 결정하였다. 면접 결과에 대한 〈보기〉의 설명 중 옳은 것을 모두 고르면?

〈면접 결과〉

순위 \ 면접관	인사팀장	경영관리팀장	영업팀장	회계팀장
1순위	을	갑	을	병
2순위	정	을	병	정
3순위	갑	정	정	갑
4순위	병	병	갑	을

※ 우선순위가 높은 사람 순으로 2명을 채용한다.
※ 동점자는 인사, 경영관리, 영업, 회계팀장 순서로 부여한 고순위자로 결정한다.
※ 각 팀장이 매긴 순위에 대한 가중치는 모두 동일하다.

보기

ㄱ. '을' 또는 '정' 중 한 명이 입사를 포기하면 '갑'이 채용된다.
ㄴ. 인사팀장이 '을'과 '정'의 순위를 바꿨다면 '갑'이 채용된다.
ㄷ. 경영관리팀장이 '갑'과 '병'의 순위를 바꿨다면 '정'은 채용되지 못한다.

① ㄱ
② ㄱ, ㄴ
③ ㄱ, ㄷ
④ ㄴ, ㄷ
⑤ ㄱ, ㄴ, ㄷ

08 K공사는 적합한 인재를 채용하기 위하여 NCS 기반 능력중심 공개채용을 시행하였다. 1차 서류전형, 2차 직업기초능력평가, 3차 직무수행능력평가, 4차 면접전형을 모두 마친 면접자 A ~ E의 평가점수를 '최종 합격자 선발기준'에 따라 판단하여 상위자 2명을 최종 합격자로 선정하고자 한다. 다음 중 최종 합격자로 바르게 짝지어진 것은?

<최종 합격자 선발기준>

평가요소	의사소통능력	문제해결능력	조직이해능력	대인관계능력	합계
평가비중	40%	30%	20%	10%	100%

<면접평가 결과>

구분	A	B	C	D	E
의사소통능력	A^+	A^+	A^+	B^+	C
문제해결능력	B^+	B+5	A^+	B+5	A+5
조직이해능력	A+5	A	C^+	A^+	A
대인관계능력	C	A^+	B^+	C^+	B^++5

※ 등급별 변환 점수 : A^+=100, A=90, B^+=80, B=70, C^+=60, C=50
※ 면접관의 권한으로 등급별 점수에 +5점을 가점할 수 있음

① A, B
② B, C
③ C, D
④ C, E
⑤ D, E

09 K사는 사원들에게 사택을 제공하고 있다. 사택 신청자 A ~ E 중 현재 2명만이 사택을 제공받을 수 있으며, 추첨은 조건별 점수에 따라 이뤄진다고 할 때, 〈보기〉에 따라 사택을 제공받을 수 있는 사람은?

〈사택 제공 조건별 점수〉

근속연수	점수	직위	점수	가족부양 수	점수	직종	점수
1년 이상	1점	차장	5점	5명 이상	10점	연구직	10점
2년 이상	2점	과장	4점	4명	8점	기술직	10점
3년 이상	3점	대리	3점	3명	6점	영업직	5점
4년 이상	4점	주임	2점	2명	4점	서비스직	5점
5년 이상	5점	사원	1점	1명	2점	사무직	3점

※ 근속연수는 휴직기간을 제외하고 1년마다 1점씩 적용하여 최대 5점까지 받을 수 있다. 단, 해고 또는 퇴직 후 일정기간을 경과하여 재고용된 경우에는 이전에 고용되었던 기간(개월)을 통산하여 근속연수에 포함한다. 근속연수 산정은 2023. 01. 01을 기준으로 한다.
※ 가족부양 수의 경우 배우자는 제외된다.
※ 무주택자의 경우 10점의 가산점을 받는다.
※ 동점일 경우 가족부양 수가 많은 사람이 우선순위로 선발된다.

보기

구분	직위	직종	입사일	가족 구성	주택 유무	비고
A	대리	영업직	2019. 08. 20	남편	무주택자	–
B	사원	기술직	2021. 09. 17	아내, 아들 1명, 딸 1명	무주택자	–
C	과장	연구직	2018. 02. 13	어머니, 남편, 딸 1명	유주택자	• 2019. 12. 17 퇴사 • 2020. 05. 15 재입사
D	주임	사무직	2021. 03. 03	아내, 아들 1명, 딸 2명	무주택자	–
E	차장	영업직	2016. 05. 06	아버지, 어머니, 아내, 아들 1명	유주택자	• 2018. 05. 03 퇴사 • 2019. 06. 08 재입사

① A대리, C과장
② A대리, E차장
③ B사원, C과장
④ B사원, D주임
⑤ D주임, E차장

10 K사에서는 직원 A ~ N 중 면접위원을 선발하고자 한다. 면접위원의 구성 조건이 다음과 같을 때, 옳지 않은 것은?

〈면접위원 구성 조건〉

- 면접관은 총 6명으로 구성한다.
- 이사 직위로 50% 이상 구성해야 한다.
- 인사팀을 제외한 모든 부서는 2명 이상 선출할 수 없고, 인사팀은 반드시 2명 이상을 포함해야한다.
- 모든 면접위원의 입사 후 경력은 3년 이상으로 한다.

직원	직위	부서	입사 후 경력
A	대리	인사팀	2년
B	과장	경영지원팀	5년
C	이사	인사팀	8년
D	과장	인사팀	3년
E	사원	홍보팀	6개월
F	과장	홍보팀	2년
G	이사	고객지원팀	13년
H	사원	경영지원	5개월
I	이사	고객지원팀	2년
J	과장	영업팀	4년
K	대리	홍보팀	4년
L	사원	홍보팀	2년
M	과장	개발팀	3년
N	이사	개발팀	8년

---

① L사원은 면접위원으로 선출될 수 없다.

② N이사는 반드시 면접위원으로 선출된다.

③ B과장이 면접위원으로 선출된다면 K대리도 선출된다.

④ 과장은 2명 이상 선출된다.

⑤ 모든 부서에서 면접위원이 선출될 수는 없다.

기술능력

합격 Cheat Key

기술능력은 업무를 수행함에 있어 도구, 장치 등을 포함하여 필요한 기술에 어떠한 것들이 있는지 이해하고, 실제 업무를 수행함에 있어 적절한 기술을 선택하여 적용하는 능력이다.

세부 유형은 기술 이해·기술 선택·기술 적용으로 나눌 수 있다. 제품설명서나 상황별 매뉴얼을 제시하는 문제 또는 명령어를 제시하고 규칙을 대입할 수 있는지 묻는 문제가 출제되기 때문에 이런 유형들을 공략할 수 있는 전략을 세워야 한다.

1 긴 지문이 출제될 때는 보기의 내용을 미리 보라!

기술능력에서 자주 출제되는 제품설명서나 상황별 매뉴얼을 제시하는 문제에서는 기술을 이해하고, 상황에 알맞은 원인 및 해결방안을 고르는 문제가 출제된다. 실제 시험장에서 문제를 풀 때는 시간적 여유가 없기 때문에 보기를 먼저 읽고, 그 다음 긴 지문을 보면서 동시에 보기와 일치하는 내용이 나오면 확인해 가면서 푸는 것이 좋다.

2 모듈형에도 대비하라!

모듈형 문제의 비중이 늘어나는 추세이므로 공기업을 준비하는 취업준비생이라면 모듈형 문제에 대비해야 한다. 기술능력의 모듈형 이론 부분을 학습하고 모듈형 문제를 풀어보고 여러 번 읽으며 이론을 확실히 익혀두면 실제 시험장에서 이론을 묻는 문제가 나왔을 때 단번에 답을 고를 수 있다.

3 **전공 이론도 익혀 두어라!**

지원하는 직렬의 전공 이론이 기술능력으로 출제되는 경우가 많기 때문에 전공 이론을 익혀두는 것이 좋다. 깊이 있는 지식을 묻는 문제가 아니더라도 출제되는 문제의 소재가 전공과 관련된 내용일 가능성이 크기 때문에 최소한 지원하는 직렬의 전공 용어는 확실히 익혀 두어야 한다.

4 **쉽게 포기하지 말라!**

직업기초능력에서 주요 영역이 아니면 소홀한 경우가 많다. 시험장에서 기술능력을 읽어 보지도 않고 포기하는 경우가 많은데 차근차근 읽어보면 지문만 잘 읽어도 풀 수 있는 문제들이 출제되는 경우가 있다. 이론을 모르더라도 풀 수 있는 문제인지 파악해보자.

01 | 기술 이해

| 유형분석 |

- 기술 시스템의 개념과 발전 단계에 대한 지식을 평가한다.
- 각 단계의 순서와 그에 따른 특징을 숙지하여야 한다.
- 단계별로 요구되는 핵심 역할이 다름에 유의한다.

다음 중 기술 시스템의 발전 단계에 따라 빈칸 ㈀ ~ ㈃에 들어갈 내용을 순서대로 바르게 나열한 것은?

발전 단계	특징	핵심 역할
발명 · 개발 · 혁신의 단계	기술 시스템이 탄생하고 성장	기술자
↓		
㈀	성공적인 기술이 다른 지역으로 이동	기술자
↓		
㈁	기술 시스템 사이의 경쟁	㈂
↓		
기술 공고화 단계	경쟁에서 승리한 기술 시스템의 관성화	㈃

	㈀	㈁	㈂	㈃
①	기술 이전의 단계	기술 경쟁의 단계	기업가	자문 엔지니어
②	기술 경쟁의 단계	기술 이전의 단계	금융전문가	자문 엔지니어
③	기술 이전의 단계	기술 경쟁의 단계	기업가	기술자
④	기술 경쟁의 단계	기술 이전의 단계	금융전문가	기업가
⑤	기술 이전의 단계	기술 경쟁의 단계	금융전문가	기술자

정답 ①

기술 시스템의 발전 단계는 '발명 · 개발 · 혁신의 단계 → ㈀ 기술 이전의 단계 → ㈁ 기술 경쟁의 단계 → 기술 공고화 단계'를 거쳐 발전한다. 또한 기술 시스템의 발전 단계에는 단계별로 핵심적인 역할을 하는 사람들이 있다. 기술 경쟁의 단계에서는 ㈂ 기업가들의 역할이 더 중요해지고, 기술 공고화 단계에서는 이를 활성 · 유지 · 보수 등을 하기 위한 ㈃ 자문 엔지니어와 금융전문가 등의 역할이 중요해진다.

풀이 전략!

기술 시스템이란 개별 기술들이 네트워크로 결합하여 새로운 기술로 만들어지는 것을 뜻한다. 따라서 개별 기술들이 '개발 → 이전 → 경쟁 → 공고화'의 절차를 가지고 있음을 숙지하여 문제를 풀어야 한다.

01 다음은 기술선택을 설명한 글이다. 다음 글을 읽고 이해한 내용으로 옳지 않은 것은?

> 기술선택이란 기업이 어떤 기술에 대하여 외부로부터 도입하거나 또는 그 기술을 자체 개발하여 활용할 것인가를 결정하는 것이다. 기술을 선택하는 데에 대한 의사결정은 크게 다음과 같이 두 가지 방법으로 볼 수 있다.
> 먼저 상향식 기술선택(Bottom Up Approach)은 기업 전체 차원에서 필요한 기술에 대한 체계적인 분석이나 검토 없이 연구자나 엔지니어들이 자율적으로 기술을 선택하도록 하는 것이다.
> 다음으로 하향식 기술선택(Top Down Approach)은 기술경영진과 기술기획담당자들에 의한 체계적인 분석을 통해 기업이 획득해야 하는 대상기술과 목표기술수준을 결정하는 것이다.

① 상향식 기술선택은 기술자들의 창의적인 아이디어를 얻기 어려운 단점을 볼 수 있다.

② 하향식 기술선택은 먼저 기업이 직면하고 있는 외부환경과 보유 자원에 대한 분석을 통해 중·장기적인 사업목표를 설정하는 것이다.

③ 상향식 기술선택은 시장의 고객들이 요구하는 제품이나 서비스를 개발하는 데 부적합한 기술이 선택될 수 있다.

④ 하향식 기술선택은 사업전략의 성공적인 수행을 위해 필요한 기술들을 열거하고, 각각의 기술에 대한 획득의 우선순위를 결정하는 것이다.

⑤ 상향식 기술선택은 경쟁기업과의 경쟁에서 승리할 수 없는 기술이 선택될 수 있다.

02 다음 뉴스 내용에서 볼 수 있는 기술경영자의 능력으로 옳은 것은?

> 앵커 : 현재 국제 원유 값이 고공 행진을 계속하면서 석유자원에서 탈피하려는 기술 개발이 활발히 진행되고 있는데요. 석유자원을 대체하고 에너지의 효율성을 높일 수 있는 연구개발 현장을 이은경 기자가 소개합니다.
> 기자 : 네. 여기는 메탄올을 화학 산업에 많이 쓰이는 에틸렌과 프로필렌, 부탄 등의 경질 올레핀으로 만드는 공정 현장입니다. 석탄과 바이오매스, 천연가스를 원료로 만들어진 메탄올에서 촉매반응을 통해 경질 올레핀을 만들기 때문에 석유 의존도를 낮출 수 있는 기술을 볼 수 있는데요. 기존 석유 나프타 열분해 공정보다 수율이 높고, 섭씨 400℃ 이하에서 제조가 가능해 온실가스는 물론 에너지 비용을 50% 이상 줄일 수 있어 화제가 되고 있습니다.

① 빠르고 효과적으로 새로운 기술을 습득하고 기존의 기술에서 탈피하는 능력

② 기술 전문 인력을 운용할 수 있는 능력

③ 조직 내의 기술 이용을 수행할 수 있는 능력

④ 새로운 제품개발 시간을 단축할 수 있는 능력

⑤ 기술을 효과적으로 평가할 수 있는 능력

02 | 기술 적용

| 유형분석 |

- 주어진 자료를 해석하고 기술을 적용하여 풀어가는 문제이다.
- 꼼꼼하고 분석적인 접근이 필요한 논리연산, 사용설명서 등의 문제들이 출제된다.

귀하가 근무하는 기술자격팀에서 작년부터 연구해 온 데이터의 흐름도가 완성되었다. 다음 자료와 〈조건〉을 보고 A에서 1이 입력되었을 때, F에서의 결과가 가장 크게 되는 값은?

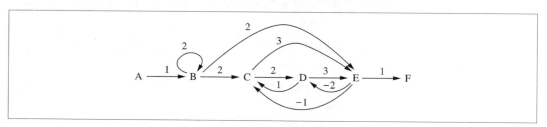

조건
- 데이터는 화살표 방향으로만 이동할 수 있으며, 같은 경로를 여러 번 반복해서 이동할 수 있다.
- 화살표 위의 숫자는 그 경로를 통해 데이터가 1회 이동할 때마다 데이터에 곱해지는 수치를 의미한다.
- 각 경로를 따라 데이터가 이동할 때, 1회 이동 시간은 1시간이며, 데이터의 총 이동 시간은 10시간을 초과할 수 없다.
- 데이터의 대소 관계는 [음수<0<양수]의 원칙에 따른다.

① 256
② 384
③ 432
④ 864
⑤ 1,296

정답 ④

결과가 가장 큰 값을 구해야 하므로 최대한 큰 수가 있는 구간으로 이동해야 하며, 세 번째 조건에 따라 총 10번의 이동이 가능하다. 반복 이동으로 가장 커질 수 있는 구간은 D−E 구간이지만 음수가 있으므로 왕복 2번을 이동하여 값을 양수로 만들어야 한다. D−E 구간에서 4번 이동하고 마지막에 E−F 구간 1번 이동하는 것을 제외하면 출발점인 A에서 D−E 구간을 왕복하기 전까지 총 5번을 이동할 수 있다. D−E 구간으로 가기 전 가장 큰 값은 C에서 E로 가는 것이므로 C−E−D−E−D−E−F로 이동한다. 또한, 출발점인 A에서 C까지 4번 이동하려면 A−B−B−B−C밖에 없다.
따라서 A−B−B−B−C−E−D−E−D−E−F 순서로 이동한다.
∴ $1×2×2×2×3×(-2)×3×(-2)×3×1=864$

풀이 전략!
문제 해결을 위해 필요한 정보와 기술능력이 무엇인지 먼저 파악한 후, 제시된 자료를 분석적으로 읽고 문제를 풀이한다.

01 K정보통신회사에 입사한 귀하는 시스템 모니터링 및 관리 업무를 담당하게 되었다. 다음 내용을 참고할 때, 〈보기〉의 Final Code로 옳은 것은?

다음 모니터에 나타나는 정보를 이해하고 시스템 상태를 판독하여 적절한 코드 입력 방식을 파악하시오.

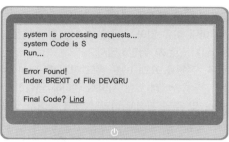

```
system is processing requests...
system Code is S
Run...

Error Found!
Index BREXIT of File DEVGRU

Final Code? Lind
```

항목	세부사항
Index ◇◇◇ of File ◇◇◇	• 오류 문자 : Index 뒤에 나타나는 문자 • 오류 발생 위치 : File 뒤에 나타나는 문자
Error Value	오류 문자와 오류 발생 위치를 의미하는 문자에 사용된 알파벳을 비교하여 일치하는 알파벳의 개수를 확인
Final Code	Error Value를 통하여 시스템 상태 판단

판단 기준	Final Code
일치하는 알파벳의 개수＝0	Svem
0＜일치하는 알파벳의 개수≤1	Atur
1＜일치하는 알파벳의 개수≤3	Lind
3＜일치하는 알파벳의 개수≤5	Nugre
일치하는 알파벳의 개수＞5	Qutom

보기

```
system is processing requests...
sysytem Code is S
Run...

Error Found!
Index SHAWTY of File CRISPR

Final Code? _____
```

① Svem
③ Lind
⑤ Qutom

② Atur
④ Nugre

※ 다음 자료는 제습기 사용과 보증기간에 대한 설명이다. 이어지는 질문에 답하시오. [2~3]

〈사용 전 알아두기〉

- 제습기의 적정 사용온도는 18 ~ 35℃입니다.
  - 18℃ 미만에서는 냉각기에 결빙이 시작되어 제습량이 줄어들 수 있습니다.
- 제습 운전 중에는 컴프레서 작동으로 실내 온도가 올라갈 수 있습니다.
- 설정한 희망 습도에 도달하면 운전을 멈추고 실내 습도가 높아지면 자동 운전을 다시 시작합니다.
- 물통이 가득 찰 경우 제습기 작동이 멈춥니다.
- 안전을 위하여 제습기 물통에 다른 물건을 넣지 마십시오.
- 제습기가 작동하지 않거나 아무 이유 없이 작동을 멈추는 경우 다음 사항을 확인하세요.
  - 전원플러그가 제대로 끼워져 있는지 확인하십시오.
  - 위의 사항이 정상인 경우, 전원을 끄고 10분 정도 경과 후 다시 전원을 켜세요.
  - 여전히 작동이 안 되는 경우, 판매점 또는 서비스 센터에 연락하시기 바랍니다.
- 현재 온도 / 습도는 설치장소 및 주위 환경에 따라 실제와 차이가 있을 수 있습니다.

〈보증기간 안내〉

- 품목별 소비자 피해 보상규정에 의거 아래와 같이 제품에 대한 보증을 실시합니다.
- 보증기간 산정 기준
  - 제품 보증기간이라 함은 제조사 또는 제품 판매자가 소비자에게 정상적인 상태에서 자연 발생한 품질 성능 기능 하자에 대하여 무료 수리해 주겠다고 약속한 기간을 말합니다.
  - 제품 보증기간은 구입일자를 기준으로 산정하며 구입일자의 확인은 제품보증서를 기준으로 합니다. 단, 보증서가 없는 경우는 제조일(제조번호, 검사필증)로부터 3개월이 경과한 날부터 보증기간을 계산합니다.
  - 중고품(전파상 구입, 모조품) 구입 시 보증기간은 적용되지 않으며 수리 불가의 경우 피해보상을 책임지지 않습니다.
- 당사와의 계약을 통해 납품되는 제품의 보증은 그 계약내용을 기준으로 합니다.
- 제습기 보증기간은 구입일로부터 1년으로 합니다.
  - 2017년 1월 이전 구입분은 2년 적용

〈제습기 부품 보증기간〉

- 인버터 컴프레서(2016년 1월 이후 생산 제품) : 10년
- 컴프레서(2018년 1월 이후 생산 제품) : 4년
- 인버터 컴프레서에 한해서 5년차부터 부품대만 무상 적용함

02 제습기 구매자가 사용 전 알아두기에 대한 설명서를 읽고 나서 제습기를 사용했다. 다음 중 구매자가 서비스센터에 연락해야 할 작동 이상으로 가장 적절한 것은?

① 실내 온도가 17℃일 때 제습량이 줄어들었다.

② 제습기 사용 후 실내 온도가 올라갔다.

③ 물통에 물이 $\frac{1}{2}$ 정도 들어있을 때 작동이 멈췄다.

④ 제습기가 갑자기 작동되지 않아 10분 정도 꺼두었다가 다시 켰더니 작동하였다.

⑤ 희망 습도에 도달하니 운전을 멈추었다.

PART 1

03 보증기간 안내 및 제습기 부품 보증기간을 참고할 때, 제습기 사용자가 잘못 이해한 내용은?

① 제품 보증서가 없는 경우, 영수증에 찍힌 구입한 날짜부터 보증기간을 계산한다.

② 보증기간 무료 수리는 정상적인 상태에서 자연 발생한 품질 성능 기능 하자가 있을 때이다.

③ 2017년 1월 이후에 구입한 제습기 보증기간은 구입일로부터 1년이다.

④ 2017년 1월 이전에 구입한 제습기는 보증기간이 2년 적용된다.

⑤ 2016년 1월 이후에 생산된 인버터 컴프레서는 보증기간이 10년이다.

※ 사내 의무실 체온계의 고장으로 새로운 체온계를 구입하였다. 다음 설명서를 읽고, 이어지는 질문에 답하시오. [4~5]

■ 사용방법
1) 체온을 측정하기 전 새 렌즈필터를 부착하여 주세요.
2) 〈ON〉 버튼을 눌러 액정화면이 켜지면 귓속에 체온계를 삽입합니다.
3) 〈START〉 버튼을 눌러 체온을 측정합니다.
4) 측정이 잘 이루어졌으면 '삐' 소리와 함께 측정 결과가 액정화면에 표시됩니다.
5) 60초 이상 사용하지 않으면 자동으로 전원이 꺼집니다.

■ 체온 측정을 위한 주의사항
 – 오른쪽 귀에서 측정한 체온은 왼쪽 귀에서 측정한 체온과 다를 수 있습니다. 그러므로 항상 같은 귀에서 체온을 측정하십시오.
 – 체온을 측정할 때는 정확한 측정을 위해 과다한 귀지가 없도록 하십시오.
 – 한쪽 귀를 바닥에 대고 누워 있었을 때, 매우 춥거나 더운 곳에 노출되어 있는 경우, 목욕을 한 직후 등은 외부적 요인에 의해 귀 체온 측정에 영향을 미칠 수 있으므로 이런 경우에는 30분 정도 기다리신 후 측정하십시오.

■ 문제해결방법

상태	해결방법	에러 메시지
렌즈필터가 부착되어 있지 않음	렌즈필터를 끼우세요.	− −
체온계가 렌즈의 정확한 위치를 감지할 수 없어 정확한 측정이 어려움	〈ON〉 버튼을 3초간 길게 눌러 화면을 지운 다음 정확한 위치에 체온계를 넣어 측정합니다.	POE
측정체온이 정상범위(34℃ ~ 42.2℃)를 벗어난 경우 – HI : 매우 높음 – LO : 매우 낮음	온도가 10℃와 40℃ 사이인 장소에서 체온계를 30분간 보관한 다음 다시 측정하세요.	HI℃ LO℃
건전지 수명이 다하여 체온 측정이 불가능한 상태	새로운 건전지(1.5V AA타입 2개)로 교체하세요.	− − −

04 다음 중 체온 측정 과정으로 가장 적절한 것은?

① 렌즈필터가 깨끗하여 새것으로 교체하지 않고 체온을 측정하였다.

② 오른쪽 귀의 체온이 38℃로 측정되어 다시 왼쪽 귀의 체온을 측정하였다.

③ 정확한 측정을 위해 귓속의 귀지를 제거한 다음 체온을 측정하였다.

④ 정확한 측정을 위해 영점 조정을 맞춘 뒤 체온을 측정하였다.

⑤ 구비되어 있는 렌즈필터가 없어 렌즈를 알코올 솜으로 닦은 후 측정하였다.

05 체온계 사용 중 'POE'의 에러 메시지가 떴다. 에러 메시지 확인 후 해결방법으로 가장 적절한 것은?

① 〈ON〉 버튼을 3초간 길게 눌러 화면을 지운 뒤, 정확한 위치에서 다시 측정한다.

② 렌즈필터가 부착되어 있지 않으므로 깨끗한 새 렌즈필터를 끼운다.

③ 1분간 그대로 둬서 전원을 끈 다음 〈ON〉 버튼을 눌러 다시 액정화면을 켠다.

④ 건전지 삽입구를 열어 1.5V AA타입 2개의 새 건전지로 교체한다.

⑤ 온도가 10℃와 40℃ 사이인 장소에서 체온계를 30분간 보관한 다음 다시 측정한다.

※ 교육서비스 업체인 K사에서는 업무 효율화를 위해 업무용 태블릿PC '에듀프렌드'를 전 직원에게 제공하기로 결정하였다. 다음 제품 설명서를 참고하여, 이어지는 질문에 답하시오. [6~7]

■ 지원기능
1. 학습자 관리
   - 인적사항 등록 매뉴얼에서 학습자 인적사항을 등록할 수 있습니다.
   - 학습자 지도 및 평가 계획안을 첨부하여 등록할 수 있습니다.
   - 입력된 학습자 인적사항은 가나다순 또는 등록일자순, 나이순, 지역순으로 정렬할 수 있습니다.
   - 키워드 입력을 통해 원하는 학습자 정보를 검색할 수 있습니다.
2. 교사 스케줄링
   - 캘린더에 일정을 등록할 수 있고, 등록된 일정은 월별·주별·시간대별로 설정하여 확인할 수 있습니다.
   - 중요한 일정은 알람을 설정할 수 있습니다.
   - 위치정보를 활용해 학습자 방문지와의 거리 및 시간 정보와 경로를 탐색할 수 있습니다.
   - Office 문서작성을 지원하며, 터치펜으로 메모를 작성할 수 있습니다.
3. 커뮤니티
   - 커뮤니티에 접속해 공지사항을 확인할 수 있고, 게시판 기능을 활용할 수 있습니다.
   - 화상전화를 지원하여, 학습자와 시간과 장소에 제한 없이 소통할 수 있습니다.

■ 제품사양

프로세서	CPU 속도 1.7GHz	
디스플레이	Size 165.5×77×8.8mm, Weight 200g	
	해상도 2960×1440	
메모리	내장 500GB, 외장 500GB(총 1TB 지원)	
카메라	표준 2,400만 화소	
연결	USB 지원	블루투스 지원
	GPS 지원	이어잭 지원
	Wi-Fi 지원	
배터리	표준 배터리 용량 4000mAh	
	비디오 재생시간 20h	

■ 주의사항
- 물 또는 빗물에 던지거나 담그지 마십시오.
- 젖은 배터리를 사용하거나 충전하지 마십시오.
- 화기 가까이 두지 마십시오(가급적 0 ~ 40℃ 사이에서 사용하세요).
- 신용카드, 전화카드, 통장 등의 자성을 이용한 제품에 가까이 두지 마십시오.
- 소량의 유해물질이 있으니 기기를 분해하지 마십시오.
- 기기를 떨어뜨리지 마십시오.
- 기기에 색을 칠하거나 도료를 입히지 마십시오.
- 출력 커넥터에 허용되는 헤드셋 또는 이어폰을 사용하십시오.
※ 지시사항을 위반하였을 때 제품손상이 발생할 수 있습니다.

06 A사원은 '에듀프렌드'를 제공받아 업무를 수행하였다. 다음 중 A사원이 에듀프렌드를 사용하여 수행한 업무로 적절하지 않은 것은?

① 학습자 지도 및 평가 계획안의 메모리 용량(600GB)이 커서 일부분을 업로드하지 못하였다.

② 인적사항 등록 매뉴얼에서 A사원이 관리하는 학생 100명의 인적사항을 등록하였다.

③ A사원의 관리대상인 학습자 B군과 미팅을 잡고, 캘린더에 일정 알람을 등록하였다.

④ GPS를 켜서 학습자 B군의 집까지 최적 경로와 소요 시간을 탐색하였다.

⑤ 커뮤니티에 접속하여 공지사항을 통해 상반기 워크숍 일정을 확인하였다.

07 A사원이 '에듀프렌드'를 사용하기 위해 전원 버튼을 눌렀지만, 전원이 켜지지 않았다. 다음 중 에듀프렌드의 전원이 켜지지 않는 원인으로 적절하지 않은 것은?

① 에듀프렌드의 출력 커넥터와 맞지 않는 이어폰을 꽂아 사용하였다.

② 차량용 자석 거치대를 설치하여 운전 시에 에듀프렌드를 자석 거치대 위에 두었다.

③ 식당에서 물을 쏟아 가방에 들어있던 에듀프렌드가 물에 젖어버렸다.

④ 주머니에 들어 있던 에듀프렌드를 바닥으로 떨어뜨렸다.

⑤ 에듀프렌드에 보호 커버를 씌우고, 보호 커버 위에 매직펜으로 이름을 썼다.

※ 다음은 전열 난방기구의 설명서이다. 다음 설명서를 읽고, 이어지는 질문에 답하시오. **[8~10]**

■ **설치방법**

[스탠드형]
1) 제품 밑 부분이 위를 향하게 하고, 스탠드와 히터의 나사 구멍이 일치하도록 맞추세요.
2) 십자드라이버를 사용해 스탠드 조립용 나사를 단단히 고정시켜주세요.
3) 스탠드 2개를 모두 조립한 후 제품을 똑바로 세워놓고 흔들리지 않는지 확인합니다.

[벽걸이형]
1) 벽걸이용 거치대를 본체에서 분리해주세요.
2) 벽걸이용 거치대 양쪽 구멍의 거리에 맞춰 벽에 작은 구멍을 냅니다(단단한 콘크리트나 타일이 있을 경우 전동드릴로 구멍을 내면 좋습니다).
3) 제공되는 나사를 이용해 거치대를 벽에 고정시켜 줍니다.
4) 양손으로 본체를 들어서 평행을 맞춰 거치대에 제품을 고정시킵니다.
5) 거치대의 고정 나사를 단단히 조여 흔들리지 않도록 고정시킵니다.

■ **사용방법**

1) 전원선을 콘센트에 연결합니다.
2) 전원버튼을 누르면 작동을 시작합니다.
3) 1단(750W), 2단(1,500W)의 출력 조절버튼을 터치해 출력을 조절할 수 있습니다.
4) 온도 조절버튼을 터치하여 온도를 조절할 수 있습니다.
    - 설정 가능한 온도 범위는 15 ~ 40℃입니다.
    - 에너지 절약을 위해 실내온도가 설정온도에 도달하면 자동으로 전원이 차단됩니다.
    - 실내온도가 설정온도보다 약 2 ~ 3℃ 내려가면 다시 작동합니다.
5) 타이머 버튼을 터치하여 작동 시간을 설정할 수 있습니다.
6) 출력 조절버튼을 5초 이상 길게 누르면 잠금 기능이 활성화됩니다.

■ **주의사항**

- 제품을 사용하지 않을 때나 제품을 점검할 때는 전원코드를 반드시 콘센트에서 분리하세요.
- 사용자가 볼 수 있는 위치에서만 사용하세요.
- 사용 시에 화상을 입을 수 있으니 손을 대지 마세요.
- 바닥이 고르지 않은 곳에서는 사용하지 마세요.
- 젖은 수건, 의류 등을 히터 위에 올려놓지 마세요.
- 장난감, 철사, 칼, 도구 등을 넣지 마세요.
- 제품 사용 중 이상이 발생한 경우 분해하지 마시고, A/S센터로 문의해주세요.
- 본체 가까이에서 스프레이 캔이나 인화성 위험물을 사용하지 마세요.
- 휘발유, 신나, 벤젠, 등유, 알칼리성 비눗물, 살충제 등을 이용하여 청소하지 마세요.
- 제품을 물에 담그지 마세요.
- 젖은 손으로 전원코드, 본체, 콘센트 등을 만지지 마세요.
- 전원 케이블이 과도하게 꺾이거나 피복이 벗겨진 경우에는 전원을 연결하지 마시고, A/S센터로 문의해주세요.
※ 주의사항을 지키지 않을 경우 고장 및 감전, 화재의 원인이 될 수 있습니다.

08 작업장에 벽걸이형 난방기구를 설치하고자 한다. 다음 중 벽걸이형 난방기구의 설치방법으로 옳은 것은?

① 벽걸이용 거치대의 양쪽 구멍과 상단 구멍의 위치에 맞게 벽에 작은 구멍을 낸다.

② 스탠드 2개를 조립한 후 벽걸이형 거치대를 본체에서 분리한다.

③ 벽이 단단한 콘크리트로 되어 있을 경우 거치대를 따로 고정하지 않아도 된다.

④ 거치대를 벽에 고정시킨 뒤, 평행을 맞추어 거치대에 제품을 고정시킨다.

⑤ 스탠드의 고정 나사를 조여 제품이 흔들리지 않는지 확인한다.

09 다음 중 난방기구의 사용방법으로 옳지 않은 것은?

① 전원선을 콘센트에 연결 후 전원버튼을 누른다.

② 출력 조절버튼을 터치하여 출력을 1단으로 낮춘다.

③ 히터를 작동시키기 위해 설정온도를 현재 실내온도인 20℃로 조절하였다.

④ 전기료 절감을 위해 타이머를 1시간으로 맞추어 놓고 사용하였다.

⑤ 잠금 기능을 활성화하기 위해 출력 조절버튼을 5초 이상 길게 눌렀다.

10 난방기구가 사용 도중 갑자기 작동하지 않았다. 다음 중 난방기구의 고장 원인이 될 수 없는 것은?

① 바닥 면이 고르지 않은 곳에 두었다.

② 젖은 수건을 히터 위에 두었다.

③ 열원이 방출되는 구멍에 연필이 들어갔다.

④ 전원 케이블의 피복이 벗겨져 있었다.

⑤ 작동되고 있는 히터를 손으로 만졌다.

조직이해능력

합격 Cheat Key

조직이해능력은 업무를 원활하게 수행하기 위해 조직의 체제와 경영을 이해하고 국제적인 추세를 이해하는 능력이다. 현재 많은 공사·공단에서 출제 비중을 높이고 있는 영역이기 때문에 미리 대비하는 것이 중요하다. 실제 업무 능력에서 조직이해능력을 요구하기 때문에 중요도는 점점 높아 질 것이다.

세부 유형은 조직 체제 이해, 경영 이해, 업무 이해, 국제 감각으로 나눌 수 있다. 조직도를 제시하는 문제가 출제되거나 조직의 체계를 파악해 경영의 방향성을 예측하고, 업무의 우선순위를 파악하는 문제가 출제된다.

1 문제 속에 정답이 있다!

경력이 없는 경우 조직에 대한 이해가 낮을 수밖에 없다. 그러나 문제 자체가 실무적인 내용을 담고 있어도 문제 안에는 해결의 단서가 주어진다. 부담을 갖지 않고 접근하는 것이 중요하다.

2 경영·경제학원론 정도의 수준은 갖추도록 하라!

지원한 직군마다 차이는 있을 수 있으나, 경영·경제이론을 접목시킨 문제가 꾸준히 출제 되고 있다. 따라서 기본적인 경영·경제이론은 익혀 둘 필요가 있다.

3 지원하는 공사 · 공단의 조직도를 파악하라!

출제되는 문제는 각 공사 · 공단의 세부내용일 경우가 많기 때문에 지원하는 공사 · 공단 의 조직도를 파악해 두어야 한다. 조직이 운영되는 방법과 전략을 이해하고, 조직을 구성 하는 체제를 파악하고 간다면 조직이해능력에서 조직도가 나올 때 단기간에 문제를 풀 수 있을 것이다.

4 실제 업무에서도 요구되므로 이론을 익혀라!

각 공사 · 공단의 직무 특성상 일부 영역에 중요도가 가중되는 경우가 있어서 많은 취업준 비생들이 일부 영역에만 집중하지만, 실제 업무 능력에서 직업기초능력 10개 영역이 골 고루 요구되는 경우가 많고, 현재는 필기시험에서도 조직이해능력을 출제하는 기관의 비중이 늘어나고 있기 때문에 미리 이론을 익혀 둔다면 모듈형 문제에서 고득점을 노릴 수 있다.

01 | 경영 전략

유형분석

- 경영 전략에서 대표적으로 출제되는 문제는 마이클 포터(Michael Porter)의 본원적 경쟁 전략이다.
- 경쟁 전략의 기본적인 이해를 물어보는 문제가 자주 출제되므로 전략별 특징 및 개념에 대한 이론 학습이 요구된다.

다음은 마이클 포터(Michael E. Porter)의 본원적 경쟁 전략에 대한 설명이다. 빈칸 ⊙ ~ ⓒ에 들어갈 용어가 바르게 연결된 것은?

본원적 경쟁 전략은 해당 사업에서 경쟁 우위를 확보하기 위한 전략으로, ⊙ 전략, ⓛ 전략, ⓒ 전략으로 구분된다.

⊙ 전략은 원가절감을 통해 해당 산업에서 우위를 점하는 전략으로, 이를 위해서는 대량생산을 통해 단위 원가를 낮추거나 새로운 생산기술을 개발할 필요가 있다. 여기에는 70년대 우리나라의 섬유업체나 신발업체, 가발업체 등이 미국시장에 진출할 때 취한 전략이 해당한다.

ⓛ 전략은 조직이 생산품이나 서비스를 ⓛ 하여 고객에게 가치가 있고 독특하게 인식되도록 하는 전략이다. ⓛ 전략을 활용하기 위해서는 연구개발이나 광고를 통하여 기술, 품질, 서비스, 브랜드이미지를 개선할 필요가 있다.

ⓒ 전략은 특정 시장이나 고객에게 한정된 전략으로, ⊙ 나 ⓛ 전략이 산업 전체를 대상으로 하는 데 비해 ⓒ 전략은 특정 산업을 대상으로 한다. 즉, ⓒ 전략은 경쟁조직들이 소홀히 하고 있는 한정된 시장을 ⊙ 나 ⓛ 전략을 써서 집중적으로 공략하는 방법이다.

	⊙	ⓛ	ⓒ
①	원가우위	차별화	집중화
②	원가우위	집중화	차별화
③	차별화	집중화	원가우위
④	집중화	원가우위	차별화
⑤	집중화	차별화	원가우위

정답 ①

⊙ 원가우위 : 원가절감을 통해 해당 산업에서 우위를 점하는 전략이다.
ⓛ 차별화 : 조직이 생산품이나 서비스를 차별화하여 고객에게 가치가 있고 독특하게 인식되도록 하는 전략이다.
ⓒ 집중화 : 한정된 시장을 원가우위나 차별화 전략을 사용하여 집중적으로 공략하는 전략이다.

풀이 전략!

대부분의 기업들은 마이클 포터의 본원적 경쟁 전략을 사용하고 있다. 각 전략에 해당하는 대표적인 기업을 연결하고, 그들의 경영 전략을 상기하며 문제를 풀어보도록 한다.

01 경영이 어떻게 이루어지냐에 따라 조직의 생사가 결정된다고 할 만큼 경영은 조직에 있어서 핵심이다. 다음 중 경영 전략을 추진하는 과정에 대한 설명으로 적절하지 않은 것은?

① 경영 전략이 실행됨으로써 세웠던 목표에 대한 결과가 나오는데, 그것에 대한 평가 및 피드백 과정도 생략되어서는 안 된다.

② 환경 분석을 할 때는 조직의 내부환경뿐만 아니라 외부환경에 대한 분석도 필수이다.

③ 전략 목표는 비전과 미션으로 구분되는데, 둘 다 있어야 한다.

④ 경영 전략은 조직 전략, 사업 전략, 부문 전략으로 분류된다.

⑤ '환경 분석 → 전략 목표 설정 → 경영 전략 도출 → 경영 전략 실행 → 평가 및 피드백'의 과정을 거쳐 이루어진다.

02 다음 사례 중 경영 활동을 이루는 구성요소를 감안할 때, 경영 활동을 수행하고 있는 내용으로 적절하지 않은 것은?

> (가) 다음 시즌 우승을 목표로 해외 전지훈련에 참여하여 열심히 구슬땀을 흘리고 있는 선수단과 이를 운영하는 구단 직원들
>
> (나) 자발적인 참여로 뜻을 같이한 동료들과 함께 매주 어려운 이웃을 찾아다니며 봉사활동을 펼치고 있는 S씨
>
> (다) 교육지원대대장으로서 사병들의 교육이 원활히 진행될 수 있도록 훈련장 관리와 유지에 최선을 다하고 있는 박대령과 참모진
>
> (라) 영화 촬영을 앞두고 시나리오와 제작 콘셉트를 회의하기 위해 모인 감독 및 스태프와 출연 배우들
>
> (마) 대기업을 그만두고 가족들과 함께 조그만 무역회사를 차려 손수 제작한 밀짚 가방을 동남아로 수출하고 있는 B씨

① (가)   ② (나)

③ (다)   ④ (라)

⑤ (마)

02 | 조직 구조

| 유형분석 |

- 조직 구조 유형에 대한 특징을 물어보는 문제가 자주 출제된다.
- 기계적 조직과 유기적 조직의 차이점과 사례 등을 숙지하고 있어야 한다.
- 조직 구조 형태에 따라 기능적 조직, 사업별 조직으로 구분하여 출제되기도 한다.

다음 중 기계적 조직의 특징으로 옳은 것을 〈보기〉에서 모두 고르면?

> **보기**
>
> ㄱ. 변화에 맞춰 쉽게 변할 수 있다.
> ㄴ. 상하 간 의사소통이 공식적인 경로를 통해 이루어진다.
> ㄷ. 대표적으로 사내 벤처팀, 프로젝트팀이 있다.
> ㄹ. 구성원의 업무가 분명하게 규정되어 있다.
> ㅁ. 다양한 규칙과 규제가 있다.

① ㄱ, ㄴ, ㄷ   ② ㄱ, ㄹ, ㅁ
③ ㄴ, ㄷ, ㄹ   ④ ㄴ, ㄹ, ㅁ
⑤ ㄷ, ㄹ, ㅁ

정답 ④

오답분석

ㄱ, ㄷ. 유기적 조직에 대한 설명이다.

- 기계적 조직
  - 구성원의 업무가 분명하게 규정되어 있고, 많은 규칙과 규제가 있다.
  - 상하 간 의사소통이 공식적인 경로를 통해 이루어진다.
  - 대표적으로 군대, 정부, 공공기관 등이 있다.
- 유기적 조직
  - 업무가 고전되지 않아 업무 공유가 가능하다.
  - 규제나 통제의 정도가 낮아 변화에 맞춰 쉽게 변할 수 있다.
  - 대표적으로 권한위임을 받아 독자적으로 활동하는 사내 벤처팀, 특정한 과제 수행을 위해 조직된 프로젝트팀이 있다.

풀이 전략!

조직 구조는 유형에 따라 기계적 조직과 유기적 조직으로 나눌 수 있다. 기계적 조직과 유기적 조직은 서로 상반된 특징을 가지고 있으며, 기계적 조직이 관료제의 특징과 비슷함을 파악하고 있다면, 이와 상반된 유기적 조직의 특징도 수월하게 파악할 수 있다.

01 다음 중 대학생인 지수의 일과를 통해 알 수 있는 사실로 가장 적절한 것은?

> 지수는 화요일에 학교 수업, 아르바이트, 스터디, 봉사활동 등을 한다.
> 다음은 지수의 화요일 일과이다.
> • 지수는 오전 11시부터 오후 4시까지 수업이 있다.
> • 수업이 끝나고 학교 앞 프랜차이즈 카페에서 아르바이트를 3시간 동안 한다.
> • 아르바이트를 마친 후 NCS 공부를 하기 위해 스터디를 2시간 동안 한다.

① 비공식적이면서 소규모조직에서 3시간 있었다.
② 공식조직에서 9시간 있었다.
③ 비영리조직이면서 대규모조직에서 5시간 있었다.
④ 영리조직에서 2시간 있었다.
⑤ 비공식적이면서 비영리조직에서 3시간 있었다.

02 다음 중 K사가 해외 시장 개척을 앞두고 기존의 조직 구조를 개편할 경우, 추가해야 할 조직으로 적절하지 않은 것은?

> K사는 몇 년 전부터 자체 기술로 개발한 제품의 판매 호조로 인해 기대 이상의 수익을 창출하게 되었다. 경쟁 업체들이 모방할 수 없는 독보적인 기술력을 앞세워 국내 시장을 공략한 결과, 이미 더 이상의 국내 시장 경쟁자들은 없다고 할 만큼 탄탄한 시장 점유율을 확보하였다. 이러한 K사의 사장은 올 초부터 해외 시장 진출의 꿈을 갖고 필요한 자료를 수집하기 시작하였다. 충분한 자금력을 확보한 K사는 우선 해외 부품 공장을 인수한 후 현지에 생산 기지를 건설하여 국내에서 생산되는 물량의 절반 정도를 현지로 이전하여 생산하고, 이를 통한 물류비 절감으로 주변국들부터 시장을 넓혀가겠다는 야심찬 계획을 가지고 있다. 한국 본사에서는 내년까지 4 ~ 5곳의 해외 거래처를 더 확보하여 지속적인 해외 시장 개척에 매진한다는 중장기 목표를 대내외에 천명해 둔 상태이다.

① 해외관리팀   ② 기업회계팀
③ 외환업무팀   ④ 국제법무팀
⑤ 통관물류팀

03 조직 구조의 형태 중 사업별 조직 구조는 제품이나 고객별로 부서를 구분한다. 다음 중 사업별 조직 구조의 형태로 적절하지 않은 것은?

04 새로운 조직 개편 기준에 따라 다음에 제시된 조직도 (가)를 조직도 (나)로 변경하려고 한다. 조직도 (나)의 빈칸에 들어갈 팀으로 적절하지 않은 것은?

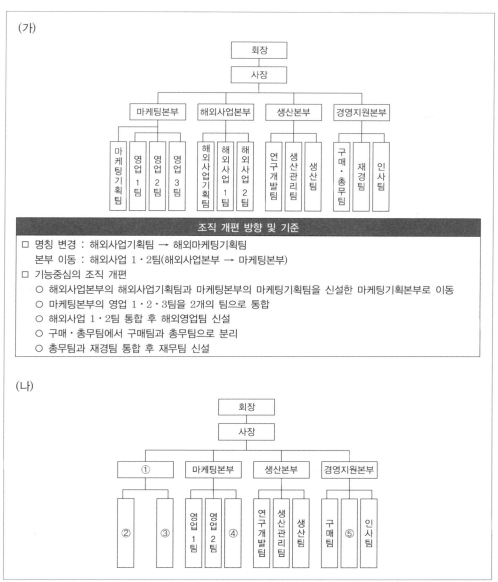

① 마케팅기획본부

② 해외마케팅기획팀

③ 영업 3팀

④ 해외영업팀

⑤ 재무팀

03 | 업무 종류

| 유형분석 |

- 부서별 주요 업무에 대해 묻는 문제이다.
- 부서별 특징과 담당 업무에 대한 이해가 필요하다.

다음 상황에서 팀장의 지시를 적절히 수행하기 위하여 오대리가 거쳐야 할 부서명을 순서대로 바르게 나열한 것은?

> 오대리, 내가 내일 출장 준비 때문에 무척 바빠서 그러는데 자네가 좀 도와줘야 할 것 같군. 우선 박비서한테 가서 오후 사장님 회의 자료를 좀 가져다 주게나. 오는 길에 지난주 기자단 간담회 자료 정리가 되었는지 확인해 보고 완료됐으면 한 부 챙겨 오고. 다음 주에 승진자 발표가 있을 것 같은데 우리 팀 승진 대상자 서류가 잘 전달되었는지 그것도 확인 좀 해 줘야겠어. 참, 오후에 바이어가 내방하기로 되어 있는데 공항 픽업 준비는 잘 해 두었지? 배차 예약 상황도 다시 한 번 점검해 봐야 할 거야. 그럼 수고 좀 해 주게.

① 기획팀 – 홍보팀 – 총무팀 – 경영관리팀
② 비서실 – 홍보팀 – 인사팀 – 총무팀
③ 인사팀 – 법무팀 – 총무팀 – 기획팀
④ 경영관리팀 – 법무팀 – 총무팀 – 인사팀
⑤ 회계팀 – 경영관리팀 – 인사팀 – 총무팀

정답 ②

우선 박비서에게 회의 자료를 받아와야 하므로 비서실을 들러야 한다. 다음으로 기자단 간담회는 대외 홍보 및 기자단 상대 업무를 맡은 홍보팀에서 자료를 정리할 것이므로 홍보팀을 거쳐야 한다. 또한, 승진자 인사 발표 소관 업무는 인사팀이 담당한다고 볼 수 있으며, 회사의 차량 배차에 대한 업무는 총무팀과 같은 지원부서의 업무로 보는 것이 적절하다.

풀이 전략!

조직은 목적의 달성을 위해 업무를 효과적으로 분배하고 처리할 수 있는 구조를 확립해야 한다. 조직의 목적이나 규모에 따라 업무의 종류는 다양하지만, 대부분의 조직에서는 총무, 인사, 기획, 회계, 영업으로 부서를 나누어 업무를 담당하고 있다. 따라서 5가지 업무 종류에 대해서는 미리 숙지해야 한다.

01 다음 〈보기〉 중 업무배정에 대한 설명으로 적절하지 않은 것을 모두 고르면?

> **보기**
>
> ㄱ. 조직의 업무는 반드시 사전에 직책에 따라 업무분장이 이루어진 대로 수행되어야 한다.
> ㄴ. 근속연수는 구성원 개인이 조직 내에서 책임을 수행하고 권한을 행사하는 기반이 된다.
> ㄷ. 동시간대에 수행하여야 하는 업무들은 하나의 업무로 통합하여 수행하는 것이 효율적이다.
> ㄹ. 직위에 따라 수행해야 할 일정 업무가 할당되고, 그 업무를 수행하는 데 필요한 권한과 책임이 부여된다.

① ㄱ, ㄴ   ② ㄱ, ㄷ
③ ㄴ, ㄷ   ④ ㄴ, ㄹ
⑤ ㄴ, ㄷ, ㄹ

02 다음을 보고 A사원이 처리할 첫 업무와 마지막 업무를 바르게 나열한 것은?

> A씨, 우리 팀이 준비하는 프로젝트가 마무리 단계인 건 알고 있죠? 이제 곧 그동안 진행해 온 팀 프로젝트를 발표해야 하는데 A씨가 발표자로 선정되어서 몇 가지 말씀드릴 게 있어요. 9월 둘째 주 월요일 오후 4시에 발표를 할 예정이니 그 시간에 비어있는 회의실을 찾아보고 예약해 주세요. 오늘이 벌써 첫째 주 수요일이네요. 보통 일주일 전에는 예약해야 하니 최대한 빨리 확인하고 예약해 주셔야 합니다. 또 발표 내용을 PPT 파일로 만들어서 저한테 메일로 보내 주세요. 검토 후 수정사항을 회신할 테니 반영해서 최종본 내용을 브로슈어에 넣어 주세요. 최종본 내용을 모두 입력하면 디자인팀 D대리님께 파일을 넘겨줘야 해요. 디자인팀에서 작업 후 인쇄소로 보낼 겁니다. 최종 브로슈어는 1층 인쇄소에서 받아오시면 되는데 원래는 한나절이면 찾을 수 있지만 이번에 인쇄 주문 건이 많아서 다음 주 월요일에 찾을 수 있을 거예요. 아, 그리고 브로슈어 내용 정리 전에 작년에 프로젝트 발표자였던 B주임에게 물어보면 어떤 식으로 작성해야 할지 이야기해 줄 거예요.

① PPT 작성 – D대리에게 파일 전달
② 회의실 예약 – B주임에게 조언 구하기
③ 회의실 예약 – 인쇄소 방문
④ B주임에게 조언 구하기 – 인쇄소 방문
⑤ 회의실 예약 – D대리에게 파일 전달

03 직무전결 규정상 전무이사가 전결인 '과장의 국내출장 건'의 결재를 시행하고자 한다. 박기수 전무이사가 해외출장으로 인해 부재중이어서 직무대행자인 최수영 상무이사가 결재하였다. 〈보기〉 중 적절하지 않은 것을 모두 고르면?

> **보기**
> ㄱ. 최수영 상무이사가 결재한 것은 전결이다.
> ㄴ. 공문의 결재표상에는 '과장 최경옥, 부장 김석호, 상무이사 전결, 전무이사 최수영'이라고 표시되어 있다.
> ㄷ. 박기수 전무이사가 출장에서 돌아와서 해당 공문을 검토하는 것은 후결이다.

① ㄱ

② ㄷ

③ ㄱ, ㄴ

④ ㄴ, ㄷ

⑤ ㄱ, ㄴ, ㄷ

04 다음은 최팀장이 김사원에게 남긴 음성메시지이다. 김사원이 가장 먼저 처리해야 할 일로 옳은 것은?

> 지금 업무 때문에 밖에 나와 있는데, 전화를 안 받아서 음성메시지 남겨요. 내가 중요한 서류를 안 가져왔어요. 미안한데 점심시간에 서류 좀 갖다 줄 수 있어요? 아, 그리고 이팀장한테 퇴근 전에 전화 좀 달라고 해 줘요. 급한 건 아닌데 확인할 게 있어서 그래요. 나는 오늘 여기서 퇴근할 거니까 회사로 연락 오는 거 있으면 정리해서 오후에 알려 주고. 오전에 박과장이 문의사항이 있어서 방문하기로 했으니까 응대 잘 할 수 있도록 해요. 박과장이 문의한 사항은 관련 서류 정리해서 내 책상에 두었으니까 미리 읽어 보고 궁금한 사항 있으면 연락 주세요.

① 박과장 응대하기

② 최팀장에게 서류 갖다 주기

③ 회사로 온 연락 최팀장에게 알려 주기

④ 이팀장에게 전화달라고 전하기

⑤ 최팀장 책상의 서류 읽어 보기

05 다음은 K회사의 신제품 관련 회의가 끝난 후 작성된 회의록이다. 이를 이해한 내용으로 적절하지 않은 것은?

회의일시	2024. ○. ○	부서	홍보팀, 영업팀, 기획팀
참석자	홍보팀 팀장, 영업팀 팀장, 기획팀 팀장		
회의안건	신제품 홍보 및 판매 방안		
회의내용	- 경쟁 업체와 차별화된 마케팅 전략 필요 - 적극적인 홍보 및 판매 전략 필요 - 대리점 실적 파악 및 소비자 반응 파악 필요 - 홍보팀 업무 증가에 따라 팀원 보충 필요		
회의결과	- 홍보용 보도 자료 작성 및 홍보용 사은품 구매 요청 - 대리점별 신제품 판매량 조사 실시 - 마케팅 기획안 작성 및 공유 - 홍보팀 경력직 채용 공고		

① 이번 회의안건은 여러 팀의 협업이 필요한 사안이다.

② 기획팀은 마케팅 기획안을 작성하고, 이를 다른 팀과 공유해야 한다.

③ 홍보팀 팀장은 경력직 채용 공고와 관련하여 인사팀에 업무협조를 요청해야 한다.

④ 대리점의 신제품 판매량 조사는 소비자들의 반응을 파악하기 위한 것이다.

⑤ 영업팀은 홍보용 보도 자료를 작성하고, 홍보용 사은품을 구매해야 한다.

06 다음 글을 읽고 A사원이 해야 할 업무를 순서대로 바르게 나열한 것은?

> 상사 : 벌써 2시 50분이네. 3시에 팀장회의가 있어서 지금 업무지시를 할게요. 업무보고는 내일 9시 30분에 받을게요. 업무보고 전 아침에 회의실과 마이크 체크를 한 내용을 업무보고에 반영해 주세요. 내일 있을 3시 팀장회의도 차질 없이 준비해야 합니다. 아, 그리고 오늘 P사원이 아파서 조퇴했으니 P사원 업무도 부탁할게요. 간단한 겁니다. 사업 브로슈어에 사장님의 개회사를 추가하는 건데, 브로슈어 인쇄는 2시간밖에 걸리지 않지만 인쇄소가 오전 10시부터 오후 7시까지 하니 비서실에 방문해 파일을 미리 받아 늦지 않게 인쇄소에 넘겨 주세요. 비서실은 본관 15층에 있으니 가는 데 15분 정도 걸릴 거예요. 브로슈어는 다음 날 오전 10시까지 준비되어야 하는 거 알죠? 팀장회의에 사용할 케이터링 서비스는 매번 시키는 D업체로 예약해 주세요. 24시간 전에는 예약해야 하니 서둘러 주세요.

보기

㉠ 비서실 방문	㉡ 회의실, 마이크 체크
㉢ 케이터링 서비스 예약	㉣ 인쇄소 파일 전달
㉤ 업무보고	

① ㉠ → ㉢ → ㉣ → ㉡ → ㉤
② ㉢ → ㉠ → ㉣ → ㉡ → ㉤
③ ㉡ → ㉠ → ㉣ → ㉤ → ㉢
④ ㉢ → ㉡ → ㉠ → ㉣ → ㉤
⑤ ㉢ → ㉡ → ㉣ → ㉠ → ㉤

PART 2

최종점검 모의고사

제1회
최종점검 모의고사

※ 한국가스기술공사 최종점검 모의고사는 채용공고와 전년도 후기를 기준으로 구성한 것으로,
   실제 시험과 다를 수 있습니다.

■ 취약영역 분석

번호	O/×	영역	번호	O/×	영역	번호	O/×	영역
01			21			41		
02			22			42		
03			23			43		
04			24			44		
05		문제해결능력	25		자원관리능력	45		조직이해능력
06			26			46		
07			27			47		
08			28			48		
09			29			49		
10			30			50		
11			31					
12			32					
13			33					
14			34					
15		수리능력	35		기술능력			
16			36					
17			37					
18			38					
19			39					
20			40					

평가문항	50문항	평가시간	60분
시작시간	:	종료시간	:
취약 영역			

최종점검 모의고사

제 **1** 회

🕐 응시시간 : 60분   📋 문항 수 : 50문항   정답 및 해설 p.052

01 경찰관 또는 소방관이 직업인 네 사람 A ~ D에 대하여 〈조건〉의 내용이 모두 참일 때, 다음 중 반드시 참인 것은?

> **조건**
>
> (가) A, B, C, D 중에 직장 동료가 있다.
> (나) A가 소방관이면 B가 소방관이거나 C가 경찰관이다.
> (다) C가 경찰관이면 D는 소방관이다.
> (라) D는 A의 상관이다.

① A, B의 직업은 다르다.
② A, C의 직업은 다르다.
③ B, C의 직업은 같다.
④ C, D의 직업은 같다.
⑤ B, D의 직업은 다르다.

02 다음 〈조건〉을 근거로 할 때, 서로 다른 무게의 공 5개를 무게가 무거운 순서대로 바르게 나열한 것은?

> **조건**
>
> • 파란공은 가장 무겁지도 않고, 세 번째로 무겁지도 않다.
> • 빨간공은 가장 무겁지도 않고, 두 번째로 무겁지도 않다.
> • 흰공은 세 번째로 무겁지도 않고, 네 번째로 무겁지도 않다.
> • 검은공은 파란공과 빨간공보다는 가볍다.
> • 노란공은 파란공보다 무겁고, 흰공보다는 가볍다.

① 흰공 – 빨간공 – 노란공 – 파란공 – 검은공
② 흰공 – 빨간공 – 노란공 – 검은공 – 파란공
③ 흰공 – 노란공 – 검은공 – 빨간공 – 파란공
④ 흰공 – 노란공 – 빨간공 – 파란공 – 검은공
⑤ 흰공 – 노란공 – 빨간공 – 검은공 – 파란공

03 자선 축구대회에 한국, 일본, 중국, 미국 대표팀이 초청되었다. 각 팀은 〈조건〉에 따라 월요일부터 금요일까지 서울, 수원, 인천, 대전 경기장을 돌아가며 사용한다고 할 때, 다음 중 옳지 않은 것은?

> **조건**
> • 각 경기장에는 한 팀씩 연습하며 연습을 쉬는 팀은 없다.
> • 모든 팀은 모든 경기장에서 적어도 한 번 이상 연습을 해야 한다.
> • 외국에서 온 팀의 첫 훈련은 공항에서 가까운 수도권 지역에 배정한다.
> • 이동거리 최소화를 위해 각 팀은 한 번씩 경기장 한 곳을 이틀 연속해서 사용해야 한다.
> • 미국은 월요일, 화요일에 수원에서 연습을 한다.
> • 목요일에 인천에서는 아시아 팀이 연습을 할 수 없다.
> • 금요일에 중국은 서울에서, 미국은 대전에서 연습을 한다.
> • 한국은 인천에서 연속으로 연습을 한다.

① 목요일, 금요일에 연속으로 같은 지역에서 연습하는 팀은 없다.
② 수요일에 대전에서는 일본이 연습을 한다.
③ 대전에서는 한국, 중국, 일본, 미국의 순서로 연습을 한다.
④ 한국은 화요일, 수요일에 같은 지역에서 연습을 한다.
⑤ 미국과 일본은 한 곳을 연속해서 사용하는 날이 같다.

※ 다음은 K공사의 직원명단과 직원코드 생성방법에 대한 자료이다. 이어지는 질문에 답하시오. [4~5]

<직원명단>

- 1965년 8월 2일생 최지율 : 1988년도 공채 입사 2016년도 퇴사
- 1972년 2월 1일생 강이나라 : 2001년도 공채 입사 현재 재직 중
- 1958년 1월 19일생 김자영 : 1988년도 특채 입사 1999년도 퇴사
- 1993년 6월 5일생 이아름 : 2015년도 공채 입사 현재 재직 중
- 1998년 12월 20일생 유소정 : 2020년도 특채 입사 현재 재직 중

<직원코드 생성방법>

입사 연도	퇴사 연도	재직기간	채용전형	생년월일 · 성명
• 1960년대 : A6 • 1970년대 : A7 • 1980년대 : A8 • 1990년대 : A9 • 2000년대 : B0 • 2010년대 : B1 • 2020년대 : B2	• ~ 1999년 : X • 2000년 ~ : Y • 재직자 : Z	• 퇴사자 　10년 이내 : ㄱ 　10년 초과 20년 이내 : ㄴ 　20년 초과 30년 이내 : ㄷ 　30년 초과 : ㄹ • 재직자 : ㅁ	• 공채 : a • 특채 : b	주민등록번호 앞자리 와 성명 중 앞 두자리 초성 예 930801ㅎㅇ

<직원코드 순서>

'입사 연도 – 퇴사 연도 – 재직기간 – 채용전형 – 생년월일 · 성명' 순으로 코드 생성

04 다음 중 위 직원명단의 직원코드로 옳지 않은 것은?

① A8Yㄷa650802ㅊㅈ
② B0Zㅁa720201ㄱㅇ
③ A8Xㄴb580119ㄱㅈ
④ B1Zㅁa930605ㅇㅇ
⑤ B2Zㅁb981220ㅅㅈ

05 직원코드 생성방법 내용 중 일부가 다음과 같이 변경되었다. 변경사항을 적용한다면 직원명단에서 찾을 수 없는 직원코드는?

<직원코드 생성방법 변경사항>

- 입사 연도를 두 문자로 구분 : 2000년대 이전 A, 2000년대부터 B
- 재직기간의 재직자 코드 : ㅁ → −
- 성명 : 성명의 모든 초성 입력

① AYㄷa650802ㅊㅈㅇ
② BZㅁa720201ㄱㅇㄴㄹ
③ AXㄴb580119ㄱㅈㅇ
④ BZ−a930605ㅇㅇㄹ
⑤ BZ−b981220ㅇㅅㅈ

06 K씨는 영업비밀 보호를 위해 자신의 컴퓨터 속 각 문서의 암호를 다음 규칙에 따라 만들었다. 파일 이름이 다음과 같을 때, 이 파일의 암호는 무엇인가?

<규칙>

1. 비밀번호 중 첫 번째 자리에는 파일 이름의 첫 문자가 한글일 경우 @, 영어일 경우 #, 숫자일 경우 *로 특수문자를 입력한다.
   → 고슴Dochi＝@, haRAMY801＝#, 1app루＝*
2. 두 번째 자리에는 파일 이름의 총 자리 개수를 입력한다.
   → 고슴Dochi＝@7, haRAMY801＝#9, 1app루＝*5
3. 세 번째 자리부터는 파일 이름 내에 숫자를 순서대로 입력한다. 숫자가 없을 경우 0을 두 번 입력한다.
   → 고슴Dochi＝@700, haRAMY801＝#9801, 1app루＝*51
4. 그 다음 자리에는 파일 이름 중 한글이 있을 경우 초성만 순서대로 입력한다. 없다면 입력하지 않는다.
   → 고슴Dochi＝@700ㄱㅅ, haRAMY801＝#9801, 1app루＝*51ㄹ
5. 그 다음 자리에는 파일 이름 중 영어가 있다면 뒤에 덧붙여 순서대로 입력하되, a, e, i, o, u만 'a＝1, e＝2, i＝3, o＝4, u＝5'로 변형하여 입력한다(대문자·소문자 구분 없이 모두 소문자로 입력한다).
   → 고슴Dochi＝@700ㄱㅅd4ch3, haRAMY801＝#9801h1r1my, 1app루＝*51ㄹ1pp

---

2022매운전골Cset3인기준recipe8

① @23202238ㅁㅇㅈㄱㅇㄱㅈcs2trecipe

② @23202238ㅁㅇㅈㄱㅇㄱㅈcs2tr2c3p2

③ *23202238ㅁㅇㅈㄱㅇㄱㅈcs2trecipe

④ *23202238ㅁㅇㅈㄱㅇㄱㅈcs2tr2c3p2

⑤ *23202238ㅁㅇㅈㄱㅇㄱㅈcsetrecipe

07 K공사에 대한 SWOT 분석결과가 다음과 같을 때, 〈보기〉 중 SWOT 분석 내용으로 옳은 것을 모두 고르면?

〈SWOT 분석결과〉	
구분	분석결과
강점(Strength)	• 해외 가스공급기관 대비 높은 LNG 구매력 • 세계적으로 우수한 배관 인프라
약점(Weakness)	• 타 연료 대비 높은 단가
기회(Opportunity)	• 북아시아 가스관 사업 추진 논의 지속 • 수소 자원 개발 고도화 추진 중
위협(Threat)	• 천연가스에 대한 수요 감소 추세 • 원전 재가동 확대 전망에 따른 에너지 점유율 감소 가능성

보기

ㄱ. 해외 가스공급기관 대비 LNG 확보가 용이하다는 점을 근거로 북아시아 가스관 사업 추진 시 우수한 효율을 이용하는 것은 SO전략에 해당한다.

ㄴ. 지속적으로 감소할 것으로 전망되는 천연가스 수요를 북아시아 가스관 사업을 통해 확보하는 것은 ST전략에 해당한다.

ㄷ. 수소 자원 개발을 고도화하여 다른 연료 대비 상대적으로 높았던 공급단가를 낮추려는 R&D 사업 추진은 WO전략에 해당한다.

ㄹ. 높은 LNG 확보 능력을 이용해 상대적으로 높은 가스 공급단가가 더욱 상승하는 것을 방지하는 것은 WT전략에 해당한다.

① ㄱ, ㄴ
② ㄱ, ㄷ
③ ㄴ, ㄷ
④ ㄴ, ㄹ
⑤ ㄷ, ㄹ

08 다음은 국가자격시험 전형관리 및 발급기관에 관한 정보이다. 이를 바탕으로 판단할 때, 〈보기〉에서 적절하게 행동한 사람을 모두 고르면?

<각 자격증 주관 기관>

업종	자격증종류	전형관리	자격증관리(발급)
여행업	관광통역 안내사	산업인력공단 홈페이지	한국관광공사
	국내여행 안내사		한국관광협회중앙회
	국외여행 인솔자	−	한국여행업협회
관광숙박업	호텔경영사	산업인력공단 홈페이지	한국관광공사
	호텔관리사		한국관광공사
	호텔 서비스사		한국관광협회중앙회
국제회의업	컨벤션기획사 1급		산업인력공단
	컨벤션기획사 2급		
의료관광업	국제의료관광 코디네이터		
문화관광 해설	문화관광해설사	지자체	−

• 제출서류(온라인 신청 시 파일 첨부)

구분	제출서류	비고
공통	반명함판 사진	단, 자격증에 사용할 사진 변경을 원하는 자에 한함
내국인	기본증명서 1부(일반) ※ 합격자 본인 명의로 주민센터 등에서 발급	단, 관광진흥법 제7조 1항에 의거하여 공사에서 신원조회 후 결격사유가 발생하지 않은 경우 발급
외국인	신분증 사본 1부(외국인등록증, 여권)	

• 발급비용 : 7,800원(발급수수료 5,000원+택배발송비용 2,800원)
  ※ 한국관광공사에서 발급하는 자격증 방문 수령의 경우 강원도 원주 공사 본사를 직접 방문해야 함(발급 수수료 5,000원만 결제)

> **보기**
> • 정원 : 관광통역 안내사 자격증의 전형일에 대해 알아보기 위해 광주광역시에 문의하였다.
> • 기현 : 호텔관리사 자격증과 호텔경영사 자격증의 발급일에 대해 문의하기 위해 한국관광공사에 연락하였다.
> • 미라 : 독일인 친구의 컨벤션기획사1급 자격증 전형응시를 돕기 위해 친구의 반명함판 사진과 여권 사본 1부를 준비하여 제출하도록 하였다.
> • 시연 : 국제의료관광 코디네이터 자격증을 발급받기 위해 한국관광공사 본사를 방문하여 5,000원을 지불하였다.

① 정원, 기현
② 정원, 미라
③ 기현, 미라
④ 기현, 시연
⑤ 미라, 시연

※ 다음은 K공사의 사무실 이전을 위해 건물 A ~ E에 대해 조사한 자료이다. 이어지는 질문에 답하시오.
  [9~10]

〈건물별 시설 현황〉

건물	층수	면적	거리	시설	월임대료
A	3층	각 층 40평	6km	엘리베이터, 장애인시설, 3층 대회의실, 주차장 5평	300만 원
B	2층	각 층 50평	10km	엘리베이터, 장애인시설, 주차장 10평	500만 원
C	1층	90평	4km	장애인시설, 주차장 15평	400만 원
D	2층	각 층 60평	14km	엘리베이터, 주차장 15평	500만 원
E	2층	각 층 55평	8km	장애인시설, 주차장 20평	400만 원

※ 거리는 각 건물에서 현장까지 거리이다.
※ 면적에 주차장은 포함하지 않는다.

〈항목별 환산점수〉

– 층수 : 층당 10점
– 면적 : 건물 총 면적 1평당 1점, 주차장 1평당 3점
– 거리 : 5km 이하 20점, 5km 초과 10km 이하 10점, 10km 초과 5점
– 시설 : 2층 이상 건물 중 엘리베이터 없을 시 10점 감점, 건물에 장애인시설 없을 시 5점 감점
– 임대료 : 100만 원당 10점 감점

09 K공사는 항목별 환산점수를 적용하여 환산점수 합이 가장 높은 건물로 사무실을 이전하려고 할 때, 이전할 건물은?

① A건물
③ C건물
⑤ E건물
② B건물
④ D건물

10 K공사는 다음 〈조건〉을 고려하여 환산점수 합이 가장 높은 건물과 계약을 하려고 할 때, 계약할 건물과 그 건물의 점수는?

> **조건**
> • 2층 이상의 건물로 엘리베이터와 장애인시설이 있을 것
> • 현장과의 거리는 12km 이내일 것

① A건물, 145점
③ C건물, 125점
⑤ E건물, 150점
② B건물, 110점
④ D건물, 135점

11 KTX와 새마을호가 서로 마주 보며 오고 있다. 속력은 7 : 5의 비로 운행하고 있으며, 현재 두 열차 사이의 거리는 6km이다. 두 열차가 서로 만났을 때 새마을호가 이동한 거리는?

① 2km   ② 2.5km

③ 3km   ④ 3.5km

⑤ 4km

12 A사원은 비품 구입을 위해 한 자루에 500원 하는 볼펜과 한 자루에 700원 하는 색연필을 합하여 12자루를 샀다. 구입한 비품을 1,000원짜리 상자에 넣고 총금액으로 8,600원을 지불했을 때, A사원이 구입한 볼펜은 몇 자루인가?

① 8자루   ② 7자루

③ 6자루   ④ 5자루

⑤ 4자루

13 K사는 작년에 사원 수가 500명이었고, 올해는 남자 사원이 작년보다 10% 감소하고, 여자 사원이 작년보다 40% 증가하였다. 올해 전체 사원 수는 작년보다 8%가 늘어났을 때, 작년 남자 사원 수는 몇 명인가?

① 280명   ② 300명

③ 315명   ④ 320명

⑤ 325명

14 두 사람이 이번 주 토요일에 함께 미용실을 가기로 약속했다. 두 사람이 약속한 토요일에 함께 미용실에 다녀온 후에는 한 명은 15일마다, 한 명은 20일마다 미용실에 간다. 처음으로 다시 두 사람이 함께 미용실에 가게 되는 날은 무슨 요일인가?

① 월요일
② 화요일
③ 수요일
④ 목요일
⑤ 금요일

15 다음은 K회사의 모집단위별 지원자 수 및 합격자 수를 나타낸 표이다. 이에 대한 설명으로 옳지 않은 것은?

〈모집단위별 지원자 수 및 합격자 수〉

(단위 : 명)

모집단위	남자		여자		합계	
	합격자 수	지원자 수	합격자 수	지원자 수	모집정원	지원자 수
A	512	825	89	108	601	933
B	353	560	17	25	370	585
C	138	417	131	375	269	792
합계	1,003	1,802	237	508	1,240	2,310

※ (경쟁률)$=\dfrac{\text{(지원자 수)}}{\text{(모집정원)}}$

① 3개의 모집단위 중 총 지원자 수가 가장 많은 집단은 A이다.
② 3개의 모집단위 중 합격자 수가 가장 적은 집단은 C이다.
③ K회사 전체 남자 합격자 수는 여자 합격자 수의 5배 이상이다.
④ B집단의 경쟁률은 $\dfrac{117}{74}$이다.
⑤ C집단의 모집정원은 K회사 전체 모집정원의 약 22%를 차지한다.

16 다음 그림은 OECD 국가의 대학졸업자 취업에 대한 자료이다. A~L국가 중 '전체 대학졸업자' 대비 '대학졸업자 중 취업자' 비율이 OECD 평균보다 높은 국가만으로 바르게 짝지어진 것은?

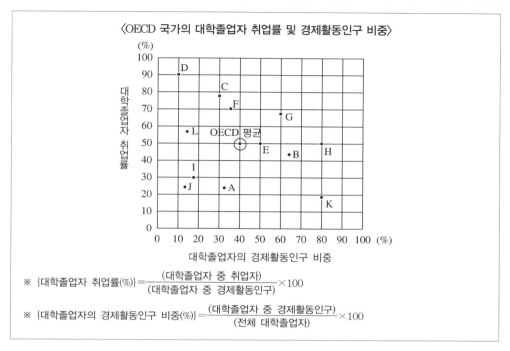

〈OECD 국가의 대학졸업자 취업률 및 경제활동인구 비중〉

※ {대학졸업자 취업률(%)} = $\dfrac{(대학졸업자\ 중\ 취업자)}{(대학졸업자\ 중\ 경제활동인구)} \times 100$

※ {대학졸업자의 경제활동인구 비중(%)} = $\dfrac{(대학졸업자\ 중\ 경제활동인구)}{(전체\ 대학졸업자)} \times 100$

① A, D

② B, C

③ D, H

④ G, K

⑤ H, L

17 다음은 2017 ~ 2021년 지역별 이혼건수에 관한 자료이다. 이에 대한 설명으로 옳은 것은?

〈2017 ~ 2021년 지역별 이혼건수〉

(단위 : 천 건)

지역	2017년	2018년	2019년	2020년	2021년
서울	28	29	34	33	38
인천	22	24	35	32	39
경기	19	21	22	28	33
대전	11	13	12	11	10
광주	8	9	9	12	7
대구	15	13	14	17	18
부산	18	19	20	19	21
울산	7	8	8	5	7
제주	4	5	7	6	5
전체	132	141	161	163	178

※ 수도권은 서울, 인천, 경기이다.

① 2019 ~ 2021년 인천의 총이혼건수는 서울보다 적다.

② 2017 ~ 2021년까지 전체 이혼건수가 가장 적은 해는 2021년이다.

③ 2017 ~ 2021년까지 수도권의 이혼건수가 가장 많은 해는 2020년이다.

④ 전체 이혼건수 대비 수도권의 이혼건수 비중은 2017년에 50% 이하, 2021년은 60% 이상을 차지한다.

⑤ 2017 ~ 2021년까지 전체 이혼건수 증감추이와 같은 지역은 한 곳뿐이다.

18 다음은 창업보육센터의 현황에 관한 자료이다. 이에 대한 〈보기〉의 설명 중 옳지 않은 것을 모두 고르면?

〈연도별 창업보육센터당 입주업체 수 및 매출액〉

(단위 : 개, 억 원)

구분	2019년	2020년	2021년
창업보육센터당 입주업체 수	16.6	17.1	16.8
창업보육센터당 입주업체 매출액	85.0	91.0	86.7

※ 한 업체는 1개의 창업보육센터에만 입주한다.

> **보기**
>
> ㄱ. 2021년 창업보육센터 지원금액의 전년 대비 증가율은 창업보육센터 수 증가율의 5배 이상이다.
> ㄴ. 2021년 창업보육센터의 전체 입주업체 수는 전년보다 적다.
> ㄷ. 창업보육센터당 지원금액이 가장 적은 해는 2016년이며, 가장 많은 해는 2021년이다.
> ㄹ. 창업보육센터 입주업체의 전체 매출액은 2019년 이후 매년 증가하였다.

① ㄱ, ㄴ
② ㄱ, ㄷ
③ ㄴ, ㄷ
④ ㄴ, ㄹ
⑤ ㄷ, ㄹ

19 제시된 표는 2001년과 2021년 한국, 중국, 일본의 재화 수출액 및 수입액 자료이고, 용어 정의는 무역수지와 무역특화지수에 대한 설명이다. 이에 대한 〈보기〉의 설명 중 옳은 것을 모두 고르면?

〈한국, 중국, 일본의 재화 수출액 및 수입액〉

(단위 : 억 달러)

연도	국가 수출입액 재화	한국		중국		일본	
		수출액	수입액	수출액	수입액	수출액	수입액
2001년	원자재	578	832	741	1,122	905	1,707
	소비재	117	104	796	138	305	847
	자본재	1,028	668	955	991	3,583	1,243
2021년	원자재	2,015	3,232	5,954	9,172	2,089	4,760
	소비재	138	375	4,083	2,119	521	1,362
	자본재	3,444	1,549	12,054	8,209	4,541	2,209

〈용어 정의〉

- (무역수지)=(수출액)−(수입액)
  - 무역수지 값이 양(+)이면 흑자, 음(−)이면 적자이다.
- $(무역특화지수) = \dfrac{(수출액)-(수입액)}{(수출액)+(수입액)}$
  - 무역특화지수의 값이 클수록 수출경쟁력이 높다.

보기

ㄱ. 2021년 한국, 중국, 일본 각각에서 원자재 무역수지는 적자이다.
ㄴ. 2021년 한국의 원자재, 소비재, 자본재 수출액은 2001년에 비해 각각 50% 이상 증가하였다.
ㄷ. 2021년 자본재 수출경쟁력은 일본이 한국보다 높다.

① ㄱ   ② ㄴ
③ ㄱ, ㄴ   ④ ㄱ, ㄷ
⑤ ㄴ, ㄷ

20 다음은 도로별 일평균 교통량에 대한 자료이다. 이에 대한 설명으로 옳지 않은 것은?

〈고속국도의 일평균 교통량〉

(단위 : 대)

구분	2019년	2020년	2021년	2022년	2023년
승용차	28,864	31,640	32,593	33,605	35,312
버스	1,683	1,687	1,586	1,594	1,575
화물차	13,142	11,909	12,224	13,306	13,211
합계	43,689	45,236	46,403	48,505	50,098

〈일반국도의 일평균 교통량〉

(단위 : 대)

구분	2019년	2020년	2021년	2022년	2023년
승용차	7,951	8,470	8,660	8,988	9,366
버스	280	278	270	264	256
화물차	2,945	2,723	2,657	2,739	2,757
합계	11,176	11,471	11,587	11,991	12,379

〈국가지원지방도의 일평균 교통량〉

(단위 : 대)

구분	2019년	2020년	2021년	2022년	2023년
승용차	5,169	5,225	5,214	5,421	5,803
버스	230	219	226	231	240
화물차	2,054	2,126	2,059	2,176	2,306
합계	7,453	7,570	7,499	7,828	8,349

① 조사기간 중 고속국도의 일평균 승용차 교통량은 일반국도와 국가지원지방도의 일평균 승용차 교통량의 합보다 항상 많았다.

② 전년 대비 일반국도의 일평균 화물차 교통량은 2021년까지 감소하다가 2022년부터 다시 증가하고 있다.

③ 2020 ~ 2023년 중 국가지원지방도의 일평균 버스 교통량의 전년 대비 증가율이 가장 큰 해는 2023년이다.

④ 조사기간 중 고속국도와 일반국도의 일평균 버스 교통량의 증감추이는 같다.

⑤ 2023년 고속국도의 일평균 화물차 교통량은 2023년 일반국도와 국가지원지방도의 일평균 화물차 교통량의 합의 2.5배 이상이다.

21 K전력공사에서 근무하고 있는 김대리는 경기본부로 전기점검을 나가고자 한다. 〈조건〉에 따라 점검일을 결정할 때, 다음 중 김대리가 경기본부 전기점검을 진행할 수 있는 기간은?

			〈10월 달력〉			
일요일	월요일	화요일	수요일	목요일	금요일	토요일
				1	2	3
4	5	6	7	8	9	10
11	12	13	14	15	16	17
18	19	20	21	22	23	24
25	26	27	28	29	30	31

조건
- 김대리는 10월 중에 경기본부로 전기점검을 나간다.
- 전기점검은 2일 동안 진행되며, 이틀 동안 연이어 진행하여야 한다.
- 점검은 주중에만 진행된다.
- 김대리는 10월 1일부터 10월 7일까지 연수에 참석하므로 해당 기간에는 점검을 진행할 수 없다.
- 김대리는 10월 27일부터는 부서이동을 하므로, 27일부터는 전기점검을 포함한 모든 담당 업무를 후임자에게 인계하여야 한다.
- 김대리는 목요일마다 경인건설본부로 출장을 가며, 출장일에는 전기점검 업무를 진행할 수 없다.

① 10월 6 ~ 7일
② 10월 11 ~ 12일
③ 10월 14 ~ 15일
④ 10월 20 ~ 21일
⑤ 10월 27 ~ 28일

22 A대리는 다가오는 9월에 결혼을 앞두고 있다. 다음 〈조건〉을 참고할 때, A대리의 결혼날짜로 가능한 날은?

조건
- 9월은 1일부터 30일까지이며, 9월 1일은 금요일이다.
- 9월 30일부터 추석연휴가 시작되고 추석연휴 이틀 전에는 A대리가 주관하는 회의가 있다.
- A대리는 결혼식을 한 다음 날 8박 9일간 신혼여행을 간다.
- 회사에서 신혼여행으로 주는 휴가는 5일이다.
- A대리는 신혼여행과 겹치지 않도록 수요일 3주 연속 치과 진료가 예약되어 있다.
- 신혼여행에서 돌아오는 날 부모님 댁에서 하루 자고, 그 다음날 출근할 예정이다.

① 1일
② 2일
③ 22일
④ 23일
⑤ 29일

23 다음 대화 내용을 읽고 A팀장과 B사원이 함께 시장조사를 하러 갈 수 있는 가장 적절한 시간은 언제인가?(단, 근무시간은 09:00 ~ 18:00, 점심시간은 12:00 ~ 13:00이다)

> A팀장 : B씨, 저번에 우리가 함께 진행했던 제품이 오늘 출시된다고 하네요. 시장에서 어떤 반응이 있는지 조사하러 가야 할 것 같아요.
>
> B사원 : 네, 팀장님. 그런데 오늘 갈 수 있을지 의문입니다. 우선 오후 4시에 사내 정기 강연이 예정되어 있고 초청강사가 와서 시간관리 강의를 한다고 합니다. 아마 두 시간 정도 걸릴 것 같은데, 저는 강연준비로 30분 정도 일찍 가야 할 것 같습니다. 그리고 부서장님께서 요청하셨던 기획안도 오늘 퇴근 전까지 제출해야 하는데, 팀장님 검토시간까지 고려하면 두 시간 정도 소요될 것 같습니다.
>
> A팀장 : 오늘도 역시 할 일이 참 많네요. 지금이 11시니까 열심히 업무를 하면 한 시간 정도는 시장에 다녀올 수 있겠네요. 먼저 기획안부터 마무리 짓도록 합시다.
>
> B사원 : 네, 알겠습니다. 팀장님, 오늘 점심은 된장찌개 괜찮으시죠? 바쁘니까 예약해두겠습니다.

① 11:00 ~ 12:00
② 13:00 ~ 14:00
③ 14:00 ~ 15:00
④ 15:00 ~ 16:00
⑤ 16:00 ~ 17:00

24 다음은 개발부에서 근무하는 A사원의 4월 근태기록이다. 다음 규정을 참고하여 A사원이 받을 시간외근무수당은 얼마인가?(단, 정규근로시간은 09:00 ~ 18:00이다)

〈시간외근무 규정〉

• 시간외근무(조기출근 포함)는 1일 4시간, 월 57시간을 초과할 수 없다.
• 시간외근무수당은 1일 1시간 이상 시간외근무를 한 경우에 발생하며, 1시간을 공제한 후 매분 단위까지 합산하여 계산한다(단, 월 단위 계산 시 1시간 미만은 절사함).
• 시간외근무수당 지급단가 : 사원(7,000원), 대리(8,000원), 과장(10,000원)

〈A사원의 4월 근태기록(출근시간 / 퇴근시간)〉

• 4월 1일부터 4월 15일까지의 시간외근무시간은 12시간 50분(1일 1시간 공제 적용)이다.

18일(월)	19일(화)	20일(수)	21일(목)	22일(금)
09:00 / 19:10	09:00 / 18:00	08:00 / 18:20	08:30 / 19:10	09:00 / 18:00

25일(월)	26일(화)	27일(수)	28일(목)	29일(금)
08:00 / 19:30	08:30 / 20:40	08:30 / 19:40	09:00 / 18:00	09:00 / 18:00

※ 주말 특근은 고려하지 않음

① 112,000원
② 119,000원
③ 126,000원
④ 133,000원
⑤ 140,000원

※ A대리는 대전에서 출발하여 각각 광주, 대구, 부산, 울산에 있는 4개 지부로 출장을 갈 계획이다. 다음 자료를 참고하여 이어지는 질문에 답하시오. [25~26]

〈도시 간 이동비용〉

(단위 : 원)

출발지＼도착지	대전	광주	대구	부산	울산
대전		41,000	38,000	44,500	39,000
광주	41,000		32,000	35,500	37,500
대구	38,000	32,000		7,500	10,500
부산	44,500	35,500	7,500		22,000
울산	39,000	37,500	10,500	22,000	

〈도시 간 이동소요시간〉

출발지＼도착지	대전	광주	대구	부산	울산
대전		2시간 40분	2시간 20분	3시간 10분	2시간 45분
광주	2시간 40분		2시간 5분	2시간 15분	2시간 35분
대구	2시간 20분	2시간 5분		40분	1시간 5분
부산	3시간 10분	2시간 15분	40분		1시간 40분
울산	2시간 45분	2시간 35분	1시간 5분	1시간 40분	

25 A대리는 4개 지부를 방문한 후 대전으로 돌아와야 한다. 다음 이동경로 중 A대리가 대전으로 복귀하기까지 이동비용이 가장 저렴한 경로는?

① 대전 – 광주 – 대구 – 부산 – 울산 – 대전
② 대전 – 광주 – 부산 – 울산 – 대구 – 대전
③ 대전 – 대구 – 부산 – 울산 – 광주 – 대전
④ 대전 – 울산 – 부산 – 대구 – 광주 – 대전
⑤ 대전 – 울산 – 대구 – 부산 – 광주 – 대전

26 A대리는 4개 지부를 방문한 후 바로 집으로 퇴근한다. A대리의 집이 대구라고 할 때, 다음 이동경로 중 A대리가 퇴근하기까지 이동소요시간이 가장 짧은 경로는?

① 대전 – 부산 – 울산 – 광주 – 대구
② 대전 – 부산 – 광주 – 울산 – 대구
③ 대전 – 광주 – 울산 – 부산 – 대구
④ 대전 – 광주 – 부산 – 울산 – 대구
⑤ 대전 – 울산 – 광주 – 부산 – 대구

※ 다음은 K홈쇼핑에서 F/W시즌에 선보일 겨울 방한의류별 특성을 정리한 제품 특성표이다. 다음 자료를 참고하여 이어지는 질문에 답하시오. [27~28]

<제품 특성표>

제품	가격	브랜드가치	무게	디자인	실용성
A	★★★☆☆	★★★★★	★★★★☆	★★☆☆☆	★★★☆☆
B	★★★★★	★★★★☆	★★★★☆	★★★☆☆	★★☆☆☆
C	★★★☆☆	★★★☆☆	★★★☆☆	★★★★☆	★★★★☆
D	★★★★☆	★★★★★	★★☆☆☆	★★★☆☆	★★★★☆
E	★★★★☆	★★★☆☆	★★★☆☆	★★☆☆☆	★★★★☆

★★★★★ : 매우 좋음 / ★★★★☆ : 좋음 / ★★★☆☆ : 보통 / ★★☆☆☆ : 나쁨 / ★☆☆☆☆ : 매우 나쁨

PART 2

27 시장조사 결과 50대 고객은 브랜드가치가 높고, 무게가 가벼우며, 실용성이 높은 방한 의류를 선호한다고 한다. 제품 특성표를 참고하여 50대 고객을 대상으로 방한의류를 판매한다면, 어떤 제품이 가장 합리적인가?

① A제품
② B제품
③ C제품
④ D제품
⑤ E제품

28 다음은 연령대별 소비자 선호 특성을 나타낸 표이다. 20대와 30대 고객에게 그들의 선호 특성에 맞게 방한의류를 판매하려면, 어떤 제품이 가장 합리적인가?

<연령대별 소비자 선호도>

연령대	선호 특성
20대	가격, 디자인
30대	무게, 실용성
40대	브랜드가치, 실용성

① A제품
② B제품
③ C제품
④ D제품
⑤ E제품

29 K공사에서 승진대상자 중 2명을 승진시키려고 한다. 승진의 조건은 동료 평가에서 '하'를 받지 않고 합산점수가 높은 순이다. 합산점수는 100점 만점의 점수로 환산한 승진시험 성적, 영어 성적, 성과 평가의 수치를 합산한다. 승진시험의 만점은 100점, 영어 성적의 만점은 500점, 성과 평가의 만점은 200점이라고 할 때, 승진대상자 2명은 누구인가?

(단위 : 점)

직원	승진시험 성적	영어 성적	동료 평가	성과 평가
A	80	400	중	120
B	80	350	상	150
C	65	500	상	120
D	70	400	중	100
E	95	450	하	185
F	75	400	중	160
G	80	350	중	190
H	70	300	상	180
I	100	400	하	160
J	75	400	상	140
K	90	250	중	180

① B, K

② A, C

③ E, I

④ F, G

⑤ H, D

30 K공사는 2024년 상반기 인사이동을 통해 품질안전본부의 승진대상자 중 승진할 직원 2명을 선정하고자 한다. 승진자 결정방식 및 승진대상자 정보가 아래와 같을 때, 다음 중 승진하게 되는 직원이 바르게 짝지어진 것은?

〈승진자 결정방식〉

- 품질안전본부의 승진대상자인 갑, 을, 병, 정, 무 중 승진점수가 높은 직원 2명이 승진하게 된다.
- 승진점수는 업무실적점수(20점 만점), 사고점수(10점 만점), 근무태도점수(10점 만점), 가점 및 벌점(최대 5점)을 합산하여 산정한다.
- 업무실적점수 산정기준(20점 만점)

등급	A	B	C	D
점수	20	17	13	10

- 사고점수 산정기준(10점 만점)
  - 만점인 10점에서 사고유형 및 건수에 따라 차감하여 계산한다.

구분	1건당 벌점
경미 / 과실	1점
중대 / 고의	3점

- 근무태도점수 산정기준(10점 만점)

등급	우수	보통	미흡
점수	10	7	4

- 가점 및 벌점 부여기준(최대 5점)
  - 무사고(모든 유형의 사고 건수 0건) : 가점 2점
  - 수상실적 : 1회당 가점 2점
  - 사고유형 중 중대 / 고의 사고 건수 2건 이상 : 벌점 4점

〈승진대상자 정보〉

직원	업무실적등급	사고건수 경미 / 과실	사고건수 중대 / 고의	근무태도등급	수상실적
갑	A	–	1	보통	1회
을	B	1	–	우수	2회
병	C	2	–	보통	–
정	A	1	1	미흡	–
무	D	–	–	우수	1회

① 갑, 을
② 갑, 병
③ 을, 무
④ 병, 정
⑤ 정, 무

※ K유치원에서는 유아 교육자료 제작을 위해 코팅기를 구입하였다. 다음 설명서를 참고하여 이어지는 질문에 답하시오. **[31~32]**

■ 사용방법

1) 앞면에 있는 스위치를 'ON'으로 돌리면 파란불이 들어오며 예열을 시작합니다.
2) 3 ~ 5분 정도의 예열이 끝나면 예열표시등이 빨간불로 바뀌고 코팅을 할 수 있습니다.
3) 코팅할 서류를 코팅지에 넣어주시고, 봉합된 변까지 밀어 넣습니다.
   - 각 변에 최소 3 ~ 5mm 여유 공간을 남겨 주세요.
   - 두께가 160micron 이상이거나 100micron 이하인 코팅지를 사용하지 마세요.
4) 서류를 넣은 코팅지는 봉합된 부분부터 평행으로 코팅 투입구에 넣어주세요.
5) 코팅지는 코팅기를 통과하며 기기 뒷면 코팅 배출구에서 나옵니다.
   - 임의로 코팅지를 잡아당기면 안 됩니다.
6) 코팅지가 전부 나온 후 기기에서 분리해주세요.
7) 사용 완료 후 스위치를 'OFF'로 돌려주세요.
   - 사용 후 1 ~ 2시간 정도 열을 식혀 주세요.

■ 코팅지 걸림 발생 시

1) 코팅지가 기기에 걸렸을 경우 앞면의 스위치를 'OFF'로 돌린 다음 기기 전원을 차단시킵니다.
2) 기기 뒷면에 있는 'REMOVE' 스위치를 화살표 방향으로 밀면서 코팅 서류를 조심스럽게 당겨 뽑아 주세요.

■ 주의사항

- 기기가 작동 중일 때 표면이 매우 뜨거우므로 손으로 만지지 마십시오.
- 기기를 사용한 후, 기계 플러그를 뽑고 열이 충분히 식은 후에 이동 및 보관을 합니다.
- 기기 위에 무겁거나 날카로운 물건을 두지 마십시오.
- 기기의 내부에 물을 떨어뜨리지 마십시오.
- 기기에 다른 물질을 넣지 마십시오.
- 전문가의 도움 없이 절대 분해하거나 재조립 또는 수리하지 마십시오.
- 기기를 장시간 사용하지 않을 경우 전원 코드를 뽑아주세요.
- 사용 중 기기가 과열되거나 이상한 냄새가 나거나 종이 걸림이 있을 경우 신속히 전원을 끕니다.

■ 문제해결방법

상태	원인	해결
코팅 중에 코팅물이 나오지 않을 때	• 필름을 잘라서 사용했을 경우 • 두께를 초과하는 용지로 코팅했을 경우 • 과도하게 용지를 투입했을 경우 • 코팅지가 롤러에 말린 경우	전원을 끄고 'REMOVE' 스위치를 화살표 방향으로 밀면서 말린 필름을 제거합니다.
필름을 투입했지만, 필름이 들어가지 않고 멈춰있을 때	• 투입 불량으로 접착액이 다량으로 붙어 있는 경우	전원을 끄고 냉각시킨 다음 다시 시도해 봅니다.
전원 지시등이 켜지지 않을 때	• 기기 전원 스위치가 접속되어 있지 않은 경우	전원코드 및 기기 스위치가 'ON'으로 되어 있는지 확인합니다.

31 A교사는 연구수업에 쓰일 교육자료 제작을 위해 코팅기를 사용하였다. 다음 중 A교사의 행동으로 적절한 것은?

① 코팅기기 앞면의 스위치를 'ON'으로 놓자마자 코팅지를 투입하였다.

② 120micron 코팅지에 코팅할 서류를 넣었다.

③ 코팅지를 평행으로 놓고, 봉합된 부분의 반대 방향부터 투입구에 넣었다.

④ 코팅기를 통과하면서 나오는 코팅지를 뒷면에서 잡아당겼다.

⑤ 사용 완료 후 기기 전원을 끄고 바로 보관함 상자에 넣었다.

32 B원장은 기기 관리를 위해 교사들에게 코팅기 사용 시 주의사항에 대해 안내하고자 한다. 다음 중 코팅기 사용 시 주의해야 할 사항으로 적절하지 않은 것은?

① 사용 중 기기에 코팅지가 걸릴 경우 기기 앞면에서 코팅 서류를 조심스럽게 꺼냅니다.

② 기기 위에 무거운 물건이나 날카로운 물건을 올리지 마세요.

③ 기기 사용 중에는 표면이 많이 뜨거우므로 아이들의 손이 닿지 않도록 주의하세요.

④ 사용 중 이상한 냄새가 날 경우 신속히 전원을 끄도록 합니다.

⑤ 사용 후에는 스위치를 'OFF'로 돌려놓고, 퇴근 시에는 전원코드를 뽑아주세요.

※ K씨는 이번 달 내로 모든 사무실의 복합기를 ★★복합기로 교체하라는 지시를 받았다. 모든 사무실의 복합기를 교체하였지만, 추후 문제가 생길 것을 대비해 신형 복합기의 문제 해결법을 인트라넷에 게시하였다. 이어지는 질문에 답하시오. **[33~34]**

〈문제 해결법〉

Q. 복합기가 비정상적으로 종료됩니다.

A. 제품의 전원 어댑터가 전원 콘센트에 정상적으로 연결되었는지 확인하십시오.

Q. 제품에서 예기치 못한 소음이 발생합니다.

A. 복합기의 자동 서비스 기능으로 프린트 헤드의 수명을 관리할 때에 제품에서 예기치 못한 소음이 발생할 수 있습니다.
  ▲ 참고
   • 프린트 헤드의 손상을 방지하려면, 복합기에서 인쇄하는 동안에는 복합기를 끄지 마십시오.
   • 복합기의 전원을 끌 때에는 반드시 전원 버튼을 사용하고, 복합기가 정지할 때까지 기다린 후 전원을 끄십시오.
   • 잉크 카트리지를 모두 바르게 장착했는지 확인합니다.
   • 잉크 카트리지가 하나라도 없을 경우, 복합기는 프린트 헤드를 보호하기 위해 자동으로 서비스 기능을 수행할 수 있습니다.

Q. 복합기가 응답하지 않습니다(인쇄되지 않음).

A. 1. 인쇄 대기열에 걸려 있는 인쇄 작업이 있는지 확인하십시오.
     • 인쇄 대기열을 열어 모든 문서 작업을 취소한 다음 PC를 재부팅합니다.
     • PC를 재부팅한 후 인쇄를 다시 시작합니다.
   2. ★★소프트웨어 설치를 확인하십시오.
     • 인쇄 도중 복합기가 꺼지면 PC 화면에 경고 메시지가 나타납니다.
     • 메시지가 나타나지 않을 경우 ★★소프트웨어가 제대로 설치되지 않았을 수 있습니다.
     • ★★소프트웨어를 완전히 제거한 다음 다시 설치합니다. 자세한 내용은 [프린터 소프트웨어 삭제하기]를 참고하십시오.
   3. 케이블 및 연결 상태를 확인하십시오.
     • USB 케이블이 복합기와 PC에 제대로 연결되었는지 확인합니다.
     • 복합기가 무선 네트워크에 연결되어 있을 경우 복합기와 PC의 네트워크 연결 상태를 확인합니다.
     • PC에 개인 방화벽 소프트웨어가 설치되어 있는지 확인합니다.
       − 개인 방화벽 소프트웨어는 외부 침입으로부터 PC를 보호하는 보안 프로그램입니다.
       − 방화벽으로 인해 PC와 복합기의 통신이 차단될 수 있습니다.
       − 복합기와 통신이 문제가 될 경우에는 방화벽을 일시적으로 해제하십시오. 해제 후에도 문제가 발생하면 방화벽에 의한 문제가 아니므로 방화벽을 다시 실행하십시오.

> **Q. 인쇄 속도가 느립니다.**
>
> A. 1. 인쇄 품질 설정을 확인하십시오.
>   - 인쇄 품질(해상도)이 최상 및 최대 DPI로 설정되었을 경우 인쇄 품질이 향상되나 인쇄 속도가 느려질 수 있습니다.
>   2. 잉크 카트리지의 잉크 잔량을 확인하십시오.
>   - 잉크 카트리지에 남아 있는 예상 잉크량을 확인합니다.
>   - 잉크 카트리지가 소모된 상태에서 인쇄를 할 경우 인쇄 속도가 느려질 수 있습니다.
>   - 위와 같은 방법으로 해결되지 않을 경우 복합기에 문제가 있을 수 있으므로, ★★서비스 센터에 서비스를 요청하십시오.

33 A사원은 ★★복합기에서 소음이 발생하자 문제 해결법을 통해 복합기의 자동 서비스 기능으로 프린트 헤드의 수명을 관리할 때 소음이 발생할 수 있다는 것을 알았다. 다음 중 A사원이 숙지할 수 있는 참고 사항으로 옳지 않은 것은?

① 프린트 헤드의 손상을 방지하려면, 복합기에서 인쇄하는 동안에는 복합기를 끄지 않는다.

② 복합기의 전원을 끌 때에는 반드시 전원 버튼을 사용하고, 복합기가 정지할 때까지 기다린 후 전원을 끈다.

③ 잉크 카트리지를 모두 바르게 장착했는지 확인한다.

④ 프린트 헤드 정렬 및 청소를 불필요하게 실시하면 많은 양의 잉크가 소모된다.

⑤ 잉크 카트리지가 하나라도 없을 경우, 복합기는 프린트 헤드를 보호하기 위해 자동으로 서비스 기능을 수행하게 된다.

34 팀장에게 보고서를 제출하기 위해 인쇄를 하려던 Z사원은 보고서가 인쇄되지 않는다는 것을 알았다. 다음 중 Z사원이 복합기 문제를 해결할 수 있는 방안으로 옳지 않은 것은?

① 인쇄 작업이 대기 중인 문서가 있는지 확인한다.

② 복합기 소프트웨어를 완전히 제거한 다음 다시 설치한다.

③ USB 케이블이 복합기와 PC에 제대로 연결되었는지 확인한다.

④ 잉크 카트리지에 남아 있는 예상 잉크량을 확인한다.

⑤ 대기 문서를 취소한 후 PC를 재부팅한다.

※ A사원은 사무실에서 사용 중인 기존 공유기에 새로운 공유기를 추가하여 무선 네트워크 환경을 개선하라는 지시를 받았다. 아래의 내용을 참고하여 이어지는 질문에 답하시오. [35~36]

〈공유기를 AP / 스위치(허브)로 변경하는 방법〉

[안내]
공유기 2대를 연결하기 위해서는 각각의 공유기가 다른 내부 IP를 사용하여야 하며, 이를 위해 스위치(허브)로 변경하고자 하는 공유기에 내부 IP 주소 변경과 DHCP 서버 기능을 중단해야 합니다.

[절차요약]
- 스위치(허브)로 변경하고자 하는 공유기의 내부 IP 주소 변경
- 스위치(허브)로 변경하고자 하는 공유기의 DHCP 서버 기능 중지
- 인터넷에 연결된 공유기에 스위치(허브)로 변경한 공유기를 연결

[세부절차 설명]
(1) 공유기의 내부 IP 주소 변경
  • 공유기의 웹 설정화면에 접속하여 [관리도구] – [고급설정] – [네트워크 관리] – [내부 네트워크 설정]을 클릭합니다.
  • 내부 IP 주소의 끝자리를 임의적으로 변경한 후 [적용 후 시스템 다시 시작] 버튼을 클릭합니다.
(2) 공유기의 DHCP 서버 기능 중지
  • 변경된 내부 IP 주소로 재접속 후 [관리도구] – [고급설정] – [네트워크 관리] – [내부 네트워크 설정]을 클릭합니다.
  • 하단의 [DHCP 서버 설정]을 [중지]로 체크 후 [적용]을 클릭합니다.
(3) 스위치(허브)로 변경된 공유기의 연결

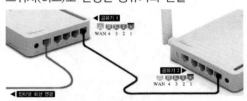

  • 위의 그림과 같이 스위치로 변경된 〈공유기 2〉의 LAN 포트 1 ~ 4 중 하나를 원래 인터넷에 연결되어 있던 〈공유기 1〉의 LAN 포트 1 ~ 4 중 하나에 연결합니다.
  • 〈공유기 2〉는 스위치로 동작하게 되므로 〈공유기 2〉의 WAN 포트에는 아무것도 연결하지 않습니다.

[최종점검]
이제 스위치(허브)로 변경된 공유기를 기존 공유기에 연결하는 모든 과정이 완료되었습니다. 설정이 완료된 상태에서 정상적으로 인터넷 연결이 되지 않는다면 상단 네트워크 〈공유기 1〉에서 IP 할당이 정상적으로 이루어지지 않는 경우입니다. 이와 같은 경우 PC에서 IP 갱신을 해야 하며 PC를 재부팅하거나 공유기를 재시작하시기 바랍니다.

[참고]
(1) Alpha 3 / Alpha 4의 경우는 간편설정이 가능하므로 (1) ~ (2) 과정을 쉽게 할 수 있습니다.
(2) 스위치(허브)로 변경되어 연결된 공유기가 무선 공유기로 필요에 따라 무선 연결 설정이 필요한 경우 〈공유기 1〉 또는 〈공유기 2〉에 연결된 PC 어디에서나 〈공유기 2〉의 변경된 IP 주소를 인터넷 탐색기의 주소란에 입력하면 공유기 관리도구에 쉽게 접속할 수 있으며 필요한 무선 설정을 진행할 수 있습니다.

[경고]
(1) 상단 공유기에도 '내부 네트워크에서 DHCP 서버 발견 시 공유기의 DHCP 서버 기능 중단' 설정이 되어 있을 경우 문제가 발생할 수 있으므로 상단 공유기의 설정을 해제하시기 바랍니다.
(2) 일부 환경에서 공유기를 스위치(허브)로 변경 후, UPNP 포트포워딩 기능이 실행 중이라면 네트워크 장애를 유발할 수 있으므로 해당 기능을 중단해 주시기 바랍니다.

35 A사원은 새로운 공유기를 추가로 설치하기 전 판매업체에 문의하여 위와 같은 설명서를 전달받았다. 다음 중 바르게 이해하지 못한 것은?

① 새로 구매한 공유기가 Alpha 3 또는 Alpha 4인지 먼저 확인한다.

② 기존에 있는 공유기의 내부 IP 주소와 새로운 공유기의 내부 IP 주소를 서로 다르게 설정한다.

③ 네트워크를 접속할 때 IP를 동적으로 할당받을 수 있도록 하는 DHCP 서버 기능이 활성화되도록 설정한다.

④ 기존 공유기와 새로운 공유기를 연결할 때, 새로운 공유기의 LAN 포트를 기존에 있는 공유기의 LAN 포트에 연결한다.

⑤ 새로운 공유기의 WAN 포트에는 아무것도 연결되지 않아야 한다.

36 A사원은 설명서 내용을 토대로 새로운 공유기를 기존 공유기와 연결하고 설정을 마무리하였는데 제대로 작동하지 않았다. IT기술 관련 능력이 뛰어난 B주임에게 문의를 한 결과, 다음과 같은 답변을 받았는데 이 중 옳지 않은 것은?

① 기존 공유기와 새로운 공유기를 연결하는 LAN선이 제대로 꼽혀 있지 않네요.

② PC에서 IP 갱신이 제대로 되지 않은 것 같습니다. 공유기와 PC 모두 재시작해보는 게 좋을 것 같습니다.

③ 기존 공유기로부터 연결된 LAN선이 새로운 공유기의 LAN 포트에 연결되어 있네요. 이를 WAN 포트에 연결하면 될 것 같습니다.

④ 기존 공유기에서 DHCP 서버가 발견될 경우 DHCP 서버 기능을 중단하도록 설정되어 있어서 오작동한 것 같아요. 해당 설정을 해제하면 될 것 같습니다.

⑤ 공유기를 스위치로 변경 후, UPNP 포트포워딩 기능이 실행 중이라면 네트워크 장애를 유발할 수 있습니다. 해당 기능을 중단해 주시기 바랍니다.

※ K호텔에서는 편의시설로 코인세탁실을 설치하고자 한다. 다음 설명서를 읽고, 이어지는 질문에 답하시오. [37~38]

■ **설치 시 주의사항**
- 전원은 교류 220V / 60Hz 콘센트를 제품 단독으로 사용하세요.
- 전원코드를 임의로 연장하지 마세요.
- 열에 약한 물건 근처나 습기, 기름, 직사광선 및 물이 닿는 곳이나 가스가 샐 가능성이 있는 곳에 설치하지 마세요.
- 안전을 위해서 반드시 접지하도록 하며 가스관, 플라스틱 수도관, 전화선 등에는 접지하지 마세요.
- 제품을 설치할 때는 전원코드를 빼기 쉬운 곳에 설치하세요.
- 바닥이 튼튼하고 수평인 곳에 설치하세요.
- 세탁기와 벽면과는 10cm 이상 거리를 두어 설치하세요.
- 물이 새는 곳이 있으면 설치하지 마세요.
- 온수 단독으로 연결하지 마세요.
- 냉수와 온수 호스의 연결이 바뀌지 않도록 주의하세요.

■ **문제해결방법**

증상	확인	해결
동작이 되지 않아요.	세탁기의 전원이 꺼져 있는 것은 아닌가요?	세탁기의 〈전원〉 버튼을 눌러주세요.
	문이 열려 있는 것은 아닌가요?	문을 닫고 〈동작〉 버튼을 눌러주세요.
	물을 받고 있는 중은 아닌가요?	물이 설정된 높이까지 채워질 때까지 기다려주세요.
	수도꼭지가 잠겨 있는 것은 아닌가요?	수도꼭지를 열어주세요.
세탁 중 멈추고 급수를 해요.	옷감의 종류에 따라 물을 흡수하는 세탁물이 있어 물의 양을 보충하기 위해 급수하는 것입니다.	이상이 없으니 별도의 조치가 필요 없어요.
	거품이 많이 발생하는 세제를 권장량보다 과다 투입 시 거품 제거를 위해 배수 후 재급수하는 것입니다.	이상이 없으니 별도의 조치가 필요 없어요.
세제 넣는 곳 앞으로 물이 흘러 넘쳐요.	세제를 너무 많이 사용한 것은 아닌가요?	적정량의 세제를 넣어주세요
	물이 지나치게 뜨거운 것은 아닌가요?	50℃ 이상의 온수를 단독으로 사용하면 세제 투입 시 거품이 발생하여 넘칠 수 있습니다.
	세제 넣는 곳이 더럽거나 열려 있는 것은 아닌가요?	세제 넣는 곳을 청소해주세요.
겨울에 진동이 심해요.	세탁기가 언 것은 아닌가요?	세제 넣는 곳이나 세탁조에 60℃ 정도의 뜨거운 물 10ℓ 정도 넣어 세탁기를 녹여주세요.
급수가 안 돼요.	거름망에 이물질이 끼어 있는 것은 아닌가요?	급수호스 연결부에 있는 거름망을 청소해주세요.
탈수 시 세탁기가 흔들리거나 움직여요.	세탁기를 앞뒤 또는 옆으로 흔들었을 때 흔들리나요?	세탁기 또는 받침대를 다시 설치해주세요.
	세탁기를 나무나 고무판 위에 설치하셨나요?	바닥이 평평한 곳에 설치하세요.
문이 열리지 않아요.	세탁기 내부온도가 높나요?	세탁기 내부온도가 70℃ 이상이거나 물 온도가 50℃ 이상인 경우 문이 열리지 않습니다. 내부온도가 내려갈 때까지 잠시 기다리세요.
	세탁조에 물이 남아 있나요?	탈수를 선택하여 물을 배수하세요.

37 세탁기가 배송되어 적절한 장소에 설치하고자 한다. 다음 중 장소 선정 시 고려해야 할 사항으로 적절하지 않은 것은?

① 세탁기와 수도꼭지와의 거리를 확인한다.

② 220V / 60Hz 콘센트인지 확인한다.

③ 물이 새는 곳이 있는지 확인한다.

④ 바닥이 튼튼하고 수평인지 확인한다.

⑤ 세탁기와 벽면 사이의 여유 공간을 확인한다.

38 세탁기 이용 도중 세탁기 문이 열리지 않는다는 호텔 투숙객의 불편사항이 접수되었다. 다음 중 투숙객의 불편사항에 대한 해결방법으로 적절한 것은?

① 세탁조에 물이 남아 있는 것을 확인하고 급수를 선택하여 물을 급수하도록 안내한다.

② 세탁기 내부온도가 높으므로 세탁조에 차가운 물을 넣도록 안내한다.

③ 세탁기의 받침대를 다시 설치하여 세탁기의 흔들림을 최소화시켜야 한다.

④ 세탁조에 물이 남아 있는 것을 확인하고 세탁기의 전원을 껐다 켜도록 안내한다.

⑤ 세탁기 내부온도가 높으므로 내부온도가 내려갈 때까지 기다려달라고 안내한다.

PART 2

※ 다음 자료를 참고하여 이어지는 질문에 답하시오. [39~40]

스위치	기능
○	1번과 2번 기계를 시계 방향으로 90° 회전함
●	1번과 4번 기계를 시계 방향으로 90° 회전함
□	2번과 3번 기계를 시계 방향으로 90° 회전함
■	1번과 3번 기계를 시계 반대 방향으로 90° 회전함
◑	2번과 4번 기계를 시계 반대 방향으로 90° 회전함
◐	3번과 4번 기계를 시계 반대 방향으로 90° 회전함

39 처음 상태에서 스위치를 두 번 눌렀더니 화살표 모양과 같은 상태로 바뀌었다. 어떤 스위치를 눌렀는가?

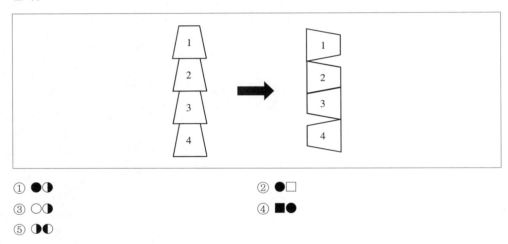

① ●◑ ② ●□

③ ○◑ ④ ■●

⑤ ◐◑

40 처음 상태에서 스위치를 두 번 눌렀더니 화살표 모양과 같은 상태로 바뀌었다. 어떤 스위치를 눌렀는가?

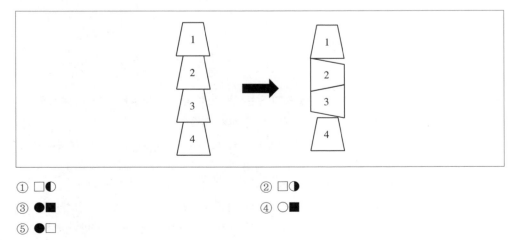

① □◑ ② □◑

③ ●■ ④ ○■

⑤ ●□

41 경영참가제도는 자본참가, 성과참가, 의사결정참가 유형으로 구분된다. 다음 중 '자본참가' 유형의 사례로 가장 적절한 것은?

① 임직원들에게 저렴한 가격으로 일정 수량의 주식을 매입할 수 있게 권리를 부여한다.

② 위원회제도를 활용하여 근로자의 경영참여와 개선된 생산의 판매가치를 기초로 성과를 배분한다.

③ 부가가치의 증대를 목표로 하여 이를 노사협력체제를 통해 달성하고, 이에 따라 증가된 생산성 향상분을 노사 간에 배분한다.

④ 천재지변의 대응, 생산성 하락, 경영성과 전달 등과 같이 단체교섭에서 결정되지 않은 사항에 대하여 노사가 서로 협력할 수 있도록 한다.

⑤ 노동자 또는 노동조합의 대표가 기업의 최고결정기관에 직접 참가해서 기업경영의 여러 문제를 노사 공동으로 결정한다.

42 다음 사례를 통해 K전자가 TV 시장에서 경쟁력을 잃게 된 주요 원인으로 가장 적절한 것은?

> 평판 TV 시장에서 PDP TV가 주력이 되리라 판단한 K전자는 2007년에 세계 최대 규모의 PDP 생산설비를 건설하기 위해 3조 원 수준의 막대한 투자를 결정한다. 당시 L전자와 S전자는 LCD와 PDP 사업을 동시에 수행하면서도 성장성이 높은 LCD TV로 전략을 수정하는 상황이었지만 K전자는 익숙한 PDP 사업에 더욱 몰입한 것이다. 하지만 주요 기업들의 투자가 LCD에 집중되면서, 새로운 PDP 공장이 본격 가동될 시점에 PDP의 경쟁력은 이미 LCD에 뒤처지게 됐다.
>
> 결국, 활용가치가 현저하게 떨어진 PDP 생산설비는 조기에 상각함을 고민할 정도의 골칫거리로 전락했다. K전자는 2011년에만 11조 원의 적자를 기록했으며, 2012년에도 10조 원 수준의 적자가 발생되었다. 연이은 적자는 K전자의 신용등급을 투기 등급으로 급락시켰고, K전자의 CEO는 '디지털 가전에서 패배자가 되었음'을 인정하며 고개를 숙였다. TV를 포함한 가전제품 사업에서 K전자가 경쟁력을 회복하기 어려워졌음은 말할 것도 없다.

① 사업 환경의 변화 속도가 너무나 빨라졌고, 변화의 속성도 예측이 어려워져 따라가지 못하였다.

② 차별성을 지닌 새로운 제품을 기획하고 개발하는 것에 대한 성공 가능성이 낮아져 주저했다.

③ 기존 사업영역에 대한 강한 애착으로 신사업이나 신제품에 대해 낮은 몰입도를 보였다.

④ 실패가 두려워 새로운 도전보다 안정적이며 실패 확률이 낮은 제품을 위주로 미래를 준비하였다.

⑤ 외부 환경이 어려워짐에 따라 잠재적 실패를 감내할 수 있는 자금을 확보하지 못하였다.

43 다음 〈보기〉 중 비영리조직에 해당하는 것을 모두 고르면?

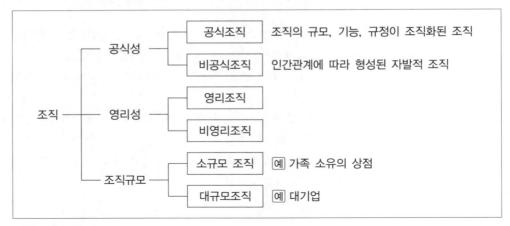

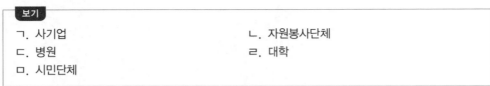

보기

ㄱ. 사기업
ㄴ. 자원봉사단체
ㄷ. 병원
ㄹ. 대학
ㅁ. 시민단체

① ㄱ, ㄷ
② ㄴ, ㅁ
③ ㄱ, ㄷ, ㄹ
④ ㄴ, ㄹ, ㅁ
⑤ ㄴ, ㄷ, ㄹ, ㅁ

44 K공사는 경영진과 직원의 자유로운 소통, 부서 간 화합 등을 통해 참여와 열린 소통의 조직문화를 조성하고자 노력한다. 이러한 조직문화는 조직의 방향을 결정하고 조직을 존속하게 하는데 중요한 요인 중의 하나이다. 다음 중 조직문화에 대한 설명으로 적절하지 않은 것은?

① 조직구성원들에게 일체감과 정체성을 부여하고, 결속력을 강화시킨다.
② 조직구성원들의 조직몰입을 높여준다.
③ 조직구성원의 사고방식과 행동양식을 규정한다.
④ 조직구성원들의 생활양식이나 가치를 의미한다.
⑤ 대부분의 조직들은 서로 비슷한 조직문화를 만들기 위해 노력한다.

45 다음 중 일반적인 조직에서 인사부의 업무로 가장 옳은 것은?

① 주주총회 및 이사회 개최 관련 업무
② 중장기 사업계획의 종합 및 조정업무
③ 재무상태 및 경영실적 보고
④ 조직기구의 개편 및 조정업무
⑤ 판매원가 및 판매가격의 조사 검토

46 다음은 K회사의 직무전결표의 일부분이다. 이에 따라 문서를 처리하였을 경우 옳지 않은 것은?

직무 내용	대표이사	위임 전결권자		
		전무	이사	부서장
정기 월례 보고				○
각 부서장급 인수인계		○		
3천만 원 초과 예산 집행	○			
3천만 원 이하 예산 집행		○		
각종 위원회 위원 위촉	○			
해외 출장			○	

① 인사부장의 인수인계에 관하여 전무에게 결재받은 후 시행하였다.
② 인사징계위원회 위원을 위촉하기 위하여 대표이사 부재중에 전무가 전결하였다.
③ 영업팀장의 해외 출장을 위하여 이사에게 결재를 받았다.
④ 3천만 원에 해당하는 물품 구매를 위하여 전무 전결로 처리하였다.
⑤ 정기 월례 보고서를 작성한 후 부서장의 결재를 받았다.

※ 다음은 K회사의 회의록이다. 이를 참고하여 이어지는 질문에 답하시오. **[47~48]**

〈회의록〉

회의일시	2022년 7월 12일	부서	생산팀, 연구팀, 마케팅팀	작성자	이○○
참석자	생산팀 팀장·차장, 연구팀 팀장·차장, 마케팅팀 팀장·차장				
회의안건	제품에서 악취가 난다는 고객 불만에 따른 원인 조사 및 대책방안				
회의내용	주문폭주로 인한 물량증가로 잉크가 덜 마른 포장상자를 사용해 냄새가 제품에 스며든 것으로 추측				
결정사항	[생산팀] 내부 비닐 포장, 외부 종이상자 포장이었던 기존방식에서 내부 2중 비닐 포장, 외부 종이상자 포장으로 교체 [마케팅팀] 1. 주문량이 급격히 증가했던 일주일 동안 생산된 제품 전격 회수 2. 제품을 공급한 매장에 사과문 발송 및 100% 환불·보상 공지 [연구팀] 포장 재질 및 인쇄된 잉크의 유해성분 조사				

47 다음 중 회의록을 통해 알 수 있는 내용으로 가장 적절한 것은?

① 이 조직은 6명으로 이루어져 있다.

② 회의 참석자는 총 3명이다.

③ 연구팀에서 제품을 전격 회수해 포장 재질 및 인쇄된 잉크의 유해성분을 조사하기로 했다.

④ 주문량이 많아 잉크가 덜 마른 포장상자를 사용한 것이 문제 발생의 원인으로 추측된다.

⑤ 포장 재질 및 인쇄된 잉크 유해성분을 조사한 결과 인체에는 무해한 것으로 밝혀졌다.

48 회의록을 참고할 때, 회의 후 가장 먼저 해야 할 일로 가장 적절한 것은?

① 해당 브랜드의 전 제품 회수

② 포장 재질 및 인쇄된 잉크 유해성분 조사

③ 새로 도입하는 포장방식 홍보

④ 주문량이 급격히 증가한 일주일 동안 생산된 제품 파악

⑤ 제품을 공급한 매장에 사과문 발송

49 김부장과 박대리는 K공사의 고객지원실에서 근무하고 있다. 다음 상황에서 김부장이 박대리에게 지시할 사항으로 가장 적절한 것은?

- 부서별 업무분장
  - 인사혁신실 : 신규 채용, 부서/직무별 교육계획 수립/시행, 인사고과 등
  - 기획조정실 : 조직문화 개선, 예산사용계획 수립/시행, 대외협력, 법률지원 등
  - 총무지원실 : 사무실, 사무기기, 차량 등 업무지원 등

〈상황〉

박대리 : 고객지원실에서 사용하는 A4 용지와 볼펜이 부족해서 비품을 신청해야 할 것 같습니다. 그리고 지난번에 말씀하셨던 고객 상담 관련 사내 교육 일정이 이번에 확정되었다고 합니다. 고객지원실 직원들에게 관련 사항을 전달하려면 교육 일정 확인이 필요할 것 같습니다.

---

① 박대리, 인사혁신실에 전화해서 비품 신청하고, 전화한 김에 교육 일정도 확인해서 나한테 알려 줘요.
② 박대리, 총무지원실에 가서 교육 일정 확인하고, 간 김에 비품 신청도 하고 오세요.
③ 박대리, 기획조정실에 가서 교육 일정 확인하고, 인사혁신실에 가서 비품 신청하고 오도록 해요.
④ 박대리, 총무지원실에 전화해서 비품 신청하고, 기획조정실에서 교육 일정 확인해서 나한테 알려 줘요.
⑤ 박대리, 총무지원실에 전화해서 비품 신청하고, 인사혁신실에서 교육 일정 확인해서 나한테 알려 줘요.

50 다음은 K회사의 이팀장이 오전 10시에 강대리에게 남긴 음성메시지이다. 이팀장의 업무 지시에 따라 강대리가 가장 먼저 해야 할 일과 가장 나중에 해야 할 일을 순서대로 바르게 나열한 것은?

강대리님, 저 이팀장입니다. 오늘 중요한 미팅 때문에 강대리님이 제 업무를 조금 도와주셔야 할 것 같습니다. 제가 미팅 후 회식을 가야 하는데 제가 회사 차를 가지고 왔습니다. 이따가 강대리님이 잠깐 들러 회사 차를 반납해 주세요. 아! 차 안에 K은행 김팀장에게 제출해야 할 서류가 있는데 회사 차를 반납하기 전에 그 서류를 대신 제출해 주시겠어요? S은행 김팀장은 4시에 퇴근하니까 3시까지는 S은행으로 가셔야 할 것 같습니다. 그리고 오늘 5시에 팀장 회의가 있는데 제 책상 위의 회의 자료를 영업팀 최팀장에게 전달해 주시겠어요? 최팀장이 오늘 오전 반차를 써서 아마 1시쯤에 출근할 것 같습니다. 급한 사안이니 최대한 빨리 전달 부탁드려요. 그런데 혹시 지금 대표님께서 출근하셨나요? 오전 중으로 대표님께 결재를 받아야 할 사항이 있는데 제 대신 결재 부탁드리겠습니다.

---

① 대표에게 결재 받기, 최팀장에게 회의 자료 전달
② 대표에게 결재 받기, 회사 차 반납
③ 최팀장에게 회의 자료 전달, S은행 김팀장에게 서류 제출
④ 최팀장에게 회의 자료 전달, 회사 차 반납
⑤ S은행 김팀장에게 서류 제출, 회사 차 반납

제2회
최종점검 모의고사

※ 한국가스기술공사 최종점검 모의고사는 채용공고와 전년도 후기를 기준으로 구성한 것으로,
　실제 시험과 다를 수 있습니다.

■ 취약영역 분석

번호	O/×	영역	번호	O/×	영역	번호	O/×	영역
01			21			41		
02			22			42		
03			23			43		
04			24			44		
05		문제해결능력	25		자원관리능력	45		조직이해능력
06			26			46		
07			27			47		
08			28			48		
09			29			49		
10			30			50		
11			31					
12			32					
13			33					
14			34					
15		수리능력	35		기술능력			
16			36					
17			37					
18			38					
19			39					
20			40					

평가문항	50문항	평가시간	60분
시작시간	:	종료시간	:
취약 영역			

최종점검 모의고사

🕐 응시시간 : 60분   📋 문항 수 : 50문항

정답 및 해설 p.063

01 K회사에 근무 중인 직원 A ~ E가 〈조건〉에 따라 이번 주 당직을 선다고 할 때, 반드시 참인 것은?

> **조건**
> - A ~ E는 평일 주 1회 이상 3회 미만의 당직을 서야 한다.
> - B와 D의 당직일은 겹치지 않는다.
> - B와 D의 경우 하루는 혼자 당직을 서고, 다른 하루는 A와 함께 당직을 선다.
> - B와 D는 이틀 연속으로 당직을 선다.
> - A는 월요일과 금요일에 당직을 선다.
> - C는 혼자 당직을 선다.
> - E는 이번 주에 한 번 당직을 섰고, 그 날은 최대 인원수가 근무했다.

① B는 월요일에 당직을 섰다.
② B는 금요일에 당직을 섰다.
③ C는 수요일에 당직을 섰다.
④ D는 금요일에 당직을 섰다.
⑤ E는 금요일에 당직을 섰다.

02 각각 다른 심폐기능 등급을 받은 A ~ E 5명 중 등급이 가장 낮은 2명의 환자에게 건강관리 안내문을 발송하려 한다. 심폐기능 측정 결과가 다음과 같을 때, 발송 대상자로 바르게 짝지어진 것은?

> 〈심폐기능 측정 결과〉
> - E보다 심폐기능이 좋은 환자는 2명 이상이다.
> - E는 C보다 한 등급 높다.
> - B는 D보다 한 등급 높다.
> - A보다 심폐기능이 나쁜 환자는 2명이다.

① B, C   ② B, D
③ B, E   ④ C, D
⑤ C, E

※ K아파트의 자전거 보관소에서는 입주민들의 자전거를 편리하게 관리하기 위해 다음과 같은 기준으로 자전거에 일련번호를 부여한다. 이어지는 질문에 답하시오. **[3~4]**

〈일련번호 부여 기준〉

- 일련번호 순서 : [종류] − [무게] − [동] − [호수] − [등록순서]
- 자전거 종류 구분

일반 자전거			전기 자전거
성인용	아동용	산악용	
A	K	T	B

- 자전거 무게 구분

20kg 이상	10kg 초과 20kg 미만	10kg 이하
L	M	S

- 동 구분 : 101동부터 110동까지의 끝자리를 한 자리 숫자로 기재(예 101동 − 1)
- 호수 : 네 자리 숫자로 기재(예 101호 − 0101, 1101호 − 1101)
- 등록순서 : 동일 세대주당 자전거 등록순서를 한 자리 숫자로 기재

PART 2

03 다음 중 자전거의 일련번호가 바르게 표기된 것은?

① MT11092 　　　　　　② AM20122

③ AB101211 　　　　　　④ KS901012

⑤ BL8200201

04 다음 중 일련번호가 'TM412052'인 자전거에 대한 설명으로 옳은 것은?

① 전기 모터를 이용해 주행할 수 있다.

② 자전거의 무게는 10kg 이하이다.

③ 204동 1205호에 거주하는 입주민의 자전거이다.

④ 자전거를 2대 이상 등록한 입주민의 자전거이다.

⑤ 해당 자전거의 소유자는 더 이상 자전거를 등록할 수 없다.

※ K공사는 2015년부터 모든 임직원에게 다음과 같은 기준으로 사원번호를 부여한다. 이어지는 질문에 답하시오. [5~6]

〈사원번호 부여 기준〉

• 사원번호 순서 : [성별] – [부서] – [입사 연도] – [입사월] – [입사순서]
• 성별 구분

남성	여성
M	W

• 부서 구분

총무부	인사부	기획부	영업부	생산부
01	02	03	04	05

• 입사 연도 : 연도별 끝자리를 두 자리 숫자로 기재(예 2020년 – 20)
• 입사월 : 두 자리 숫자로 기재(예 5월 – 05)
• 입사순서 : 해당 월의 누적 입사순서를 두 자리 숫자로 기재(예 3번째 입사자 – 03)
  ※ K공사에 같은 날 입사자는 없다.

05 다음 중 사원번호가 'W05180401'인 사원에 대한 설명으로 옳지 않은 것은?

① 생산부서 최초의 여직원이다.
② 2018년에 입사하였다.
③ 4월에 입사한 여성이다.
④ 'M03180511' 사원보다 입사일이 빠르다.
⑤ 생산부서로 입사하였다.

06 다음 K공사의 2019년 하반기 신입사원 명단을 참고할 때, 기획부에 입사한 여성은 모두 몇 명인가?

M01190903	W03191005	M05190912	W05190913	W01191001	W04191009
W02190901	M04191101	W01190905	W03190909	M02191002	W03191007
M03190907	M01190904	W02190902	M04191008	M05191107	M01191103
M03190908	M05190910	M02191003	M01190906	M05191106	M02191004
M04191101	M05190911	W03191006	W05191105	W03191104	M05191108

① 2명 ② 3명
③ 4명 ④ 5명
⑤ 6명

07 다음은 SWOT 분석에 대한 설명과 유전자 관련 업무를 수행 중인 K사의 SWOT 분석자료이다. 〈보기〉 중 빈칸 (A), (B)에 들어갈 내용으로 가장 적절한 것은?

SWOT 분석은 기업의 내부환경과 외부환경을 분석하여 강점(Strength), 약점(Weakness), 기회(Opportunity), 위협(Threat) 요인을 규정하고 이를 토대로 경영전략을 수립하는 기법으로, 미국의 경영컨설턴트인 앨버트 험프리(Albert Humphrey)에 의해 고안되었다.
- 강점(Strength) : 내부환경(자사 경영자원)의 강점
- 약점(Weakness) : 내부환경(자사 경영자원)의 약점
- 기회(Opportunity) : 외부환경(경쟁, 고객, 거시적 환경)에서 비롯된 기회
- 위협(Threat) : 외부환경(경쟁, 고객, 거시적 환경)에서 비롯된 위협

〈K사 SWOT 분석결과〉

강점(Strength)	약점(Weakness)
• 유전자 분야에 뛰어난 전문가로 구성 • _____(A)_____	• 유전자 실험의 장기화
기회(Opportunity)	위협(Threat)
• 유전자 관련 업체 수가 적음 • _____(B)_____	• 고객들의 실험 부작용에 대한 두려움 인식

보기

㉠ 투자 유치의 어려움
㉡ 특허를 통한 기술 독점 가능
㉢ 점점 증가하는 유전자 의뢰
㉣ 높은 실험 비용

	(A)	(B)		(A)	(B)
①	㉠	㉢	②	㉡	㉠
③	㉠	㉣	④	㉡	㉢
⑤	㉢	㉣			

※ 다음은 K공사 입사시험 성적 결과표와 직원 채용 규정이다. 이어지는 질문에 답하시오. [8~9]

〈입사시험 성적 결과표〉

(단위 : 점)

구분	대학 졸업유무	서류 점수	필기시험 점수	면접시험 점수		영어시험 점수
				개인	그룹	
이선빈	유	84	86	35	34	78
유미란	유	78	88	32	38	80
김지은	유	72	92	31	40	77
최은빈	무	80	82	40	39	78
이유리	유	92	80	38	35	76

〈직원 채용 규정〉

• 위 응시자 중 규정에 따라 최종 3명을 채용한다.
• 대학 졸업자 중 (서류 점수)+(필기시험 점수)+(개인 면접시험 점수)의 합이 높은 2명을 영업본부에 채용한다.
• 영업본부 채용 후 나머지 응시자 3명 중 그룹 면접시험 점수와 영어시험 점수의 합이 가장 높은 1명을 경영본부에 채용한다.

08 다음 중 직원 채용 규정에 따른 불합격자 2명으로 바르게 짝지어진 것은?

① 이선빈, 김지은
② 이선빈, 최은빈
③ 김지은, 최은빈
④ 유미란, 이유리
⑤ 김지은, 이유리

09 직원 채용 규정을 다음과 같이 변경한다고 할 때, 불합격자 2명으로 바르게 짝지어진 것은?

〈직원 채용 규정(변경 후)〉

• 응시자 중 다음 환산점수의 상위 3명을 채용한다.
• [서류 점수(50%)]+(필기시험 점수)+[면접시험 점수(개인과 그룹 중 높은 점수)]

① 이선빈, 유미란
② 이선빈, 최은빈
③ 김지은, 이유리
④ 유미란, 최은빈
⑤ 최은빈, 이유리

10 애플리케이션을 개발 중인 K사는 올해 새로 개발 중인 애플리케이션에 대한 영향도를 평가하고자 한다. 애플리케이션 영향도 판단 기준이 아래와 같을 때, 〈보기〉에 제시된 애플리케이션에 대한 판단 (A), (B)의 영향도 값으로 옳은 것은?

〈애플리케이션 영향도 판단 기준〉

보정요소		판단 기준	영향도
분산 처리	애플리케이션이 구성요소 간에 데이터를 전송하는 정도	분산처리에 대한 요구사항이 명시되지 않음	0
		클라이언트 / 서버 및 웹 기반 애플리케이션과 같이 분산처리와 자료 전송이 온라인으로 수행됨	1
		애플리케이션상의 처리기능이 복수개의 서버 또는 프로세서상에서 동적으로 상호 수행됨	2
성능	응답시간 또는 처리율에 대한 사용자 요구 수준	성능에 대한 특별한 요구사항이나 활동이 명시되지 않으며, 기본적인 성능이 제공됨	0
		응답시간 또는 처리율이 피크타임 또는 모든 업무시간에 중요하고, 연동 시스템의 처리 마감시간에 대한 제한이 있음	1
		성능 요구사항을 만족하기 위해 설계 단계에서부터 성능 분석이 요구되거나, 설계·개발·구현 단계에서 성능 분석도구가 사용됨	2
신뢰성	장애 시 미치는 영향의 정도	신뢰성에 대한 요구사항이 명시되지 않으며, 기본적인 신뢰성이 제공됨	0
		고장 시 쉽게 복구가능한 수준의 약간 불편한 손실이 발생함	1
		고장 시 복구가 어려우며, 재정적 손실이 많이 발생하거나, 인명피해 위험이 있음	2
다중 사이트	상이한 하드웨어와 소프트웨어 환경을 지원하도록 개발되는 정도	설계 단계에서 하나의 설치 사이트에 대한 요구사항만 고려되며, 애플리케이션이 동일한 하드웨어 또는 소프트웨어 환경하에서만 운영되도록 설계됨	0
		설계 단계에서 하나 이상의 설치 사이트에 대한 요구사항만 고려되며, 애플리케이션이 유사한 하드웨어 또는 소프트웨어 환경하에서만 운영되도록 설계됨	1
		설계 단계에서 하나 이상의 설치 사이트에 대한 요구사항만 고려되며, 애플리케이션이 상이한 하드웨어 또는 소프트웨어 환경하에서만 운영되도록 설계됨	2

보기

(A) 애플리케이션의 응답시간에 대한 사용자 요구 수준을 볼 때, 기본적인 성능이 잘 제공되는 것으로 판단된다. 그러나 고장 시 불편한 손실이 발생되며, 다행히 쉽게 복구가 가능하다. 설계 단계에서 하나 이상의 설치 사이트에 대한 요구사항이 고려되며, 유사한 하드웨어나 소프트웨어 환경하에서만 운영되도록 설계되었다. 그리고 데이터를 전송하는 정도를 보면 분산처리에 대한 요구사항이 명시되지 않은 것으로 판단된다.

(B) 애플리케이션에서 발생할 수 있는 장애에 있어서는 기본적인 신뢰성이 제공된다. 응답시간 또는 처리율이 피크타임에 중요하며, 애플리케이션의 처리기능은 복수개의 서버 상에서 동적으로 상호 수행된다. 그리고 이 애플리케이션은 동일한 소프트웨어 환경하에서만 운영되도록 설계되었다.

	(A)의 영향도	(B)의 영향도		(A)의 영향도	(B)의 영향도
①	2	1	②	3	2
③	2	3	④	3	4
⑤	2	5			

11 6%의 소금물 700g에서 한 컵의 소금물을 퍼내고, 퍼낸 양만큼 13%의 소금물을 넣었더니 9%의 소금물이 되었다. 이때, 퍼낸 소금물의 양은?

① 300g

② 320g

③ 350g

④ 390g

⑤ 450g

12 A기차와 B기차가 36m/s의 일정한 속력으로 달리고 있다. 600m 길이의 터널을 완전히 통과하는 데 A기차가 25초, B기차가 20초 걸렸다면 각 기차의 길이로 알맞게 짝지어진 것은?

	A기차	B기차
①	200m	150m
②	300m	100m
③	150m	120m
④	200m	130m
⑤	300m	120m

13 K여행사에서는 올해에도 크리스마스 행사로 경품 추첨을 진행하려 한다. 작년에는 제주도 숙박권 10명, 여행용 파우치 20명을 추첨하여 경품을 주었으며, 올해는 작년보다 제주도 숙박권은 20%, 여행용 파우치는 10% 더 준비했다. 올해 경품을 받는 인원은 작년보다 몇 명 더 많은가?(단, 경품은 중복 당첨이 불가능하다)

① 1명

② 2명

③ 3명

④ 4명

⑤ 5명

14 소비자물가지수란 가계가 일상생활을 영위하기 위해 구입하는 상품 가격과 서비스 요금의 변동을 종합적으로 측정하기 위해 작성하는 지수를 의미한다. K나라에서는 국민들이 오로지 보리와 쌀만을 사고 팔고 서비스는 존재하지 않는다고 가정할 때, 2021 ~ 2023년 보리와 쌀의 가격은 아래의 표와 같다. 매년 K나라 국민은 보리 200g, 쌀 300g을 소비한다고 가정했을 때, 2023년도 물가상승률은?(단, 2021년이 기준 연도이며, 소비자물가지수를 100으로 가정한다)

〈1g당 보리 및 쌀 가격〉

(단위 : 원)

연도	보리	쌀
2021년	120	180
2022년	150	220
2023년	180	270

※ [물가상승률(%)]$=\dfrac{(\text{해당 연도 소비자물가지수})-(\text{기준 연도 소비자물가지수})}{(\text{기준 연도 소비자물가지수})}\times100$

※ 소비자물가는 연간 국민이 소비한 상품 및 서비스의 총가격이다.

① 10%
② 30%
③ 50%
④ 100%
⑤ 150%

15 다음은 국가별 연도별 이산화탄소 배출량에 대한 자료이다. 〈조건〉에 따라 빈칸 ㉠ ~ ㉣에 해당하는 국가명을 순서대로 나열한 것은?

〈국가별 연도별 이산화탄소 배출량〉

(단위 : 백만 톤 CO_2 eq)

국가	1995년	2005년	2015년	2020년	2021년
일본	1,041	1,141	1,112	1,230	1,189
미국	4,803	5,642	5,347	5,103	5,176
㉠	232	432	551	572	568
㉡	171	312	498	535	556
㉢	151	235	419	471	507
독일	940	812	759	764	723
인도	530	890	1,594	1,853	2,020
㉣	420	516	526	550	555
중국	2,076	3,086	7,707	8,980	9,087
러시아	2,163	1,474	1,529	1,535	1,468

조건
- 한국과 캐나다는 제시된 5개 연도의 이산화탄소 배출량 순위에서 8위를 두 번 했다.
- 사우디의 2020년 대비 2021년의 이산화탄소 배출량 증가율은 5% 이상이다.
- 이란과 한국의 이산화탄소 배출량의 합은 2015년부터 이란과 캐나다의 배출량의 합보다 많아진다.

① 캐나다, 이란, 사우디, 한국
② 한국, 사우디, 이란, 캐나다
③ 한국, 이란, 캐나다, 사우디
④ 이란, 한국, 사우디, 캐나다
⑤ 한국, 이란, 사우디, 캐나다

16 다음은 K국 여행자들이 자주 방문하는 공항 주변 S편의점의 월별 매출액을 나타낸 표이다. 전체 해외 여행자 수와 K국 여행자 수의 2019년도부터 2020년도의 추세를 아래의 도표와 같이 나타내었을 때, 이에 대한 설명으로 옳지 않은 것은?

〈S편의점 월별 매출액(만 원)〉

2019년(상)	1월	2월	3월	4월	5월	6월
매출액	1,020	1,350	1,230	1,550	1,602	1,450
2019년(하)	7월	8월	9월	10월	11월	12월
매출액	1,520	950	890	750	730	680
2020년(상)	1월	2월	3월	4월	5월	6월
매출액	650	600	550	530	605	670
2020년(하)	7월	8월	9월	10월	11월	12월
매출액	700	680	630	540	550	510

〈전체 해외 여행자 수 및 K국 여행자 수(명)〉

① S편의점의 매출액은 해외 여행자 수에 영향을 받고 있다.

② 2019년 7월을 정점으로 K국 여행자들이 줄어드는 추세이다.

③ 전체 해외 여행자 수에서 K국의 영향력이 매우 높은 편이다.

④ S편의점의 매출액은 2019년 7월부터 2020년 12월까지 평균적으로 매달 30만 원씩 감소하였다.

⑤ 2020년 2 ~ 3월 K국 여행자들이 급감하였다.

※ 다음은 연령대별 일자리 규모에 관한 자료이다. 이어지는 질문에 답하시오. **[17~18]**

〈연령대별 일자리 규모〉

(단위 : 만 개)

연령대	2020년			2021년		
	합계	지속 일자리	신규채용 일자리	합계	지속 일자리	신규채용 일자리
전체	2,301	1,563	738	2,323	1,587	736
19세 이하	26	3	23	25	3	22
20대	332	161	171	330	160	170
30대	545	390	155	530	382	148
40대	623	458	165	618	458	160
50대	515	373	142	532	388	144
60세 이상	260	178	82	288	196	92

17 50대와 60세 이상의 2021년의 전체 일자리의 2020년 대비 증가 수를 바르게 나열한 것은?

	50대	60세 이상
①	150,000개	150,000개
②	150,000개	170,000개
③	170,000개	280,000개
④	170,000개	310,000개
⑤	200,000개	310,000개

18 다음 자료에 대한 설명으로 옳지 않은 것은?(단, 소수점 둘째 자리에서 반올림한다)

① 2021년 전체 일자리 규모에서 20대가 차지하는 비중은 2020년보다 약 0.2%p 감소했다.

② 2021년 전체 일자리 규모에서 30대가 차지하는 비중은 20% 이상이다.

③ 2020년 40대의 지속 일자리 규모는 신규채용 일자리 규모의 2.5배 이상이다.

④ 2021년 연령대별 전체 일자리 규모는 2020년보다 모두 증가했다.

⑤ 2021년 전체 일자리 규모는 2020년에 비해 22만 개 증가했다.

19 다음은 2022년 국내 신규 박사학위 취득자 분포에 대한 자료이다. 이에 대한 〈보기〉의 설명 중 옳은 것을 모두 고르면?

〈연령대별 박사학위 취득자 분포〉

(단위 : 명)

연령대	남성	여성
30세 미만	196	141
30세 이상 35세 미만	1,811	825
35세 이상 40세 미만	1,244	652
40세 이상 45세 미만	783	465
45세 이상 50세 미만	577	417
50세 이상	1,119	466
합계	5,730	2,966

〈전공계열별 박사학위 취득자 분포〉

(단위 : 명)

전공계열	남성	여성
인문계열	357	368
사회계열	1,024	649
공학계열	2,441	332
자연계열	891	513
의약계열	581	537
교육 · 사범계열	172	304
예술 · 체육계열	266	260
합계	5,732	2,963

보기

ㄱ. 남성 박사학위 취득자 중 50세 이상이 차지하는 비율은 여성 박사학위 취득자 중 50세 이상이 차지하는 비율보다 높다.

ㄴ. 전공계열별 박사학위 취득자 중 여성보다 남성의 비율이 높은 순위는 1위가 공학계열, 2위가 사회계열, 3위가 자연계열 순서이다.

ㄷ. 남성의 연령대별 박사학위 취득자 수가 많은 순서와 여성의 연령대별 박사학위 취득자 수가 많은 순서는 같다.

ㄹ. 연령대가 올라갈수록 남녀 박사학위 취득자 수의 차이는 점점 커지고 있다.

① ㄱ, ㄴ
② ㄱ, ㄷ
③ ㄱ, ㄹ
④ ㄴ, ㄷ
⑤ ㄴ, ㄹ

20 다음은 2023년 K국의 강수량에 대한 자료이다. 이를 그래프로 바르게 변환한 것은?

〈연 강수량〉

(단위 : mm, 위)

구분	1월	2월	3월	4월	5월	6월	7월	8월	9월	10월	11월	12월
강수량	15.3	29.8	24.1	65.0	29.5	60.7	308.0	241.0	92.1	67.6	12.7	21.9
역대순위	32	23	39	30	44	43	14	24	26	13	44	27

①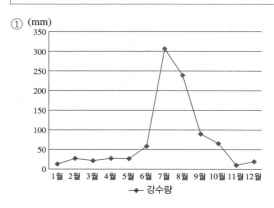

②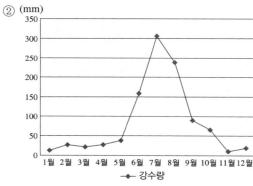

③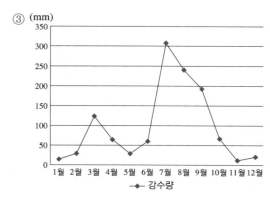

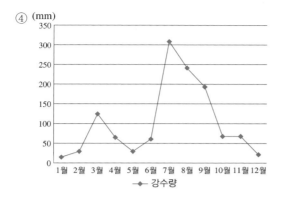

④ (mm)

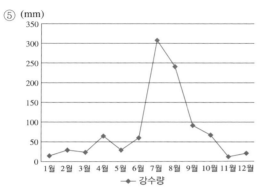

⑤ (mm)

21 모스크바 지사에서 일하고 있는 A대리는 밴쿠버 지사와의 업무협조를 위해 4월 22일 오전 10시 15분에 밴쿠버 지사로 업무협조 메일을 보냈다. 〈조건〉에 따라 밴쿠버 지사에서 가장 빨리 메일을 읽었을 때, 모스크바의 시각은?

> **조건**
> • 밴쿠버는 모스크바보다 10시간이 늦다.
> • 밴쿠버 지사의 업무시간은 오전 10시부터 오후 6시까지다.
> • 밴쿠버 지사에서는 4월 22일 오전 10시부터 15분간 전력 점검이 있었다.

① 4월 22일 오전 10시 15분
② 4월 23일 오전 10시 15분
③ 4월 22일 오후 8시 15분
④ 4월 23일 오후 8시 15분
⑤ 4월 23일 오후 10시 15분

※ K공사 신성장기술본부에서 근무하는 A부장은 적도기니로 출장을 가려고 한다. 다음 자료를 참고하여 이어지는 질문에 답하시오. [22~23]

〈경유지, 도착지 현지시각〉

국가(도시)	현지시각
한국(인천)	2021. 04. 05. AM 08:40
중국(광저우)	2021. 04. 05. AM 07:40
에티오피아(아디스아바바)	2021. 04. 05. AM 02:40
적도기니(말라보)	2021. 04. 05. AM 00:40

〈경로별 비행시간〉

비행경로	비행시간
인천 → 광저우	3시간 50분
광저우 → 아디스아바바	11시간 10분
아디스아바바 → 말라보	5시간 55분

〈경유지별 경유시간〉

경유지	경유시간
광저우	4시간 55분
아디스아바바	6시간 10분

22 A부장은 2021년 4월 5일 오전 8시 40분 인천에서 출발하는 비행기를 타고 적도기니로 출장을 가려고 한다. A부장이 두 번째 경유지인 아디스아바바에 도착하는 현지 날짜 및 시각은?

① 2021. 04. 05. PM 10:35

② 2021. 04. 05. PM 11:35

③ 2021. 04. 06. AM 00:35

④ 2021. 04. 06. AM 01:35

⑤ 2021. 04. 06. AM 02:40

23 기상악화로 인하여 광저우에서 출발하는 아디스아바바행 비행기가 2시간 지연출발하였다고 한다. 총소요시간과 적도기니에 도착하는 현지 날짜 및 시각은?

	총소요시간	현지 날짜 및 시각
①	31시간	2021. 04. 06. AM 07:40
②	32시간	2021. 04. 06. AM 08:40
③	33시간	2021. 04. 06. AM 09:40
④	34시간	2021. 04. 06. AM 10:40
⑤	36시간	2021. 04. 06. AM 10:50

24 K공사의 A사원은 지사방문 일정에 따라 여수와 순천으로 출장을 다녀와야 한다. 다음은 용산역
－여수EXPO역, 여수EXPO역－순천역 및 순천역－용산역 KTX 운행시간 및 요금에 관한 일부
자료이다. A사원이 용산역에서 오전 7시 30분 이후에 출발해서 일정을 마친 뒤 최대한 일찍 용산역
에 도착하려고 할 때, 다음 중 A사원이 가장 일찍 용산역에 도착할 수 있는 시각과 총요금이 바르게
짝지어진 것은?(단, A사원은 여수를 처음으로 방문하고, 점심식사 시간은 낮 12시 ~ 오후 1시이
며, 열차 운행의 지연은 없다고 가정한다)

〈용산역 － 여수EXPO역 KTX 운행시간 및 요금〉

열차	출발 － 도착 시각	요금(원)
KTX 703	07:15 ~ 10:18	47,200
KTX 781	07:45 ~ 11:19	46,000
KTX 705	08:40 ~ 11:40	47,200

※ 여수 지사방문 일정에는 40분이 소요된다(이동시간 포함).

〈여수EXPO역 － 순천역 KTX 운행시간 및 요금〉

열차	출발 － 도착 시각	요금(원)
KTX 710	12:00 ~ 12:20	8,400
KTX 782	12:10 ~ 12:27	8,400
KTX 712	13:05 ~ 13:22	8,400
KTX 714	14:05 ~ 14:25	8,400
KTX 716	15:00 ~ 15:18	8,400

※ 순천 지사방문 일정에는 2시간이 소요된다(이동시간 포함).

〈순천역 － 용산역 KTX 운행시간 및 요금〉

열차	출발 － 도착 시각	요금(원)
KTX 716	15:20 ~ 17:59	44,000
KTX 718	16:57 ~ 19:31	44,000
KTX 720	18:21 ~ 21:03	44,000
KTX 784	19:10 ~ 22:29	43,000
KTX 724	22:10 ~ 00:38	44,000

	용산역 도착 시각	총요금
①	오후 5시 59분	99,600원
②	오후 7시 31분	98,400원
③	오후 9시 3분	98,600원
④	오후 10시 29분	97,400원
⑤	오후 11시 38분	98,400원

25 다음은 K사의 성과급 지급 기준 및 영업팀의 평가표이다. 영업팀에게 지급되는 성과급의 1년 총액은?(단, 성과평가 등급이 A등급이면 직전 분기 차감액의 50%를 가산하여 지급한다)

〈성과급 지급 기준〉

성과평가 점수	성과평가 등급	분기별 성과급 지급액
9.0 이상	A	100만 원
8.0 ~ 8.9	B	90만 원(10만 원 차감)
7.0 ~ 7.9	C	80만 원(20만 원 차감)
6.9 이하	D	40만 원(60만 원 차감)

〈영업팀 평가표〉

구분	1분기	2분기	3분기	4분기
유용성	8	8	10	8
안정성	8	6	8	8
서비스 만족도	6	8	10	8

※ (성과평가 점수)=(유용성)×0.4+(안정성)×0.4+(서비스 만족도)×0.2

① 340만 원
② 350만 원
③ 360만 원
④ 370만 원
⑤ 380만 원

26 A도시락 전문점은 요일별 도시락 할인 이벤트를 진행하고 있다. K공사가 지난 한 주간 A도시락 전문점에서 구매한 내역이 〈보기〉와 같을 때, K공사의 지난주 도시락 구매비용은?

〈A도시락 요일별 할인 이벤트〉

요일	월		화		수		목		금	
할인품목	치킨마요		동백		돈가스		새치고기		진달래	
구분	원가	할인가	원가	할인가	원가	할인가	원가	할인가	원가	할인가
가격(원)	3,400	2,900	5,000	3,900	3,900	3,000	6,000	4,500	7,000	5,500

요일	토		일		매일					
할인품목	치킨제육		육개장		김치찌개		치킨(대)		치킨(중)	
구분	원가	할인가	원가	할인가	원가	할인가	원가	할인가	원가	할인가
가격(원)	4,300	3,400	4,500	3,700	4,300	3,500	10,000	7,900	5,000	3,900

※ 요일별 할인품목이 아닌 품목들은 원가로 계산한다.

보기

〈K공사의 A도시락 구매내역〉

요일	월	화	수	목	금	토	일
구매내역	동백 3개 치킨마요 10개	동백 10개 김치찌개 3개	돈가스 8개 치킨(중) 2개	새치고기 4개 치킨(대) 2개	진달래 4개 김치찌개 7개	돈가스 2개 치킨제육 10개	육개장 10개 새치고기 4개

① 299,800원
② 308,600원
③ 316,400원
④ 326,800원
⑤ 332,400원

27 K공단에서는 사업주의 직업능력개발훈련 시행을 촉진하기 위해 훈련방법과 기업규모에 따라 지원금을 차등 지급하고 있다. 다음 자료를 토대로 원격훈련으로 직업능력개발훈련을 시행하는 X ~ Z 세 기업과 각 기업의 원격훈련 지원금을 바르게 짝지은 것은?

〈기업규모별 지원 비율〉

기업	훈련	지원 비율
우선지원대상 기업	향상·양성훈련 등	100%
대규모 기업	향상·양성훈련	60%
	비정규직대상훈련 / 전직훈련	70%
상시근로자 1,000인 이상 대규모 기업	향상·양성훈련	50%
	비정규직대상훈련 / 전직훈련	70%

〈원격훈련 종류별 지원금〉

훈련종류 / 심사등급	인터넷	스마트	우편
A등급	5,600원	11,000원	3,600원
B등급	3,800원	7,400원	2,800원
C등급	2,700원	5,400원	1,980원

※ 인터넷·스마트 원격훈련 : 정보통신매체를 활용하여 훈련이 시행되고 훈련생 관리 등이 웹상으로 이루어지는 훈련
※ 우편 원격훈련 : 인쇄매체로 된 훈련교재를 이용하여 훈련이 시행되고 훈련생 관리 등이 웹상으로 이루어지는 훈련
※ (원격훈련 지원금)=(원격훈련 종류별 지원금)×(훈련시간)×(훈련수료인원)×(기업규모별 지원 비율)

〈세 기업의 원격훈련 시행 내역〉

구분	기업규모	종류	내용	시간	등급	수료인원
X기업	우선지원대상 기업	스마트	향상·양성훈련	6시간	C등급	7명
Y기업	대규모 기업	인터넷	비정규직대상훈련 / 전직훈련	3시간	B등급	4명
Z기업	상시근로자 1,000인 이상 대규모 기업	스마트	향상·양성훈련	4시간	A등급	6명

① X기업 : 201,220원
② X기업 : 226,800원
③ Y기업 : 34,780원
④ Y기업 : 35,120원
⑤ Z기업 : 98,000원

28 K사는 자사의 진급 규정에 따라 2020년 5월 1일자로 진급 대상자를 진급시키기로 결정하였다. 다음 중 진급하는 사원은 총 몇 명이고, 가장 높은 점수를 받은 직원은 누구인가?

〈K사 진급 규정〉

• 진급 대상자
  − 사원 : 2년 이상 재직
  − 대리 : 5년 이상 재직
• 내용
  − 각 항목에 따른 점수 합산 결과, 최고점자 순으로 최대 5명의 진급을 결정함
  − 항목당 최소 조건을 미달하는 경우 진급자에서 제외됨
• 진급 점수 항목

구분	내용	비고
총재직기간	− 3년 이내 : 2점 − 3년 초과 7년 이내 : 5점 − 7년 초과 : 10점	진급일을 기준으로 함
공인영어시험	− 770점 이내 : 3점 − 880점 이내 : 5점 − 880점 초과 : 10점	최소 점수 : 660
필기시험	− 80점 미만 : 10점 − 80점 이상 90점 미만 : 15점 − 90점 이상 : 20점	최소 점수 : 70점
면접시험	− 70점 미만 : 5점 − 70점 이상 80 미만 : 10점 − 80점 이상 90점 미만 : 20점 − 90점 이상 : 30점	최소 점수 : 60점
인사평가점수	− 85점 미만 : 5점 − 85점 이상 90점 미만 : 10점 − 90점 이상 : 20점	최소 점수 : 80점

〈K사 진급 대상자〉

성명	직위	입사일	점수(점)			
			공인영어	필기	면접	인사평가
최근원	사원	2017.3.1.	680	75	88	81
김재근	대리	2010.5.1.	720	72	78	78
이윤결	대리	2013.8.1.	590	73	81	90
정리사	사원	2015.6.1.	820	81	68	88
류이현	사원	2014.8.1.	910	79	66	86
정연지	사원	2014.3.1.	690	82	82	86
이지은	대리	2013.2.1.	870	66	79	92
이윤미	사원	2015.3.1.	460	91	67	92
최지나	대리	2014.5.1.	690	89	55	77
류미래	사원	2017.9.1.	710	90	59	91

① 3명, 정연지
② 3명, 정리사
③ 4명, 최근원
④ 4명, 정연지
⑤ 5명, 정리사

※ 다음은 K공사의 신입사원 채용시험 결과와 합격자 선발기준이다. 자료를 참고하여 이어지는 질문에 답하시오. [29~30]

〈신입사원 채용시험 상위 5명 점수〉

구분	언어	수리	정보	상식	인성
A	90	80	90	80	90
B	80	90	80	90	90
C	90	70	100	90	80
D	80	90	100	100	80
E	100	80	70	80	90

〈합격자 선발기준〉

언어	수리	정보	상식	인성
30%	30%	10%	10%	20%

※ 다음의 선발기준의 가중치를 고려하여 채용시험 성적 총점을 산출하고 합격자를 정한다.

29 5명 중 점수가 가장 높은 상위 2명을 합격자로 선발할 때, 합격자를 바르게 짝지은 것은?

① A, B
② A, D
③ B, C
④ C, D
⑤ D, E

30 합격자 선발기준에서 인성에 대한 가중치를 높이고자 인성 점수와 수리 점수의 가중치를 서로 바꾸었을 때, 합격자를 바르게 짝지은 것은?

① A, B
② A, D
③ A, E
④ B, D
⑤ B, E

31 다음은 기술 혁신의 과정과 역할을 표로 나타낸 것이다. (A) ~ (E)에 대한 설명으로 옳지 않은 것은?

〈기술 혁신의 과정과 역할〉

기술 혁신 과정	혁신 활동	필요한 자질과 능력
아이디어 창안 (Idea Generation)	• 아이디어를 창출하고 가능성을 검증한다. • _____(A)_____ • 혁신적인 진보를 위해 탐색한다.	• 각 분야의 전문지식 • 추상화와 개념화 능력 • 새로운 분야의 일을 즐기는 능력
(B) 챔피언 (Entrepreneuring or Championing)	• 아이디어를 전파한다. • 혁신을 위한 자원을 확보한다. • 아이디어 실현을 위해 헌신한다.	• 정력적이고 위험을 감수하는 능력 • 아이디어의 응용에 관심을 가짐
프로젝트 관리 (Project Leading)	• 리더십을 발휘한다. • 프로젝트를 기획하고 조직한다. • _____(C)_____	• 의사결정능력 • 업무 수행 방법에 대한 지식
정보 수문장 (Gate Keeping)	• 조직 내 정보원 기능을 수행한다.	• 높은 수준의 기술적 역량 • _____(D)_____
_____(E)_____	• 혁신에 대해 격려하고 안내한다. • 불필요한 제약에서 프로젝트를 보호한다. • 혁신에 대한 자원 획득을 지원한다.	• 조직의 주요 의사결정에 대한 영향력

① (A)에 들어갈 내용으로 '일을 수행하는 새로운 방법을 고안한다.'를 볼 수 있다.

② 밑줄 친 (B)는 '기술적인 난관을 해결하는 방법을 찾아 시장상황에 대처할 수 있는 인재'를 의미한다.

③ (C)에 들어갈 내용으로 '조직 외부의 정보를 내부 구성원들에게 전달한다.'를 볼 수 있다.

④ (D)에 들어갈 내용으로 '원만한 대인관계능력'을 볼 수 있다.

⑤ (E)에 들어갈 용어는 '후원(Sponsoring or Coaching)'이다.

※ 논리연산자를 다음과 같이 정의할 때, 이어지는 질문에 답하시오. [32~33]

- AND(논리곱) : 둘 다 참일 때만 참, 나머지는 모두 거짓
- OR(논리합) : 둘 다 거짓일 때만 거짓, 나머지는 모두 참
- NAND(부정논리곱) : 둘 다 참일 때만 거짓, 나머지는 모두 참
- NOR(부정논리합) : 둘 다 거짓일 때만 참, 나머지는 모두 거짓
- XOR(배타적 논리합) : 둘의 참 / 거짓이 다르면 참, 같으면 거짓

32 다음과 같은 입력 패턴 A, B를 〈조건〉에 따라 원하는 출력 패턴으로 합성하고자 한다. (가)에 들어 갈 논리 연산자로 옳은 것은?

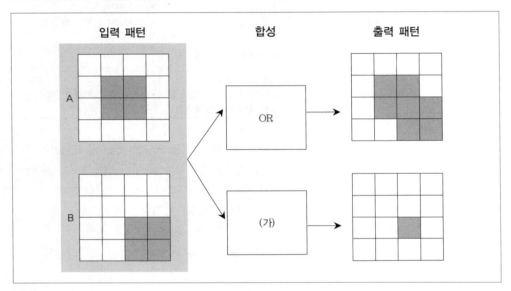

조건

- ■은 패턴값 '1'로, □은 패턴값 '0'으로 변환하여 합성에 필요한 논리 연산을 한 후, '1'은 ■으로, '0'은 □으로 표시한다.
- 합성은 두 개의 입력 패턴 A, B를 겹쳐서 1 : 1로 대응되는 위치의 패턴값끼리 논리 연산을 수행하여 이루어진다.
- 입력 패턴 A, B와 출력 패턴의 회전은 없다.

① OR
② NOR
③ XOR
④ AND
⑤ NAND

33 다음과 같은 패턴 A, B를 〈조건〉에 따라 합성하였을 때, 결과로 옳은 것은?

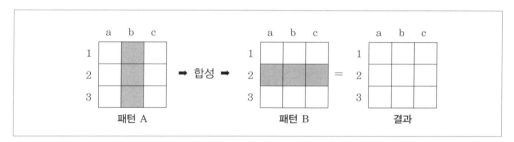

조건

- ■은 1, □은 0이다.
- 패턴 A, B의 회전은 없다.
- 패턴 A, B에서 대응되는 행과 열은 1 : 1로 각각 겹쳐 합성한다.
  예 패턴 A(1, b)의 ■은 패턴 B(1, b)의 □에 대응된다.
- 패턴 A와 B의 합성은 NOR 연산으로 처리한다.

①

②

③

④

⑤

※ K사에서는 직원들이 이용할 수 있는 체력단련실을 마련하기 위해 실내사이클 10대를 구입하기로 계획하였다. 다음 제품 설명서를 참고하여 이어지는 질문에 답하시오. **[34~35]**

■ 계기판 작동법

13:00 min		100 cal	
SPEED	TIME	CAL	DISTANCE
9.4	13:00	100	5.0

◯ ← RESET

- SPEED : 현재 운동 중인 속도 표시
- TIME : 운동 중인 시간 표시
- CAL : 운동 중 소모된 칼로리 표시
- DISTANCE : 운동한 거리를 표시
- RESET 버튼 : 버튼을 누르면 모든 기능 수치를 초기화

■ 안전을 위한 주의사항
- 물기나 습기가 많은 곳에 보관하지 마십시오.
- 기기를 전열기구 주변에 두지 마십시오. 제품이 변형되거나 화재의 위험이 있습니다.
- 운동기기에 매달리거나 제품에 충격을 주어 넘어뜨리지 마십시오.
- 운동기기의 움직이는 부분에 물체를 넣지 마십시오.
- 손으로 페달 축을 돌리지 마십시오.
- 운동 중 주변사람과 적정거리를 유지하십시오.

■ 사용 시 주의사항
- 신체에 상해 및 안전사고 방지를 위해 반드시 페달과 안장높이를 사용자에 알맞게 조절한 후 안장에 앉은 후 운동을 시작해주십시오.
- 사용자의 나이와 건강 상태에 따른 운동 횟수, 강도 및 적정 운동 시간을 고려하여 운동을 시작해주십시오.
- 운동 중 가슴에 통증을 느끼거나 또는 가슴이 답답할 때, 또는 어지러움이나 기타 불편함이 느껴질 경우 즉시 운동을 멈추고 의사와 상담하십시오.
- 음주 후 사용하지 마십시오.

■ 고장 신고 전 확인사항

증상	해결방법
제품에서 소음이 발생합니다.	볼트 너트 체결부분이 제품사용에 따라 느슨해질 수 있습니다. 모든 부분을 다시 조여주세요.
계기판이 작동하지 않습니다.	계기판의 건전지(AAA형 2개)를 교체하여 끼워주세요.

※ 제시된 해결방법으로도 증상이 해결되지 않으면, A/S 센터로 문의하시기 바랍니다.

34 A사원은 실내사이클 주의사항에 대한 안내문을 제작하려고 한다. 다음 중 안내문의 내용으로 적절하지 않은 것은?

① 안장높이를 사용자에 알맞게 조절하여 운동을 시작해주세요.

② 나이와 건강 상태에 맞게 적정 운동시간을 고려하여 주십시오.

③ 운동 중 가슴 통증이나 어지러움 등이 느껴질 경우 즉시 운동을 멈추십시오.

④ 매회 30분 정도 하는 것은 유산소 운동 효과를 가져올 수 있습니다.

⑤ 음주 후에는 절대 사용하지 마십시오.

35 A사원이 체력단력실에서 실내사이클을 이용하던 도중 소음이 발생하였다. 이에 대한 해결방법으로 적절한 것은?

① 페달과 안장 높이를 다시 조절한다.

② RESET 버튼을 3초간 누른다.

③ 볼트와 너트의 체결부분을 조여 준다.

④ 계기판의 건전지를 꺼내었다가 다시 끼운다.

⑤ 양지 바른 곳에 둔다.

※ 다음은 정수기 사용 설명서이다. 이어지는 질문에 답하시오. [36~38]

〈제품규격〉

모델명	SDWP-8820
전원	AC 220V/60Hz
외형치수	260(W)×360(D)×1100(H)(단위 : mm)

〈설치 시 주의사항〉

- 낙수, 우수, 목욕탕, 샤워실, 옥외 등 제품에 물이 닿거나 습기가 많은 장소에는 설치하지 마십시오.
- 급수호스가 꼬이거나 꺾이게 하지 마십시오.
- 화기나 직사광선은 피하십시오.
- 단단하고 수평한 곳에 설치하십시오.
- 제품은 반드시 냉수배관에 연결하십시오.
- 설치 위치는 벽면에서 20cm 이상 띄워 설치하십시오.

〈필터 종류 및 교환시기〉

구분	1단계	2단계	3단계	4단계
필터	세디먼트	프리카본	UF중공사막	실버블록카본
교환시기	약 4개월	약 8개월	약 20개월	약 12개월

〈청소〉

세척 부분	횟수	세척방법
외부	7일 1회	플라스틱 전용 세척제 및 젖은 헝겊으로 닦습니다(시너 및 벤젠은 제품의 변색이나 표면이 상할 우려가 있으므로 사용하지 마십시오).
물받이통	수시	중성세제로 닦습니다.
취수구	1일 1회	히든코크를 시계 반대 방향으로 돌려서 분리하고 취수구를 멸균 면봉을 사용하여 닦습니다. 히든코크는 젖은 헝겊을 사용하여 닦습니다.
피팅(연결구)	2년 1회 이상	필터 교환 시 피팅 또는 튜빙을 점검하고 필요 시 교환합니다.
튜빙(배관)		

〈제품 이상 시 조치방법〉

현상	예상원인	조치방법
온수 온도가 낮음	공급 전원 낮음	공급 전원이 220V인지 확인하고 아니면 전원을 220V로 맞춰주십시오.
	온수 램프 확인	온수 램프에 전원이 들어오는지 확인하고 제품 뒷면의 온수 스위치가 켜져 있는지 확인하십시오.
냉수가 안 됨	공급 전원 낮음	공급 전원이 220V인지 확인하고 아니면 전원을 220V로 맞춰주십시오.
	냉수 램프 확인	냉수 램프에 전원이 들어오는지 확인하고 제품 뒷면의 냉수 스위치가 켜져 있는지 확인하십시오.
물이 나오지 않음	필터 수명 종료	필터 교환 시기를 확인하고 서비스센터에 연락하십시오.
	연결 호스 꺾임	연결 호스가 꺾인 부분이 있으면 그 부분을 펴 주십시오.

냉수는 나오는데 온수 안 됨	온도 조절기 차단	제품 뒷면의 온수 스위치를 끄고 서비스센터에 연락하십시오.
	히터 불량	
정수물이 너무 느리게 채워짐	필터 수명 종료	서비스센터에 연락하고 필터를 교환하십시오.
제품에서 누수 발생	조립 부위 불량	원수밸브를 잠근 후 작동을 중지시키고 서비스센터에 연락하십시오.
불쾌한 맛이나 냄새 발생	냉수 탱크 세척 불량	냉수 탱크를 세척하여 주십시오.

36 위 설명서를 기준으로 판단할 때 정수기에 대한 설명으로 옳지 않은 것은?

① 습기가 많은 곳에는 설치하면 안 된다.

② 정수기 청소는 하루에 최소 2곳을 해야 한다.

③ 불쾌한 맛이나 냄새가 발생하면 냉수 탱크를 세척하면 된다.

④ 정수기의 크기는 가로 26cm, 깊이 36cm, 높이 110cm이다.

⑤ 적정 시기에 필터를 교환하지 않으면 발생할 수 있는 문제는 2가지이다.

37 위 설명서를 기준으로 판단할 때, 〈보기〉 중 정수기에 대한 설명으로 옳은 것을 모두 고르면?

> **보기**
> ㄱ. 정수기에 사용되는 필터는 총 4개이다.
> ㄴ. 급한 경우에는 시너나 벤젠을 사용하여 정수기 외부를 청소해도 된다.
> ㄷ. 3년 사용할 경우 프리카본 필터는 3번 교환해야 한다.
> ㄹ. 벽면과의 간격을 10cm로 하여 정수기를 설치하면 문제가 발생할 수 있다.

① ㄱ, ㄴ　　　　　　　　　　② ㄱ, ㄷ

③ ㄱ, ㄴ, ㄷ　　　　　　　　④ ㄱ, ㄹ

⑤ ㄴ, ㄷ, ㄹ

38 제품에 문제가 발생했을 때, 서비스센터에 연락해야만 해결이 가능한 현상이 아닌 것은?

① 정수물이 너무 느리게 채워진다.

② 제품에서 누수가 발생한다.

③ 물이 나오지 않는다.

④ 냉수는 나오는데 온수가 나오지 않는다.

⑤ 연결 호스가 꺾이지 않았는데 물이 나오지 않는다.

※ 최근 회사 내 기관지 관련 질병을 앓는 직원이 늘어나 깨끗한 사무실 환경을 조성하고자 공기청정기를 설치하였다. 약 한 달간 사용한 후 몇 개의 공기청정기가 이상 증상을 보이기 시작하였으며, 관리담당자인 귀하에게 문의가 접수되었다. 이어지는 질문에 답하시오. [39~40]

〈안전을 위한 주의사항〉

1) 설치관련
   - 정격 전원 이상의 콘센트를 제품 단독으로 사용하세요.
   - 열기구 및 열에 약한 물건 근처나 습기, 기름, 먼지가 많은 곳, 직사광선 및 물이 닿는 곳이나 가스가 샐 가능성이 있는 곳에 설치하지 마세요.
   - 제품을 설치할 때는 전원 코드를 빼기 쉬운 곳에 설치하세요.
   - 바닥이 튼튼하고 수평인 곳에 설치하세요.
   - 청정 능력을 위하여 주변과의 간격이 최소 5cm(권장 15cm) 이상 되게 하여 설치하세요.
2) 전원관련
   - 정기적으로 전원 플러그를 빼고 전원 플러그 접촉부분의 이물질을 마른 천으로 잘 닦아 주세요.
   - 전원 플러그는 콘센트 끝까지 확실히 연결하세요.
   - 장시간 사용하지 않거나 천둥 번개가 칠 경우에는 전원을 차단하세요.
   - 공기청정기 청소 및 수리 시 전원 공급을 차단한 후에 진행하세요.

〈고장신고 전 확인사항〉

증상	조치사항
제품이 작동되지 않아요.	• 전기가 들어오는지 확인한 후에 다시 작동시켜 보세요. • 전원 플러그를 꽂은 후에 다시 작동시켜 보세요. • 다른 콘센트를 사용해 다시 작동시켜 보세요.
필터 교체 알림 표시등이 계속 깜박거려요.	• 일체형 필터 교체 후에 [?] 버튼을 눌러 필터 교체 알림을 리셋해 주세요.
이상한 냄새가 나요.	• 먼지거름필터를 확인하고, 지저분한 경우 청소해 주세요. • 집진 / 탈취 일체형 필터에서 이상한 냄새가 날 경우 새 일체형 필터를 구입하고 교체해 주세요.
이상한 소리가 나요.	• 이온 발생 중 '찌지직' 소리가 날 수 있습니다. 정상적인 소음이므로 안심하세요. • 이온 발생 기능을 끄고 싶다면 [?] 버튼을 눌러 주세요. • 작동 중에 제품을 이동시키면 소음이 발생될 수 있습니다. • 제품 이동 시에는 전원을 꺼 주세요. • 제품 설치 상태를 확인해 주시고, 비뚤게 되어 있다면 수평으로 다시 설치해 주세요. • 제품 내부에 이물질이 들어갔다면 서비스센터에 연락해 주세요. • 제품에서 접촉 / 마찰 / 걸림 소음과 같은 이상한 소음이 나면 서비스센터에 연락해 주세요.
청정도 표시등이 계속 빨간색으로만 켜져 있어요.	• 실내에 미처 발견하지 못한 먼지나 냄새 유발물질이 있을 수 있습니다. 제품을 다른 깨끗한 실내로 이동시킬 경우 청정도 표시등의 색상이 바뀌는지 확인해 주세요. (그렇지 않다면 센서 / 와이어 동작 이상일 수 있으니 서비스센터에 문의해 주세요) • 먼지 / 냄새센서를 주기적으로 청소해 주세요. • 먼지 / 냄새센서를 청소하고 제품을 깨끗한 실내로 이동시켰는데도 빨간색 표시등이 계속 켜져 있다면, 센서 / 와이어 동작 이상일 수 있으니 서비스센터에 문의해 주세요.
청정도 표시등이 계속 빨간색 / 오렌지 색으로 켜져 있는데 바람세기가 변하지 않아요.	• 운전모드를 자동모드로 설정해 주세요. 강풍 / 약풍 / 취침모드의 경우 바람세기가 바뀌지 않습니다.
이상한 표시가 나타나요.	• 자동모드 표시등이 깜박일 경우, 제품 이상이 있는 것이므로 서비스센터에 연락하세요.

39 귀하는 동료들로부터 공기청정기의 이상 현상에 대한 문의를 받았으며, 위에 제시된 제품설명서를 토대로 답변하였다. 다음 대화 중 적절하지 않은 것은?

① A사원 : 다른 부서에 있는 동일한 제품보다 청정 능력이 떨어지는 것 같아요.

　　귀하 : 공기청정기가 벽면과 너무 밀접하면 공기흡입 공간이 부족하여 청정 능력이 떨어질 수 있어요. 주변과의 간격을 15cm 이상 떨어지도록 설치해 주세요.

② B주임 : 청정도 표시가 오염상태로 계속 표시되는데 고장이 난 건가요?

　　귀하 : 먼지센서 및 냄새센서에 이물질이 묻어 있을 경우에 청정도 표시가 오염상태에서 바뀌지 않을 수 있습니다. 센서를 깨끗이 청소하면 될 것 같습니다.

③ C사원 : 난간 위에 공기청정기를 설치했는데 이상한 소리가 나요.

　　귀하 : 만약 공기청정기가 난간 위에 삐뚤게 설치되어 있으면 이상한 소리가 날 수 있습니다. 수평이 되도록 다시 설치해 주세요.

④ D과장 : 공기청정기에 이온 발생 기능을 켜니까, '찌지직' 소리가 나던데 문제가 있는 것이 아닌가?

　　귀하 : 네, 과장님. 마찰음인 것 같은데, 문제가 있어 보입니다. 서비스센터에 문의하겠습니다.

⑤ E대리 : 최근에 퀴퀴한 냄새가 나서 먼지거름필터를 확인하고 지저분한 부분을 청소했는데 여전하네요. 문제가 있는 건가요?

　　귀하 : 그렇다면 일체형 필터에서 냄새가 날 수 있습니다. 새로운 필터로 교체해 주세요.

40 귀하는 회사 내 다수의 공기청정기가 문제를 일으켜, 서비스센터에 문의하여 고장접수를 하려고 한다. 다음 중 서비스센터에 문의하기에 적절하지 않은 것은?

① 공기청정기 제품 내부에 이물질이 들어간 경우
② 공기청정기의 센서 / 와이어 동작에 이상이 있는 경우
③ 공기청정기의 자동모드 표시등이 깜빡일 경우
④ 공기청정기에서 접촉 / 마찰 / 걸림 소음과 같은 이상한 소음이 발생될 경우
⑤ 공기청정기의 바람세기가 변하지 않을 경우

41 다음 〈보기〉 중 경영의 4요소로 옳은 것을 모두 고르면?

> **보기**
>
> ㄱ. 조직의 목적을 달성하기 위해 경영자가 수립하는 것으로 더욱 구체적인 방법과 과정이 담겨 있다.
> ㄴ. 경영은 조직에서 일하는 구성원의 직무수행에 기초하여 이루어지기 때문에 이들의 배치 및 활용이 중요하다.
> ㄷ. 생산자가 상품 또는 서비스를 소비자에게 유통하는 데 관련된 모든 체계적 경영 활동이다.
> ㄹ. 특정의 경제적 실체에 관하여 이해관계를 이루는 사람들에게 합리적인 경제적 의사결정을 하는 데 유용한 재무적 정보를 제공하기 위한 일련의 과정 또는 체계이다.
> ㅁ. 경영하는 데 사용할 수 있는 돈으로 이것이 충분히 확보되는 정도에 따라 경영의 방향과 범위가 정해지게 된다.
> ㅂ. 조직이 변화하는 환경에 적응하기 위하여 경영 활동을 체계화하는 것으로, 목표 달성을 위한 수단이다.

① ㄱ, ㄴ, ㄷ, ㄹ
② ㄱ, ㄴ, ㄷ, ㅁ
③ ㄱ, ㄴ, ㅁ, ㅂ
④ ㄷ, ㄹ, ㅁ, ㅂ
⑤ ㄴ, ㄷ, ㅁ, ㅂ

42 사람이 모이면 그 안에는 문화가 생긴다. 즉, 조직을 이루는 구성원 사이에서 공유된 생활양식이나 가치를 '조직문화'라고 한다. 다음 중 조직문화가 갖는 특징으로 적절하지 않은 것은?

① 구성 요소에는 리더십 스타일, 제도 및 절차, 구성원, 구조 등이 있다.
② 조직 구성원들에게 일체감과 정체성을 준다.
③ 조직의 안정성을 유지하는 데 기여한다.
④ 조직 몰입도를 향상시킨다.
⑤ 구성원들 개개인의 다양성을 강화해준다.

43 다음은 개인화 마케팅에 대한 글이다. 다음 중 개인화 마케팅의 사례로 적절하지 않은 것은?

소비자들의 요구가 점차 다양해지고 복잡해짐에 따라 개인별로 맞춤형 제품과 서비스를 제공하며 '개인화 마케팅'을 펼치는 기업이 늘어나고 있다. 개인화 마케팅이란 각 소비자의 이름, 관심사, 구매이력 등의 데이터를 기반으로 특정 고객에 대한 개인화 서비스를 제공하는 활동을 의미한다. 이러한 개인화 마케팅은 개별적 커뮤니케이션 실현을 통한 효율성 증대 및 기업 이윤 창출을 목적으로 하고 있다.

이러한 개인화 마케팅은 기업들의 지속적인 투자를 통해 다양한 방식으로 계속되고 있다. 빠르게 변화하고 있는 마케팅 시장에서 개인화된 서비스 제공을 통해 소비자 만족도를 끌어낼 수 있다는 점은 충분히 매력적일 수 있기 때문이다.

① 고객들의 사연을 받아 지하철역 에스컬레이터 벽면에 광고판을 만든 A배달업체는 고객들로 하여금 자신의 사연이 뽑히지 않았는지 관심을 갖도록 유도하여 광고 효과를 톡톡히 보고 있다.

② 최근 B전시관은 시각적인 시원한 민트색 벽지와 그에 어울리는 시원한 음향, 상쾌한 민트 향기, 민트맛 사탕을 나눠주며 민트에 대한 다섯 가지 감각을 이용한 미술관 전시로 화제가 되었다.

③ C위생용품회사는 자사의 인기 상품에 대한 단종으로 사과의 뜻을 담은 뮤직비디오를 제작했다. 고객들은 뮤직비디오를 보기 전에 자신의 이름을 입력하면, 뮤직비디오에 자신의 이름이 노출되어 자신이 직접 사과를 받는 듯한 효과를 느낄 수 있다.

④ 참치캔을 생산하는 D사는 최근 소외계층에게 힘이 되는 응원 메시지를 댓글로 받아 77명을 추첨하여 댓글 작성자의 이름으로 소외계층들에게 참치캔을 전달하는 이벤트를 진행하였다.

⑤ 커피전문점 E사는 고객이 자사 홈페이지에서 회원 가입 후 이름을 등록한 경우, 음료 주문 시 "○○○ 고객님, 주문하신 아메리카노 나왔습니다."와 같이 고객의 이름을 불러주는 서비스를 제공하고 있다.

※ 다음은 K기관의 조직도이다. 주어진 조직도와 부서별 수행 업무를 참고하여 이어지는 질문에 답하시오. [44~45]

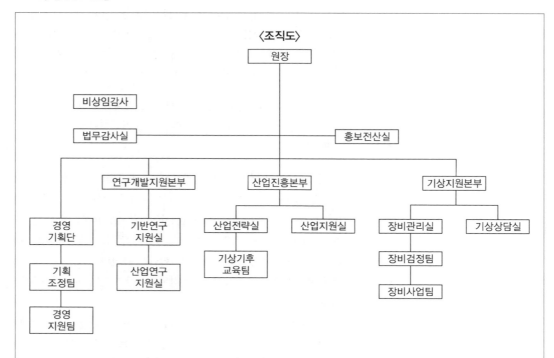

〈조직도〉

〈부서별 수행 업무〉

부서명	수행 업무
기반연구지원실	R&D 규정 및 지침 등 제도 관리, 평가위원 및 심의위원 운영 관리 등
산업연구지원실	기상산업 R&D 사업 관리 총괄, 도농사업 운영 관리 제도개선 등
산업전략실	날씨경영 지원사업, 기상산업 통계 관리 및 분석, 날씨경영우수기업 선정제도 운영 등
기상기후교육팀	교육사업 기획 및 사업비 관리, 기상산업 전문인력 양성사업, 교육현장 관리 등
산업지원실	부서 중장기 기획 및 사업운영, 산업육상 사업 기획 및 운영, 개도국 기상기후 공적사업 운영, 국제협력 사업 운영 및 관리 등
장비검정팀	지상기상관측장비 유지보수 관리, 기상장비 실내검정, 비교 관측 및 개발＆관리, 지역별 현장검정 및 유지보수 관리 등
장비사업팀	기상관측장비 구매＆유지보수 관리, 기상관측선 및 해양기상기지 유지보수 지원, 항공 업무보조 등
기상상담실	기상예보 해설 및 상담업무 지원, 기상상담실 상담품질관리, 대국민 기상상담 등

44 다음은 K기관에서 제공하고 있는 교육훈련과정 안내 중 일부 내용이다. 해당 교육 내용과 가장 관련이 높은 부서는?

- 주요내용 : 기상산업 R&D 정책 및 사업화 추진 전략
- 교육대상 : 국가 R&D지원 사업 종사자 및 참여 예정자 등
- 모집인원 : ○○명
- 교육일수 / 시간 : 2일, 총 16시간

일자	시간	교육 내용
1일차	09:00 ~ 09:50 10:00 ~ 13:50 14:00 ~ 17:50	• 기상산업 R&D 정책 및 추진현황 • R&D 기술수요조사 활용 전략 • R&D 사업 제안서 작성
2일차	09:00 ~ 11:40 13:00 ~ 17:50	• R&D 지식재산권 확보, 활용 전략 • R&D 성과 사업화 추진 전략

① 기상기후교육팀　　　　　　　　② 기반연구지원실
③ 기상상담실　　　　　　　　　　④ 산업연구지원실
⑤ 장비사업팀

45 다음 중 기상상담실과 가장 밀접한 관련이 있는 자료로 가장 적절한 것은?

① 기상산업 지원 및 활용기술 개발사업 사업설명회 발표자료
② 기상기후산업 민관 합동 해외시장 개척단 ADB 방문 결과보고
③ 기상예보 해설 PPT 및 보도자료 결과보고
④ 기상업무 연구개발사업 평가지침 및 보완관리지침 개정
⑤ 개도국 기상기후에 대한 공적사업 운영에 대한 발표자료

46 다음 중 맥킨지의 7S 모형에 대한 설명으로 옳지 않은 것은?

① 기업, 부서 등 조직의 내부역량을 분석하는 도구이다.
② 전략, 공유가치, 관리기술은 경영 전략의 목표와 지침이 된다.
③ 하위 4S는 상위 3S를 지원하는 하위 지원 요소를 말한다.
④ 조직문화는 구성원, 시스템, 구조, 전략 등과 밀접한 관계를 맺는다.
⑤ 지방자치단체, 국가와 같은 큰 조직에는 적절하지 않다.

47 K사 총무부의 A부장은 주말 동안 출장을 떠나며, 다음 주 월요일의 부서 업무를 다음과 같이 정리하였고, 스케줄을 바탕으로 부서원에게 해당 업무를 배정할 수 있도록 G과장에게 업무 메일을 남겼다. 총무부의 월요일 스케줄을 참고할 때, 처리해야 할 업무가 잘못 배정된 사람은?(단, 한 명당 하나의 업무만 배정한다)

〈A부장의 E-mail 내용〉

G과장, 내가 이번 주말 동안 지방 순회 출장을 가서 다음 주 월요일 오전에 회사에 복귀할 예정이야. 현안 업무 중 다음 주 전사 행사 준비, 전사 사무비품 보충, 지난달 완료한 ○○프로젝트 보고서 초안 작성이 시급한데, 내가 출장 준비 때문에 사원들에게 일일이 업무를 부여하지 못했네. 첨부파일로 우선 다음 주 월요일에 해야 할 업무와 부서원의 스케줄을 정리해 놨으니, 확인하고 월요일 오전에는 내 대신 부서장 회의에 참석하고, 이후에 부서원들에게 업무지시를 좀 해줘야겠어. 사무비품 주문서의 경우는 작성만 확실히 해 두면 내가 오후에 직접 결재하고 발송할 테니 오류 없도록 G과장이 다시 한 번 확인해 줘.

〈총무부 월요일 업무〉

• 부서장 회의 참석(09:30 ~ 11:00)
• 사무비품 주문서 작성 및 주문 메일 발송
　※ 주문서 최종 결재자 : A부장, 메일은 퇴근 전에 발송할 것
• 행사 용품 오배송건 반품
　※ 택배 접수 마감 시간 16:00
• ○○프로젝트 보고서 초안 작성
• 행사 참여 안내문 등기 발송
　※ 우체국 영업시간(09:00 ~ 18:00) 내 방문

〈총무부 월요일 스케줄〉

시간	A부장	G과장	J대리	L사원	O사원
09:00 ~ 10:00	출장 복귀			사내 교육 프로그램 참여	
10:00 ~ 11:00			오전 반차		
11:00 ~ 12:00					
12:00 ~ 13:00	점심시간				
13:00 ~ 14:00		○○프로젝트 성과분석회의	오전 반차		
14:00 ~ 15:00			행사 진행 업체 사전미팅		
15:00 ~ 16:00	외근				
16:00 ~ 17:00					
17:00 ~ 18:00	업무 보고			비품 정리	

① G과장 – 부서장 회의 참석
② G과장 – ○○프로젝트 보고서 초안 작성
③ J대리 – 행사 용품 오배송건 반품
④ L사원 – 우체국 방문 및 등기 발송
⑤ O사원 – 사무비품 주문서 작성

※ 다음은 K공사의 채용분야 중 경영분야의 직무분류표이다. 이를 참고하여 이어지는 질문에 답하시오.
[48~49]

<경영분야 직무분류표>

대분류	중분류		소분류	세분류
경영	경영회계사무	기획사무	경영기획	경영기획
			마케팅	마케팅전략기획
		총무인사	총무	자산관리
			인사조직	인사
			일반사무	사무행정
		재무회계	회계	회계감사
	법률 / 경찰	법률	법무	법무(자체개발)
	운전운송	항공운전운송	항공운항	항공보안

48 K공사의 인사팀에서 근무하는 A사원이 수행해야 할 직무내용으로 적절하지 않은 것은?

① 인력채용　　　　　　　　　② 인사평가
③ 교육훈련　　　　　　　　　④ 재무분석
⑤ 조직문화 관리

49 K공사의 마케팅 업무 분야에 지원하고자 하는 B가 갖추어야 할 지식·기술·태도로 적절하지 않은 것은?

① STP(Segmentation, Targeting, Positioning) 전략
② 신규 아이템 사업예측 및 사업타당성 분석 지식
③ 예산편성 및 원가관리 개념
④ 시장 환경 분석 및 마케팅전략 수립 기술
⑤ 새로운 아이디어를 개발하고자 하는 창의적인 사고

50 다음은 K공단의 기획예산위원회 운영현황에 대한 자료이다. 이를 통해 알 수 있는 내용으로 적절하지 않은 것은?

<기획예산위원회 운영현황>

• 기획예산위원회 개요

구분	내용
위원회 구성	- 위원장 : 신이사 - 위원 : 비상임 이사 2인(최이사, 김이사) 및 부사장(박부사장)
개최주기	분기별 1회 시행(필요시 수시 개최 가능)
심의·의결 대상	- 예산(안), 예산 운영계획(안) 심사 - 분기별 예산 및 주요사업 집행실적 심사 - 중장기 재무관리계획 심사 등
의결방법	참석 위원 전원 합의

• 2022년 운영현황

차수	일시	참석인원	안건
22 - 1	2022. 02. 15(화)	(위원장) 신이사 (위원) 최이사, 김이사, 박부사장	(22 - 1호) 2022년 예산 운영계획안 (22 - 2호) 2021년 예산 및 주요사업 집행실적
22 - 2	2022. 04. 17(화)	(위원장) 신이사 (위원) 최이사, 김이사, 박부사장	(22 - 3호) 2022년 1분기 예산 및 주요사업 집행실적

① 위원회는 총 4인으로 구성되어 있다.
② 위원장은 위원들의 투표를 통해 선출된다.
③ 참석 위원이 전원 합의해야 예산안이 의결될 수 있다.
④ 2월과 4월에 열린 위원회에는 위원회 전원이 참석하였다.
⑤ 위원회는 분기별로 1회 시행되며, 필요할 경우 수시로 개최할 수 있다.

PART 3

채용 가이드

01 | 블라인드 채용 소개

1. 블라인드 채용이란?

채용 과정에서 편견이 개입되어 불합리한 차별을 야기할 수 있는 출신지, 가족관계, 학력, 외모 등의 편견요인은 제외하고, 직무능력만을 평가하여 인재를 채용하는 방식입니다.

2. 블라인드 채용의 필요성

- 채용의 공정성에 대한 사회적 요구
  - 누구에게나 직무능력만으로 경쟁할 수 있는 균등한 고용기회를 제공해야 하나, 아직도 채용의 공정성에 대한 불신이 존재
  - 채용상 차별금지에 대한 법적 요건이 권고적 성격에서 처벌을 동반한 의무적 성격으로 강화되는 추세
  - 시민의식과 지원자의 권리의식 성숙으로 차별에 대한 법적 대응 가능성 증가
- 우수인재 채용을 통한 기업의 경쟁력 강화 필요
  - 직무능력과 무관한 학벌, 외모 위주의 선발로 우수인재 선발기회 상실 및 기업경쟁력 약화
  - 채용 과정에서 차별 없이 직무능력중심으로 선발한 우수인재 확보 필요
- 공정한 채용을 통한 사회적 비용 감소 필요
  - 편견에 의한 차별적 채용은 우수인재 선발을 저해하고 외모·학벌 지상주의 등의 심화로 불필요한 사회적 비용 증가
  - 채용에서의 공정성을 높여 사회의 신뢰수준 제고

3. 블라인드 채용의 특징

편견요인을 요구하지 않는 대신 직무능력을 평가합니다.

※ 직무능력중심 채용이란?
기업의 역량기반 채용, NCS기반 능력중심 채용과 같이 직무수행에 필요한 능력과 역량을 평가하여 선발하는 채용방식을 통칭합니다.

4. 블라인드 채용의 평가요소

직무수행에 필요한 지식, 기술, 태도 등을 과학적인 선발기법을 통해 평가합니다.

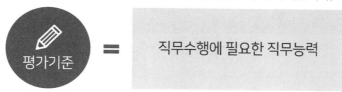

※ 과학적 선발기법이란?
직무분석을 통해 도출된 평가요소를 서류, 필기, 면접 등을 통해 체계적으로 평가하는 방법으로 입사지원서, 자기소개서, 직무수행능력평가, 구조화 면접 등이 해당됩니다.

5. 블라인드 채용 주요 도입 내용

- 입사지원서에 인적사항 요구 금지
  - 인적사항에는 출신지역, 가족관계, 결혼여부, 재산, 취미 및 특기, 종교, 생년월일(연령), 성별, 신장 및 체중, 사진, 전공, 학교명, 학점, 외국어 점수, 추천인 등이 해당
  - 채용 직무를 수행하는 데 있어 반드시 필요하다고 인정될 경우는 제외
    예 특수경비직 채용 시 : 시력, 건강한 신체 요구
    　　연구직 채용 시 : 논문, 학위 요구 등
- 블라인드 면접 실시
  - 면접관에게 응시자의 출신지역, 가족관계, 학교명 등 인적사항 정보 제공 금지
  - 면접관은 응시자의 인적사항에 대한 질문 금지

6. 블라인드 채용 도입의 효과성

- 구성원의 다양성과 창의성이 높아져 기업 경쟁력 강화
  - 편견을 없애고 직무능력 중심으로 선발하므로 다양한 직원 구성 가능
  - 다양한 생각과 의견을 통하여 기업의 창의성이 높아져 기업경쟁력 강화
- 직무에 적합한 인재선발을 통한 이직률 감소 및 만족도 제고
  - 사전에 지원자들에게 구체적이고 상세한 직무요건을 제시함으로써 허수 지원이 낮아지고, 직무에 적합한 지원자 모집 가능
  - 직무에 적합한 인재가 선발되어 직무이해도가 높아져 업무효율 증대 및 만족도 제고
- 채용의 공정성과 기업이미지 제고
  - 블라인드 채용은 사회적 편견을 줄인 선발 방법으로 기업에 대한 사회적 인식 제고
  - 채용과정에서 불합리한 차별을 받지 않고 실력에 의해 공정하게 평가를 받을 것이라는 믿음을 제공하고, 지원자들은 평등한 기회와 공정한 선발과정 경험

02 │ 서류전형 가이드

01 채용공고문

1. 채용공고문의 변화

기존 채용공고문	변화된 채용공고문
• 취업준비생에게 불충분하고 불친절한 측면 존재 • 모집분야에 대한 명확한 직무관련 정보 및 평가기준 부재 • 해당분야에 지원하기 위한 취업준비생의 무분별한 스펙 쌓기 현상 발생	• NCS 직무분석에 기반한 채용공고를 토대로 채용전형 진행 • 지원자가 입사 후 수행하게 될 업무에 대한 자세한 정보 공지 • 직무수행내용, 직무수행 시 필요한 능력, 관련된 자격, 직업기초능력 제시 • 지원자가 해당 직무에 필요한 스펙만을 준비할 수 있도록 안내
• 모집부문 및 응시자격 • 지원서 접수 • 전형절차 • 채용조건 및 처우 • 기타사항	• 채용절차 • 채용유형별 선발분야 및 예정인원 • 전형방법 • 선발분야별 직무기술서 • 우대사항

2. 지원 유의사항 및 지원요건 확인

채용 직무에 따른 세부사항을 공고문에 명시하여 지원자에게 적격한 지원 기회를 부여함과 동시에 채용과정에서의 공정성과 신뢰성을 확보합니다.

구성	내용	확인사항
모집분야 및 규모	고용형태(인턴 계약직 등), 모집분야, 인원, 근무지역 등	채용직무가 여러 개일 경우 본인이 해당되는 직무의 채용규모 확인
응시자격	기본 자격사항, 지원조건	지원을 위한 최소자격요건을 확인하여 불필요한 지원을 예방
우대조건	법정・특별・자격증 가점	본인의 가점 여부를 검토하여 가점 획득을 위한 사항을 사실대로 기재
근무조건 및 보수	고용형태 및 고용기간, 보수, 근무지	본인이 생각하는 기대수준에 부합하는지 확인하여 불필요한 지원을 예방
시험방법	서류・필기・면접전형 등의 활용방안	전형방법 및 세부 평가기법 등을 확인하여 지원전략 준비
전형일정	접수기간, 각 전형 단계별 심사 및 합격자 발표일 등	본인의 지원 스케줄을 검토하여 차질이 없도록 준비
제출서류	입사지원서(경력・경험기술서 등), 각종 증명서 및 자격증 사본 등	지원요건 부합 여부 및 자격 증빙서류 사전에 준비
유의사항	임용취소 등의 규정	임용취소 관련 법적 또는 기관 내부 규정을 검토하여 해당여부 확인

직무기술서란 직무수행의 내용과 필요한 능력, 관련 자격, 직업기초능력 등을 상세히 기재한 것으로 입사 후 수행하게 될 업무에 대한 정보가 수록되어 있는 자료입니다.

1. 채용분야

[설명]

NCS 직무분류 체계에 따라 직무에 대한 「대분류 – 중분류 – 소분류 – 세분류」 체계를 확인할 수 있습니다. 채용 직무에 대한 모든 직무기술서를 첨부하게 되며 실제 수행 업무를 기준으로 세부적인 분류정보를 제공합니다.

채용분야	분류체계			
사무행정	대분류	중분류	소분류	세분류
분류코드	02. 경영·회계·사무	03. 재무·회계	01. 재무	01. 예산
				02. 자금
			02. 회계	01. 회계감사
				02. 세무

2. 능력단위

[설명]

직무분류 체계의 세분류 하위능력단위 중 실질적으로 수행할 업무의 능력만 구체적으로 파악할 수 있습니다.

능력단위	(예산)	03. 연간종합예산수립 05. 확정예산 운영	04. 추정재무제표 작성 06. 예산실적 관리
	(자금)	04. 자금운용	
	(회계감사)	02. 자금관리 05. 회계정보시스템 운용 07. 회계감사	04. 결산관리 06. 재무분석
	(세무)	02. 결산관리 07. 법인세 신고	05. 부가가치세 신고

3. 직무수행내용

[설명]

세분류 영역의 기본정의를 통해 직무수행내용을 확인할 수 있습니다. 입사 후 수행할 직무내용을 구체적으로 확인할 수 있으며, 이를 통해 입사서류 작성부터 면접까지 직무에 대한 명확한 이해를 바탕으로 자신의 희망직무 인지 아닌지, 해당 직무가 자신이 알고 있던 직무가 맞는지 확인할 수 있습니다.

직무수행내용	(예산) 일정기간 예상되는 수익과 비용을 편성, 집행하며 통제하는 일
	(자금) 자금의 계획 수립, 조달, 운용을 하고 발생 가능한 위험 관리 및 성과평가
	(회계감사) 기업 및 조직 내·외부에 있는 의사결정자들이 효율적인 의사결정을 할 수 있도록 유용한 정보를 제공, 제공된 회계정보의 적정성을 파악하는 일
	(세무) 세무는 기업의 활동을 위하여 주어진 세법범위 내에서 조세부담을 최소화시키는 조세전략을 포함하고 정확한 과세소득과 과세표준 및 세액을 산출하여 과세당국에 신고·납부하는 일

4. 직무기술서 예시

태도	(예산) 정확성, 분석적 태도, 논리적 태도, 타 부서와의 협조적 태도, 설득력
	(자금) 분석적 사고력
	(회계 감사) 합리적 태도, 전략적 사고, 정확성, 적극적 협업 태도, 법률준수 태도, 분석적 태도, 신속성, 책임감, 정확한 판단력
	(세무) 규정 준수 의지, 수리적 정확성, 주의 깊은 태도
우대 자격증	공인회계사, 세무사, 컴퓨터활용능력, 변호사, 워드프로세서, 전산회계운용사, 사회조사분석사, 재경관리사, 회계관리 등
직업기초능력	의사소통능력, 문제해결능력, 자원관리능력, 대인관계능력, 정보능력, 조직이해능력

5. 직무기술서 내용별 확인사항

항목	확인사항
모집부문	해당 채용에서 선발하는 부문(분야)명 확인 예 사무행정, 전산, 전기
분류체계	지원하려는 분야의 세부직무군 확인
주요기능 및 역할	지원하려는 기업의 전사적인 기능과 역할, 산업군 확인
능력단위	지원분야의 직무수행에 관련되는 세부업무사항 확인
직무수행내용	지원분야의 직무군에 대한 상세사항 확인
전형방법	지원하려는 기업의 신입사원 선발전형 절차 확인
일반요건	교육사항을 제외한 지원 요건 확인(자격요건, 특수한 경우 연령)
교육요건	교육사항에 대한 지원요건 확인(대졸 / 초대졸 / 고졸 / 전공 요건)
필요지식	지원분야의 업무수행을 위해 요구되는 지식 관련 세부항목 확인
필요기술	지원분야의 업무수행을 위해 요구되는 기술 관련 세부항목 확인
직무수행태도	지원분야의 업무수행을 위해 요구되는 태도 관련 세부항목 확인
직업기초능력	지원분야 또는 지원기업의 조직원으로서 근무하기 위해 필요한 일반적인 능력사항 확인

1. 입사지원서의 변화

기존지원서		능력중심 채용 입사지원서
직무와 관련 없는 학점, 개인신상, 어학점수, 자격, 수상경력 등을 나열하도록 구성	VS	해당 직무수행에 꼭 필요한 정보들을 제시할 수 있도록 구성

기존지원서	능력중심 채용 입사지원서	
직무기술서	**인적사항**	성명, 연락처, 지원분야 등 작성 (평가 미반영)
직무수행내용	**교육사항**	직무지식과 관련된 학교교육 및 직업교육 작성
요구지식 / 기술	**자격사항**	직무관련 국가공인 또는 민간자격 작성
관련 자격증	**경력 및 경험사항**	조직에 소속되어 일정한 임금을 받거나(경력) 임금 없이(경험) 직무와 관련된 활동 내용 작성
사전직무경험		

2. 교육사항

- 지원분야 직무와 관련된 학교 교육이나 직업교육 혹은 기타교육 등 직무에 대한 지원자의 학습 여부를 평가하기 위한 항목입니다.
- 지원하고자 하는 직무의 학교 전공교육 이외에 직업교육, 기타교육 등을 기입할 수 있기 때문에 전공 제한 없이 직업교육과 기타교육을 이수하여 지원이 가능하도록 기회를 제공합니다.

  (기타교육 : 학교 이외의 기관에서 개인이 이수한 교육과정 중 지원직무와 관련이 있다고 생각되는 교육내용)

구분	교육과정(과목)명	교육내용	과업(능력단위)

3. 자격사항

- 채용공고 및 직무기술서에 제시되어 있는 자격 현황을 토대로 지원자가 해당 직무를 수행하는 데 필요한 능력을 가지고 있는지를 평가하기 위한 항목입니다.
- 채용공고 및 직무기술서에 기재된 직무관련 필수 또는 우대자격 항목을 확인하여 본인이 보유하고 있는 자격사항을 기재합니다.

자격유형	자격증명	발급기관	취득일자	자격증번호

4. 경력 및 경험사항

- 직무와 관련된 경력이나 경험 여부를 표현하도록 하여 직무와 관련한 능력을 갖추었는지를 평가하기 위한 항목입니다.
- 해당 기업에서 직무를 수행함에 있어 필요한 사항만을 기록하게 되어 있기 때문에 직무와 무관한 스펙을 갖추지 않아도 됩니다.
- 경력 : 금전적 보수를 받고 일정기간 동안 일했던 경우
- 경험 : 금전적 보수를 받지 않고 수행한 활동

※ 기업에 따라 경력 / 경험 관련 증빙자료 요구 가능

구분	조직명	직위 / 역할	활동기간(년 / 월)	주요과업 / 활동내용

> **Tip**
>
> 입사지원서 작성 방법
> ○ 경력 및 경험사항 작성
> - 직무기술서에 제시된 지식, 기술, 태도와 지원자의 교육사항, 경력(경험)사항, 자격사항과 연계하여 개인의 직무역량에 대해 스스로 판단 가능
> ○ 인적사항 최소화
> - 개인의 인적사항, 학교명, 가족관계 등을 노출하지 않도록 유의
>
> ---
>
> 부적절한 입사지원서 작성 사례
> - 학교 이메일을 기입하여 학교명 노출
> - 거주지 주소에 학교 기숙사 주소를 기입하여 학교명 노출
> - 자기소개서에 부모님이 재직 중인 기업명, 직위, 직업을 기입하여 가족관계 노출
> - 자기소개서에 석·박사 과정에 대한 이야기를 언급하여 학력 노출
> - 동아리 활동에 대한 내용을 학교명과 더불어 언급하여 학교명 노출

1. 자기소개서의 변화

- 기존의 자기소개서는 지원자의 일대기나 관심 분야, 성격의 장·단점 등 개괄적인 사항을 묻는 질문으로 구성되어 지원자가 자신의 직무능력을 제대로 표출하지 못합니다.
- 능력중심 채용의 자기소개서는 직무기술서에 제시된 직업기초능력(또는 직무수행능력)에 대한 지원자의 과거 경험을 기술하게 함으로써 평가 타당도의 확보가 가능합니다.

1. 우리 회사와 해당 지원 직무분야에 지원한 동기에 대해 기술해 주세요.

2. 자신이 경험한 다양한 사회활동에 대해 기술해 주세요.

3. 지원 직무에 대한 전문성을 키우기 위해 받은 교육과 경험 및 경력사항에 대해 기술해 주세요.

4. 인사업무 또는 팀 과제 수행 중 발생한 갈등을 원만하게 해결해 본 경험이 있습니까? 당시 상황에 대한 설명과 갈등의 대상이 되었던 상대방을 설득한 과정 및 방법을 기술해 주세요.

5. 과거에 있었던 일 중 가장 어려웠었던(힘들었었던) 상황을 고르고, 어떤 방법으로 그 상황을 해결했는지를 기술해 주세요.

자기소개서 작성 방법
① 자기소개서 문항이 묻고 있는 평가 역량 추측하기

> 예시
> • 팀 활동을 하면서 갈등 상황 시 상대방의 니즈나 의도를 명확히 파악하고 해결하여 목표 달성에 기여했던 경험에 대해서 작성해 주시기 바랍니다.
> • 다른 사람이 생각해내지 못했던 문제점을 찾고 이를 해결한 경험에 대해 작성해 주시기 바랍니다.

② 해당 역량을 보여줄 수 있는 소재 찾기(시간×역량 매트릭스)

예시

시간

평가역량	2020년	2021년	2022년	2023년
도전정신	대학 발표수업	대학 발표수업	~~다이어트 (헬스)~~	
대인관계	대학 발표수업	대학 발표수업		경영 동아리
의사소통	편의점 아르바이트	~~군대 작업~~	봉사 동아리	
직무역량			경영 동아리	Book Study
…				

③ 자기소개서 작성 Skill 익히기
• 두괄식으로 작성하기
• 구체적 사례를 사용하기
• '나'를 중심으로 작성하기
• 직무역량 강조하기
• 경험 사례의 차별성 강조하기

03 | 인성검사 소개 및 모의테스트

01 인성검사 유형

인성검사는 지원자의 성격특성을 객관적으로 파악하고 그것이 각 기업에서 필요로 하는 인재상과 가치에 부합하는가를 평가하기 위한 검사입니다. 인성검사는 KPDI(한국인재개발진흥원), K-SAD(한국사회적성개발원), KIRBS(한국행동과학연구소), SHR(에스에이치알) 등의 전문기관을 통해 각 기업의 특성에 맞는 검사를 선택하여 실시합니다. 대표적인 인성검사의 유형에는 크게 다음과 같은 세 가지가 있으며, 채용 대행업체에 따라 달라집니다.

1. KPDI 검사

조직적응성과 직무적합성을 알아보기 위한 검사로 인성검사, 인성역량검사, 인적성검사, 직종별 인적성검사 등의 다양한 검사 도구를 구현합니다. KPDI는 성격을 파악하고 정신건강 상태 등을 측정하고, 직무검사는 해당 직무를 수행하기 위해 기본적으로 갖추어야 할 인지적 능력을 측정합니다. 역량검사는 특정 직무 역할을 효과적으로 수행하는 데 직접적으로 관련 있는 개인의 행동, 지식, 스킬, 가치관 등을 측정합니다.

2. KAD(Korea Aptitude Development) 검사

K-SAD(한국사회적성개발원)에서 실시하는 적성검사 프로그램입니다. 개인의 성향, 지적 능력, 기호, 관심, 흥미도를 종합적으로 분석하여 적성에 맞는 업무가 무엇인가 파악하고, 직무수행에 있어서 요구되는 기초능력과 실무능력을 분석합니다.

3. SHR 직무적성검사

직무수행에 필요한 종합적인 사고 능력을 다양한 적성검사(Paper and Pencil Test)로 평가합니다. SHR의 모든 직무능력검사는 표준화 검사입니다. 표준화 검사는 표본집단의 점수를 기초로 규준이 만들어진 검사이므로 개인의 점수를 규준에 맞추어 해석·비교하는 것이 가능합니다. S(Standardized Tests), H(Hundreds of Version), R(Reliable Norm Data)을 특징으로 하며, 직군·직급별 특성과 선발 수준에 맞추어 검사를 적용할 수 있습니다.

인성검사는 특히 면접질문과 관련성이 높습니다. 면접관은 지원자의 인성검사 결과를 토대로 질문을 하기 때문입니다. 일관적이고 이상적인 답변을 하는 것이 가장 좋지만, 실제 시험은 매우 복잡하여 전문가라 해도 일정 성격을 유지하면서 답변을 하는 것이 힘듭니다. 또한, 인성검사에는 라이 스케일(Lie Scale) 설문이 전체 설문 속에 교묘하게 섞여 들어가 있으므로 겉치레적인 답을 하게 되면 회답태도의 허위성이 그대로 드러나게 됩니다. 예를 들어 '거짓말을 한 적이 한 번도 없다.'에 '예'로 답하고, '때로는 거짓말을 하기도 한다.'에 '예'라고 답하여 라이 스케일의 득점이 올라가게 되면 모든 회답의 신빙성이 사라지고 '자신을 돋보이게 하려는 사람'이라는 평가를 받을 수 있으므로 주의해야 합니다. 따라서 모의테스트를 통해 인성검사의 유형과 실제 시험 시 어떻게 문제를 풀어야 하는지 연습해 보고 체크한 부분 중 자신의 단점과 연결되는 부분은 면접에서 질문이 들어왔을 때 어떻게 대처해야 하는지 생각해 보는 것이 좋습니다.

1. 기업의 인재상을 파악하라!

인성검사를 통해 개인의 성격 특성을 파악하고 그것이 기업의 인재상과 가치에 부합하는지를 평가하는 시험이기 때문에 해당 기업의 인재상을 먼저 파악하고 시험에 임하는 것이 좋습니다. 모의테스트에서 인재상에 맞는 가상의 인물을 설정하고 문제에 답해 보는 것도 많은 도움이 됩니다.

2. 일관성 있는 대답을 하라!

짧은 시간 안에 다양한 질문에 답을 해야 하는데, 그 안에는 중복되는 질문이 여러 번 나옵니다. 이때 앞서 자신이 체크했던 대답을 잘 기억해뒀다가 일관성 있는 답을 하는 것이 중요합니다.

3. 모든 문항에 대답하라!

많은 문제를 짧은 시간 안에 풀려다 보니 다 못 푸는 경우도 종종 생깁니다. 하지만 대답을 누락하거나 끝까지 다 못했을 경우 좋지 않은 결과를 가져올 수도 있으니 최대한 주어진 시간 안에 모든 문항에 답할 수 있도록 해야 합니다.

※ 모의테스트는 질문 및 답변 유형 연습을 위한 것으로 실제 시험과 다를 수 있습니다.
※ 인성검사는 정답이 따로 없는 유형의 검사이므로 결과지를 제공하지 않습니다.

번호	내용	예	아니요
001	나는 솔직한 편이다.	☐	☐
002	나는 리드하는 것을 좋아한다.	☐	☐
003	법을 어겨서 말썽이 된 적이 한 번도 없다.	☐	☐
004	거짓말을 한 번도 한 적이 없다.	☐	☐
005	나는 눈치가 빠르다.	☐	☐
006	나는 일을 주도하기보다는 뒤에서 지원하는 것을 선호한다.	☐	☐
007	앞일은 알 수 없기 때문에 계획은 필요하지 않다.	☐	☐
008	거짓말도 때로는 방편이라고 생각한다.	☐	☐
009	사람이 많은 술자리를 좋아한다.	☐	☐
010	걱정이 지나치게 많다.	☐	☐
011	일을 시작하기 전 재고하는 경향이 있다.	☐	☐
012	불의를 참지 못한다.	☐	☐
013	처음 만나는 사람과도 이야기를 잘 한다.	☐	☐
014	때로는 변화가 두렵다.	☐	☐
015	나는 모든 사람에게 친절하다.	☐	☐
016	힘든 일이 있을 때 술은 위로가 되지 않는다.	☐	☐
017	결정을 빨리 내리지 못해 손해를 본 경험이 있다.	☐	☐
018	기회를 잡을 준비가 되어 있다.	☐	☐
019	때로는 내가 정말 쓸모없는 사람이라고 느낀다.	☐	☐
020	누군가 나를 챙겨주는 것이 좋다.	☐	☐
021	자주 가슴이 답답하다.	☐	☐
022	나는 내가 자랑스럽다.	☐	☐
023	경험이 중요하다고 생각한다.	☐	☐
024	전자기기를 분해하고 다시 조립하는 것을 좋아한다.	☐	☐

PART 3

025	감시받고 있다는 느낌이 든다.	☐	☐
026	난처한 상황에 놓이면 그 순간을 피하고 싶다.	☐	☐
027	세상엔 믿을 사람이 없다.	☐	☐
028	잘못을 빨리 인정하는 편이다.	☐	☐
029	지도를 보고 길을 잘 찾아간다.	☐	☐
030	귓속말을 하는 사람을 보면 날 비난하고 있는 것 같다.	☐	☐
031	막무가내라는 말을 들을 때가 있다.	☐	☐
032	장래의 일을 생각하면 불안하다.	☐	☐
033	결과보다 과정이 중요하다고 생각한다.	☐	☐
034	운동은 그다지 할 필요가 없다고 생각한다.	☐	☐
035	새로운 일을 시작할 때 좀처럼 한 발을 떼지 못한다.	☐	☐
036	기분 상하는 일이 있더라도 참는 편이다.	☐	☐
037	업무능력은 성과로 평가받아야 한다고 생각한다.	☐	☐
038	머리가 맑지 못하고 무거운 느낌이 든다.	☐	☐
039	가끔 이상한 소리가 들린다.	☐	☐
040	타인이 내게 자주 고민상담을 하는 편이다.	☐	☐

※ 모의테스트는 질문 및 답변 유형 연습을 위한 것으로 실제 시험과 다를 수 있습니다.
※ 인성검사는 정답이 따로 없는 유형의 검사이므로 결과지를 제공하지 않습니다.

※ 이 성격검사의 각 문항에는 서로 다른 행동을 나타내는 네 개의 문장이 제시되어 있습니다. 이 문장들을 비교하여, 자신의 평소 행동과 가장 가까운 문장을 'ㄱ' 열에 표기하고, 가장 먼 문장을 'ㅁ' 열에 표기하십시오.

01 나는 _____

	ㄱ	ㅁ
A. 실용적인 해결책을 찾는다.	☐	☐
B. 다른 사람을 돕는 것을 좋아한다.	☐	☐
C. 세부 사항을 잘 챙긴다.	☐	☐
D. 상대의 주장에서 허점을 잘 찾는다.	☐	☐

02 나는 _____

	ㄱ	ㅁ
A. 매사에 적극적으로 임한다.	☐	☐
B. 즉흥적인 편이다.	☐	☐
C. 관찰력이 있다.	☐	☐
D. 임기응변에 강하다.	☐	☐

03 나는 _____

	ㄱ	ㅁ
A. 무서운 영화를 잘 본다.	☐	☐
B. 조용한 곳이 좋다.	☐	☐
C. 가끔 울고 싶다.	☐	☐
D. 집중력이 좋다.	☐	☐

04 나는 _____

	ㄱ	ㅁ
A. 기계를 조립하는 것을 좋아한다.	☐	☐
B. 집단에서 리드하는 역할을 맡는다.	☐	☐
C. 호기심이 많다.	☐	☐
D. 음악을 듣는 것을 좋아한다.	☐	☐

PART 3

05 나는 _____

A. 타인을 늘 배려한다.

B. 감수성이 예민하다.

C. 즐겨하는 운동이 있다.

D. 일을 시작하기 전에 계획을 세운다.

ㄱ	ㅁ
☐	☐
☐	☐
☐	☐
☐	☐

06 나는 _____

A. 타인에게 설명하는 것을 좋아한다.

B. 여행을 좋아한다.

C. 정적인 것이 좋다.

D. 남을 돕는 것에 보람을 느낀다.

ㄱ	ㅁ
☐	☐
☐	☐
☐	☐
☐	☐

07 나는 _____

A. 기계를 능숙하게 다룬다.

B. 밤에 잠이 잘 오지 않는다.

C. 한 번 간 길을 잘 기억한다.

D. 불의를 보면 참을 수 없다.

ㄱ	ㅁ
☐	☐
☐	☐
☐	☐
☐	☐

08 나는 _____

A. 종일 말을 하지 않을 때가 있다.

B. 사람이 많은 곳을 좋아한다.

C. 술을 좋아한다.

D. 휴양지에서 편하게 쉬고 싶다.

ㄱ	ㅁ
☐	☐
☐	☐
☐	☐
☐	☐

09 나는 _____

	ㄱ	ㅁ
A. 뉴스보다는 드라마를 좋아한다.	☐	☐
B. 길을 잘 찾는다.	☐	☐
C. 주말엔 집에서 쉬는 것이 좋다.	☐	☐
D. 아침에 일어나는 것이 힘들다.	☐	☐

10 나는 _____

	ㄱ	ㅁ
A. 이성적이다.	☐	☐
B. 할 일을 종종 미룬다.	☐	☐
C. 어른을 대하는 게 힘들다.	☐	☐
D. 불을 보면 매혹을 느낀다.	☐	☐

11 나는 _____

	ㄱ	ㅁ
A. 상상력이 풍부하다.	☐	☐
B. 예의 바르다는 소리를 자주 듣는다.	☐	☐
C. 사람들 앞에 서면 긴장한다.	☐	☐
D. 친구를 자주 만난다.	☐	☐

12 나는 _____

	ㄱ	ㅁ
A. 나만의 스트레스 해소 방법이 있다.	☐	☐
B. 친구가 많다.	☐	☐
C. 책을 자주 읽는다.	☐	☐
D. 활동적이다.	☐	☐

04 | 면접전형 가이드

01 면접유형 파악

1. 면접전형의 변화

기존 면접전형에서는 일상적이고 단편적인 대화나 지원자의 첫인상 및 면접관의 주관적인 판단 등에 의해서 입사 결정 여부를 판단하는 경우가 많았습니다. 이러한 면접전형은 면접 내용의 일관성이 결여되거나 직무 관련 타당성이 부족하였고, 면접에 대한 신뢰도에 영향을 주었습니다.

기존 면접(전통적 면접)		능력중심 채용 면접(구조화 면접)
• 일상적이고 단편적인 대화 • 인상, 외모 등 외부 요소의 영향 • 주관적인 판단에 의존한 총점 부여 ⇩ • 면접 내용의 일관성 결여 • 직무관련 타당성 부족 • 주관적인 채점으로 신뢰도 저하	VS	• 일관성 　– 직무관련 역량에 초점을 둔 구체적 질문 목록 　– 지원자별 동일 질문 적용 • 구조화 　– 면접 진행 및 평가 절차를 일정한 체계에 의해 구성 • 표준화 　– 평가 타당도 제고를 위한 평가 Matrix 구성 　– 척도에 따라 항목별 채점, 개인 간 비교 • 신뢰성 　– 면접진행 매뉴얼에 따라 면접위원 교육 및 실습

2. 능력중심 채용의 면접 유형

① 경험 면접
- 목적 : 선발하고자 하는 직무 능력이 필요한 과거 경험을 질문합니다.
- 평가요소 : 직업기초능력과 인성 및 태도적 요소를 평가합니다.

② 상황 면접
- 목적 : 특정 상황을 제시하고 지원자의 행동을 관찰함으로써 실제 상황의 행동을 예상합니다.
- 평가요소 : 직업기초능력과 인성 및 태도적 요소를 평가합니다.

③ 발표 면접
- 목적 : 특정 주제와 관련된 지원자의 발표와 질의응답을 통해 지원자 역량을 평가합니다.
- 평가요소 : 직무수행능력과 인지적 역량(문제해결능력)을 평가합니다.

④ 토론 면접
- 목적 : 토의과제에 대한 의견수렴 과정에서 지원자의 역량과 상호작용능력을 평가합니다.
- 평가요소 : 직무수행능력과 팀워크를 평가합니다.

1. 경험 면접

① 경험 면접의 특징
- 주로 직업기초능력에 관련된 지원자의 과거 경험을 심층 질문하여 검증하는 면접입니다.
- 직무능력과 관련된 과거 경험을 평가하기 위해 심층 질문을 하며, 이 질문은 지원자의 답변에 대하여 '꼬리에 꼬리를 무는 형식'으로 진행됩니다.

> - 능력요소, 정의, 심사 기준
>   - 평가하고자 하는 능력요소, 정의, 심사기준을 확인하여 면접위원이 해당 능력요소 관련 질문을 제시합니다.
> - Opening Question
>   - 능력요소에 관련된 과거 경험을 유도하기 위한 시작 질문을 합니다.
> - Follow-up Question
>   - 지원자의 경험 수준을 구체적으로 검증하기 위한 질문입니다.
>   - 경험 수준 검증을 위한 상황(Situation), 임무(Task), 역할 및 노력(Action), 결과(Result) 등으로 질문을 구분합니다.

경험 면접의 형태

[면접관 1]　[면접관 2]　[면접관 3]　　　　[면접관 1]　[면접관 2]　[면접관 3]

[지원자]　　　　　　　　　　[지원자 1]　[지원자 2]　[지원자 3]

〈일대다 면접〉　　　　　　　　　　〈다대다 면접〉

② 경험 면접의 구조

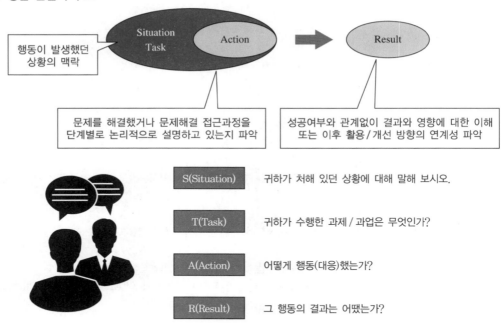

행동이 발생했던 상황의 맥락

문제를 해결했거나 문제해결 접근과정을 단계별로 논리적으로 설명하고 있는지 파악

성공여부와 관계없이 결과와 영향에 대한 이해 또는 이후 활용 / 개선 방향의 연계성 파악

S(Situation) — 귀하가 처해 있던 상황에 대해 말해 보시오.

T(Task) — 귀하가 수행한 과제 / 과업은 무엇인가?

A(Action) — 어떻게 행동(대응)했는가?

R(Result) — 그 행동의 결과는 어땠는가?

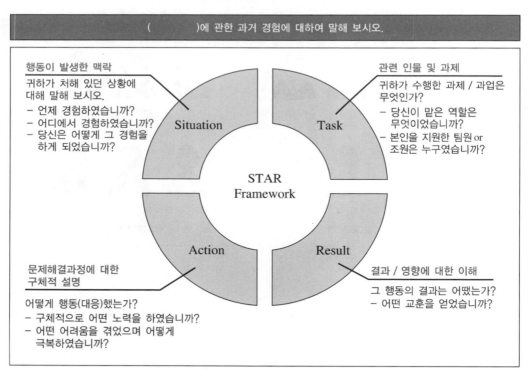

(   )에 관한 과거 경험에 대하여 말해 보시오.

행동이 발생한 맥락
귀하가 처해 있던 상황에 대해 말해 보시오.
- 언제 경험하였습니까?
- 어디에서 경험하였습니까?
- 당신은 어떻게 그 경험을 하게 되었습니까?

관련 인물 및 과제
귀하가 수행한 과제 / 과업은 무엇인가?
- 당신이 맡은 역할은 무엇이었습니까?
- 본인을 지원한 팀원 or 조원은 누구였습니까?

STAR Framework

문제해결과정에 대한 구체적 설명
어떻게 행동(대응)했는가?
- 구체적으로 어떤 노력을 하였습니까?
- 어떤 어려움을 겪었으며 어떻게 극복하였습니까?

결과 / 영향에 대한 이해
그 행동의 결과는 어땠는가?
- 어떤 교훈을 얻었습니까?

Situation — Task — Action — Result

③ 경험 면접 질문 예시(직업윤리)

시작 질문	
1	남들이 신경 쓰지 않는 부분까지 고려하여 절차대로 업무(연구)를 수행하여 성과를 낸 경험을 구체적으로 말해 보시오.
2	조직의 원칙과 절차를 철저히 준수하며 업무(연구)를 수행한 것 중 성과를 향상시킨 경험에 대해 구체적으로 말해 보시오.
3	세부적인 절차와 규칙에 주의를 기울여 실수 없이 업무(연구)를 마무리한 경험을 구체적으로 말해 보시오.
4	조직의 규칙이나 원칙을 고려하여 성실하게 일했던 경험을 구체적으로 말해 보시오.
5	타인의 실수를 바로잡고 원칙과 절차대로 수행하여 성공적으로 업무를 마무리하였던 경험에 대해 말해 보시오.

후속 질문		
상황 (Situation)	상황	구체적으로 언제, 어디에서 경험한 일인가?
		어떤 상황이었는가?
	조직	어떤 조직에 속해 있었는가?
		그 조직의 특성은 무엇이었는가?
		몇 명으로 구성된 조직이었는가?
	기간	해당 조직에서 얼마나 일했는가?
		해당 업무는 몇 개월 동안 지속되었는가?
	조직규칙	조직의 원칙이나 규칙은 무엇이었는가?
임무 (Task)	과제	과제의 목표는 무엇이었는가?
		과제에 적용되는 조직의 원칙은 무엇이었는가?
		그 규칙을 지켜야 하는 이유는 무엇이었는가?
	역할	당신이 조직에서 맡은 역할은 무엇이었는가?
		과제에서 맡은 역할은 무엇이었는가?
	문제의식	규칙을 지키지 않을 경우 생기는 문제점 / 불편함은 무엇인가?
		해당 규칙이 왜 중요하다고 생각하였는가?
역할 및 노력 (Action)	행동	업무 과정의 어떤 장면에서 규칙을 철저히 준수하였는가?
		어떻게 규정을 적용시켜 업무를 수행하였는가?
		규정은 준수하는 데 어려움은 없었는가?
	노력	그 규칙을 지키기 위해 스스로 어떤 노력을 기울였는가?
		본인의 생각이나 태도에 어떤 변화가 있었는가?
		다른 사람들은 어떤 노력을 기울였는가?
	동료관계	동료들은 규칙을 철저히 준수하고 있었는가?
		팀원들은 해당 규칙에 대해 어떻게 반응하였는가?
		규칙에 대한 태도를 개선하기 위해 어떤 노력을 하였는가?
		팀원들의 태도는 당신에게 어떤 자극을 주었는가?
	업무추진	주어진 업무를 추진하는 데 규칙이 방해되진 않았는가?
		업무수행 과정에서 규정을 어떻게 적용하였는가?
		업무 시 규정을 준수해야 한다고 생각한 이유는 무엇인가?

결과 (Result)	평가	규칙을 어느 정도나 준수하였는가?
		그렇게 준수할 수 있었던 이유는 무엇이었는가?
		업무의 성과는 어느 정도였는가?
		성과에 만족하였는가?
		비슷한 상황이 온다면 어떻게 할 것인가?
	피드백	주변 사람들로부터 어떤 평가를 받았는가?
		그러한 평가에 만족하는가?
		다른 사람에게 본인의 행동이 영향을 주었다고 생각하는가?
	교훈	업무수행 과정에서 중요한 점은 무엇이라고 생각하는가?
		이 경험을 통해 느낀 바는 무엇인가?

2. 상황 면접

① 상황 면접의 특징

직무 관련 상황을 가정하여 제시하고 이에 대한 대응능력을 직무관련성 측면에서 평가하는 면접입니다.

> • 상황 면접 과제의 구성은 크게 2가지로 구분
>   – 상황 제시(Description) / 문제 제시(Question or Problem)
> • 현장의 실제 업무 상황을 반영하여 과제를 제시하므로 직무분석이나 직무전문가 워크숍 등을 거쳐 현장성을 높임
> • 문제는 상황에 대한 기본적인 이해능력(이론적 지식)과 함께 실질적 대응이나 변수 고려능력(실천적 능력) 등을 고르게 질문해야 함

상황 면접의 형태

② 상황 면접 예시

	인천공항 여객터미널 내에는 다양한 용도의 시설(사무실, 통신실, 식당, 전산실, 창고 면세점 등)이 설치되어 있습니다.	실제 업무 상황에 기반함
상황 제시	금년에 소방배관의 누수가 잦아 메인 배관을 교체하는 공사를 추진하고 있으며, 당신은 이번 공사의 담당자입니다.	배경 정보
	주간에는 공항 운영이 이루어져 주로 야간에만 배관 교체 공사를 수행하던 중, 시공하는 기능공의 실수로 배관 연결 부위를 잘못 건드려 고압배관의 소화수가 누출되는 사고가 발생하였으며, 이로 인해 인근 시설물에 누수에 의한 피해가 발생하였습니다.	구체적인 문제 상황
문제 제시	일반적인 소방배관의 배관연결(이음)방식과 배관의 이탈(누수)이 발생하는 원인에 대해 설명해 보시오.	문제 상황 해결을 위한 기본 지식 문항
	담당자로서 본 사고를 현장에서 긴급히 처리하는 프로세스를 제시하고, 보수완료 후 사후적 조치가 필요한 부분 및 재발방지 방안에 대해 설명해 보시오.	문제 상황 해결을 위한 추가 대응 문항

3. 발표 면접

① 발표 면접의 특징

- 직무관련 주제에 대한 지원자의 생각을 정리하여 의견을 제시하고, 발표 및 질의응답을 통해 지원자의 직무능력을 평가하는 면접입니다.
- 발표 주제는 직무와 관련된 자료로 제공되며, 일정 시간 후 지원자가 보유한 지식 및 방안에 대한 발표 및 후속 질문을 통해 직무적합성을 평가합니다.

> - 주요 평가요소
>   - 설득적 말하기 / 발표능력 / 문제해결능력 / 직무관련 전문성
> - 이미 언론을 통해 공론화된 시사 이슈보다는 해당 직무분야에 관련된 주제가 발표면접의 과제로 선정되는 경우가 최근 들어 늘어나고 있음
> - 짧은 시간 동안 주어진 과제를 빠른 속도로 분석하여 발표문을 작성하고 제한된 시간 안에 면접관에게 효과적인 발표를 진행하는 것이 핵심

발표 면접의 형태

[면접관 1] [면접관 2]

[면접관 1] [면접관 2]

[지원자]

〈개별 과제 발표〉

[지원자 1] [지원자 2] [지원자 3]

〈팀 과제 발표〉

※ 면접관에게 시각적 효과를 사용하여 메시지를 전달하는 쌍방향 커뮤니케이션 방식
※ 심층면접을 보완하기 위한 방안으로 최근 많은 기업에서 적극 도입하는 추세

② 발표 면접 예시

1. 지시문

당신은 현재 A사에서 직원들의 성과평가를 담당하고 있는 팀원이다. 인사팀은 지난주부터 사내 조직문화관련 인터뷰를 하던 도중 성과평가제도에 관련된 개선 니즈가 제일 많다는 것을 알게 되었다. 이에 팀장님은 인터뷰 결과를 종합하려 성과평가제도 개선 아이디어를 A4용지에 정리하여 신속 보고할 것을 지시하셨다. 당신에게 남은 시간은 1시간이다. 자료를 준비하는 대로 당신은 팀원들이 모인 회의실에서 5분 간 발표할 것이며, 이후 질의응답을 진행할 것이다.

2. 배경자료

〈성과평가제도 개선에 대한 인터뷰〉

최근 A사는 회사 사세의 급성장으로 인해 작년보다 매출이 두 배 성장하였고, 직원 수 또한 두 배로 증가하였다. 회사의 성장은 임금, 복지에 대한 상승 등 긍정적인 영향을 주었으나 업무의 불균형 및 성과보상의 불평등 문제가 발생하였다. 또한 수시로 입사하는 신입직원과 경력직원, 퇴사하는 직원들까지 인원들의 잦은 변동으로 인해 평가해야 할 대상이 변경되어 현재의 성과평가제도로는 공정한 평가가 어려운 상황이다.

[생산부서 김상호]
우리 팀은 지난 1년 동안 생산량이 급증했기 때문에 수십 명의 신규인력이 급하게 채용되었습니다. 이 때문에 저희 팀장님은 신규 입사자들의 이름조차 기억 못할 때가 많이 있습니다. 성과평가를 제대로 하고 있는지 의문이 듭니다.

[마케팅 부서 김흥민]
개인의 성과평가의 취지는 충분히 이해합니다. 그러나 현재 평가는 실적기반이나 정성적인 평가가 많이 포함되어 있어 객관성과 공정성에는 의문이 드는 것이 사실입니다. 이러한 상황에서 평가제도를 재수립하지 않고, 인센티브에 계속 반영한다면, 평가제도에 대한 반감이 커질 것이 분명합니다.

[교육부서 홍경민]
현재 교육부서는 인사팀과 밀접하게 일하고 있습니다. 그럼에도 인사팀에서 실시하는 성과평가제도에 대한 이해가 부족한 것 같습니다.

[기획부서 김경호 차장]
저는 저의 평가자 중 하나가 연구부서의 팀장님인데, 일 년에 몇 번 같이 일하지 않는데 어떻게 저를 평가할 수 있을까요? 특히 연구팀은 저희가 예산을 배정하는데, 저에게는 좋지만….

4. 토론 면접

① 토론 면접의 특징

- 다수의 지원자가 조를 편성해 과제에 대한 토론(토의)을 통해 결론을 도출해가는 면접입니다.
- 의사소통능력, 팀워크, 종합인성 등의 평가에 용이합니다.

> - 주요 평가요소
>   - 설득적 말하기, 경청능력, 팀워크, 종합인성
> - 의견 대립이 명확한 주제 또는 채용분야의 직무 관련 주요 현안을 주제로 과제 구성
> - 제한된 시간 내 토론을 진행해야 하므로 적극적으로 자신 있게 토론에 임하고 본인의 의견을 개진할 수 있어야 함

토론 면접의 형태

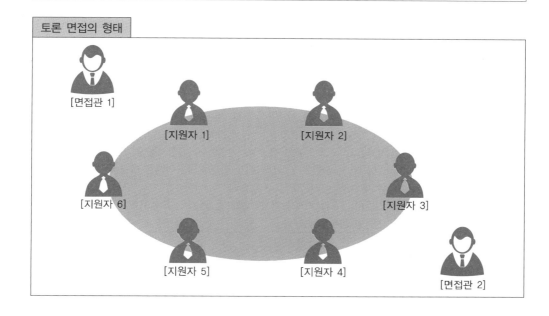

② 토론 면접 예시

고객 불만 고충처리

1. 들어가며

최근 우리 상품에 대한 고객 불만의 증가로 고객고충처리 TF가 만들어졌고 당신은 여기에 지원해 배치받았다. 당신의 업무는 불만을 가진 고객을 만나서 애로사항을 듣고 처리해 주는 일이다. 주된 업무로는 고객의 니즈를 파악해 방향성을 제시해 주고 그 해결책을 마련하는 일이다. 하지만 경우에 따라서 고객의 주관적인 의견으로 인해 제대로 된 방향으로 의사결정을 하지 못할 때가 있다. 이럴 경우 설득이나 논쟁을 해서라도 의견을 관철시키는 것이 좋을지 아니면 고객의 의견대로 진행하는 것이 좋을지 결정해야 할 때가 있다. 만약 당신이라면 이러한 상황에서 어떤 결정을 내릴 것인지 여부를 자유롭게 토론해 보시오.

2. 1분 자유 발언 시 준비사항

- 당신은 의견을 자유롭게 개진할 수 있으며 이에 따른 불이익은 없습니다.
- 토론의 방향성을 이해하고, 내용의 장점과 단점이 무엇인지 문제를 명확히 말해야 합니다.
- 합리적인 근거에 기초하여 개선방안을 명확히 제시해야 합니다.
- 제시한 방안을 실행 시 예상되는 긍정적 · 부정적 영향요인도 동시에 고려할 필요가 있습니다.

3. 토론 시 유의사항

- 토론 주제문과 제공해드린 메모지, 볼펜만 가지고 토론장에 입장할 수 있습니다.
- 사회자의 지정 또는 발표자가 손을 들어 발언권을 획득할 수 있으며, 사회자의 통제에 따릅니다.
- 토론회가 시작되면, 팀의 의견과 논거를 정리하여 1분간의 자유발언을 할 수 있습니다. 순서는 사회자가 지정합니다. 이후에는 자유롭게 상대방에게 질문하거나 답변을 하실 수 있습니다.
- 핸드폰, 서적 등 외부 매체는 사용하실 수 없습니다.
- 논제에 벗어나는 발언이나 지나치게 공격적인 발언을 할 경우, 위에서 제시한 유의사항을 지키지 않을 경우 불이익을 받을 수 있습니다.

1. 면접 Role Play 편성

- 교육생끼리 조를 편성하여 면접관과 지원자 역할을 교대로 진행합니다.
- 지원자 입장과 면접관 입장을 모두 경험해 보면서 면접에 대한 적응력을 높일 수 있습니다.

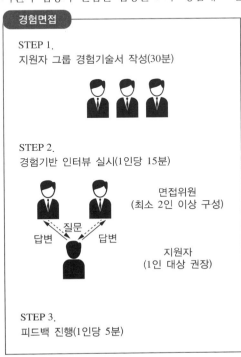

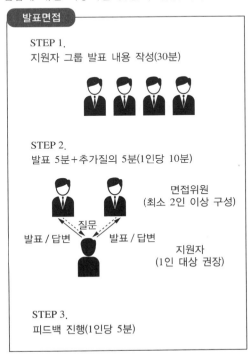

PART 3

> **Tip**

면접 준비하기
1. 면접 유형 확인 필수
   - 기업마다 면접 유형이 상이하기 때문에 해당 기업의 면접 유형을 확인하는 것이 좋음
   - 일반적으로 실무진 면접, 임원면접 2차례에 거쳐 면접을 실시하는 기업이 많고 실무진 면접과 임원 면접에서 평가요소가 다르기 때문에 유형에 맞는 준비방법이 필요
2. 후속 질문에 대한 사전 점검
   - 블라인드 채용 면접에서는 주요 질문과 함께 후속 질문을 통해 지원자의 직무능력을 판단
     → STAR 기법을 통한 후속 질문에 미리 대비하는 것이 필요

05 | 한국가스기술공사 면접 기출질문

1. 직업기초능력

- 1분간 자기소개를 해보시오.
- 우리 공사를 어떻게 알게 되었고, 우리 공사에 지원한 이유가 무엇인가?
- 우리 공사의 홈페이지를 방문해 본 적이 있는가?
- 지원자가 알고 있는 우리 공사에 관한 정보를 말해 보시오.
- 팀 프로젝트를 해 본 적이 있는가?
- 팀 프로젝트를 진행하면서 힘들었던 것은 무엇인가?
- 업무를 함에 있어서 중요하게 생각하는 것은 무엇인가?
- 리더십 경험에 대하여 말해 보시오.
- 리더와의 갈등을 경험해 본 적이 있는가?
- 조직생활의 갈등을 해결해 본 경험에 대하여 말해 보시오.
- 동아리 활동을 하면서 가장 힘들었던 점에 대하여 말해 보시오.
- 팔로우십 경험에 대하여 말해 보시오.
- 상사가 부적절한 지시를 한다면 어떻게 하겠는가?
- 상사의 업무지시를 어기고 행동한 적이 있는가?
- 지원자 본인을 광고해 보시오.
- 지원자는 대인관계를 유지하기 위해 어떻게 하는가?
- 우리 공사가 지원자를 채용해야 하는 이유를 설명해 보시오.
- 직무와 관련하여 지원자의 장점을 말해 보시오.
- 조직에서 규정이 명확하지 않아 난처했던 적이 있었는가?
- 본인이 지원한 직렬의 업무를 경험해 본 적이 있는가?
- 입사 후 해보고 싶은 업무에 대하여 말해 보시오.
- 지원자의 특기는 무엇인가?
- 지원자가 경험한 사회 공헌 활동에 대하여 말해 보시오.
- 지원자는 해외경험이 있는데, 해외경험은 어떠했는가?
- 사회적 이슈인 윤리적인 사건들에 대한 지원자의 견해는 어떠한가?
- 현재 우리 공사를 제외한 다른 기업에도 입사지원한 곳이 있는가?
- 입사 후 지방에서 근무하게 되어도 괜찮은가?
- 실제 업무 상황에서 발생하는 갈등을 어떻게 해결하겠는가?
- 창의성을 발휘해 성과를 낸 경험을 말해 보시오.
- 불합리한 규정을 바꾸어 본 경험이 있는가?
- 지원한 직무와 다른 전공인데, 전공을 바꾼 이유가 무엇인가?

- 인생의 터닝포인트에 대해 말해 보시오.
- 최선을 다했지만 실패했던 경험에 대해 말해 보시오.
- 살면서 가장 감동적이었던 경험에 대해 말해 보시오.
- 희생을 통해 무언가 이뤄 본 경험에 대해 말해 보시오.
- 본인의 스트레스 해소법에 대해 말해 보시오.

2. 직무수행능력

- 가스란 무엇인지 설명해 보시오.
- 기술이란 무엇인지 설명해 보시오.
- 수소에 대해 아는 것을 말해 보시오.
- 가스 액화 과정을 설명해 보시오.
- 변압기 일상점검과 주기점검의 차이점을 아는가?
- 변압기 안전대책 방안에 대하여 설명해 보시오.
- LNG와 LPG의 차이점을 아는가?
- LNG탱크에 대해 아는 것이 있다면 말해 보시오.
- CNG가 무엇인지 설명해 보시오.
- 열역학 제2법칙에 대하여 설명해 보시오.
- 열역학 제3법칙에 대하여 설명해 보시오.
- 열역학 사이클에 대하여 설명해 보시오.
- 유도기와 기동법에 대하여 말해 보시오.
- 초전도체에 대하여 설명해 보시오.
- 밸브의 종류에 대해서 아는 대로 말해 보시오.
- 와류와 관련된 밸브의 종류에 대하여 말해 보시오.
- 캐비테이션 방지법에 대하여 설명해 보시오.
- 접지 설치 목적에 대하여 설명해 보시오.
- 접지의 종류와 그에 맞는 저항 크기에 대하여 아는가?
- 저항을 줄이기 위한 저감 대책에 대하여 말해 보시오.
- 누설전류의 발생 이유와 대책에 대하여 말해 보시오.
- 파스칼 원리에 대하여 설명해 보시오.
- 베르누이 원리에 대하여 설명해 보시오.
- 전동기 종류에 대해 말해 보시오.
- 유도전동기의 원리에 대하여 설명해 보시오.
- 비파괴검사의 종류에 대하여 설명해 보시오.
- 기업의 부실채권 감소 방안에 대하여 말해 보시오.
- 형광등을 LED 등으로 교체했을 때, 잔상이 남는 현상에 대한 이유와 해결책을 제시해 보시오.
- 중대재해에 대해 아는 것이 있다면 말해 보시오.
- 소방용수 파이프에서 물이 새고 있다면 어떤 일을 가장 먼저 할 것인가?

3. 토론면접

일반적으로 진행되는 토론면접의 주제는 최근 사회적 이슈와 더불어 한국가스기술공사와 관련된 시사주제가 출제되므로 꾸준한 관심을 가질 필요가 있다.

- 예방 정비 절차에 대하여 토론하시오.
- 공사에 주어진 현안을 가지고 경비절감 방안에 대하여 토론하시오.
- 공유 경제에 대하여 토론하시오.
- 생명 윤리에 대하여 토론하시오.
- 층간소음 규제에 대하여 토론하시오.
- 반려동물 보유세에 대하여 토론하시오.
- 블라인드 채용에 대하여 토론하시오.
- 공사 설비와 관련된 자료를 바탕으로 토론하시오.
- 자료를 참고하여 모니터에 발생한 문제를 해결할 방안에 대하여 토론하시오.
- 인턴 선발 방법에 대하여 토론하시오.
- 시설관리 방법에 대하여 토론하시오.
- 설비의 점검표를 작성하고, 그 이유에 대하여 토론하시오.
- UPS 축전지 설페이션 현상에 대해 어떻게 조치할 것인지 토론하시오.

현재 나의 실력을 객관적으로 파악해 보자!

모바일 OMR
답안채점 / 성적분석 서비스

도서에 수록된 모의고사에 대한 객관적인 결과(정답률, 순위)를 종합적으로 분석하여 제공합니다.

OMR 입력

성적분석

채점결과

※OMR 답안채점 / 성적분석 서비스는 등록 후 30일간 사용 가능합니다.

참여
방법

도서 내 모의고사
우측 상단에 위치한
QR코드 찍기
→
LOG IN
로그인
하기
→

'시작하기'
클릭
→

'응시하기'
클릭
→
나의 답안을
모바일 OMR
카드에 입력
→

'성적분석 & 채점결과'
클릭
→
현재 내 실력
확인하기

SD에듀

공기업 취업을 위한 NCS
직업기초능력평가 시리즈

NCS부터 전공까지 완벽 학습 "통합서" 시리즈

공기업 취업의 기초부터 차근차근! 취업의 문을 여는 Master Key!

NCS 영역 및 유형별 체계적 학습 "집중학습" 시리즈

영역별 이론부터 유형별 모의고사까지! 단계별 학습을 통한 Only Way!

SD에듀

2024 최신판 All-New 100% 전면개정

한국가스 기술공사

정답 및 해설

최신 출제경향 완벽 반영

합격의 별을 따자

2023년 공기업 기출복원문제

NCS 출제유형

모의고사 5회

안심도서
합격 99.9%

SDC

SDC는 SD에듀 데이터 센터의 약자로
약 30만 개의 NCS·적성 문제 데이터를
바탕으로 최신출제경향을 반영하여
문제를 출제합니다.

SD에듀
(주)시대고시기획

합격의 공식 SD에듀 www.sdedu.co.kr

Add+

2023년 주요 공기업
NCS 기출복원문제

01	02	03	04	05	06	07	08	09	10	11	12	13	14	15	16	17	18	19	20
②	②	③	⑤	⑤	④	④	⑤	④	①	②	④	②	④	①	④	③	③	③	②
21	22	23	24	25	26	27	28	29	30	31	32	33	34	35	36	37	38	39	40
②	①	④	①	③	②	③	④	①	④	④	⑤	②	④	①	④	⑤	③	③	③
41	42	43	44	45	46	47	48	49	50										
②	④	⑤	③	①	③	③	⑤	③	④										

01   정답 ②

1^2-2^2, 3^2-4^2, $\cdots$, $(2n-1)^2-(2n)^2$의 수열의 합으로 생각한다.

$1^2-2^2+3^2-4^2+\cdots+199^2$

$=1^2-2^2+3^2-4^2+\cdots+199^2-200^2+200^2$

$=[\sum_{n=1}^{100}\{(2n-1)^2-(2n)^2\}]+200^2$

$=[\sum_{n=1}^{100}\{-4n+1\}]+200^2$

$=[-4\times\dfrac{100\times101}{2}+100]+40,000$

$=-20,200+100+40,000$

$=19,900$

02   정답 ②

5명 중에서 3명을 순서와 상관없이 뽑을 수 있는 경우의 수는 ${}_5C_3=\dfrac{5!}{3!\times2!}=\dfrac{5\times4}{2\times1}=10$가지이다.

03   정답 ③

A원두의 100g당 원가를 a원, B원두의 100g당 원가를 b원이라고 하면

$\begin{cases} 1.5(a+2b)=3,000 \cdots ① \\ 1.5(2a+b)=2,850 \cdots ② \end{cases}$

$\begin{cases} a+2b=2,000 \cdots ①' \\ 2a+b=1,900 \cdots ②' \end{cases}$

$3a+3b=3,900 \rightarrow a+b=1,300$이므로 이를 ①'과 연립하면 $b=700$이다.

04

정답 ⑤

제시문의 세 번째 문단에 따르면 스마트 글라스 내부 센서를 통해 충격과 기울기를 감지할 수 있어, 작업자에게 위험한 상황이 발생할 경우 통보 시스템을 통해 바로 파악할 수 있게 되었음을 알 수 있다.

[오답분석]

① 첫 번째 문단에 따르면 스마트 글라스를 통한 작업자의 음성인식만으로 철도시설물 점검이 가능해졌음을 알 수 있지만, 다섯 번째 문단에 따르면 아직 철도시설물 보수 작업은 가능하지 않음을 알 수 있다.

② 첫 번째 문단에 따르면 스마트 글라스의 도입 이후에도 사람의 작업이 필요함을 알 수 있다.

③ 세 번째 문단에 따르면 스마트 글라스의 도입으로 추락 사고나 그 밖의 위험한 상황을 미리 예측할 수 있어 이를 방지할 수 있게 되었음을 알 수 있지만, 실제로 안전사고 발생 횟수가 감소하였는지는 알 수 없다.

④ 두 번째 문단에 따르면 여러 단계를 거치던 기존 작업 방식에서 스마트 글라스의 도입으로 작업을 한 번에 처리할 수 있게 된 것을 통해 작업 시간이 단축되었음을 알 수 있지만, 필요한 작업 인력의 감소 여부는 알 수 없다.

05

정답 ⑤

네 번째 문단에 따르면 인공지능 등의 스마트 기술 도입으로 까치집 검출 정확도는 95%까지 상승하였으므로 까치집 제거율 또한 상승할 것임을 예측할 수 있으나, 근본적인 문제인 까치집 생성의 감소를 기대할 수는 없다.

[오답분석]

① 세 번째 문단과 네 번째 문단에 따르면 정확도가 65%에 불과했던 인공지능의 까치집 식별 능력이 딥러닝 방식의 도입으로 95%까지 상승했음을 알 수 있다.

② 세 번째 문단에서 시속 150km로 빠르게 달리는 열차에서의 까치집 식별 정확도는 65%에 불과하다는 내용으로 보아, 빠른 속도에서는 인공지능의 사물 식별 정확도가 낮음을 알 수 있다.

③ 네 번째 문단에 따르면 작업자의 접근이 어려운 곳에는 드론을 띄워 까치집을 발견 및 제거하는 기술도 시범 운영하고 있다고 하였다.

④ 세 번째 문단에 따르면 실시간 까치집 자동 검출 시스템 개발로 실시간으로 위험 요인의 위치와 이미지를 작업자에게 전달할 수 있게 되었다.

06

정답 ④

제시문의 두 번째 문단에 따르면 CCTV는 열차 종류에 따라 운전실에서 실시간으로 상황을 파악할 수 있는 네트워크 방식과 각 객실에서의 영상을 저장하는 개별 독립 방식으로 설치된다고 하였다. 따라서 개별 독립 방식으로 설치된 일부 열차에서는 각 객실의 상황을 실시간으로 파악하지 못할 수 있다.

[오답분석]

① 첫 번째 문단에 따르면 2023년까지 현재 운행하고 있는 열차의 모든 객실에 CCTV를 설치하겠다는 내용으로 보아, 현재 모든 열차의 모든 객실에 CCTV가 설치되지 않았음을 유추할 수 있다.

② 첫 번째 문단에 따르면 2023년까지 모든 열차 승무원에게 바디캠을 지급하겠다고 하였다. 이에 따라 승객이 승무원을 폭행하는 등의 범죄 발생 시 해당 상황을 녹화한 바디캠 영상이 있어 수사의 증거자료로 사용할 수 있게 되었다.

③ 두 번째 문단에 따르면 CCTV는 사각지대 없이 설치되며 일부는 휴대 물품 보관대 주변에도 설치된다고 하였다. 따라서 인적 피해와 물적 피해 모두 예방할 수 있게 되었다.

⑤ 세 번째 문단에 따르면 CCTV 제품 품평회와 시험을 통해 제품의 형태와 색상, 재질, 진동과 충격 등에 대한 적합성을 고려한다고 하였다.

07

작년 K대학교의 재학생 수는 6,800명이고 남학생 수와 여학생 수의 비가 8 : 9이므로, 남학생 수는 $6,800 \times \dfrac{8}{8+9} = 3,200$명이고,

여학생 수는 $6,800 \times \dfrac{9}{8+9} = 3,600$명이다. 올해 줄어든 남학생 수와 여학생 수의 비가 12 : 13이므로 올해 K대학교에 재학 중인

남학생 수와 여학생 수의 비는 $(3,200-12k) : (3,600-13k) = 7 : 8$이다.

$7 \times (3,600-13k) = 8 \times (3,200-12k)$

$25,200 - 91k = 25,600 - 96k$

$5k = 400 \rightarrow k = 80$

따라서 올해 K대학교에 재학 중인 남학생 수는 $3,200-12 \times 80 = 2,240$명이고, 여학생 수는 $3,600-13 \times 80 = 2,560$명이므로 올해 K대학교의 전체 재학생 수는 $2,240+2,560 = 4,800$명이다.

08

K공사를 통한 예약 접수는 온라인 쇼핑몰 홈페이지를 통해서만 가능하며, 오프라인(방문) 접수는 우리·농협은행의 창구를 통해서만 이루어진다.

오답분석

① 구매자를 대한민국 국적자로 제한한다는 내용은 없다.

② 단품으로 구매 시 1인당 화종별 최대 3장으로 총 9장, 세트로 구매할 때도 1인당 최대 3세트로 총 9장까지 신청이 가능하며, 세트와 단품은 중복신청이 가능하므로 1인당 구매 가능한 최대 개수는 18장이다.

③ 우리·농협은행의 계좌가 없다면, K공사 온라인 쇼핑몰을 이용하거나 우리·농협은행에 직접 방문하여 구입할 수 있다.

④ 총발행량은 예약 주문 이전부터 화종별 10,000장으로 미리 정해져 있다.

09

우리·농협은행 계좌 미보유자인 외국인 A씨가 예약 신청을 할 수 있는 방법은 두 가지이다. 하나는 신분증인 외국인등록증을 지참하고 우리·농협은행의 지점을 방문하여 신청하는 것이고, 다른 하나는 K공사 온라인 쇼핑몰에서 가상계좌 방식으로 신청하는 것이다.

오답분석

① A씨는 외국인이므로 창구 접수 시 지참해야 하는 신분증은 외국인등록증이다.

② K공사 온라인 쇼핑몰에서는 가상계좌 방식을 통해서만 예약 신청이 가능하다.

③ 홈페이지를 통한 신청이 가능한 은행은 우리은행과 농협은행뿐이다.

⑤ 우리·농협은행의 홈페이지를 통해 예약 접수를 하려면 해당 은행에 미리 계좌가 개설되어 있어야 한다.

10

3종 세트는 186,000원, 단품은 각각 63,000원이므로 5명의 구매 금액을 계산하면 다음과 같다.

- A : $(186,000 \times 2) + 63,000 = 435,000$원
- B : $63,000 \times 8 = 504,000$원
- C : $(186,000 \times 2) + (63,000 \times 2) = 498,000$원
- D : $186,000 \times 3 = 558,000$원
- E : $186,000 + (63,000 \times 4) = 438,000$원

따라서 가장 많은 금액을 지불한 사람은 D이며, 구매 금액은 558,000원이다.

11

마일리지 적립 규정에 회원 등급과 관련된 내용은 없으며, 마일리지 적립은 지불한 운임의 액수, 더블적립 열차 탑승 여부, 선불형 교통카드 Rail+ 사용 여부에 따라서만 결정된다.

오답분석

① KTX 마일리지는 KTX 열차 이용 시에만 적립된다.
③ 비즈니스 등급은 기업회원 여부와 관계없이 최근 1년간의 활동내역을 기준으로 부여된다.
④ 반기 동안 추석 및 설 명절 특별수송기간 탑승 건을 제외하고 4만 점을 적립하면 VIP 등급을 부여받는다.
⑤ VVIP 등급과 VIP 등급 고객은 한정된 횟수 내에서 무료 업그레이드 쿠폰으로 KTX 특실을 KTX 일반실 가격에 구매할 수 있다.

12

제시문은 장애인 건강주치의 시범사업을 소개하며 3단계 시범사업에서 기존과 달라지는 것을 위주로 설명하고 있다. 따라서 가장 처음에 와야 할 문단은 3단계 장애인 건강주치의 시범사업을 소개하는 (마) 문단이다. 이어서 장애인 건강주치의 시범사업 세부 서비스를 소개하는 문단이 와야 하는데, 서비스 종류를 소개하는 문장이 있는 (다) 문단이 이어지는 것이 가장 적절하다. 이어서 2번째 서비스인 주장애관리를 소개하는 (가) 문단이 와야 하며, 그 다음으로 3번째 서비스인 통합관리 서비스와 추가적으로 방문 서비스를 소개하는 (라) 문단이 오는 것이 적절하다. 마지막으로 장애인 건강주치의 시범사업에 신청하는 방법을 소개하며 글을 끝내는 것이 적절하므로 (나) 문단이 이어져야 한다. 따라서 글의 순서를 바르게 나열하면 (마) - (다) - (가) - (라) - (나)이다.

13

허리디스크는 디스크의 수핵이 탈출하여 생긴 질환이므로 허리를 굽히거나 앉아 있을 때 디스크에 가해지는 압력이 높아져 통증이 더 심해진다. 반면 척추관협착증의 경우 서 있을 때 척추관이 더욱 좁아지게 되어 통증이 더욱 심해진다.

오답분석

① 허리디스크는 디스크의 탄력 손실이나 갑작스런 충격으로 인해 균열이 생겨 발생하고, 척추관협착증은 오랜 기간 동안 황색 인대가 두꺼워져 척추관에 변형이 일어나 발생하므로 허리디스크가 더 급작스럽게 증상이 나타난다.
③ 허리디스크는 자연치유가 가능하지만, 척추관협착증은 불가능하다. 따라서 허리디스크는 주로 통증을 줄이고 안정을 취하는 보존치료를 하지만, 척추관협착증은 변형된 부분을 제거하는 외과적 수술을 한다.
④ 허리디스크와 척추관협착증 모두 척추 중앙의 신경 다발(척수)이 압박받을 수 있으며, 심할 경우 하반신 마비 증세를 보일 수 있으므로 빠른 치료를 받는 것이 중요하다.

14

고령인 사람이 서 있을 때 통증이 나타난다면 퇴행성 척추질환인 척추관협착증(요추관협착증)일 가능성이 높다. 반면 허리디스크(추간판탈출증)는 젊은 나이에도 디스크에 급격한 충격이 가해지면 발생할 수 있고, 앉아 있을 때 통증이 심해진다. 따라서 ㉠에는 척추관협착증, ㉡에는 허리디스크가 들어가야 한다.

15

- 2019년 직장가입자 건강보험금 및 지역가입자 건강보험금 징수율
  - 직장가입자 : $\dfrac{6,698,187}{6,706,712} \times 100 \fallingdotseq 99.87\%$
  - 지역가입자 : $\dfrac{886,396}{923,663} \times 100 \fallingdotseq 95.97\%$
- 2020년 직장가입자 건강보험금 및 지역가입자 건강보험금 징수율
  - 직장가입자 : $\dfrac{4,898,775}{5,087,163} \times 100 \fallingdotseq 96.3\%$
  - 지역가입자 : $\dfrac{973,681}{1,003,637} \times 100 \fallingdotseq 97.02\%$
- 2021년 직장가입자 건강보험금 및 지역가입자 건강보험금 징수율
  - 직장가입자 : $\dfrac{7,536,187}{7,763,135} \times 100 \fallingdotseq 97.08\%$
  - 지역가입자 : $\dfrac{1,138,763}{1,256,137} \times 100 \fallingdotseq 90.66\%$
- 2022년 직장가입자 건강보험금 및 지역가입자 건강보험금 징수율
  - 직장가입자 : $\dfrac{8,368,972}{8,376,138} \times 100 \fallingdotseq 99.91\%$
  - 지역가입자 : $\dfrac{1,058,943}{1,178,572} \times 100 \fallingdotseq 89.85\%$

따라서 직장가입자 건강보험금 징수율이 가장 높은 해는 2022년, 지역가입자 건강보험금 징수율이 가장 높은 해는 2020년이다.

16

이뇨제의 1인 투여량은 60mL/일이고 진통제의 1인 투여량은 60mg/일이므로 이뇨제를 투여한 환자 수와 진통제를 투여한 환자 수의 비는 이뇨제 사용량과 진통제 사용량의 비와 같다.
- 2018년 : $3,000 \times 2 < 6,720$
- 2019년 : $3,480 \times 2 = 6,960$
- 2020년 : $3,360 \times 2 < 6,840$
- 2021년 : $4,200 \times 2 > 7,200$
- 2022년 : $3,720 \times 2 > 7,080$

따라서 2018년과 2020년에 진통제를 투여한 환자 수는 이뇨제를 투여한 환자 수의 2배보다 많다.

오답분석

① 2022년에 사용량이 감소한 의약품은 이뇨제와 진통제로 이뇨제의 사용량 감소율은 $\dfrac{4,200-3,720}{4,200} \times 100 \fallingdotseq 11.43\%$, 진통제의 사용량 감소율은 $\dfrac{7,200-7,080}{7,200} \times 100 \fallingdotseq 1.67\%$이다. 따라서 전년 대비 2022년 사용량 감소율이 가장 큰 의약품은 이뇨제이다.

② 5년 동안 지사제 사용량의 평균은 $\dfrac{30+42+48+40+44}{5} = 40.8$정이고, 지사제의 1인 1일 투여량은 2정이다. 따라서 지사제를 투여한 환자 수의 평균은 $\dfrac{40.8}{2} = 20.4$이므로 약 20명이다.

③ 이뇨제 사용량은 '증가 - 감소 - 증가 - 감소'의 추이를 나타낸다.

17

정답 ③

분기별 사회복지사 인력의 합은 다음과 같다.
- 2022년 3분기 : $391+670+1,887=2,948$명
- 2022년 4분기 : $385+695+1,902=2,982$명
- 2023년 1분기 : $370+700+1,864=2,934$명
- 2023년 2분기 : $375+720+1,862=2,957$명

분기별 전체 보건인력 중 사회복지사 인력의 비율은 다음과 같다.
- 2022년 3분기 : $\frac{2,948}{80,828}\times100 ≒ 3.65\%$
- 2022년 4분기 : $\frac{2,982}{82,582}\times100 ≒ 3.61\%$
- 2023년 1분기 : $\frac{2,934}{86,236}\times100 ≒ 3.40\%$
- 2023년 2분기 : $\frac{2,957}{86,707}\times100 ≒ 3.41\%$

따라서 옳지 않은 것은 ③이다.

18

정답 ③

건강생활실천지원금제 신청자 목록에 따라 신청자별로 확인하면 다음과 같다.
- A : 주민등록상 주소지는 시범지역에 속하지 않는다.
- B : 주민등록상 주소지는 관리형에 속하지만, 고혈압 또는 당뇨병 진단을 받지 않았다.
- C : 주민등록상 주소지는 예방형에 속하고, 체질량지수와 혈압이 건강관리가 필요한 사람이므로 예방형이다.
- D : 주민등록상 주소지는 관리형에 속하고, 고혈압 진단을 받았으므로 관리형이다.
- E : 주민등록상 주소지는 예방형에 속하고, 체질량지수와 공복혈당 건강관리가 필요한 사람이므로 예방형이다.
- F : 주민등록상 주소지는 시범지역에 속하지 않는다.
- G : 주민등록상 주소지는 관리형에 속하고, 당뇨병 진단을 받았으므로 관리형이다.
- H : 주민등록상 주소지는 시범지역에 속하지 않는다.
- I : 주민등록상 주소지는 예방형에 속하지만, 필수조건인 체질량지수가 정상이므로 건강관리가 필요한 사람에 해당하지 않는다.

따라서 예방형 신청이 가능한 사람은 C, E이고, 관리형 신청이 가능한 사람은 D, G이다.

19

정답 ③

출산장려금 지급 시기의 가장 우선순위인 임신일이 가장 긴 임산부는 B, D, E임산부이다. 이 중에서 만 19세 미만인 자녀 수가 많은 임산부는 D, E임산부이고, 소득 수준이 더 낮은 임산부는 D임산부이다. 따라서 D임산부가 가장 먼저 출산장려금을 받을 수 있다.

20

정답 ②

제시문은 행위별수가제에 대한 것으로 환자, 의사, 건강보험 재정 등 많은 곳에서 한계점이 있다고 설명하면서 건강보험 고갈을 막기 위해 다양한 지불방식을 도입하는 등 구조적인 개편이 필요함을 설명하고 있다. 따라서 글의 주제로 '행위별수가제의 한계점'이 가장 적절하다.

21

정답 ②

- 구상(求償) : 무역 거래에서 수량·품질·포장 따위에 계약 위반 사항이 있는 경우, 매주(賣主)에게 손해 배상을 청구하거나 이의를 제기하는 일
- 구제(救濟) : 자연적인 재해나 사회적인 피해를 당하여 어려운 처지에 있는 사람을 도와줌

22

- (운동에너지)$=\dfrac{1}{2}\times$(질량)$\times$(속력)$^2=\dfrac{1}{2}\times2\times4^2=16$J
- (위치에너지)$=$(질량)$\times$(중력가속도)$\times$(높이)$=2\times10\times0.5=10$J
- (역학적 에너지)$=$(운동에너지)$+$(위치에너지)$=16+10=26$J

공의 역학적 에너지는 26J이고, 튀어 오를 때 가장 높은 지점에서 운동에너지가 0이므로 역학적 에너지는 위치에너지와 같다. 따라서 공이 튀어 오를 때 가장 높은 지점에서의 위치에너지는 26J이다.

23

출장지까지 거리는 $200\times1.5=300$km이므로 시속 60km의 속력으로 달릴 때 걸리는 시간은 5시간이고, 약속시간보다 1시간 늦게 도착하므로 약속시간은 4시간 남았다. 300km를 시속 60km의 속력으로 달리다 도중에 시속 90km의 속력으로 달릴 때 약속시간보다 30분 일찍 도착했으므로, 이때 걸린 시간은 $4-\dfrac{1}{2}=\dfrac{7}{2}$시간이다.

시속 90km의 속력으로 달린 거리를 $x$km라 하면

$\dfrac{300-x}{60}+\dfrac{x}{90}=\dfrac{7}{2}$

$900-3x+2x=630$

$x=270$

따라서 A부장이 시속 90km의 속력으로 달린 거리는 270km이다.

24

상품의 원가를 x원이라 하면 처음 판매가격은 $1.23x$원이다.
여기서 1,300원을 할인하여 판매했을 때 얻은 이익은 원가의 10%이므로

$(1.23x-1,300)-x=0.1x$

$0.13x=1,300$

$x=10,000$

따라서 상품의 원가는 10,000원이다.

25

G와 B의 자리를 먼저 고정하고, 양 끝에 앉을 수 없는 A의 위치를 토대로 경우의 수를 계산하면 다음과 같다.

- G가 가운데에 앉고, B가 G의 바로 왼쪽에 앉는 경우의 수

		A	B	G	

			B	G	A	

			B	G		A

$3\times4!=72$가지

- G가 가운데에 앉고, B가 G의 바로 오른쪽에 앉는 경우의 수

		A		G	B	

			A	G	B	

				G	B	A

$3\times4!=72$가지

따라서 조건과 같이 앉을 때 가능한 경우의 수는 $72+72=144$가지이다.

26

정답 ②

유치원생이 11명일 때 평균 키는 113cm이므로 유치원생 11명의 키의 합은 $113 \times 11 = 1,243$cm이고, 키가 107cm인 유치원생이 나갔으므로 남은 유치원생 10명의 키의 합은 $1,243 - 107 = 1,136$cm이다. 따라서 남은 유치원생 10명의 평균 키는 $\frac{1,136}{10} = 113.6$cm이다.

27

정답 ③

'우회수송'은 사고 등의 이유로 직통이 아닌 다른 경로로 우회하여 수송한다는 뜻이기 때문에 '우측 선로로 변경'은 순화로 적절하지 않다.

오답분석
① '열차시격'에서 '시격'이란 '사이에 뜬 시간'이라는 뜻의 한자어로, 열차와 열차 사이의 간격, 즉 배차간격으로 순화할 수 있다.
② '전차선'이란 선로를 의미하고, '단전'은 전기의 공급이 중단됨을 말한다. 따라서 바르게 순화되었다.
④ '핸드레일(Handrail)'은 난간을 뜻하는 영어 단어로, 우리말로는 '안전손잡이'로 순화할 수 있다.
⑤ '키스 앤 라이드(Kiss and Ride)'는 헤어질 때 키스를 하는 영미권 문화에서 비롯된 용어로, 환승정차구역을 지칭한다.

28

정답 ④

세 번째 문단을 통해 정부가 철도 중심 교통체계 구축을 위해 노력하고 있음을 알 수는 있으나, 구체적으로 시행된 조치는 언급되지 않았다.

오답분석
① 첫 번째 문단을 통해 전 세계적으로 탄소중립이 주목받자 이에 대한 방안으로 등장한 것이 철도 수송임을 알 수 있다.
② 첫 번째 문단과 두 번째 문단을 통해 철도 수송의 확대가 온실가스 배출량의 획기적인 감축을 가져올 것임을 알 수 있다.
③ 네 번째 문단을 통해 '중앙선 안동 ~ 영천 간 궤도' 설계 시 탄소 감축 방안으로 저탄소 자재인 유리섬유 보강근이 철근 대신 사용되었음을 알 수 있다.
⑤ 네 번째 문단을 통해 S철도공단은 철도 중심 교통체계 구축을 위해 건설 단계에서부터 친환경·저탄소 자재를 적용하였고, 탄소 감축을 위해 2025년부터는 모든 철도건축물을 일정한 등급 이상으로 설계하기로 결정하였음을 알 수 있다.

29

정답 ①

제시문을 살펴보면 먼저 첫 번째 문단에서는 이산화탄소로 메탄올을 만드는 곳이 있다며 관심을 유도하고, 두 번째 문단에서 메탄올을 어떻게 만들고 어디에서 사용하는지 구체적으로 설명함으로써 탄소 재활용의 긍정적인 측면을 부각하고 있다. 하지만 세 번째 문단에서는 앞선 내용과 달리 이렇게 만들어진 메탄올의 부정적인 측면을 설명하고, 네 번째 문단에서는 이와 같은 이유로 탄소 재활용에 대한 결론이 나지 않았다며 글을 마무리하고 있다. 따라서 글의 주제로 적절한 것은 탄소 재활용의 이면을 모두 포함하는 내용인 ①이다.

오답분석
② 두 번째 문단에 한정된 내용이므로 제시문 전체를 다루는 주제로 보기에는 적절하지 않다.
③ 지열발전소의 부산물을 통해 메탄올이 만들어진 것은 맞지만, 새롭게 탄생된 연료로 보기는 어려우며, 글의 전체를 다루는 주제로 보기에도 적절하지 않다.
④·⑤ 제시문의 첫 번째 문단과 두 번째 문단에서는 버려진 이산화탄소 및 부산물의 재활용을 통해 '메탄올'을 제조함으로써 미래 원료를 해결할 수 있을 것처럼 보이지만, 이어지는 세 번째 문단과 네 번째 문단에서는 이렇게 만들어진 '메탄올'이 과연 미래 원료로 적합한지 의문점이 제시되고 있다. 따라서 글의 주제로 보기에는 적절하지 않다.

30

정답 ④

A ~ C철도사의 차량 1량당 연간 승차인원 수는 다음과 같다.

• 2020년

– A철도사 : $\dfrac{775,386}{2,751} ≒ 281.86$천 명

– B철도사 : $\dfrac{26,350}{103} ≒ 255.83$천 명

– C철도사 : $\dfrac{35,650}{185} ≒ 192.7$천 명

• 2021년

– A철도사 : $\dfrac{768,776}{2,731} ≒ 281.5$천 명

– B철도사 : $\dfrac{24,746}{111} ≒ 222.94$천 명

– C철도사 : $\dfrac{33,130}{185} ≒ 179.08$천 명

• 2022년

– A철도사 : $\dfrac{755,376}{2,710} ≒ 278.74$천 명

– B철도사 : $\dfrac{23,686}{113} ≒ 209.61$천 명

– C철도사 : $\dfrac{34,179}{185} ≒ 184.75$천 명

따라서 3년간 차량 1량당 연간 평균 승차인원 수는 C철도사가 가장 적다.

오답분석

① 2020 ~ 2022년의 C철도사 차량 수는 185량으로 변동이 없다.
② 2020 ~ 2022년의 연간 승차인원 비율은 매년 A철도사가 가장 높다.
③ A ~ C철도사의 2020년의 전체 연간 승차인원 수는 775,386+26,350+35,650=837,386천 명, 2021년의 전체 연간 승차
인원 수는 768,776+24,746+33,130=826,652천 명, 2022년의 전체 연간 승차인원 수는 755,376+23,686+34,179=
813,241천 명으로 매년 감소하였다.
⑤ 2020 ~ 2022년의 C철도사 차량 1량당 연간 승차인원 수는 각각 192.7천 명, 179.08천 명, 184.75천 명이므로 매년 200천
명 미만이다.

31

정답 ④

• 볼펜을 30자루 구매하면 개당 200원씩 할인되므로 800×30=24,000원이다.
• 수정테이프를 8개 구매하면 2,500×8=20,000원이지만, 10개를 구매하면 개당 1,000원이 할인되어 1,500×10=15,000원이
므로 10개를 구매하는 것이 더 저렴하다.
• 연필을 20자루 구매하면 연필 가격의 25%가 할인되므로 400×20×0.75=6,000원이다.
• 지우개를 5개 구매하면 300×5=1,500원이며 지우개에 대한 할인은 적용되지 않는다.
따라서 총금액은 24,000+15,000+6,000+1,500=46,500원이고 3만 원을 초과했으므로 10% 할인이 적용되어 46,500×0.9=
41,850원이다. 또한 할인 적용 전 금액이 5만 원 이하이므로 배송료 5,000원이 추가로 부과되어 41,850+5,000=46,850원이
된다. 그런데 만약 비품을 3,600원어치 추가로 주문하면 46,500+3,600=50,100원이므로 할인 적용 전 금액이 5만 원을 초과하
여 배송료가 무료가 되고, 총금액이 3만 원을 초과했으므로 지불할 금액은 10% 할인이 적용된 50,100×0.9=45,090원이 된다.
그러므로 지불 가능한 가장 저렴한 금액은 45,090원이다.

32

2018년 대비 2022년에 석유 생산량이 감소한 국가는 C, F이며, 석유 생산량 감소율은 다음과 같다.

- C : $\dfrac{4,102,396-4,025,936}{4,102,396}\times100≒1.9\%$

- F : $\dfrac{2,874,632-2,480,221}{2,874,632}\times100≒13.7\%$

따라서 석유 생산량 감소율이 가장 큰 국가는 F이다.

오답분석

① 석유 생산량이 매년 증가한 국가는 A, B, E, H로 총 4개이다.

② 2018년 대비 2022년에 석유 생산량이 증가한 국가의 석유 생산량 증가량은 다음과 같다.
- A : $10,556,259-10,356,185=200,074\text{bbl/day}$
- B : $8,567,173-8,251,052=316,121\text{bbl/day}$
- D : $5,442,103-5,321,753=120,350\text{bbl/day}$
- E : $335,371-258,963=76,408\text{bbl/day}$
- G : $1,336,597-1,312,561=24,036\text{bbl/day}$
- H : $104,902-100,731=4,171\text{bbl/day}$

따라서 석유 생산량 증가량이 가장 많은 국가는 B이다.

③ E국가의 연도별 석유 생산량을 H국가의 석유 생산량과 비교하면 다음과 같다.
- 2018년 : $\dfrac{258,963}{100,731}≒2.6$
- 2019년 : $\dfrac{273,819}{101,586}≒2.7$
- 2020년 : $\dfrac{298,351}{102,856}≒2.9$
- 2021년 : $\dfrac{303,875}{103,756}≒2.9$
- 2022년 : $\dfrac{335,371}{104,902}≒3.2$

따라서 2022년 E국가의 석유 생산량은 H국가 석유 생산량의 약 3.2배이므로 옳지 않다.

④ 석유 생산량 상위 2개국은 매년 A, B이며, 매년 석유 생산량의 차이는 다음과 같다.
- 2018년 : $10,356,185-8,251,052=2,105,133\text{bbl/day}$
- 2019년 : $10,387,665-8,297,702=2,089,963\text{bbl/day}$
- 2020년 : $10,430,235-8,310,856=2,119,379\text{bbl/day}$
- 2021년 : $10,487,336-8,356,337=2,130,999\text{bbl/day}$
- 2022년 : $10,556,259-8,567,173=1,989,086\text{bbl/day}$

따라서 A와 B국가의 석유 생산량의 차이는 '감소 - 증가 - 증가 - 감소'를 보이므로 옳지 않다.

33

제시된 법에 따라 공무원인 친구가 받을 수 있는 선물의 금액은 1회에 100만 원이다.

$12x<100 \rightarrow x<\dfrac{100}{12}=\dfrac{25}{3}≒8.33$

따라서 A씨는 수석을 최대 8개 보낼 수 있다.

34

거래처로 가기 위해 C와 G를 거쳐야 하므로, C를 먼저 거치는 최소 이동거리와 G를 먼저 거치는 최소 이동거리를 비교해 본다.
- 본사 - C - D - G - 거래처
  $6+3+3+4=16\text{km}$
- 본사 - E - G - D - C - F - 거래처
  $4+1+3+3+3+4=18\text{km}$

따라서 최소 이동거리는 16km이다.

35

A ~ E가 받는 성과급을 구하면 다음과 같다.

직원	직책	매출 순이익	기여도	성과급 비율	성과급
A	팀장	4,000만 원	25%	매출 순이익의 5%	$1.2 \times 4,000 \times 0.05 = 240$만 원
B	팀장	2,500만 원	12%	매출 순이익의 2%	$1.2 \times 2,500 \times 0.02 = 60$만 원
C	팀원	1억 2,500만 원	3%	매출 순이익의 1%	$12,500 \times 0.01 = 125$만 원
D	팀원	7,500만 원	7%	매출 순이익의 3%	$7,500 \times 0.03 = 225$만 원
E	팀원	800만 원	6%	–	0원

따라서 가장 많은 성과급을 받는 사람은 A이다.

36

④는 제시문에서는 알 수 없는 내용이다.

[오답분석]

① 첫 번째 문단에서 미국 텍사스 지역에서 3D 프린팅 건축 기술을 이용한 주택이 완공되었음을 알 수 있다.
② 두 번째 문단에서 전통 건축 방식에 비해 3D 프린팅 건축 방식은 건축 폐기물 및 CO_2 배출량 감소 등 환경오염이 적음을
   알 수 있다.
③ 네 번째 문단에서 코로나19 사태로 인한 인력 수급난을 해소할 수 있음을 알 수 있다.
⑤ 다섯 번째 문단에서 우리나라의 3D 프린팅 건축 기술은 아직 제도적 한계와 기술적 한계가 있음을 알 수 있다.

37

• 10명이 탁자에 앉을 수 있는 경우의 수
  10명을 일렬로 배치하는 경우의 수는 10!가지이고, 정오각형 모양의 탁자 각 변에 둘러앉을 수 있으므로 같은 경우 5가지씩을
  제외한 경우의 수는 $\dfrac{10!}{5}$ 가지이다.
• 탁자의 각 변에 남학생과 여학생이 이웃하여 앉는 경우의 수
  남학생이 각 변에 먼저 앉고, 남은 자리에 여학생이 앉는다. 각 변의 남녀가 서로 자리를 바꿀 수 있으므로 경우의 수는 $(4! \times 5! \times 2^5)$
  가지이다.

따라서 구하고자 하는 확률은 $\dfrac{4! \times 5! \times 2^5}{\dfrac{10!}{5}} = \dfrac{4! \times 5! \times 2^5 \times 5}{10!} = \dfrac{8}{63}$ 이다.

38

먼저 오전 9시에 B과 진료를 본다면 10시에 진료가 끝나고, 셔틀을 타고 본관으로 이동하면 10시 30분이 된다. 이후 C과 진료를
보면 12시 30분이 되고, 점심시간 이후 바로 A과 진료를 본다면 오후 2시에 진료를 다 받을 수 있다. 따라서 가장 빠르게 진료받을
수 있는 경로는 B − C − A이다.

39

'ROUNDDOWN' 함수는 주어진 수의 소수점 이하를 버림하는 함수이다. 평균을 먼저 구한 후 소수점을 버림하면 된다. 고○○의
평균은 「=AVERAGE(B3:E3)」이고, 이 평균의 소수점 둘째 자리 이하를 버림한다.
따라서 [F3]에 들어갈 함수는 「=ROUNDDOWN(AVERAGE(B3:E3),1)」이다.

40

정답 ③

주어진 조건에 부합하는 셀의 개수를 세는 함수는 'COUNTIF' 함수이다. 따라서 「=COUNTIF(F3:F16,">=8.5")」를 사용하면 된다.

41

정답 ②

㉠ 퍼실리테이션(Facilitation)이란 '촉진'을 의미하며, 어떤 그룹이나 집단이 의사결정을 잘하도록 도와주는 일을 가리킨다. 최근 많은 조직에서는 보다 생산적인 결과를 가져올 수 있도록 그룹이 나아갈 방향을 알려 주고, 주제에 대한 공감을 이룰 수 있도록 능숙하게 도와주는 퍼실리테이터를 활용하고 있다. 퍼실리테이션에 의한 문제해결 방법은 깊이 있는 커뮤니케이션을 통해 서로 의 문제점을 이해하고 공감함으로써 창조적인 문제해결을 도모한다. 소프트 어프로치나 하드 어프로치 방법은 타협점의 단순 조정에 그치지만, 퍼실리테이션에 의한 방법은 초기에 생각하지 못했던 창조적인 해결 방법을 도출한다. 동시에 구성원의 동기 가 강화되고 팀워크도 한층 강화된다는 특징을 보인다. 이 방법을 이용한 문제해결은 구성원이 자율적으로 실행하는 것이며, 제3자가 합의점이나 줄거리를 준비해 놓고 예정대로 결론이 도출되어 가도록 해서는 안 된다.

㉡ 하드 어프로치에 의한 문제해결방법은 상이한 문화적 토양을 가지고 있는 구성원을 가정하여 서로의 생각을 직설적으로 주장하 고 논쟁이나 협상을 통해 의견을 조정해 가는 방법이다. 이때 중심적 역할을 하는 것이 논리, 즉 사실과 원칙에 근거한 토론이다. 제3자는 이것을 기반으로 구성원에게 지도와 설득을 하고 전원이 합의하는 일치점을 찾아내려고 한다. 이러한 방법은 합리적이 긴 하지만 잘못하면 단순한 이해관계의 조정에 그치고 말아서 그것만으로는 창조적인 아이디어나 높은 만족감을 이끌어내기 어렵다.

㉢ 소프트 어프로치에 의한 문제해결방법은 대부분의 기업에서 볼 수 있는 전형적인 스타일로 조직 구성원들은 같은 문화적 토양을 가지고 이심전심으로 서로를 이해하는 상황을 가정한다. 코디네이터 역할을 하는 제3자는 결론으로 끌고 갈 지점을 미리 머릿속 에 그려가면서 권위나 공감에 의지하여 의견을 중재하고, 타협과 조정을 통하여 해결을 도모한다. 결론이 애매하게 끝나는 경우 가 적지 않으나, 그것은 그것대로 이심전심을 유도하여 파악하면 된다. 소프트 어프로치에서는 문제해결을 위해서 직접 표현하 는 것이 바람직하지 않다고 여기며, 무언가를 시사하거나 암시를 통하여 의사를 전달하고 기분을 서로 통하게 함으로써 문제해결 을 도모하려고 한다.

42

정답 ④

네 번째 조건을 제외한 모든 조건과 그 대우를 논리식으로 표현하면 다음과 같다.
- $\sim(D\lor G) \to F$ / $\sim F \to (D\land G)$
- $F \to \sim E$ / $E \to \sim F$
- $\sim(B\lor E) \to \sim A$ / $A \to (B\land E)$

네 번째 조건에 따라 A가 투표를 하였으므로, 세 번째 조건의 대우에 의해 B와 E 모두 투표를 하였다. 또한 E가 투표를 하였으므로, 두 번째 조건의 대우에 따라 F는 투표하지 않았으며, F가 투표하지 않았으므로 첫 번째 조건의 대우에 따라 D와 G는 모두 투표하였 다. 따라서 A, B, D, E, G 5명이 모두 투표하여 네 번째 조건에 따라 C는 투표하지 않은 것이 되므로, 투표를 하지 않은 사람은 C와 F이다.

43

정답 ⑤

VLOOKUP 함수는 열의 첫 열에서 수직으로 검색하여 원하는 값을 출력하는 함수이다. 함수의 형식은 「=VLOOKUP(찾을 값, 범 위, 열 번호, 찾기 옵션)」이며 이 중 근삿값을 찾기 위해서는 찾기 옵션에 1을 입력하고, 정확히 일치하는 값을 찾기 위해서는 0을 입력해야 한다. 상품코드 S3310897의 값을 일정한 범위에서 찾아야 하는 것이므로 범위는 절대참조로 지정해야 하며, 크기 중은 범위 중 3번째 열에 위치하고, 정확히 일치하는 값을 찾아야 하므로 입력해야 하는 함수식은 「=VLOOKUP("S3310897",$B$2: $E$8,3,0)」이다.

[오답분석]
① · ② HLOOKUP 함수를 사용하려면 찾고자 하는 값은 '중'이고, [B2:E8] 범위에서 찾고자 하는 행 'S3310897'은 6번째 행이므 로 「=HLOOKUP("중",$B$2:$E$8,6,0)」을 입력해야 한다.
③ · ④ '중'은 테이블 범위에서 3번째 열이다.

44

정답 ③

Windows Game Bar로 녹화한 영상의 저장 위치는 파일 탐색기를 사용하여 [내 PC] – [동영상] – [캡처] 폴더를 원하는 위치로 옮겨 변경할 수 있다.

45

정답 ①

RPS 제도 이행을 위해 공급의무자는 일정 비율 이상(의무공급비율)을 신재생에너지로 발전해야 한다. 하지만 의무공급비율은 매년 확대되고 있고, 여기에 맞춰 신재생에너지 발전설비를 계속 추가하는 것은 시간적, 물리적으로 어려우므로 공급의무자는 신재생에너지 공급자로부터 REC를 구매하여 의무공급비율을 달성한다.

오답분석

② 신재생에너지 공급자가 공급의무자에게 REC를 판매하기 위해서는 에너지관리공단 신재생에너지센터, 한국전력거래소 등 공급인증기관으로부터 공급 사실을 증명하는 공급인증서를 신청해 발급받아야 한다.
③ 2021년 8월 이후 에너지관리공단에서 운영하는 REC 거래시장을 통해 일반기업도 REC를 구매하여 온실가스 감축실적으로 인정받을 수 있게 되었다.
④ REC에 명시된 공급량은 발전방식에 따라 가중치를 곱해 표기하므로 실제 공급량과 다를 수 있다.

46

정답 ③

빈칸 ㉠의 앞 문장은 공급의무자가 신재생에너지 발전설비 확대를 통한 RPS 달성에는 한계점이 있음을 설명하고, 뒷 문장은 이에 대한 대안으로서 REC 거래를 설명하고 있다. 따라서 빈칸에 들어갈 접속부사는 '그러므로'가 가장 적절하다.

47

정답 ③

• 총무팀 : 연필, 지우개, 볼펜, 수정액의 수량이 기준 수량보다 적다.
 – 최소 주문 수량 : 연필 15자루, 지우개 15개, 볼펜 40자루, 수정액 15개
 – 최대 주문 수량 : 연필 60자루, 지우개 90개, 볼펜 120자루, 수정액 60개
• 연구개발팀 : 볼펜, 수정액의 수량이 기준 수량보다 적다.
 – 최소 주문 수량 : 볼펜 10자루, 수정액 10개
 – 최대 주문 수량 : 볼펜 120자루, 수정액 60개
• 마케팅홍보팀 : 지우개, 볼펜, 수정액, 테이프의 수량이 기준 수량보다 적다.
 – 최소 주문 수량 : 지우개 5개, 볼펜 45자루, 수정액 25개, 테이프 10개
 – 최대 주문 수량 : 지우개 90개, 볼펜 120자루, 수정액 60개, 테이프 40개
• 인사팀 : 연필, 테이프의 수량이 기준 수량보다 적다.
 – 최소 주문 수량 : 연필 5자루, 테이프 15개
 – 최대 주문 수량 : 연필 60자루, 테이프 40개
따라서 비품 신청 수량이 바르지 않은 팀은 마케팅홍보팀이다.

48

정답 ⑤

빈칸 뒤는 동물실험의 어두운 면에 대한 내용이다. 이는 빈칸 앞과 상반되므로 상반된 내용을 이어주는 접속부사를 넣어야 한다. 따라서 '하지만'이 가장 적절하다.

49

정답 ③

세 번째 문단에서 쥐와 인간의 유전자는 약 99% 정도가 유사하며 300개 정도의 유전자만 다르다고 하였다.

오답분석

① 첫 번째 문단에 제시되어 있다.

② 두 번째 문단에 제시되어 있다.

④ 여섯 번째 문단에서 2022년 12월 FDA에서 동물실험 의무조항을 폐지했다고 하였으므로 그해 상반기까지는 의무였음을 추측할 수 있다.

⑤ 일곱 번째 문단에서 확인할 수 있다.

50

정답 ④

ㄱ. 먼저 B~G 6명이 일렬로 선 후 A가 양 끝에 오는 경우의 수를 곱해야 하므로 $6! \times 2 = 720 \times 2 = 1,440$가지이다.

ㄴ. 7개의 글자를 일렬로 나열하고, E가 2개, C가 2개 중복되므로 $\dfrac{7!}{2! \times 2!} = \dfrac{7 \times 6 \times 5 \times 4 \times 3 \times 2 \times 1}{2! \times 2!} = 1,260$가지이다.

ㄷ. 만의 자리에 올 수 있는 수는 4가지, 천의 자리, 백의 자리, 십의 자리에 올 수 있는 수는 각각 5가지, 일의 자리에 올 수 있는 수는 3가지이므로 $4 \times 5 \times 5 \times 5 \times 3 = 1,500$가지이다.

따라서 경우의 수가 큰 순서대로 나열하면 ㄷ - ㄱ - ㄴ이다.

인생이란 결코 공평하지 않다. 이 사실에 익숙해져라.

– 빌 게이츠 –

PART 1

직업기초능력

01 | 문제해결능력

01

정답 ④

주어진 조건을 정리하면 다음과 같다.

구분	1일	2일	3일	4일	5일	6일
경우 1	B	E	F	C	A	D
경우 2	B	C	F	D	A	E
경우 3	A	B	F	C	E	D
경우 4	A	B	C	F	D	E
경우 5	E	B	F	C	A	D
경우 6	E	B	C	F	D	A

따라서 B영화는 어떠한 경우에도 1일 또는 2일에 상영된다.

오답분석

① A영화는 경우 3 또는 4에서 C영화보다 먼저 상영된다.
② C영화는 경우 1 또는 5, 6에서 E영화보다 늦게 상영된다.
③ D영화는 경우 1 또는 3, 5에서 폐막작으로, 경우 4 또는 6에서 5일에 상영된다.
⑤ E영화는 경우 1 또는 3에서 개막작이나 폐막작으로 상영되지 않는다.

02

정답 ①

주어진 조건을 정리하면 다음과 같다.

구분	첫 번째	두 번째	세 번째	네 번째	다섯 번째	여섯 번째
경우 1	교육	보건	농림	행정	국방	외교
경우 2	교육	보건	농림	국방	행정	외교
경우 3	보건	교육	농림	행정	국방	외교
경우 4	보건	교육	농림	국방	행정	외교

따라서 교육부는 첫 번째 또는 두 번째에 감사를 시작한다.

오답분석

② 경우 3, 4에서 보건복지부는 첫 번째로 감사를 시작한다.
③ 농림축산식품부보다 늦게 감사를 받는 부서는 3개, 일찍 받는 부서는 2개로, 늦게 감사를 받는 부서의 수가 많다.
④ 경우 1, 3에서 국방부는 행정안전부보다 감사를 늦게 받는다.
⑤ 외교부보다 늦게 감사를 받는 부서는 없다.

03

주어진 조건을 정리하면 다음과 같다.

구분	A	B	C	D
경우 1	호밀식빵	우유식빵	밤식빵	옥수수식빵
경우 2	호밀식빵	밤식빵	우유식빵	옥수수식빵

따라서 항상 참인 것은 ③이다.

오답분석

①·②·④·⑤ 주어진 조건만으로는 판단하기 힘들다.

04

한 번 배정받은 층은 다시 배정받을 수 없기 때문에 A는 3층, B는 2층에 배정받을 수 있다. C는 1층 또는 4층에 배정받을 수 있지만, D는 1층에만 배정받을 수 있기 때문에, C는 4층, D는 1층에 배정받는다. 이를 정리하면 다음과 같다.

A	B	C	D
3층	2층	4층	1층

따라서 항상 참인 것은 ①이다.

오답분석

②·③·④ 주어진 조건만으로는 판단하기 힘들다.

⑤ 매년 새롭게 층을 배정받기 때문에 B 또한 3년 이상 기숙사에 살았을 것이다.

05

5명 중 단 1명만이 거짓말을 하고 있으므로 C와 D 중 1명은 반드시 거짓을 말하고 있다.

1) C의 진술이 거짓일 경우

   B와 C의 진술이 모두 거짓이 되므로 1명만 거짓말을 하고 있다는 조건이 성립하지 않는다.

2) D의 진술이 거짓일 경우

구분	A	B	C	D	E
출장 지역	잠실		여의도	강남	

   이때, B는 상암으로 출장을 가지 않는다는 A의 진술에 따라 상암으로 출장을 가는 사람이 E임을 알 수 있다. 따라서 ⑤는 항상 거짓이 된다.

06

'을'과 '정'이 서로 상반된 이야기를 하고 있으므로 둘 중 1명이 거짓말을 하고 있다. 만일 '을'이 참이고 '정'이 거짓이라면 화분을 깨뜨린 사람은 '병', '정'이 되는데, 화분을 깨뜨린 사람은 1명이어야 하므로 모순이다. 따라서 거짓말을 한 사람은 '을'이다.

07

을과 무의 진술이 모순되므로 둘 중 한 명은 참, 다른 한 명은 거짓이다. 여기서 을의 진술이 참일 경우 갑의 진술도 거짓이 되어 두 명이 거짓을 진술한 것이 되므로 문제의 조건에 위배된다. 따라서 을의 진술이 거짓, 무의 진술이 참이다. 그러므로 A강좌는 을이, B와 C강좌는 각각 갑과 정 중 한 명이, D강좌는 무가 담당하고, 병은 강좌를 담당하지 않는다.

08

먼저 A사원의 진술이 거짓이라면 A사원과 D사원 두 명이 3층에서 근무하게 되고, 반대로 D사원의 진술이 거짓이라면 3층에는 아무도 근무하지 않게 되므로 조건에 어긋난다. 따라서 A사원과 D사원은 진실을 말하고 있음을 알 수 있다. 또한 C사원의 진술이 거짓이라면 아무도 홍보부에 속하지 않으므로 C사원도 진실을 말하고 있음을 알 수 있다. 결국 거짓말을 하고 있는 사람은 B사원이며, A ~ D사원의 소속 부서와 부서 위치를 정리하면 다음과 같다.

구분	소속 부서	부서 위치
A사원	영업부	4층
B사원	총무부	6층
C사원	홍보부	5층
D사원	기획부	3층

따라서 기획부는 3층에 위치한다.

09

가대리와 마대리의 진술이 서로 모순이므로, 둘 중 한 사람은 거짓을 말하고 있다.
ⅰ) 가대리의 진술이 거짓인 경우
　가대리의 말이 거짓이라면 나사원의 말도 거짓이 되고, 라사원의 말도 거짓이 되므로 모순이 된다.
ⅱ) 가대리의 진술이 진실인 경우
　가대리, 나사원, 라사원의 말이 진실이 되고, 다사원과 마대리의 말이 거짓이 된다.

진실
• 가대리 : 가대리·마대리 출근, 결근 사유 모름
• 나사원 : 다사원 출근, 가대리 진술은 진실
• 라사원 : 나사원 진술은 진실

거짓
• 다사원 : 라사원 결근 → 라사원 출근
• 마대리 : 라사원 결근, 라사원이 가대리한테 결근 사유 전함 → 라사원 출근, 가대리는 결근 사유 듣지 못함

따라서 나사원이 출근하지 않았다.

10

세 번째와 네 번째 조건에 의해 종열이와 지훈이는 춤을 추지 않았다. 또한, 두 번째 조건의 대우에 의해 재현이가 춤을 추었고, 첫 번째 조건에 따라 서현이가 춤을 추었다.

출제유형분석 02 실전예제

01

발행형태가 4로 전집이기 때문에 한 권으로만 출판된 것이 아님을 알 수 있다.

[오답분석]
① 국가번호가 05(미국)로 미국에서 출판되었다.
② 서명식별번호가 1011로 1011번째 발행되었다. 441은 발행자번호로 이 책을 발행한 출판사의 발행자번호가 441이라는 것을 의미한다.
③ 발행자번호는 441로 세 자리로 이루어져 있다.
⑤ 도서의 내용이 710(한국어)이지만, 도서가 한국어로 되어 있는지는 알 수 없다.

02

정답 ⑤

(마)의 비상사고 코드가 N134라면, 철도사고 종류는 자연재해(N), 철도사고 형태는 침수(1), 철도사고 대상은 여객열차(3), 철도사고 위치는 교량(4)이어야 한다. 그러나 (마)의 철도사고 위치가 본선구간(2)이므로 N134가 아닌, N132가 되어야 한다.

03

정답 ①

조건에 따라 소괄호 안에 있는 부분을 순서대로 풀이하면

'1 A 5'에서 A는 좌우의 두 수를 더하는 것이지만, 더한 값이 10 미만이면 좌우에 있는 두 수를 곱해야 한다. 1+5=6으로 10 미만이므로 두 수를 곱하여 5가 된다.

'3 C 4'에서 C는 좌우의 두 수를 곱하는 것이지만, 곱한 값이 10 미만이면 좌우에 있는 두 수를 더한다. 이 경우 3×4=12로 10 이상이므로 12가 된다.

중괄호를 풀어보면 '5 B 12'이다. B는 좌우에 있는 두 수 가운데 큰 수에서 작은 수를 빼는 것이지만, 두 수가 같거나 뺀 값이 10 미만이면 두 수를 곱한다. 12-5=7로 10 미만이므로 두 수를 곱해야 한다. 따라서 60이 된다.

'60 D 6'에서 D는 좌우에 있는 두 수 가운데 큰 수를 작은 수로 나누는 것이지만, 두 수가 같거나 나눈 값이 10 미만이면 두 수를 곱해야 한다. 이 경우 나눈 값이 60÷6=10이므로 답은 10이다.

04

정답 ②

한글 자음을 순서에 따라 바로 뒤의 자음으로 변환하면 다음과 같다.

ㄱ	ㄴ	ㄷ	ㄹ	ㅁ	ㅂ	ㅅ
ㄴ	ㄷ	ㄹ	ㅁ	ㅂ	ㅅ	ㅇ
ㅇ	ㅈ	ㅊ	ㅋ	ㅌ	ㅍ	ㅎ
ㅈ	ㅊ	ㅋ	ㅌ	ㅍ	ㅎ	ㄱ

한글 모음을 순서에 따라 알파벳으로 변환하면 다음과 같다.

ㅏ	ㅐ	ㅑ	ㅒ	ㅓ	ㅔ	ㅕ
a	b	c	d	e	f	g
ㅖ	ㅗ	ㅘ	ㅙ	ㅚ	ㅛ	ㅜ
h	i	j	k	l	m	n
ㅝ	ㅞ	ㅟ	ㅠ	ㅡ	ㅢ	ㅣ
o	p	q	r	s	t	u

ㄴ=ㄱ, u=ㅣ, ㅂ=ㅁ, ㅋ=ㅊ, u=ㅣ, ㅊㅊ=ㅉ, u=ㅣ, ㄴ=ㄱ, b=ㅐ

따라서 김대리가 말한 메뉴는 김치찌개이다.

05

정답 ③

ㅈ=ㅊ, ㅗ=i, ㄴ=ㄷ, ㅈ=ㅊ, ㅜ=n, ㅇ=ㅈ, ㄱ=ㄴ, ㅘ=j, 공백=0, ㅂ=ㅅ, ㅐ=b, ㄹ=ㅁ, ㅕ=g

06

정답 ②

서울 지점의 C씨에게 배송할 제품과 경기남부 지점의 B씨에게 배송할 제품에 대한 기호를 모두 기록해야 한다.

• C씨 : MS11EISS
  – 재료 : 연강(MS)
  – 판매량 : 1box(11)
  – 지역 : 서울(E)
  – 윤활유 사용 : 윤활작용(I)
  – 용도 : 스프링(SS)

- B씨 : AHSS00SSST
  - 재료 : 초고강도강(AHSS)
  - 판매량 : 1set(00)
  - 지역 : 경기남부(S)
  - 윤활유 사용 : 밀폐작용(S)
  - 용도 : 타이어코드(ST)

출제유형분석 03 실전예제

01
정답 ②

ㄱ. 기술개발을 통해 연비를 개선하는 것은 막대한 R&D 역량이라는 강점으로 휘발유의 부족 및 가격의 급등이라는 위협을 회피하거나 최소화하는 전략에 해당하므로 적절하다.

ㄹ. 생산설비에 막대한 투자를 했기 때문에 차량모델 변경의 어려움이라는 약점이 있는데, 레저용 차량 전반에 대한 수요 침체 및 다른 회사들과의 경쟁이 심화되고 있으므로 생산량 감축을 고려할 수 있다.

ㅁ. 생산 공장을 한 곳만 가지고 있다는 약점이 있지만 새로운 해외시장이 출현하고 있는 기회를 살려서 국내 다른 지역이나 해외에 공장들을 분산 설립할 수 있을 것이다.

ㅂ. 막대한 R&D 역량이라는 강점을 이용하여 휘발유의 부족 및 가격의 급등이라는 위협을 회피하거나 최소화하기 위해 경유용 레저 차량 생산을 고려할 수 있다.

오답분석

ㄴ. 소형 레저용 차량에 대한 수요 증대라는 기회 상황에서 대형 레저용 차량을 생산하는 것은 적절하지 않은 전략이다.

ㄷ. 차량모델 변경의 어려움이라는 약점을 보완하는 전략도 아니고, 소형 또는 저가형 레저용 차량에 대한 선호가 증가하는 기회에 대응하는 전략도 아니다. 또한, 차량 안전 기준의 강화 같은 규제 강화는 기회 요인이 아니라 위협 요인이다.

ㅅ. 기회는 새로운 해외시장의 출현인데 내수 확대에 집중하는 것은 기회를 살리는 전략이 아니다.

02
정답 ①

제시된 자료는 K섬유회사의 SWOT 분석을 통해 강점(S), 약점(W), 기회(O), 위협(T) 요인을 분석한 것으로 SO전략과 WO전략은 발전 방안으로서 적절하다.

오답분석

ㄴ. ST전략에서 경쟁업체에 특허 기술을 무상 이전하는 것은 경쟁이 더 심화될 수 있으므로 적절하지 않다.

ㄹ. WT전략에서는 기존 설비에 대한 재투자보다는 수요에 맞게 다양한 제품을 유연하게 생산할 수 있는 신규 설비에 대한 투자가 필요하다.

03
정답 ②

경쟁자의 시장 철수로 인한 시장으로의 진입 가능성은 K공사가 가지고 있는 내부환경의 약점이 아닌 외부환경에서 비롯되는 기회에 해당한다.

04
정답 ④

ㄴ. 다수의 풍부한 경제자유구역 성공 사례를 활용하는 것은 강점에 해당되지만, 외국인 근로자를 국내주민과 문화적으로 동화시키려는 시도는 위협을 극복하는 것과는 거리가 멀다. 따라서 해당 전략은 ST전략으로 부적절하다.

ㄹ. 경제자유구역 인근 대도시와의 연계를 활성화하면 오히려 인근 기성 대도시의 산업이 확장된 교통망을 바탕으로 경제자유구역의 사업을 흡수할 위험이 커진다. 또한 인근 대도시와의 연계 확대는 경제자유구역 내 국내·외 기업 간의 구조 및 운영상 이질감을 해소하는 데 직접적인 도움이 된다고 보기 어렵다.

ㄱ. 경제호황으로 인해 자국을 벗어나 타국으로 진출하려는 해외기업이 증가하는 기회상황에서, 성공적 경험에서 축적된 우리나라의 경제자유구역 조성 노하우로 이들을 유인하여 유치하는 전략은 SO전략으로 적절하다.
ㄷ. 기존에 국내에 입주한 해외기업의 동형화 사례를 활용하여 국내기업과 외국계 기업의 운영상 이질감을 해소하여 생산성을 증대시키는 전략은 WO전략에 해당한다.

출제유형분석 04 | 실전예제

01

정답 ④

을·정·무 : 정이 운전을 하고 을이 차장이며, 부상 중인 사람이 없기 때문에 17시에 도착하므로 정의 당직 근무에도 문제가 없다. 따라서 가능한 조합이다.

① 갑·을·병 : 갑이 부상인 상태이므로 B지사에 17시 30분에 도착하는데, 을이 17시 15분에 계약업체 면담을 진행해야 하므로 가능하지 않은 조합이다.
② 갑·병·정 : 갑이 부상인 상태이므로 B지사에 17시 30분에 도착하는데, 정이 17시 10분부터 당직 근무가 예정되어 있으므로 가능하지 않은 조합이다.
③ 을·병·무 : 1종 보통 운전면허를 소지하고 있는 사람이 없으므로 가능하지 않은 조합이다.
⑤ 병·정·무 : 책임자로서 차장 직위가 한 명은 포함되어야 하므로 가능하지 않은 조합이다.

02

정답 ③

B안의 가중치는 전문성인데 자원봉사제도는 (−)이므로 적절하지 않은 판단이다.

① 전문성 면에서는 유급법률구조제도가 (+), 자원봉사제도가 (−)이므로 옳은 설명이다.
② A안에 가중치를 적용할 경우 접근용이성과 전문성에 가중치를 적용하므로 두 정책목표 모두에서 (+)를 보이는 유급법률구조제도가 가장 적절하다.
④ B안에 가중치를 적용할 경우 전문성에 가중치를 적용하므로 (+)를 보이는 유급법률구조제도가 가장 적절하며, A안에 가중치를 적용할 경우 ②에 의해 유급법률구조제도가 가장 적절하다. 따라서 어떤 것을 적용하더라도 결과는 같다.
⑤ 비용저렴성을 달성하려면 (+)를 보이는 자원봉사제도가 가장 유리하다.

03

정답 ④

K공사의 구매 담당자는 기계의 성능을 모두 같다고 보는데 E사 제품이 성능 면에서 뒤처진다고 설득하는 내용이므로 적절하지 않다.

04

정답 ③

제시된 자료와 상황을 바탕으로 투자액에 따른 득실을 정리하면 다음과 같다.

구분	투자액	감면액	득실
1등급 - 최우수	2억 1천만 원	2억 4천만 원	+3,000만 원
1등급 - 우수	1억 1천만 원	1억 6천만 원	+5,000만 원
2등급 - 최우수	1억 9천만 원	1억 6천만 원	−3,000만 원
2등급 - 우수	9천만 원	8천만 원	−1,000만 원

05

정답 ②

예상되는 평가점수는 63점이고, 에너지효율이 3등급이기 때문에 취·등록세액 감면 혜택을 얻을 수 없다. 추가 투자를 통해서 평가점수와 에너지효율을 높여야 취·등록세액 감면 혜택을 얻게 된다.

오답분석

① 현재 신축 건물의 예상되는 친환경 건축물 평가점수는 63점으로 '우량' 등급이다.
③ 친환경 건축물 우수 등급, 에너지효율 1등급을 받는 것이 경제적 이익을 극대화시킨다.
④ 예산 관리는 활동이나 사업에 소요되는 비용을 산정하고, 예산을 편성하는 것 뿐만 아니라 예산을 통제하는 것 모두를 포함한다고 할 수 있다.

06

정답 ③

• 부서 배치
  − 성과급 평균은 48만 원이므로, A는 영업부 또는 인사부에서 일한다.
  − B와 D는 각각 비서실, 총무부, 홍보부 중에서 일한다.
  − C는 인사부에서 일한다.
  − D는 비서실에서 일한다.
  따라서 A는 영업부, B는 총무부, C는 인사부, D는 비서실, E는 홍보부에서 일한다.
• 휴가
  − A는 D보다 휴가를 늦게 간다. 따라서 C−D−B−A 또는 D−A−B−C 순으로 휴가를 간다.
• 성과급
  − D사원 : 60만 원
  − C사원 : 40만 원

오답분석

① A의 3개월 치 성과급은 20×3=60만 원, C의 2개월 치 성과급은 40×2=80만 원이므로 옳지 않다.
② C가 맨 먼저 휴가를 갈 경우, A가 맨 마지막으로 휴가를 가게 된다.
④ 휴가를 가지 않은 E는 2배의 성과급을 받기 때문에 총 120만 원의 성과급을 받게 되고, D의 성과급은 60만 원이기 때문에 두 사람의 성과급 차이는 2배이다.
⑤ C가 제일 마지막에 휴가를 갈 경우, B는 A보다 늦게 출발한다.

02 | 수리능력

출제유형분석 01 | 실전예제

01

정답 ②

떠낸 소금물의 양을 xg, 농도 2% 소금물의 양을 yg이라고 하면, 떠낸 소금물의 양만큼 부은 물의 양도 xg이므로
$200-x+x+y=320 \rightarrow y=120$, 소금물을 떠내고 같은 양의 물을 부어도 농도 8%의 소금물에 있는 소금의 양은 같으므로
$\frac{8}{100} \times (200-x) + \frac{2}{100} \times 120 = \frac{3}{100} \times 320 \rightarrow 1,600-8x+240=960 \rightarrow 8x=880$
$\therefore x=110$

02

정답 ①

올라갈 때 걸은 거리를 $x$km라고 하면, 내려올 때의 거리는 $(x+5)$km이므로
$\frac{x}{3} + \frac{x+5}{4} = 3 \rightarrow 4x + 3(x+5) = 36$
$\therefore x=3$

03

정답 ④

A, B기차의 속력은 일정하며 두 기차가 터널 양 끝에서 동시에 출발하면 $\frac{1}{3}$ 지점에서 만난다고 했으므로 두 기차 중 하나는 다른 기차 속력의 2배인 것을 알 수 있다. 또한, A기차보다 B기차가 터널을 통과하는 시간이 짧으므로 B기차의 속력이 더 빠르다.
A기차의 길이를 xm, 속력을 ym/s라고 하면, B기차의 속력은 $2y$m/s이다.
$570+x=50\times y \cdots \bigcirc$
$570+(x-60)=23\times 2y \cdots \bigcirc$
$\bigcirc$과 $\bigcirc$을 연립하면
$60=4y \rightarrow y=15$
이를 $\bigcirc$에 대입하면
$x=50\times 15 - 570 \rightarrow x=180$
따라서 A기차의 길이는 180m이다.

04

정답 ③

세 자리 수가 홀수가 되려면 끝자리 숫자가 홀수여야 한다. 홀수는 1, 3, 5, 7, 9로 5개이고, 백의 자리와 십의 자리의 숫자의 경우의 수를 고려한다. 백의 자리에 올 수 있는 숫자는 0을 제외한 8가지, 십의 자리는 0을 포함한 8가지 숫자가 올 수 있다. 따라서 홀수인 세 자리 숫자는 모두 $8\times 8 \times 5 = 320$가지가 가능하다.

05

정답 ⑤

주사위를 두 번 던지는 경우의 수는 $6 \times 6 = 36$가지이고, 두 눈의 합이 10 이상인 경우는 다음과 같다.
· 두 눈의 합이 10인 경우 : $(4, 6)$, $(5, 5)$, $(6, 4)$
· 두 눈의 합이 11인 경우 : $(5, 6)$, $(6, 5)$
· 두 눈의 합이 12인 경우 : $(6, 6)$

따라서 두 눈의 합이 10 이상 나올 확률은 $\dfrac{6}{36} = \dfrac{1}{6}$이다.

06

정답 ③

K야구팀의 작년 총 경기 횟수를 x회, 작년 승리 횟수를 $0.4x$회라고 하면,
작년과 올해의 경기를 합하여 승률이 45%이므로
$$\frac{0.4x + 65}{x + 120} = 0.45 \to 5x = 1,100 \to x = 220$$
작년의 총 경기 횟수는 220회이고, 승률이 40%이므로 승리한 경기는 $220 \times 0.4 = 88$회이다.
따라서 K야구팀이 작년과 올해에 승리한 총횟수는 $88 + 65 = 153$회이다.

07

정답 ⑤

원가를 x원이라고 하면, 정가는 $(x + 3,000)$원이다.
정가에서 20%를 할인하여 5개 팔았을 때 순이익과 조각 케이크 1조각당 정가에서 2,000원씩 할인하여 4개를 팔았을 때의 매출액이 같으므로
$5 \times \{0.8 \times (x + 3,000) - x\} = 4 \times (x + 3,000 - 2,000)$
$\to 5(-0.2x + 2,400) = 4x + 4,000$
$\to 5x = 8,000 \to x = 1,600$
따라서 정가는 $1,600 + 3,000 = 4,600$원이다.

08

정답 ④

전체 일의 양을 1이라 하고, 선규가 혼자 일을 끝내는 데 걸리는 시간을 x일, 승룡이가 혼자 일을 끝내는 데 걸리는 시간을 y일이라 하면,
둘이 함께 5일 동안 일을 끝내는 경우는
$\left(\dfrac{1}{x} + \dfrac{1}{y}\right) \times 5 = 1 \cdots \bigcirc$
선규가 먼저 4일 일하고, 승룡이가 7일 일하여 끝내는 경우는
$\dfrac{4}{x} + \dfrac{7}{y} = 1 \cdots \bigcirc$
$\bigcirc$과 $\bigcirc$을 연립하면 $y = 15$이다.
따라서 승룡이 혼자서 일을 끝내려면 15일이 걸린다.

09

정답 ④

아버지의 나이를 x세, 형의 나이를 y세라고 하면,
동생의 나이는 $(y - 2)$세이므로 $y + (y - 2) = 40$
$\to y = 21$
어머니의 나이는 $(x - 4)$세이므로 $x + (x - 4) = 6 \times 21 \to 2x = 130$
$\therefore x = 65$

10

정답 ②

A가 이긴 횟수(=B가 진 횟수)를 x번, A가 진 횟수(=B가 이긴 횟수)를 y번이라고 하면,

$2x - y = 11 \cdots$ ㉠

$2y - x = 2 \rightarrow x = 2y - 2 \cdots$ ㉡

㉠에 ㉡을 대입하면 $x = 8$, $y = 5$이다.

따라서 A가 이긴 횟수는 8번이다.

11

정답 ④

처음 숫자의 십의 자리 숫자를 x, 일의 자리 숫자를 y라고 하면,

$x + y = 10 \cdots$ ㉠

$\dfrac{10y + x}{2} = 10x + y - 14 \rightarrow 19x - 8y = 28 \cdots$ ㉡

㉠과 ㉡을 연립하면 $x = 4$, $y = 6$이다.

따라서 처음 숫자는 $4 \times 10 + 6 = 46$이다.

12

정답 ③

전체 인원을 x명이라고 하면,

$\left(x \times \dfrac{3}{7} - 13 \right) + \left(x \times \dfrac{1}{2} + 33 \right) = x$

$\rightarrow x \times \left(\dfrac{3}{7} + \dfrac{1}{2} \right) + 20 = x$

$\rightarrow x \left(1 - \dfrac{13}{14} \right) = 20$

$\rightarrow x = 20 \times 14 = 280$

따라서 공청회에 참석한 전체 인원은 280명이다.

13

정답 ①

구매할 수 있는 컴퓨터를 x대라고 하면, 3대까지는 한 대당 100만 원을 지불해야 하므로 80만 원에 구매할 수 있는 컴퓨터는 $(x-3)$대이다.

$100 \times 3 + 80 \times (x-3) \leq 2,750 \rightarrow 80(x-3) \leq 2,450$

$\rightarrow x - 3 \leq 30.625 \rightarrow x \leq 33.625$

따라서 컴퓨터는 최대 33대 구매 가능하다.

14

정답 ③

원의 둘레는 $2 \times \pi \times r$이고, 각 롤러가 칠할 수 있는 면적은 (원의 둘레)×(너비)이다. A롤러의 반지름(r)은 5cm, B롤러의 반지름(r)은 1.5cm이므로 A롤러가 1회전 할 때 칠할 수 있는 면적은 $2 \times \pi \times 5 \times$(너비), B롤러가 1회전 할 때 칠할 수 있는 면적은 $2 \times \pi \times 1.5 \times$(너비)이다. π와 롤러의 너비는 같으므로 소거하면, A롤러는 10, B롤러는 3만큼의 면적을 칠한다. 즉, 처음으로 같은 면적을 칠하기 위해 A롤러는 3바퀴, B롤러는 10바퀴를 회전해야 한다.

따라서 A롤러와 B롤러가 회전한 수의 합은 $10 + 3 = 13$바퀴이다.

15

정답 ⑤

변 BC의 길이를 $x$cm, 변 AC의 길이를 $y$cm라 할 때, 피타고라스의 정리에 의해

$18^2 + x^2 = y^2 \rightarrow y^2 - x^2 = 324$

$\rightarrow (y+x)(y-x) = 324 \cdots \bigcirc$

직각삼각형 ABC의 둘레가 72cm이므로

$x + y + 18 = 72$

$\rightarrow x + y = 54 \cdots \bigcirc$

ⓛ을 ⓐ에 대입하면 $54(y-x) = 324$

$\rightarrow y - x = 6 \cdots \bigcirc$

ⓛ과 ⓒ을 더하면 $2y = 60$

$\therefore y = 30$

이를 ⓒ에 대입하면 $30 - x = 6$

$\therefore x = 24$

따라서 직각삼각형 ABC의 넓이는 $24 \times 18 \times \dfrac{1}{2} = 216 \text{cm}^2$ 이다.

출제유형분석 02   실전예제

01

정답 ③

종합청렴도 식은 (종합청렴도)=(외부청렴도)×0.6+(내부청렴도)×0.3+(정책고객평가)×0.1−(감점요인)이므로, 내부청렴도에 관한 공식을 만들어보면 다음과 같다.

(내부청렴도)=$\{$(종합청렴도)−(외부청렴도)×0.6−(정책고객평가)×0.1+(감점요인)$\} \times \dfrac{10}{3}$

위 식에 각 연도별 수치를 대입하여 내부청렴도를 구한다.

- 2020년 : $\{6.23 - 8.0 \times 0.6 - 6.9 \times 0.1 + (0.7 + 0.7 + 0.2)\} \times \dfrac{10}{3} = 2.34 \times \dfrac{10}{3} = 7.8$

- 2021년 : $\{6.21 - 8.0 \times 0.6 - 7.1 \times 0.1 + (0.7 + 0.8 + 0.2)\} \times \dfrac{10}{3} = 2.4 \times \dfrac{10}{3} = 8.0$

- 2022년 : $\{6.16 - 8.0 \times 0.6 - 7.2 \times 0.1 + (0.7 + 0.8 + 0.2)\} \times \dfrac{10}{3} = 2.34 \times \dfrac{10}{3} = 7.8$

- 2023년 : $\{6.8 - 8.1 \times 0.6 - 7.3 \times 0.1 + (0.5 + 0.4 + 0.2)\} \times \dfrac{10}{3} = 2.31 \times \dfrac{10}{3} = 7.7$

따라서 내부청렴도가 가장 높은 해는 2021년, 가장 낮은 해는 2023년이다.

02

정답 ⑤

- (가) : $\dfrac{34,273 - 29,094}{29,094} \times 100 = 17.8\%$

- (나) : $66,652 + 34,273 + 2,729 = 103,654$백만 달러

- (다) : $\dfrac{103,654 - 91,075}{91,075} \times 100 = 13.8\%$

03

(ㄱ)은 2020년 대비 2021년 의료 폐기물의 증감률로 $\dfrac{48,934-49,159}{49,159}\times100\fallingdotseq-0.5\%$이고,

(ㄴ)은 2018년 대비 2019년 사업장 배출시설계 폐기물의 증감률로 $\dfrac{123,604-130,777}{130,777}\times100\fallingdotseq-5.5\%$이다.

04

- 공연음악 시장 규모 : 2023년의 후원 규모는 $6,305+118=6,423$백만 달러이고, 티켓 판매 규모는 $22,324+740=23,064$백만 달러이다. 따라서 2023년 공연음악 시장 규모는 $6,423+23,064=29,487$백만 달러이다.
- 스트리밍 시장 규모 : 2018년 스트리밍 시장의 규모가 1,530백만 달러이므로, 2023년의 스트리밍 시장 규모는 $1,530\times2.5=3,825$백만 달러이다.
- 오프라인 음반 시장 규모 : 2023년 오프라인 음반 시장 규모를 x백만 달러라고 하면, $\dfrac{x-8,551}{8,551}\times100=-6\%$

$x=-\dfrac{6}{100}\times8,551+8,551\fallingdotseq8,037.9$

05

A, B, E구의 1인당 소비량을 각각 a, b, e라고 하면,
제시된 조건을 식으로 나타내면 다음과 같다.
- 첫 번째 조건 : $a+b=30$ … ㉠
- 두 번째 조건 : $a+12=2e$ … ㉡
- 세 번째 조건 : $e=b+6$ … ㉢
㉢을 ㉡에 대입하여 식을 정리하면, $a+12=2(b+6)\rightarrow a-2b=0$ … ㉣
㉠-㉣을 하면 $3b=30\rightarrow b=10$, $a=20$, $e=16$
A~E구의 변동계수를 구하면 다음과 같다.
- A구 : $\dfrac{5}{20}\times100=25\%$
- B구 : $\dfrac{4}{10}\times100=40\%$
- C구 : $\dfrac{6}{30}\times100=20\%$
- D구 : $\dfrac{4}{12}\times100\fallingdotseq33.33\%$
- E구 : $\dfrac{8}{16}\times100=50\%$
따라서 변동계수가 3번째로 큰 구는 D구이다.

06

2023년 전체 실적은 $45+50+48+42=185$억 원이며, 1~2분기와 3~4분기가 차지하는 비율을 각각 구하면 다음과 같다.
- 1~2분기 : $\dfrac{45+50}{185}\times100\fallingdotseq51.4\%$
- 3~4분기 : $\dfrac{48+42}{185}\times100\fallingdotseq48.6\%$
두 비율의 합은 100%이므로 하나만 계산하고, 나머지는 100%에서 빼면 빠르게 풀 수 있다.

07

2023년 방송산업 종사자 수는 모두 32,443명이다. '2023년 추세'에서는 지상파 방송사(지상파DMB 포함)만 언급하고 있으므로 다른 분야의 인원은 고정되어 있다. 지상파 방송사(지상파DMB 포함)는 전년보다 301명이 늘어났으므로 2022년 방송산업 종사자 수는 $32,443-301=32,142$명이다.

08

영업팀별 연간 매출액을 구하면 다음과 같다.
- 영업 A팀 : $50\times0.1+100\times0.1+100\times0.3+200\times0.15=75$억 원
- 영업 B팀 : $50\times0.2+100\times0.2+100\times0.2+200\times0.4=130$억 원
- 영업 C팀 : $50\times0.3+100\times0.2+100\times0.25+200\times0.15=90$억 원
- 영업 D팀 : $50\times0.4+100\times0.5+100\times0.25+200\times0.3=155$억 원

따라서 연간 매출액이 큰 순서로 팀을 나열하면 $D-B-C-A$이고, 이때 매출 1위인 영업 D팀의 연 매출액은 155억 원이다.

09

발생지역의 고사한 소나무 수 $=\dfrac{감염률(\%)}{100}\times\dfrac{고사율(\%)}{100}\times발생지역의 소나무 수$

- 거제 : $0.5\times0.5\times1,590=397.5$
- 경주 : $0.2\times0.5\times2,981=298.1$
- 제주 : $0.8\times0.4\times1,201=384.32$
- 청도 : $0.1\times0.7\times279=19.53$
- 포항 : $0.2\times0.6\times2,312=277.44$

따라서 고사한 소나무 수가 가장 많이 발생한 지역은 거제이다.

10

각 연령대를 기준으로 남성과 여성의 인구비율을 계산하면 다음과 같다.

연령대	남성	여성
0 ~ 14세	$\dfrac{323}{627}\times100\fallingdotseq51.5\%$	$\dfrac{304}{627}\times100\fallingdotseq48.5\%$
15 ~ 29세	$\dfrac{453}{905}\times100\fallingdotseq50.1\%$	$\dfrac{452}{905}\times100\fallingdotseq49.9\%$
30 ~ 44세	$\dfrac{565}{1,110}\times100\fallingdotseq50.9\%$	$\dfrac{545}{1,110}\times100\fallingdotseq49.1\%$
45 ~ 59세	$\dfrac{630}{1,257}\times100\fallingdotseq50.1\%$	$\dfrac{627}{1,257}\times100\fallingdotseq49.9\%$
60 ~ 74세	$\dfrac{345}{720}\times100\fallingdotseq47.9\%$	$\dfrac{375}{720}\times100\fallingdotseq52.1\%$
75세 이상	$\dfrac{113}{309}\times100\fallingdotseq36.6\%$	$\dfrac{196}{309}\times100\fallingdotseq63.4\%$

남성 인구가 40% 이하인 연령대는 75세 이상(36.6%)이며, 여성 인구가 50% 초과 60% 이하인 연령대는 60 ~ 74세(52.1%)이다. 따라서 ④가 적절하다.

01

운항편의 수치는 여객과 화물을 모두 포함한 수치이다. 따라서 여객에 이용된 운항편이 총 몇 대인지 알 수 없으므로 계산할 수 없다.

오답분석

① 운항편이 가장 많은 요일은 토요일이고, 토요일에 여객은 953,945명, 화물은 48,033톤으로 가장 높은 수치를 보이고 있다.

② $\frac{21,615}{11,715}$ ≒ 1.85이므로 1.5배 이상이다.

③ 자료를 통해 알 수 있다.

④ '감소 − 증가 − 감소 − 증가 − 증가 − 감소'로 같다.

02

10대의 인터넷 공유활동을 참여율이 큰 순서대로 나열하면 '커뮤니티 이용 → 퍼나르기 → 블로그 운영 → UCC 게시 → 댓글달기'이다. 반면 30대는 '커뮤니티 이용 → 퍼나르기 → 블로그 운영 → 댓글달기 → UCC 게시'이다.
따라서 활동 순위가 서로 같지 않다.

오답분석

① 20대가 다른 연령대에 비해 참여율이 비교적 높은 편임을 표에서 쉽게 확인할 수 있다.

② 남성이 여성보다 참여율이 대부분의 활동에서 높지만, 블로그 운영에서는 여성의 참여율이 높다.

③ 남녀 간의 참여율 격차가 가장 큰 영역은 13.8%p로 댓글달기이며, 그 반대로는 2.7%p로 커뮤니티 이용이다.

⑤ 40대는 다른 영역과 달리 댓글달기 활동에서는 다른 연령대보다 높은 참여율을 보이고 있다.

03

현재 기온이 가장 높은 지역은 수원으로, 수원의 이슬점 온도는 가장 높지만 습도는 65%로 다섯 번째로 높다.

오답분석

① 파주의 시정은 20km로 가장 좋다.

② 수원이 이슬점 온도와 불쾌지수 모두 가장 높다.

③ 불쾌지수가 70을 초과한 지역은 수원, 동두천 2곳이다.

⑤ 시정이 0.4km로 가장 좋지 않은 백령도의 경우 풍속이 4.4m/s로 가장 강하다.

04

2018년부터 공정자산총액과 부채총액의 차를 순서대로 나열하면 952, 1,067, 1,383, 1,127, 1,864, 1,908억 원이다.

오답분석

① 2021년에는 자본총액이 전년 대비 감소했다.

② 직전 해에 비해 당기순이익이 가장 많이 증가한 해는 2022년이다.

④ 총액 규모가 가장 큰 것은 공정자산총액이다.

⑤ 2018년과 2019년을 비교하면, 분모 증가율은 $\frac{1,067-952}{952}=\frac{115}{952}≒\frac{1}{8}$ 이고, 분자 증가율은 $\frac{481-464}{464}=\frac{17}{464}≒\frac{1}{27}$ 이다.

따라서 2019년에는 비중이 감소했다.

05

2015 ~ 2023년까지 전년 대비 사기와 폭행의 발생건수 증감추이는 다음과 같이 서로 반대를 나타낸다.

구분	2015년	2016년	2017년	2018년	2019년	2020년	2021년	2022년	2023년
사기	감소	감소	감소	감소	감소	감소	증가	증가	감소
폭행	증가	증가	증가	증가	증가	증가	감소	감소	증가

오답분석

① 2015 ~ 2023년 범죄별 발생건수의 1 ~ 5위는 '절도, 사기, 폭행, 살인, 방화' 순이나 2014년에는 '절도, 사기, 폭행, 방화, 살인' 순으로 다르다.

② 2014 ~ 2023년 동안 발생한 방화의 총 발생건수는 $5+4+2+1+2+5+2+4+5+3=33$천 건으로 3만 건 이상이다.

④ 2016년 전체 범죄발생건수는 $270+371+148+2+12=803$천 건이며, 이 중 절도의 범죄건수가 차지하는 비율은 $\frac{371}{803} \times 100$ ≒46.2%로 50% 미만이다.

⑤ 2014년 전체 범죄발생건수는 $282+366+139+5+3=795$천 건이고, 2023년에는 $239+359+156+3+14=771$천 건이다. 2014년 대비 2023년 전체 범죄발생건수 감소율은 $\frac{795-771}{795} \times 100$ ≒3%로 5% 미만이다.

06

생산이 증가한 해에는 수출과 내수 모두 증가했다.

오답분석

① 표에서 ▽는 감소 수치를 나타내고 있으므로 옳은 판단이다.

② 내수가 가장 큰 폭으로 증가한 해는 2021년으로 생산과 수출 모두 감소했다.

③ 수출이 증가한 해는 2019, 2022, 2023년으로 내수와 생산 모두 증가했다.

④ 2021년이 이에 해당한다.

07

2019년의 인구성장률은 0.63%, 2022년의 인구성장률 0.39%이다. 2022년의 인구성장률은 2019년의 인구성장률에서 40% 감소한 값인 $0.63\times(1-0.4)=0.378$%보다 값이 크므로 40% 미만으로 감소하였다.

오답분석

① 표를 보면 2019년 이후 인구성장률이 매년 감소하고 있으므로 옳은 설명이다.

② 2017년부터 2022년까지의 인구성장률이 가장 낮았던 해는 2022년이며, 합계출산율도 2022년에 가장 낮았다.

③ 인구성장률과 합계출산율은 모두 2018년에는 전년 대비 감소하고, 2019년에는 전년 대비 증가하였으므로 옳은 설명이다.

④ 인구성장률이 높은 순서로 나열하면 2019년 – 2020년 – 2017년 – 2018년 – 2021년 – 2022년이다. 합계출산율이 높은 순서로 나열하면 2017년 – 2020년 – 2019년 – 2018년 – 2021년 – 2022년이다. 따라서 인구성장률과 합계출산율이 두 번째로 높은 해는 모두 2020년이다.

08

전 직원의 주 평균 야간근무 빈도는 직위별 사원수를 알아야 구할 수 있는 값이다. 단순히 직위별 주 평균 야간근무 빈도를 모두 더하여 평균을 구하는 것은 옳지 않다.

오답분석

① 자료를 통해 알 수 있다.

③ 0.2시간은 $60\times0.2=12$분이다. 따라서 4.2시간은 4시간 12분이다.

④ 대리는 주 평균 1.8일, 6.3시간의 야간근무를 한다. 1회 야간근무 시 평균 $6.3÷1.8=3.5$시간을 근무하므로 가장 긴 시간 동안 일한다.

⑤ 과장은 $60 \times 4.8 = 288$분(4시간 48분) 야간근무를 한다. 60분의 $\frac{2}{3}$(40분) 이상 채울 시 1시간으로 야간근무 수당을 계산하므로 5시간으로 계산하여 50,000원을 받는다.

09

 ④

온실가스 배출량 총량은 2021년에 감소했다가 다시 증가했다.

[오답분석]
① 이산화탄소는 2019 ~ 2023년 동안 가장 큰 비중을 차지한다.
②・③ 연도별 가계와 산업 부문의 배출량 차이 값은 다음과 같다.
• 2019년 : $58,168.8 - 25,449.1 = 32,719.7$
• 2020년 : $59,160.2 - 26,182.8 = 32,977.4$
• 2021년 : $60,030.0 - 24,984.3 = 35,045.7$
• 2022년 : $64,462.4 - 21,875.9 = 42,586.5$
• 2023년 : $65,491.6 - 22,769.8 = 42,721.8$
따라서 2023년에 가장 큰 값을 가지며, 해가 지날수록 지속적으로 증가하고 있다.
⑤ 언제나 메탄은 아산화질소보다 가계・산업 부문을 통틀어 더 많이 배출되고 있다.

10

 ④

ㄱ. 2021년 어린이보호구역 지정대상은 전년 대비 감소하였다.
ㄷ. 2021년 어린이보호구역으로 지정된 구역 중 학원이 차지하는 비중은 $\frac{36}{16,355} \times 100 ≒ 0.22\%$이며, 2020년에는 $\frac{56}{16,085} \times 100 ≒ 0.35\%$이므로 2021년도는 전년 대비 감소하였다.
ㄹ. 2016년 어린이보호구역으로 지정된 구역 중 초등학교가 차지하는 비중은 $\frac{5,917}{14,921} \times 100 ≒ 39.7\%$이고, 나머지 해에도 모두 40% 이하의 비중을 차지한다.

[오답분석]
ㄴ. 2017년 어린이보호구역 지정대상 중 어린이보호구역으로 지정된 구역의 비율은 $\frac{15,136}{18,706} \times 100 ≒ 80.9\%$이다.

11

정답 ⑤

9월 말 이후의 그래프가 모두 하향곡선을 그리고 있다.

[오답분석]
①・③ 표를 통해 쉽게 확인할 수 있다.
② 환율이 하락하면 반대로 원화가치가 높아진다.
④ 유가 범위는 85 ~ 125 사이의 변동 폭을 보이고 있다.

12

제시된 자료의 원자력 소비량 수치를 보면 증감을 반복하고 있는 것을 확인할 수 있다.

오답분석

① 2013년 석유 소비량을 제외한 나머지 에너지 소비량의 합을 구하면 54.8+30.4+36.7+5.3=127.2백만 TOE이다. 즉, 석유 소비량인 101.5백만 TOE보다 크다. 2014~2022년 역시 석유 소비량을 제외한 나머지 에너지 소비량의 합을 구해 석유 소비량과 비교하면, 석유 소비량이 나머지 에너지 소비량의 합보다 적음을 알 수 있다.
② 석탄 소비량은 2013~2019년까지 지속적으로 상승하다가 2020년 감소한 뒤 2021년부터 다시 상승세를 보이고 있다.
③ 제시된 자료를 보면 기타 에너지 소비량은 지속적으로 증가하고 있다.
⑤ 2017년에는 LNG 소비량이 감소했으므로 증가 추세가 심화되었다고 볼 수 없다.

13

2015년 대비 2016년에 생산가능인구는 12명 증가했다.

오답분석

① 2014년부터 2016년까지 고용률의 증감추이와 실업률의 증감추이는 '감소 - 감소'로 동일하다.
② 전년과 비교했을 때, 2015년에 경제활동인구가 202명으로 가장 많이 감소했다.
④ 분모가 작고 분자가 크면 비율이 높으므로, 고용률이 낮고 실업률이 높은 2018년과 2019년의 비율만 비교하면 된다.

- 2018년 : $\frac{8.1}{40.5}=0.2\%$

- 2019년 : $\frac{8.0}{40.3} = 0.1985\%$

따라서 2018년의 비율이 더 크므로 옳은 설명이다.
⑤ 2019년과 2020년의 경제활동참가율은 같지만, 전체적으로는 경제활동참가율이 감소하고 있다.

출제유형분석 01 | 실전예제

01

정답 ②

9일은 A기술사 필기시험일이지만 중복이 가능하므로 7 ~ 9일은 H기능사 실기시험 날짜로 가장 적절하다.

오답분석

① 3일에는 공사 체육대회가 있다.
③ 14 ~ 16일 동안에는 B산업기사 실기시험이 있다.
④·⑤ 24 ~ 29일 동안은 시험장 보수공사로 불가능하다.

02

정답 ②

팀장과 과장의 휴가일정과 세미나가 포함된 주를 제외하면 A대리가 연수에 참석할 수 있는 날짜는 첫째 주 금요일부터 둘째 주 화요일까지로 정해진다. 4월은 30일까지 있으므로 주어진 일정을 달력에 표시를 하면 다음과 같다.

일요일	월요일	화요일	수요일	목요일	금요일	토요일
	1	2 팀장 휴가	3 팀장 휴가	4 팀장 휴가	5 A대리 연수	6 A대리 연수
7 A대리 연수	8 A대리 연수	9 A대리 연수	10 B과장 휴가	11 B과장 휴가	12 B과장 휴가	13
14	15 B과장 휴가	16 B과장 휴가	17 C과장 휴가	18 C과장 휴가	19	20
21	22 ✕	23 ✕	24 ✕	25 ✕	26 세미나	27
28	29	30				

따라서 5일 동안 연속으로 참석할 수 있는 날은 4월 5일부터 9일까지이므로 A대리의 연수 마지막 날짜는 9일이다.

03

정답 ④

팀원들의 모든 스케줄이 비어 있는 시간대인 16:00 ~ 17:00가 가장 적절하다.

04

정답 ③

자동차 부품 생산조건에 따라 반자동라인과 자동라인의 시간당 부품 생산량을 구해보면 다음과 같다.

- 반자동라인 : 4시간에 300개의 부품을 생산하므로, 8시간에 300개×2=600개의 부품을 생산한다. 하지만 8시간마다 2시간씩 생산을 중단하므로, 8+2=10시간에 600개의 부품을 생산하는 것과 같다. 따라서 시간당 부품 생산량은 $\frac{600개}{10시간}$=60개이다.

  이때 반자동라인에서 생산된 부품의 20%는 불량이므로, 시간당 정상 부품 생산량은 60개×(1−0.2)=48개이다.

- 자동라인 : 3시간에 400개의 부품을 생산하므로, 9시간에 400개×3=1,200개의 부품을 생산한다. 하지만 9시간마다 3시간씩 생산을 중단하므로, 9+3=12시간에 1,200개의 부품을 생산하는 것과 같다. 따라서 시간당 부품 생산량은 $\frac{1,200개}{12시간}$=100개이 다. 이때 자동라인에서 생산된 부품의 10%는 불량이므로, 시간당 정상 제품 생산량은 100개×(1−0.1)=90개이다.

따라서 반자동라인과 자동라인에서 시간당 생산하는 정상 제품의 생산량은 48+90=138개이므로, 34,500개를 생산하는 데 $\frac{34,500개}{138개/h}$=250시간이 소요되었다.

05

정답 ①

두 번째 조건에서 경유지는 서울보다 +1시간, 출장지는 경유지보다 −2시간이므로 서울과 −1시간 차이다.

김대리가 서울에서 경유지를 거쳐 출장지까지 가는 과정을 서울시간 기준으로 정리하면,

서울 5일 오후 1시 35분 출발 → 오후 1시 35분+3시간 45분=오후 5시 20분 경유지 도착 → 오후 5시 20분+3시간 50분(대기시 간)=오후 9시 10분 경유지에서 출발 → 오후 9시 10분+9시간 25분=6일 오전 6시 35분 출장지 도착

따라서 출장지에 도착했을 때 현지 시각은 서울보다 1시간 느리므로 오전 5시 35분이다.

06

정답 ④

공정별 순서는 A → B ↘ C → F이고, C공정을 시작하기 전에 B공정과 E공정이 선행되어야 하는데 B공정까지 끝나려면 4시간 D → E ↗

이 소요되고, E공정까지 끝나려면 3시간이 소요된다. 선행작업이 완료되어야 이후 작업을 할 수 있으므로, C공정을 진행하기 위해서는 최소 4시간이 걸린다. 따라서 완제품은 F공정이 완료된 후 생산되므로 첫 번째 완제품 생산의 소요시간은 9시간이다.

07

정답 ③

엘리베이터는 한 번에 최대 세 개 층을 이동할 수 있으며, 올라간 다음에는 반드시 내려와야 한다는 조건에 따라 청원경찰이 최소시간으로 6층을 순찰하고, 1층으로 돌아올 수 있는 방법은 다음과 같다.

- 1층 → 3층 → 2층 → 5층 → 4층 → 6층 → 3층 → 4층 → 1층

이때, 이동에만 소요되는 시간은 총 2분+1분+3분+1분+2분+3분+1분+3분=16분이다.

따라서 청원경찰이 여섯 개 층을 모두 순찰하고 1층으로 돌아오기까지 소요되는 시간은 총 60분(10분×6층)+16분=76분=1시간 16분이다.

08

정답 ③

대화 내용을 살펴보면 A과장은 패스트푸드점, B대리는 화장실, C주임은 은행, D사원은 편의점을 이용한다. 이는 동시에 이루어지는 일이므로 가장 오래 걸리는 일의 시간만을 고려하면 된다. 은행이 30분으로 가장 오래 걸리므로 17:20에 모두 모이게 된다. 따라서 17:00, 17:15에 출발하는 버스는 이용하지 못한다. 그리고 17:30에 출발하는 버스는 잔여석이 부족하여 이용하지 못한다. 최종적으로 17:45에 출발하는 버스를 탈 수 있다. 그러므로 서울에 도착 예정시각은 19:45이다.

01

수인이가 베트남 현금 1,670만 동을 환전하기 위해 필요한 한국 돈은 수수료를 제외하고 1,670만 동×483원/만 동=806,610원이다.

우대사항에서 50만 원 이상 환전 시 70만 원까지 수수료가 0.4%로 낮아진다. 70만 원의 수수료는 0.4%가 적용되고 나머지는 0.5%가 적용되어 총수수료를 구하면 $700,000 \times 0.004 + (806,610 - 700,000) \times 0.005 = 2,800 + 533.05 \fallingdotseq 3,330$원이다.

따라서 수인이가 원하는 금액을 환전하기 위해서 필요한 총금액은 806,610+3,330=809,940원임을 알 수 있다.

02

[(월 임대료)×(12개월)/{(전세 보증금)−(월세 보증금)}]×100=6%가 되어야 한다.

따라서 월 임대료를 x원으로 하여 주어진 금액을 대입하고 계산해 보면,

$\{(x \times 12)/(1$억 원-1천만 원$)\} \times 100 = 6$

$\dfrac{12x}{900,000} = 6 \rightarrow x = \dfrac{900,000 \times 6}{12}$

$\therefore x = 450,000$

03

상별로 수상인원을 고려하여, 상패 및 물품별 총수량과 비용을 계산하면 다음과 같다.

상패 또는 물품	총수량(개)	개당 가격(원)	총비용(원)
금 도금 상패	7	49,500원(10% 할인)	7×49,500=346,500
은 도금 상패	5	42,000	42,000×4(1개 무료)=168,000
동 상패	2	35,000	35,000×2=70,000
식기 세트	5	450,000	5×450,000=2,250,000
신형 노트북	1	1,500,000	1×1,500,000=1,500,000
태블릿 PC	6	600,000	6×600,000=3,600,000
만년필	8	100,000	8×100,000=800,000
안마의자	4	1,700,000	4×1,700,000=6,800,000
합계	−	−	15,534,500

따라서 총상품구입비는 15,534,500원이다.

04

주어진 조건을 정리하면 다음과 같다.

- $(B+C+D) \times 0.2 = A \rightarrow B+C+D = 5A \cdots$ ⓐ
- $(A+B) \times 0.4 = C \rightarrow A+B = 2.5C \cdots$ ⓑ
- $A+B=C+D \cdots$ ⓒ
- $D-16,000=A \cdots$ ⓓ

ⓑ를 ⓒ에 대입하면 $C+D = 2.5C \rightarrow D = 1.5C \cdots$ ㉠

㉠을 ⓓ에 대입하면 $A = 1.5C - 16,000 \cdots$ ㉡

㉠을 ⓒ에 대입하면 $B = 2.5C - A$, 여기에 ㉡을 대입하면 $B = 2.5C - 1.5C + 16,000 = C + 16,000 \cdots$ ㉢

⊙, ⊙, ⓒ을 이용해 ⓓ를 C에 대한 식으로 정리하면

C+16,000+C+1.5C=7.5C−80,000

→ 3.5C+16,000=7.5C−80,000

→ 16,000+80,000=7.5C−3.5C

→ 96,000=4C

∴ C=24,000

05

정답 ④

제품군별 지급해야 할 보관료는 다음과 같다.
- A제품군 : 300억×0.01=3억 원
- B제품군 : 2,000CUBIC×20,000=4천만 원
- C제품군 : 500톤×80,000=4천만 원

따라서 K기업이 보관료로 지급해야 할 총금액은 3억+4천만+4천만=3억 8천만 원이다.

06

정답 ③

ⅰ) A씨(8개월)
- 처음 3개월 : 220만 원×0.8=176만 원 → 150만 원(∵ 상한액)
  → 150만 원×3=450만 원
- 나머지 기간 : 220만 원×0.4=88만 원×5=440만 원
∴ 450만 원+440만 원=890만 원

ⅱ) B씨(1년, 아빠의 달+둘째)
- 처음 3개월 : 300만 원×1.0=300만 원 → 200만 원(∵ 상한액)
  → 200만 원×3=600만 원
- 나머지 기간 : 300만 원×0.4=120만 원 → 100만 원(∵ 상한액)
  → 100만 원×9=900만 원
∴ 600만 원+900만 원=1,500만 원

ⅲ) C씨(6개월)
- 처음 3개월 : 90만 원×0.8=72만 원×3=216만 원
- 나머지 기간 : 90만 원×0.4=36만 원 → 50만 원(∵ 하한액)
  → 50만 원×3=150만 원
∴ 216만 원+150만 원=366만 원

따라서 세 사람이 받을 수 있는 육아휴직급여는 890만 원+1,500만 원+366만 원=2,756만 원이다.

07

정답 ②

- A씨
  - 이용요금 : 1,310×6×3=23,580원
  - 주행요금 : 92×170=15,640원
  - 반납지연에 따른 페널티 요금 : (1,310×9)×2=23,580원
  ∴ 23,580+15,640+23,580=62,800원
- B씨
  - 이용요금
    목요일 : 39,020원
    금요일 : 880×6×8=42,240원(∵ 24시간 한도 초과로 기준요금으로 계산)
    → 39,020+42,240=81,260원
  - 주행요금 : 243×170=41,310원
  ∴ 81,260+41,310=122,570원

08

세대당 월평균 사용량을 구하면 $400 \div 2 \div 4 = 50\text{m}^3$이다.

ⅰ) 상수도요금
- 사용요금

1세대 1개월 요금은 사용요금 요율표를 적용하면 $(30 \times 360) + (20 \times 550) = 21,800$원이다.

즉, 사용요금은 $21,800 \times 4 \times 2 = 174,400$원이다.
- 기본요금

기본요금은 계량기 구경이 20mm이므로, $3,000 \times 2 = 6,000$원이다.

그러므로 상수도요금은 사용요금과 기본요금을 합친 $174,400 + 6,000 = 180,400$원이다.

ⅱ) 하수도요금

1세대 1개월 요금은 사용요금 요율표를 적용하면 $(30 \times 360) + (20 \times 850) = 27,800$원이다.

그러므로 하수도요금은 $27,800 \times 4 \times 2 = 222,400$원이다.

ⅲ) 물이용부담금

1세대 1개월 요금은 사용요금 요율표를 적용하면 $50 \times 170 = 8,500$원이다.

그러므로 물이용부담금은 $8,500 \times 4 \times 2 = 68,000$원이다.

따라서 A씨 건물의 요금총액은 $180,400 + 222,400 + 68,000 = 470,800$원이다.

09

35명의 수용 인원과 최소 인원을 모두 충족하는 회의실은 별실이다. 따라서 오전 사용료는 $400,000 + 10,000 + 30,000 = 440,000$원이다.

10명의 수용 인원과 최소 인원을 모두 충족하는 회의실은 세미나 3·4실이며, 비용이 저렴한 쪽을 선택해야 하므로 세미나 3실을 선택한다. 따라서 오후 사용료는 $74,000 + 37,000 + 20,000 + 50,000 = 181,000$원이다.

B기업은 이용일 4일 전 오후 회의실 사용을 취소하였으므로 181,000원에서 10%를 차감한 162,900원을 환불해 줘야 한다.

출제유형분석 03 실전예제

01

조건에 따라 노트북별로 점수를 산정하면 다음과 같다.

(단위 : 점)

구분	A	B	C	D	E
저장용량	4	2+3=5	5	2+3=5	3+3=6
배터리 지속시간	2	5	1	4	3
무게	2	5	1	4	3
가격	2	5	1	3	4
합계	4+2+2+2=10	5+5+5+5=20	5+1+1+1=8	5+4+4+3=16	6+3+3+4=16

따라서 노트북 B를 고른다.

02

$20 \times 10 = 200$부이며, $200 \times 30 = 6,000$페이지이다. 이를 활용하여 업체당 인쇄비용을 구하면 다음과 같다.

인쇄소	페이지 인쇄 비용	유광표지 비용	제본 비용	할인을 적용한 총비용
A	$6,000 \times 50 = 30$만 원	$200 \times 500 = 10$만 원	$200 \times 1,500 = 30$만 원	$30+10+30 = 70$만 원
B	$6,000 \times 70 = 42$만 원	$200 \times 300 = 6$만 원	$200 \times 1,300 = 26$만 원	$42+6+26 = 74$만 원
C	$6,000 \times 70 = 42$만 원	$200 \times 500 = 10$만 원	$200 \times 1,000 = 20$만 원	$42+10+20 = 72$만 원 → 200부 중 100부 5% 할인 → (할인 안 한 100부 비용)+(할인한 100부 비용) 　$=36+(36 \times 0.95) = 70$만 2천 원
D	$6,000 \times 60 = 36$만 원	$200 \times 300 = 6$만 원	$200 \times 1,000 = 20$만 원	$36+6+20 = 62$만 원
E	$6,000 \times 100 = 60$만 원	$200 \times 200 = 4$만 원	$200 \times 1,000 = 20$만 원	$60+4+20 = 84$만 원 → 총비용 20% 할인 $84 \times 0.8 = 67$만 2천 원

따라서 가장 저렴한 비용으로 인쇄할 수 있는 인쇄소는 D인쇄소이다.

03

매출 순이익은 [(판매 가격)−(생산 단가)]×(판매량)이므로 메뉴별 매출 순이익을 계산하면 다음과 같다.

메뉴	예상 월간 판매량(개)	생산 단가(원)	판매 가격(원)	매출 순이익(원)
A	500	3,500	4,000	$250,000[=(4,000-3,500) \times 500]$
B	300	5,500	6,000	$150,000[=(6,000-5,500) \times 300]$
C	400	4,000	5,000	$400,000[=(5,000-4,000) \times 400]$
D	200	6,000	7,000	$200,000[=(7,000-6,000) \times 200]$
E	150	3,000	5,000	$300,000[=(5,000-3,000) \times 150]$

따라서 매출 순이익이 가장 높은 C를 메인 메뉴로 선정하는 것이 가장 적절하다.

04

두 번째 조건에서 총구매금액이 30만 원 이상이면 총금액에서 5%를 할인해 주므로 한 벌당 가격이 $300,000 \div 50 = 6,000$원 이상인 품목은 할인적용이 들어간다. 업체별 품목 금액을 보면 모든 품목이 6,000원 이상이므로 5% 할인 적용대상이다. 따라서 모든 품목에 할인이 적용되어 정가로 비교가 가능하다.

세 번째 조건에서 차순위 품목이 1순위 품목보다 총금액이 20% 이상 저렴한 경우 차순위를 선택한다고 했으므로 한 벌당 가격으로 계산하면 1순위인 카라 티셔츠의 20% 할인된 가격은 $8,000 \times 0.8 = 6,400$원이다. 정가가 6,400원 이하인 품목은 A업체의 티셔츠이므로 팀장은 1순위인 카라 티셔츠보다 2순위인 A업체의 티셔츠를 구입할 것이다.

05

완성품 납품 수량은 총 100개이다. 완성품 1개당 부품 A는 10개가 필요하므로 총 1,000개가 필요하고, B는 300개, C는 500개가 필요하다. 그런데 A는 500개, B는 120개, C는 250개의 재고가 있으므로, 각각 모자라는 나머지 부품인 500개, 180개, 250개를 주문해야 한다.

06

정답 ④

어떤 컴퓨터를 구매하더라도 각각 사는 것보다 세트로 사는 것이 한 세트(모니터＋본체)당 7만 원에서 12만 원 정도 이득이다. 하지만 세트 혜택이 아닌 다른 혜택에 해당하는 조건에서는 비용을 비교해 봐야 한다. 다음은 컴퓨터별 구매 비용을 계산한 것이다. E컴퓨터는 성능평가에서 '하'를 받았으므로 계산에서 제외한다.
- A컴퓨터 : 80만 원×15대＝1,200만 원
- B컴퓨터 : (75만 원×15대)－100만 원＝1,025만 원
- C컴퓨터 : (20만 원×10대)＋(20만 원×0.85×5대)＋(60만 원×15대)＝1,185만 원 또는 70만 원×15대＝1,050만 원
- D컴퓨터 : 66만 원×15대＝990만 원

따라서 D컴퓨터만 예산 범위인 1,000만 원 내에서 구매할 수 있으므로 조건을 만족하는 컴퓨터는 D컴퓨터이다.

07

정답 ③

사진 크기별로 장수에 따른 총용량을 구하면 다음과 같다.
- 반명함 : 150×8,000＝1,200,000KB(1,200MB)
- 신분증 : 180×6,000＝1,080,000KB(1,080MB)
- 여권 : 200×7,500＝1,500,000KB(1,500MB)
- 단체사진 : 250×5,000＝1,250,000KB(1,250MB)

모든 사진의 총용량을 더하면 1,200＋1,080＋1,500＋1,250＝5,030MB이다.
5,030MB는 5.030GB이므로, 필요한 USB 최소 용량은 5GB이다.

08

정답 ③

회의실에 2인용 테이블이 4개 있었고 첫 번째 주문 후 2인용 테이블 4개가 더 생겨 총 8개지만 16명만 앉을 수 있기 때문에 테이블 하나를 추가로 주문해야 한다. 의자는 회의실에 9개, 창고에 2개, 주문한 1개를 더하면 총 12개로 5개를 더 주문해야 한다.

09

정답 ③

8월 10일에 있는 햇빛새싹발전소 발전사업 대상지 방문 일정에는 3명이 참석한다. 짐 무게 3kg당 탑승인원 1명으로 취급하므로, 총 4명의 인원이 탈 수 있는 렌터카가 필요하다. 최대 탑승인원을 만족하는 A, B, C, D렌터카 중 가장 저렴한 것은 A렌터카이지만 8월 1일~8월 12일에 여름휴가 할인행사로 휘발유 차량을 30% 할인하므로 B렌터카의 요금이 60,000×(1－0.3)＝42,000원으로 가장 저렴하다.
8월 18일 보령 본사 방문에 참여하는 인원은 4명인데, 짐 무게 6kg은 탑승인원 2명으로 취급하므로 총 6명이 탈 수 있는 렌터카가 필요하다. 최대 탑승인원을 만족하는 C와 D렌터카는 요금이 동일하므로 조건에 따라 최대 탑승인원이 더 많은 C렌터카를 선택한다.

01

성과급 기준표를 토대로 교사 A ~ E에 대한 성과급 배점을 정리하면 다음과 같다.

교사	주당 수업시간	수업 공개 유무	담임 유무	업무 곤란도	호봉	합계
A	14점	–	10점	20점	30점	74점
B	20점	–	5점	20점	30점	75점
C	18점	5점	5점	30점	20점	78점
D	14점	10점	10점	30점	15점	79점
E	16점	10점	5점	20점	25점	76점

따라서 D교사가 가장 높은 배점을 받게 된다.

02

직원들을 요일별로 초과근무 일정을 정리하면 목요일 초과근무자가 5명임을 알 수 있다.

월요일	화요일	수요일	목요일	금요일	토요일	일요일
김혜정 정해리 정지원	이지호 최명진	김재건 신혜선	박주환 신혜선 정지원 김우석 이상엽	김혜정 김유미	이설희 임유진 김유미	임유진 한예리 이상엽

목요일 초과근무자 중 단 1명만 초과근무 일정을 수정해야 한다면 목요일 6시간과 일요일 3시간 일정으로 $6+3 \times 1.5 = 10.5$시간을 근무하는 이상엽 직원의 일정을 수정해야 한다. 따라서 목요일에 초과근무 예정인 이상엽 직원의 요일과 시간을 수정해야 한다.

03

$$(하루 1인당 고용비) = (1인당 수당) + (산재보험료) + (고용보험료)$$
$$= 50,000 + (50,000 \times 0.00504) + (50,000 \times 0.013)$$
$$= 50,000 + 252 + 650 = 50,902원$$
$$(하루 동안 고용할 수 있는 인원수) = [(본예산) + (예비비)] / (하루 1인당 고용비)$$
$$= \frac{600,000}{50,902}$$
$$\fallingdotseq 11.8$$

따라서 하루 동안 고용할 수 있는 최대 인원은 11명이다.

04

C사원은 혁신성, 친화력, 책임감이 '상 – 상 – 중'으로 영업팀의 중요도에 적합하며, 창의성과 윤리성은 '하'이지만 영업팀에서 중요하게 생각하지 않는 역량이기에 영업팀으로의 부서 배치가 적절하다.
E사원은 혁신성, 책임감, 윤리성이 '중 – 상 – 하'로 지원팀의 핵심역량가치에 부합하기에 지원팀으로의 부서 배치가 적절하다.

05

정답 ③

최나래, 황보연, 이상윤, 한지혜는 업무성과 평가에서 상위 40%(인원이 10명이므로 4명) 이내에 해당하지 않으므로 대상자가 아니다. 업무성과 평가 결과에서 40% 이내에 드는 사람은 4명까지이지만, B를 받은 사람 4명을 동순위자로 보아 6명이 대상자 후보가된다. 6명 중 박희영은 통근거리가 50km 미만이므로 대상자에서 제외된다. 나머지 5명 중에서 자녀가 없는 김성배, 이지규는 우선순위에서 밀려나고, 나머지 3명 중에서는 통근거리가 가장 먼 순서대로 이준서, 김태란이 대상자로 선정된다.

06

정답 ④

제시된 조건을 정리하면 다음과 같다.
• 최소비용으로 가능한 한 많은 인원 채용
• 급여는 희망임금으로 지급
• 6개월 이상 근무하되, 주말 근무시간은 협의가능
• 지원자들은 주말 이틀 중 하루만 출근하기를 원함
• 하루 1회 출근만 가능
위 조건을 모두 고려하여 근무스케줄을 작성해보면 총 5명의 직원을 채용할 수 있다.

근무시간	토요일	일요일
11:00 ~ 12:00	최지홍(7,000원)	박소다(7,500원)
12:00 ~ 13:00		
13:00 ~ 14:00		
14:00 ~ 15:00		
15:00 ~ 16:00		우병지(7,000원)
16:00 ~ 17:00		
17:00 ~ 18:00		
18:00 ~ 19:00	한승희(7,500원)	
19:00 ~ 20:00		
20:00 ~ 21:00		김래원(8,000원)
21:00 ~ 22:00		

※ 김병우 지원자의 경우에는 희망근무기간이 4개월이므로 채용하지 못한다.

07

정답 ③

ㄱ. 각 팀장이 매긴 순위에 대한 가중치는 모두 동일하다고 했으므로 1, 2, 3, 4순위의 가중치를 각각 4, 3, 2, 1점으로 정해 네 사람의 면접점수를 산정하면 다음과 같다.
• 갑 : 2+4+1+2=9
• 을 : 4+3+4+1=12
• 병 : 1+1+3+4=9
• 정 : 3+2+2+3=10
면접점수가 높은 을, 정 중 1명이 입사를 포기하면 갑, 병 중 1명이 채용된다. 갑과 병의 면접점수는 9점으로 동점이지만 조건에 따라 인사팀장이 부여한 순위가 높은 갑을 채용하게 된다.

ㄷ. 경영관리팀장이 갑과 병의 순위를 바꿨을 때, 네 사람의 면접점수를 산정하면 다음과 같다.
• 갑 : 2+1+1+2=6
• 을 : 4+3+4+1=12
• 병 : 1+4+3+4=12
• 정 : 3+2+2+3=10
즉, 을과 병이 채용되므로 정은 채용되지 못한다.

[오답분석]

ㄴ. 인사팀장이 을과 정의 순위를 바꿨을 때, 네 사람의 면접점수를 산정하면 다음과 같다.

- 갑 : 2+4+1+2=9
- 을 : 3+3+4+1=11
- 병 : 1+1+3+4=9
- 정 : 4+2+2+3=11

즉, 을과 정이 채용되므로 갑은 채용되지 못한다.

08

정답 ②

면접평가 결과를 점수로 변환하면 다음과 같다.

구분	A	B	C	D	E
의사소통능력	100	100	100	80	50
문제해결능력	80	75	100	75	95
조직이해능력	95	90	60	100	90
대인관계능력	50	100	80	60	85

변환된 점수에 최종 합격자 선발기준에 따른 평가비중을 곱하여 최종 점수를 도출하면 다음과 같다.
- A : $(100\times0.4)+(80\times0.3)+(95\times0.2)+(50\times0.1)=88$점
- B : $(100\times0.4)+(75\times0.3)+(90\times0.2)+(100\times0.1)=90.5$점
- C : $(100\times0.4)+(100\times0.3)+(60\times0.2)+(80\times0.1)=90$점
- D : $(80\times0.4)+(75\times0.3)+(100\times0.2)+(60\times0.1)=80.5$점
- E : $(50\times0.4)+(95\times0.3)+(90\times0.2)+(85\times0.1)=75$점

∴ 최종 합격자는 상위자 2명이므로 'B, C'가 선발된다.

09

정답 ④

A ~ E의 조건별 점수를 구하면 다음과 같다.

구분	직위	직종	근속연수	가족부양 수	주택 유무	합계
A	3점	5점	3점	–	10점	21점
B	1점	10점	1점	4점	10점	26점
C	4점	10점	4점	4점	–	22점
D	2점	3점	1점	6점	10점	22점
E	5점	5점	5점	6점	–	21점

C과장과 D주임의 경우 동점으로, 가족부양 수가 더 많은 D주임이 우선순위를 가진다. 따라서 가장 높은 점수인 B사원과 D주임이 사택을 제공받을 수 있다.

10

정답 ③

먼저 모든 면접위원의 입사 후 경력은 3년 이상이어야 한다는 조건에 따라 A, E, F, H, I, L은 면접위원으로 선정될 수 없다. 이사 직위로 6명 중 50% 이상 구성해야 하므로 자격이 있는 C, G, N은 반드시 면접위원으로 포함한다. 다음으로 인사팀을 제외한 부서는 2명 이상 선출할 수 없으므로 이미 N이사가 선출된 개발팀은 더 선출할 수 없고, 인사팀은 반드시 2명 이상을 포함해야 하므로 D과장은 반드시 선출된다. 이를 정리하면 다음과 같다.

구분	1	2	3	4	5	6
경우 1	C이사	D과장	G이사	N이사	B과장	J과장
경우 2	C이사	D과장	G이사	N이사	B과장	K대리
경우 3	C이사	D과장	G이사	N이사	J과장	K대리

따라서 B과장이 면접위원으로 선출됐더라도 K대리가 선출되지 않는 경우도 있다.

04 | 기술능력

출제유형분석 01 실전예제

01

정답 ①

상향식 기술선택은 기술자들로 하여금 자율적으로 기술을 선택하게 함으로써 기술자들의 흥미를 유발할 수 있고, 이를 통해 그들의 창의적인 아이디어를 활용할 수 있는 장점이 있다.

오답분석

② 하향식 기술선택은 먼저 기업이 직면하고 있는 외부환경과 기업의 보유 자원에 대한 분석을 통해 기업의 중·장기적인 사업목표를 설정하고, 이를 달성하기 위해 확보해야 하는 핵심고객층과 그들에게 제공하고자 하는 제품과 서비스를 결정한다.
③ 상향식 기술선택은 기술자들이 자신의 과학기술 전문 분야에 대한 지식과 흥미만을 고려하여 기술을 선택하게 함으로써 시장의 고객들이 요구하는 제품이나 서비스를 개발하는 데 부적합한 기술이 선택될 수 있다.
④ 하향식 기술선택은 기술에 대한 체계적인 분석을 한 후, 기업이 획득해야 하는 대상기술과 목표기술수준을 결정한다.
⑤ 상향식 기술선택은 기술자들로 하여금 자율적으로 기술을 선택하게 함으로써 시장에서 불리한 기술이 선택될 수 있다.

02

정답 ①

석유자원을 대체하고 에너지의 효율성을 높이는 것은 기존 기술에서 탈피하고 새로운 기술을 습득하는 기술경영자의 능력으로 볼 수 있다.

기술경영자의 능력
- 기술을 기업의 전반적인 전략 목표에 통합시키는 능력
- 빠르고 효과적으로 새로운 기술을 습득하고 기존의 기술에서 탈피하는 능력
- 기술을 효과적으로 평가할 수 있는 능력
- 기술 이전을 효과적으로 할 수 있는 능력
- 새로운 제품 개발 시간을 단축할 수 있는 능력
- 크고 복잡하며 서로 다른 분야에 걸쳐 있는 프로젝트를 수행할 수 있는 능력
- 조직 내의 기술 이용을 수행할 수 있는 능력
- 기술 전문 인력을 운용할 수 있는 능력

출제유형분석 02 실전예제

01

정답 ②

Index 뒤의 문자 SHAWTY와 File 뒤의 문자 CRISPR에서 일치하는 알파벳의 개수를 확인하면, 'S' 1개만 일치하는 것을 알 수 있다. 따라서 판단 기준에 따라 Final Code는 Atur이다.

02

정답 ③

사용 전 알아두기 네 번째에 제습기의 물통이 가득 찰 경우 작동이 멈춘다고 하였으므로 서비스센터에 연락해야 한다.

오답분석

① 실내 온도가 18℃ 미만일 때 냉각기에 결빙이 시작되어 제습량이 줄어들 수 있다.
② 컴프레서 작동으로 실내 온도가 올라갈 수 있다.
④ 여섯 번째 사항에서 10분 꺼두었다가 다시 켜서 작동하면 정상이라고 하였다.
⑤ 희망 습도에 도달하면 운전이 멈추고, 습도가 높아지면 다시 자동 운전으로 작동한다.

03

정답 ①

보증서가 없으면 영수증이 대신하는 것이 아니라, 제조일로부터 3개월이 지난 날이 보증기간 시작일이 된다.

오답분석

② 보증기간 안내 두 번째 항목 보증기간 산정 기준을 보면 제품보증기간 정의가 나와 있다.
'제품 보증기간이라 함은 제조사 또는 제품 판매자가 소비자에게 정상적인 상태에서 자연 발생한 품질 성능 기능 하자에 대하여 무료 수리해 주겠다고 약속한 기간'이므로 맞는 내용이다.
③ · ④ 2017년 1월 이전 구입 제품은 2년이고, 나머지는 1년이 보증기간이다.
⑤ 제습기 부품 보증기간에 2016년 1월 이후 생산된 제품은 10년이라고 하였다.

04

정답 ③

체온 측정을 위한 주의사항에 따르면 체온을 측정할 때는 정확한 측정을 위해 과다한 귀지가 없도록 해야 한다.

오답분석

① 체온을 측정하기 전 새 렌즈필터를 부착해야 한다.
② 오른쪽 귀에서 측정한 체온과 왼쪽 귀에서 측정한 체온은 다를 수 있으므로 항상 같은 귀에서 체온을 측정해야 한다.
④ 영점 조정에 대한 사항은 지문에서 확인할 수 없는 내용이다.
⑤ 체온을 측정하기 전 새 렌즈필터를 부착해야 하며, 렌즈를 알코올 솜으로 닦는 사항은 지문에서 확인할 수 없는 내용이다.

05

정답 ①

'POE' 에러 메시지는 체온계가 렌즈의 정확한 위치를 감지할 수 없어 정확한 측정이 어렵다는 메시지이다. 따라서 〈ON〉 버튼을 3초간 길게 눌러 화면을 지운 다음 정확한 위치에 체온계를 넣어 다시 측정해야 한다.

오답분석

② '――' 에러 메시지가 떴을 때의 해결방법에 해당한다.
③ 지문에서 확인할 수 없는 내용이다.
④ '―――' 에러 메시지가 떴을 때의 해결방법에 해당한다.
⑤ 'HI℃', 'LO℃' 에러 메시지가 떴을 때의 해결방법에 해당한다.

06

정답 ①

제품사양에 따르면 '에듀프렌드'는 내장 500GB, 외장 500GB 총 1TB의 메모리를 지원하고 있다. 1TB까지 저장이 가능하므로 500GB를 초과하더라도 추가로 저장할 수 있다.

오답분석

② 학습자 관리 기능으로 인적사항을 등록할 수 있다.
③ 교사 스케줄링 기능으로 일정을 등록할 수 있고, 중요한 일정은 알람을 설정할 수 있다.
④ GPS를 지원하여 학습자 방문지와의 거리 및 시간 정보와 경로를 탐색할 수 있다.
⑤ 커뮤니티에 접속해 공지사항을 확인할 수 있다.

07

주의사항에 따르면 기기에 색을 칠하거나 도료를 입히면 안 되며, 이를 위반하였을 경우 제품손상이 발생할 수 있다. 그러나 ⑤와 같이 기기가 아닌 보호 커버 위에 매직펜으로 이름을 쓰는 것은 제품손상과 관계없다.

[오답분석]

① 출력 커넥터에 허용되는 헤드셋 또는 이어폰을 사용해야 한다.
② 자성을 이용한 제품을 가까이 두어서는 안 된다.
③ 물 또는 빗물에 던지거나 담그는 것은 고장의 원인이 될 수 있다.
④ 기기를 떨어뜨리는 것은 고장의 원인이 될 수 있다.

08

벽걸이형 난방기구를 설치하기 위해서는 거치대를 먼저 벽에 고정시킨 뒤, 평행을 맞춰 제품을 거치대에 고정시키고, 거치대의 고정 나사를 단단히 조여 흔들리지 않도록 한다.

[오답분석]

① 벽걸이용 거치대의 상단 구멍에 대한 내용은 설명서에 나타나 있지 않다.
② 스탠드는 벽걸이형이 아닌 스탠드형 설치에 필요한 제품이다.
③ 벽이 단단한 콘크리트나 타일일 경우 전동드릴로 구멍을 내어 거치대를 고정시킨다.
⑤ 스탠드가 아닌 거치대의 고정 나사를 조여 흔들리지 않도록 고정시킨다.

09

실내온도가 설정온도보다 약 $2 \sim 3$℃ 내려가면 히터가 다시 작동한다. 따라서 실내온도가 20℃라면 설정온도를 20℃보다 $2 \sim 3$℃ 이상으로 조절해야 히터가 작동한다.

10

작동되고 있는 히터를 손으로 만지는 것은 화상을 입을 수 있는 등의 위험한 행동이지만, 난방기 고장의 원인으로 보기에는 거리가 멀다.

05 | 조직이해능력

출제유형분석 01 실전예제

01

정답 ⑤

전략 목표를 먼저 설정하고 환경을 분석해야 한다.

02

정답 ②

경영 활동을 구성하는 요소는 경영 목적, 인적자원, 자금, 경영 전략이다. (나)의 경우와 같이 봉사활동을 수행하는 일은 목적과 인력, 자금 등이 필요한 일이지만, 정해진 목표를 달성하기 위한 조직의 관리, 전략, 운영활동이라고 볼 수 없으므로 경영 활동이 아니다.

출제유형분석 02 실전예제

01

정답 ③

비영리조직이면서 대규모조직인 학교에서 5시간 있었다.
• 학교 : 공식조직, 비영리조직, 대규모조직
• 카페 : 공식조직, 영리조직, 대규모조직
• 스터디 : 비공식조직, 비영리조직, 소규모조직

[오답분석]
① 비공식적이면서 소규모조직인 스터디에서 2시간 있었다.
② 공식조직인 학교와 카페에서 8시간 있었다.
④ 영리조직인 카페에서 3시간 있었다.
⑤ 비공식적이면서 비영리조직인 스터디에서 2시간 있었다.

02

정답 ②

K사는 기존에 수행하지 않던 해외 판매 업무가 추가될 것이므로 그에 따른 해외영업팀 등의 신설 조직이 필요하게 된다. 해외에 공장 등의 조직을 보유하게 됨으로써 이를 관리하는 해외관리 조직이 필요할 것이며, 물품의 수출에 따른 통관 업무를 담당하는 통관물류팀, 외화 대금 수취 및 해외 조직으로부터의 자금 이동 관련 업무를 담당할 외환업무팀, 국제 거래상 발생하게 될 해외 거래 계약 실무를 담당할 국제법무 조직 등이 필요하게 된다. 기업회계팀은 K사의 해외 사업과 상관없이 기존 회계를 담당하는 조직이라고 볼 수 있다.

03

정답 ②

②는 업무의 내용이 유사하고 관련성이 있는 업무들을 결합해서 구분한 것으로, 기능식 조직 구조의 형태로 볼 수 있다.

04

정답 ③

마케팅기획본부는 해외마케팅기획팀과 마케팅기획팀으로 구성된다고 했으므로 적절하지 않다.

[오답분석]

①·② 마케팅본부의 마케팅기획팀과 해외사업본부의 해외마케팅기획팀을 통합해 마케팅기획본부가 신설된다고 했으므로 적절하다.
④ 해외사업본부의 해외사업 1팀과 해외사업 2팀을 해외영업팀으로 통합하고 마케팅본부로 이동한다고 했으므로 적절하다.
⑤ 구매·총무팀에서 구매팀과 총무팀이 분리되고 총무팀과 재경팀을 통합 후 재무팀이 신설된다고 했으므로 적절하다.

출제유형분석 03 실전예제

01

정답 ①

ㄱ. 조직의 업무는 원칙적으로 업무분장에 따라 이루어져야 하지만, 실제 수행 시에는 상황에 따라 효율성을 극대화시키기 위해 변화를 주는 것이 바람직하다.
ㄴ. 구성원 개인이 조직 내에서 책임을 수행하고 권한을 행사할 때 기반이 되는 것은 근속연수가 아니라 직위이다.

[오답분석]

ㄷ. 업무는 관련성, 동일성, 유사성, 수행시간대 등 다양한 기준에 따라 통합하여 수행하는 것이 효율적이다.
ㄹ. 직위는 조직의 각 구성원에게 수행해야 할 일정 업무가 할당되고, 그 업무를 수행하는 데 필요한 권한과 책임이 부여된 조직상의 위치이다.

02

정답 ③

시간 순서대로 나열해 보면 '회의실 예약 – PPT 작성 – 메일 전송 – 수정사항 반영 – B주임에게 조언 구하기 – 브로슈어에 최종본 입력 – D대리에게 파일 전달 – 인쇄소 방문' 순서이다.

03

정답 ③

담당	과장	부장	상무이사	전무이사
○○○	최경옥	김석호	대결 최수영	전결

ㄱ. 최수영 상무이사가 결재한 것은 대결이다. 대결은 결재권자가 출장, 휴가, 기타 사유로 상당 기간 부재중일 때 긴급한 문서를 처리하고자 할 경우에 결재권자의 차하위 직위의 결재를 받아 시행하는 것을 말한다.
ㄴ. 대결 시에는 기안문의 결재란 중 대결한 자의 란에 '대결'을 표시하고 서명 또는 날인한다.

04

정답 ⑤

최팀장 책상의 서류 읽어 보기(박과장 방문 전) → 박과장 응대하기(오전) → 최팀장에게 서류 갖다 주기(점심시간) → 회사로 온 연락 최팀장에게 알려 주기(오후) → 이팀장에게 전화달라고 전하기(퇴근 전)

05

정답 ⑤

홍보용 보도 자료 작성은 홍보팀의 업무이며, 물품 구매는 총무팀의 업무이다. 즉, 영업팀이 아닌 홍보팀이 홍보용 보도 자료를 작성해야 하며, 홍보용 사은품 역시 직접 구매하는 것이 아니라 홍보팀이 총무팀에 업무협조를 요청하여 총무팀이 구매하도록 하여야 한다.

06

정답 ②

'㉠ 비서실 방문'은 브로슈어 인쇄를 위해 미리 파일을 받아야 하므로 '㉣ 인쇄소 파일 전달'보다 먼저 이루어져야 한다. '㉤ 회의실, 마이크 체크'는 내일 오전 '㉥ 업무보고' 전에 준비해야 할 사항이다. '㉢ 케이터링 서비스 예약'은 내일 3시 팀장회의를 위해 준비하는 것이므로 24시간 전인 오늘 3시 이전에 실시하여야 한다. 따라서 위 업무순서를 정리하면 ㉢ → ㉠ → ㉣ → ㉤ → ㉥이 되는데, 여기서 ㉢이 ㉠보다 먼저 이루어져야 하는 이유는 현재 시각이 2시 50분이기 때문이다. 비서실까지 가는 데 걸리는 시간이 15분이므로 비서실에 갔다 오면 3시가 지난다. 그러므로 케이터링 서비스 예약을 먼저 하는 것이 적절하다.

PART 2

최종점검 모의고사

01	02	03	04	05	06	07	08	09	10	11	12	13	14	15	16	17	18	19	20
③	④	②	⑤	②	④	②	③	⑤	①	②	⑤	④	③	③	②	⑤	④	①	④
21	22	23	24	25	26	27	28	29	30	31	32	33	34	35	36	37	38	39	40
④	①	③	③	⑤	③	①	②	④	①	②	①	④	④	③	③	①	⑤	③	④
41	42	43	44	45	46	47	48	49	50										
①	③	⑤	⑤	④	②	④	④	⑤	②										

01

정답 ③

(가)에 따라 A ~ D는 모두 직업이 같거나 두 명씩 서로 다른 직업을 가져야 한다. 이때 (라)에 따라 A와 D의 직업은 서로 같아야 하므로 A, B, C, D의 직업이 모두 같은 경우와 (A, D)와 (B, C)의 직업이 서로 다른 경우로 나누어 볼 수 있다.

1) A, B, C, D의 직업이 모두 같은 경우

(다)에 따라 C가 경찰관인 경우 D와 직업이 같을 수 없으므로 C는 경찰관이 될 수 없다. 따라서 A, B, C, D는 모두 소방관이다.

2) (A, D)와 (B, C)의 직업이 서로 다른 경우

• A, D가 소방관인 경우

(나)에 따라 A가 소방관이면 B가 소방관이거나 C는 경찰관이다. 이때, A와 B의 직업이 서로 다르므로 B는 소방관이 될 수 없으며 C가 경찰관이 된다. C가 경찰관이면 (다)에 따라 D는 소방관이 된다. 따라서 A, D는 소방관이며, B, C는 경찰관이다.

• A, D가 경찰관인 경우

(다)의 대우 'D가 소방관이 아니면 C는 경찰관이 아니다.'가 성립하므로 D가 경찰관이면 C는 소방관이 된다. 따라서 A, D는 경찰관이며, B, C는 소방관이다.

구분	A	B	C	D
경우 1	소방관			
경우 2	소방관	경찰관	경찰관	소방관
경우 3	경찰관	소방관	소방관	경찰관

따라서 B, C의 직업은 항상 같다.

02

정답 ④

• 첫 번째 조건 : 파란공은 두 번째·네 번째·다섯 번째로 무겁다.
• 두 번째 조건 : 빨간공은 세 번째·네 번째·다섯 번째로 무겁다.
• 세 번째 조건 : 흰공은 첫 번째·두 번째·다섯 번째로 무겁다.
• 네 번째 조건 : 무게는 파란공·빨간공>검은공이다.
• 다섯 번째 조건 : 무게는 흰공>노란공>파란공이다.

조건을 바탕으로 무거운 순서대로 나타내면 다음과 같다.

첫 번째	두 번째	세 번째	네 번째	다섯 번째
흰공	노란공	빨간공	파란공	검은공

따라서 공 5개를 무게가 무거운 순서대로 바르게 나열한 것은 ④이다.

03

다음의 논리 순서를 따라 주어진 조건을 정리하면 쉽게 접근할 수 있다.

• 세 번째 조건 : 한국은 월요일에 대전에서 연습을 한다.
• 다섯 번째 조건 : 미국은 월요일과 화요일에 수원에서 연습을 한다.
• 여섯 번째 조건 : 미국은 목요일에 인천에서 연습을 한다.
• 일곱 번째 조건 : 금요일에 중국과 미국은 각각 서울과 대전에서 연습을 한다.
• 여덟 번째 조건 : 한국은 월요일에 대전에서 연습하므로, 화요일과 수요일에 이틀 연속으로 인천에서 연습을 한다.

이때, 미국은 자연스럽게 수요일에 서울에서 연습함을 유추할 수 있고, 한국은 금요일에 인천에서 연습을 할 수 없으므로, 목요일에는 서울에서, 금요일에는 수원에서 연습함을 알 수 있다. 그리고 만약 중국이 수요일과 목요일에 이틀 연속으로 수원에서 연습을 하게 되면 일본은 수원에서 연습을 못하게 되므로, 중국은 월요일과 목요일에 각각 인천과 수원에서 연습하고, 화요일과 수요일에 대전에서 이틀 연속으로 연습해야 함을 유추할 수 있다. 나머지는 일본이 모두 연습하면 된다. 이를 표로 정리하면 다음과 같다.

지역	월요일	화요일	수요일	목요일	금요일
서울	일본	일본	미국	한국	중국
수원	미국	미국	일본	중국	한국
인천	중국	한국	한국	미국	일본
대전	한국	중국	중국	일본	미국

따라서 수요일에 대전에서는 중국이 연습을 한다.

오답분석

①·③·④·⑤ 조건을 정리한 표를 통해 쉽게 확인할 수 있다.

04

정답 ⑤

직원명단 순서대로 직원코드를 생성하면 다음과 같다.

명단	입사 연도	퇴사 연도	재직기간	채용전형	생년월일·성명
최지율	1980년대 : A8	2016년 : Y	20년 초과 30년 이내 : ㄷ	공채 : a	650802ㅊㅈ
강이나라	2000년대 : B0	재직자 : Z	재직자 : ㅁ	공채 : a	720201ㄱㅇ
김자영	1980년대 : A8	1999년 : X	10년 초과 20년 이내 : ㄴ	특채 : b	580119ㄱㅈ
이아름	2010년대 : B1	재직자 : Z	재직자 : ㅁ	공채 : a	930605ㅇㅇ
유소정	2020년대 : B2	재직자 : Z	재직자 : ㅁ	특채 : b	981220ㅇㅅ

위 명단 순서대로 직원코드를 정리하면 다음과 같다.

• 최지율 : A8Yㄷa650802ㅊㅈ
• 강이나라 : B0Zㅁa720201ㄱㅇ
• 김자영 : A8Xㄴb580119ㄱㅈ
• 이아름 : B1Zㅁa930605ㅇㅇ
• 유소정 : B2Zㅁb981220<u>ㅇㅅ</u>

따라서 ⑤는 유소정의 직원코드와 다르다.

05

정답 ②

입사 연도 A6 ~ A9를 A, B0 ~ B2를 B로 수정하고, 세 번째 코드인 재직기간에서 재직자의 코드를 'ㅁ'에서 '-'로 수정해 준다. 마지막으로 생년월일·성명 코드에서 성명의 모든 초성을 적어 변경사항을 적용하면 다음과 같다.

• 최지율 : AYㄷa650802ㅊㅈㅇ
• 강이나라 : BZ<u>-</u>a720201ㄱㅇㄴㄹ
• 김자영 : AXㄴb580119ㄱㅈㅇ
• 이아름 : BZ-a930605ㅇㅇㄹ
• 유소정 : BZ-b981220ㅇㅅㅈ

따라서 ②는 강이나라의 직원코드와 다르다.

06

파일 이름에 주어진 규칙을 적용하여 암호를 구하면 다음과 같다.

1. 비밀번호 중 첫 번째 자리에는 파일 이름의 첫 문자가 한글일 경우 @, 영어일 경우 #, 숫자일 경우 *로 특수문자를 입력한다.
   • 2022매운전골Cset3인기준recipe8 → *
2. 두 번째 자리에는 파일 이름의 총 자리 개수를 입력한다.
   • 2022매운전골Cset3인기준recipe8 → *23
3. 세 번째 자리부터는 파일 이름 내에 숫자를 순서대로 입력한다. 숫자가 없을 경우 0을 두 번 입력한다.
   • 2022매운전골Cset3인기준recipe8 → *23202238
4. 그 다음 자리에는 파일 이름 중 한글이 있을 경우 초성만 순서대로 입력한다. 없다면 입력하지 않는다.
   • 2022매운전골Cset3인기준recipe8 → *23202238ㅁㅇㅈㄱㅇㄱㅈ
5. 그 다음 자리에는 파일 이름 중 영어가 있다면 뒤에 덧붙여 순서대로 입력하되, a, e, i, o, u만 'a=1, e=2, i=3, o=4, u=5'로 변형하여 입력한다(대문자·소문자 구분 없이 모두 소문자로 입력한다).
   • 2022매운전골Cset3인기준recipe8 → *23202238ㅁㅇㅈㄱㅇㄱㅈcs2tr2c3p2

따라서 주어진 파일 이름의 암호는 '*23202238ㅁㅇㅈㄱㅇㄱㅈcs2tr2c3p2'이다.

07

ㄱ. LNG 구매력이 우수하다는 강점을 이용해 북아시아 가스관 사업이라는 기회를 활용하는 것은 SO전략에 해당한다.
ㄷ. 수소 자원 개발이 고도화되고 있는 기회를 이용하여 높은 공급단가라는 약점을 보완하는 것은 WO전략에 해당한다.

> **오답분석**

ㄴ. 북아시아 가스관 사업은 강점이 아닌 기회에 해당되므로 ST전략에 해당한다고 볼 수 없다.
ㄹ. 높은 LNG 확보 능력이라는 강점을 이용해 높은 가스 공급단가라는 약점을 보완하려는 것은 WT전략에 해당한다고 볼 수 없다.

08

• 기현 : 관광숙박업에 속하는 호텔관리사 자격증과 호텔경영사 자격증의 발급기관은 모두 한국관광공사이므로 올바른 기관에 문의하였다.
• 미라 : 외국인 친구의 제출서류인 반명함판 사진과 신분증 중 여권 사본 1부를 준비하게 하였으므로 적절한 행동이다.

> **오답분석**

• 정원 : 관광통역 안내사 자격증의 전형관리기관은 산업인력공단이므로 지자체가 아닌 산업인력공단에 문의하여야 한다.
• 시연 : 의료관광업의 국제의료관광 코디네이터 자격증 발급기관은 산업인력공단이므로 한국관광공사가 아닌 산업인력공단으로 가야 한다.

09

건물별 항목마다 적용되는 환산점수 합을 구하면 다음과 같다.

건물	층수	면적(건물＋주차장)	거리	시설	월임대료
A	3×10＝30	(40×3)＋(5×3)＝120＋15	10(6km)	−	30점 감점(300만 원)
B	2×10＝20	(50×2)＋(10×3)＝100＋30	10(10km)	−	50점 감점(500만 원)
C	1×10＝10	(90×1)＋(15×3)＝90＋45	20(4km)	−	40점 감점(400만 원)
D	2×10＝20	(60×2)＋(15×3)＝120＋45	5(14km)	5점 감점(장애인시설 없음)	50점 감점(500만 원)
E	2×10＝20	(55×2)＋(20×3)＝110＋60	10(8km)	10점 감점(엘리베이터 없음)	40점 감점(400만 원)

• A건물 : 30＋(120＋15)＋10＋(−30)＝145점
• B건물 : 20＋(100＋30)＋10＋(−50)＝110점
• C건물 : 10＋(90＋45)＋20＋(−40)＝125점
• D건물 : 20＋(120＋45)＋5＋(−5)＋(−50)＝135점

- E건물 : 20+(110+60)+10+(−10)+(−40)=150점

따라서 점수가 가장 높은 E건물로 사무실을 이전한다.

10

정답 ①

2층 이상의 건물이므로 1층인 C건물은 제외되고, 엘리베이터가 없는 E건물과 장애인시설이 없는 D건물도 조건에 맞지 않아 K공사는 A, B건물 중에 계약해야 한다. 두 건물은 현장과의 거리도 모두 12km 이내이므로 환산점수 합을 비교하면 A건물이 145점으로 110점인 B건물보다 높아 K공사는 A건물로 사무실을 이전한다.

11

정답 ②

두 열차가 같은 시간 동안 이동한 거리의 합은 6km이다.

두 열차가 이동한 시간을 x시간이라고 하면, KTX와 새마을호 속력의 비는 7 : 5이므로 KTX와 새마을호가 이동한 거리는 각각 $7x$km, $5x$km이다.

$7x+5x=6$

$\therefore x=0.5$

따라서 새마을호가 이동한 거리는 2.5km, KTX가 이동한 거리는 3.5km이다.

12

정답 ⑤

구입한 볼펜의 개수를 x자루, 색연필 개수는 y자루라고 하면,

$x+y=12 \cdots \bigcirc$

$500x+700y+1,000=8,600 \rightarrow 5x+7y=76 \cdots \bigcirc$

$\bigcirc$과 $\bigcirc$을 연립하면 $x=4$, $y=8$이므로 볼펜은 4자루, 색연필은 8자루를 구입했다.

13

정답 ④

작년 남자 사원 수를 x명, 여자 사원 수를 y명이라고 하면,

$x+y=500 \cdots \bigcirc$

$0.9x+1.4y=500\times1.08 \rightarrow 0.9x+1.4y=540 \cdots \bigcirc$

$\bigcirc$과 $\bigcirc$을 연립하면 $x=320$, $y=180$이므로 작년 남자 사원 수는 320명이다.

14

정답 ③

두 사람은 이번 주 토요일 이후에 각각 15일, 20일마다 미용실에 간다. 15와 20의 최소공배수를 구하면 60이므로 60일마다 두 사람은 미용실에 함께 가게 된다. 처음으로 다시 두 사람이 미용실에 같이 가는 요일은 $60\div7=7\times8+4$이므로 토요일의 4일 후는 수요일이다.

15

남자 합격자 수는 1,003명, 여자 합격자 수는 237명이다. $\frac{1,003}{237} \fallingdotseq 4$이므로, 남자 합격자 수는 여자 합격자 수의 약 4배이다.

[오답분석]

④ 경쟁률 $= \frac{(지원자 수)}{(모집정원)}$ 이므로, B집단의 경쟁률은 $\frac{585}{370} = \frac{117}{74}$ 이다.

⑤ C집단의 모집정원은 K회사 전체 모집정원의 $\frac{269}{1,240} \times 100 \fallingdotseq 22\%$ 를 차지한다.

16

$\frac{(대학졸업자 중 취업자)}{(전체 대학졸업자)} \times 100 = (대학졸업자 취업률) \times (대학졸업자의 경제활동인구 비중) \times \frac{1}{100}$

따라서 OECD 평균은 $50 \times 40 \times \frac{1}{100} = 20\%$이고, 이보다 높은 국가는 B, C, E, F, G, H이다.

17

2017 ~ 2021년까지 전체 이혼건수 증감추이는 계속적으로 증가했으며, 이와 같은 추이를 보이는 지역은 경기 지역 한 곳이다.

[오답분석]

① 2019 ~ 2021년 인천의 총이혼건수는 35+32+39=106천 건, 서울의 총이혼건수는 34+33+38=105천 건으로 인천이 많다.
② 2017 ~ 2021년까지 전체 이혼건수가 가장 적은 해는 2017년이고, 2021년은 이혼건수가 가장 많은 해이다.
③ 수도권(서울, 인천, 경기)의 이혼건수가 가장 많은 해는 2021년이다.

(단위 : 천 건)

지역	2017년	2018년	2019년	2020년	2021년
서울	28	29	34	33	38
인천	22	24	35	32	39
경기	19	21	22	28	33
합계(수도권)	69	74	91	93	110

④ 전체 이혼건수 대비 수도권의 이혼건수 비중은 2017년에 $\frac{69}{132} \times 100 \fallingdotseq 52.3\%$, 2021년에는 $\frac{110}{178} \times 100 \fallingdotseq 61.8\%$이다.

18

ㄴ. • 2020년 : $279 \times 17.1 \fallingdotseq 4,771$개   • 2021년 : $286 \times 16.8 \fallingdotseq 4,805$개
ㄹ. • 2019년 : $273 \times 85 = 23,205$억 원   • 2020년 : $279 \times 91 = 25,389$억 원
   • 2021년 : $286 \times 86.7 = 24,796.2$억 원

[오답분석]

ㄱ. • 2021년 창업보육센터 지원금액의 전년 대비 증가율 : $\frac{353-306}{306} \times 100 \fallingdotseq 15.4\%$

   • 2021년 창업보육센터 수의 전년 대비 증가율 : $\frac{286-279}{279} \times 100 \fallingdotseq 2.5\%$

ㄷ. 자료를 통해 쉽게 확인할 수 있다.

19

정답 ①

ㄱ. 2021년 한국, 중국, 일본 모두 원자재 수출액이 수입액보다 적으므로 원자재 무역수지는 적자이다.

오답분석

ㄴ. 2021년 한국의 소비재 수출액은 138억 달러로 2001년 수출액의 1.5배인 117×1.5＝175.5억 달러보다 적다.

ㄷ. 2021년 자본재 수출경쟁력은 일본이 한국보다 낮다.

- 일본 : $\dfrac{4,541-2,209}{4,541+2,209} \fallingdotseq 0.35$

- 한국 : $\dfrac{3,444-1,549}{3,444+1,549} \fallingdotseq 0.38$

20

정답 ④

고속국도 일평균 버스 교통량의 증감추이는 '증가 － 감소 － 증가 － 감소'이고, 일반국도 일평균 버스 교통량의 증감추이는 '감소 － 감소 － 감소 － 감소'이다. 따라서 고속국도와 일반국도의 일평균 버스 교통량의 증감추이는 같지 않다.

오답분석

① 2019 ~ 2023년의 일반국도와 국가지원지방도의 일평균 승용차 교통량의 합을 구하면 다음과 같다.

- 2019년 : 7,951＋5,169＝13,120대
- 2020년 : 8,470＋5,225＝13,695대
- 2021년 : 8,660＋5,214＝13,874대
- 2022년 : 8,988＋5,421＝14,409대
- 2023년 : 9,366＋5,803＝15,169대

따라서 고속국도의 일평균 승용차 교통량은 일반국도와 국가지원지방도의 일평균 승용차 교통량의 합보다 항상 많음을 알 수 있다.

참고로 해당 선택지는 일일이 계산하지 않고 눈으로만 대략 합산해도 고속국도의 일평균 승용차 교통량이 훨씬 많음을 알 수 있다. 이렇게 눈으로 풀 수 있는지 확인 후 빨리 다음 선택지로 넘어가는 것이 바람직하다.

② 제시된 자료를 통해 확인할 수 있다.

③ 전년 대비 교통량이 감소한 2020년을 제외하고 국가지원지방도의 연도별 일평균 버스 교통량의 전년 대비 증가율을 구하면 다음과 같다.

- 2021년 : $\dfrac{226-219}{219} \times 100 \fallingdotseq 3.20\%$

- 2022년 : $\dfrac{231-226}{226} \times 100 \fallingdotseq 2.21\%$

- 2023년 : $\dfrac{240-231}{231} \times 100 \fallingdotseq 3.90\%$

따라서 2023년에 국가지원지방도의 일평균 버스 교통량의 전년 대비 증가율이 가장 컸다.

⑤ 2023년 일반국도와 국가지원지방도의 일평균 화물차 교통량의 합은 2,757＋2,306＝5,063대이고, 5,063×2.5＝12,657.5＜13,211이다. 따라서 2023년 고속국도의 일평균 화물차 교통량은 2023년 일반국도와 국가지원지방도의 일평균 화물차 교통량의 합의 2.5배 이상이다.

21

정답 ④

10월 20 ~ 21일은 주중이며, 출장 또는 연수 일정이 없고, 부서이동 전에 해당되므로 김대리가 경기본부의 전기점검을 진행할 수 있는 일정이다.

오답분석

① 10월 6 ~ 7일은 김대리의 연수기간이므로 전기점검을 진행할 수 없다.

② 10월 11 ~ 12일은 주말인 11일을 포함하고 있다.

③ 10월 14 ~ 15일 중 15일은 목요일로, 김대리가 경인건설본부로 출장을 가는 날짜이다.

⑤ 10월 27 ~ 28일은 김대리가 27일부터 부서를 이동한 이후이므로, 김대리가 전기점검을 진행할 수 없다.

22

- 치과 진료 : 수요일 3주 연속 받는다고 하였으므로 13일, 20일은 무조건 치과 진료가 있다.
- 신혼여행 : 8박 9일간 신혼여행을 가고 휴가는 5일 사용할 수 있으므로 주말 4일을 포함해야 한다.

이 사실을 종합하면, 치과는 6일이 아닌 27일에 예약되어 있으며, 2일(토요일)부터 10일(일요일)까지 주말 4일을 포함하여 9일 동안 신혼여행을 다녀오게 된다. 신혼여행은 결혼식 다음 날 간다고 하였으므로 주어진 일정을 달력에 표시하면 다음과 같다.

일요일	월요일	화요일	수요일	목요일	금요일	토요일
					1 결혼식	2 신혼여행
3 신혼여행	4 신혼여행 / 휴가	5 신혼여행 / 휴가	6 신혼여행 / 휴가	7 신혼여행 / 휴가	8 신혼여행 / 휴가	9 신혼여행
10 신혼여행	11	12	13 치과	14	15	16
17	18	19	20 치과	21	22	23
24	25	26	27 치과	28 회의	29	30 추석연휴

따라서 A대리의 결혼날짜는 9월 1일이다.

23

우선 B사원의 대화내용을 살펴보면, 16:00부터 사내 정기 강연으로 2시간 정도 소요된다는 것을 알 수 있다. 또한 B사원은 강연 준비로 30분 정도 더 일찍 가야 하므로, 15:30부터는 가용할 시간이 없다. 그리고 기획안 작성업무는 두 시간 정도 걸릴 것으로 보고 있는데, A팀장이 먼저 기획안부터 마무리 짓자고 하였으므로, 11:00부터 업무를 시작하는 것으로 볼 수 있다. 그런데 중간에 점심시간이 껴 있으므로, 기획안 업무는 14:00에 완료될 것으로 볼 수 있다. 따라서 A팀장과 B사원 모두 여유가 되는 시간은 14:00 ~ 15:30이므로 가장 적절한 시간대는 ③이다.

24

정규시간 외에 초과근무가 있는 날의 시간외근무시간을 구하면 다음과 같다.

근무요일	초과근무시간			1시간 공제
	출근	야근	합계	
1 ~ 15일	–	–	–	770분
18(월)	–	70분	70분	10분
20(수)	60분	20분	80분	20분
21(목)	30분	70분	100분	40분
25(월)	60분	90분	150분	90분
26(화)	30분	160분	190분	130분
27(수)	30분	100분	130분	70분
합계	–	–	–	1,130분

∴ 1,130분＝18시간 50분

1시간 미만은 절사이므로 7,000원×18시간＝126,000원이다.

25

각 경로별 이동비용을 계산하면 다음과 같다.

① 41,000＋32,000＋7,500＋22,000＋39,000＝141,500원

② 41,000+35,500+22,000+10,500+38,000=147,000원
③ 38,000+7,500+22,000+37,500+41,000=146,000원
④ 39,000+22,000+7,500+32,000+41,000=141,500원
⑤ 39,000+10,500+7,500+35,500+41,000=133,500원
따라서 가장 비용이 적게 드는 경로는 ⑤이다.

26

정답 ③

각 경로별 이동소요시간을 계산하면 다음과 같다.
① (3시간 10분)+(1시간 40분)+(2시간 35분)+(2시간 5분)=9시간 30분
② (3시간 10분)+(2시간 15분)+(2시간 35분)+(1시간 5분)=9시간 5분
③ (2시간 40분)+(2시간 35분)+(1시간 40분)+(40분)=7시간 35분
④ (2시간 40분)+(2시간 15분)+(1시간 40분)+(1시간 5분)=7시간 40분
⑤ (2시간 45분)+(2시간 35분)+(2시간 15분)+(40분)=8시간 15분
따라서 이동시간이 가장 적게 소요되는 경로는 ③이다.

27

정답 ①

우선 제품 특성표를 ★의 개수로 수치화하면 다음과 같다.

제품	가격	브랜드가치	무게	디자인	실용성
A	3	5	4	2	3
B	5	4	4	3	2
C	3	3	3	4	3
D	4	5	2	3	3
E	4	3	3	2	3

이때, 50대 고객이 선호하는 특성인 브랜드가치, 무게, 실용성 점수만 더하여 계산하면 다음과 같다.
• A : 5+4+3=12
• B : 4+4+2=10
• C : 3+3+3=9
• D : 5+2+3=10
• E : 3+3+3=9
따라서 점수가 가장 높은 A제품을 판매하는 것이 가장 합리적이다.

28

정답 ②

27번 해설의 표를 바탕으로 20대와 30대 고객이 선호하는 특성인 가격, 무게, 디자인, 실용성 점수만 더하여 계산하면 다음과 같다.
• A : 3+4+2+3=12
• B : 5+4+3+2=14
• C : 3+3+4+3=13
• D : 4+2+3+3=12
• E : 4+3+2+3=12
따라서 점수가 가장 높은 B제품을 판매하는 것이 가장 합리적이다.

29

정답 ④

승진시험 성적은 100점 만점이므로 제시된 점수를 그대로 반영하고 영어 성적은 5를 나누어서 반영한다. 성과 평가의 경우는 2를 나누어서 합산해, 그 합산점수가 가장 큰 사람을 선발한다. 합산점수는 다음과 같다.

구분	A	B	C	D	E	F	G	H	I	J	K
합산점수	220	225	225	200	277.5	235	245	220	260	225	230

합산점수가 높은 E와 I는 동료 평가에서 하를 받았으므로 승진대상에서 제외된다. 따라서 다음 순위인 F, G가 승진대상자가 된다.

30

정답 ①

승진자 결정방식에 따라 승진대상자 5명의 승진점수를 계산하면 다음과 같다.

직원	업무실적점수	사고점수	근무태도점수	가점 및 벌점		승진점수
				점수	사유	
갑	20	7	7	+2	수상 1회	36
을	17	9	10	+4	수상 2회	40
병	13	8	7	–	–	28
정	20	6	4	–	–	30
무	10	10	10	+4	수상 1회, 무사고	34

승진점수가 높은 직원 2명은 승진점수가 40점인 을과 36점인 갑이므로, 갑과 을이 승진하게 된다.

31

정답 ②

두께가 100 ~ 160micron 사이의 코팅지를 사용할 수 있으므로 120micron 코팅지는 사용할 수 있다.

오답분석

① 스위치를 'ON'으로 놓고 3 ~ 5분 정도 예열을 해야 하며, 예열표시등이 파란불에서 빨간불로 바뀌고 코팅을 할 수 있다.
③ 코팅지는 봉합된 부분부터 코팅 투입구에 넣어야 한다.
④ 코팅지는 코팅기를 통과하며 기기 뒷면 코팅 배출구에서 나오고, 임의로 코팅지를 잡아당기면 안 된다.
⑤ 사용 완료 후 1 ~ 2시간 정도 열을 충분히 식힌 후에 이동 및 보관을 해야 한다.

32

정답 ①

코팅지가 기기에 걸렸을 경우 앞면의 스위치를 'OFF'로 돌려 전원을 차단시킨 다음 기기 뒷면에 있는 'REMOVE' 스위치를 화살표 방향으로 밀면서 코팅 서류를 조심스럽게 당겨 뽑아야 한다.

33

정답 ④

④에 대한 내용은 문제 해결법에 나와 있지 않다.

34

정답 ④

인쇄 속도가 느릴 때 해결할 수 있는 방안이다.

35

정답 ③

[세부절차 설명] (2)에서 공유기의 DHCP 서버 기능을 중지하도록 안내하고 있다. 또한, [안내]에서도 공유기에 내부 IP 주소 변경과 DHCP 서버 기능을 중단하도록 알려주고 있다.

36

정답 ③

[세부절차 설명] (3)을 살펴보면 스위치로 동작하는 〈공유기 2〉의 WAN 포트에는 아무것도 연결하지 않도록 안내하고 있으므로, WAN 포트에 연결하라는 답변은 옳지 않다.

37

정답 ①

세탁기와 수도꼭지와의 거리에 대해서는 설치 시 주의사항에서 확인할 수 없는 내용이다.

38

정답 ⑤

세탁기 내부온도가 70℃ 이상이거나 물 온도가 50℃ 이상인 경우 세탁기 문이 열리지 않는다. 따라서 내부온도가 내려갈 때까지 잠시 기다려야 하며 이러한 상황에 대해 고객에게 설명해주어야 한다.

오답분석

① · ④ 세탁조에 물이 남아 있다면 탈수를 선택하여 배수하여야 한다.
② 세탁기 내부온도가 높다면 내부온도가 내려갈 때까지 잠시 기다려야 한다.
③ 탈수 시 세탁기가 흔들릴 때의 해결방법이다.

39

정답 ③

처음 상태와 바뀐 상태를 비교하면, 1번과 2번 기계는 시계 방향으로 90°, 3번과 4번 기계는 시계 반대 방향으로 90° 회전했다. 우선 1번 기계가 시계 방향으로 90° 회전하려면 'O' 또는 '●' 스위치를 눌러야 한다. 이때 '●' 스위치를 누를 경우, 결과가 같아지려면 4번 기계가 180° 회전해야 한다. 즉, 스위치를 추가로 2번 눌러야 한다. 그러므로 '●' 스위치를 누르면 안 된다. 결국 'O'와 '◑' 스위치를 누르면 주어진 결과와 같은 형태가 된다.

40

정답 ④

처음 상태와 바뀐 상태를 비교하면, 1번과 4번 기계는 모양이 바뀌지 않고, 2번 기계는 시계 방향으로 90°, 3번 기계는 시계 반대 방향으로 90° 회전했다. 우선 2번 기계가 시계 방향으로 90° 회전하려면 'O' 또는 'ㅁ' 스위치를 눌러야 한다. 이때 'ㅁ' 스위치를 누를 경우, 결과가 같아지려면 3번 기계가 180° 회전해야 한다. 즉, 스위치를 추가로 2번 눌러야 한다. 그러므로 'ㅁ' 스위치를 누르면 안 된다. 결국 'O'와 '■' 스위치를 누르면 주어진 결과와 같은 형태가 된다.

41

정답 ①

스톡옵션제도에 대한 설명으로 자본참가 유형에 해당한다.

오답분석

② 스캔론 플랜에 대한 설명으로 성과참가 유형에 해당한다.
③ 럭커 플랜에 대한 설명으로 성과참가 유형에 해당한다.
④ 노사협의제도에 대한 설명으로 의사결정참가 유형에 해당한다.
⑤ 노사공동결정제도에 대한 설명으로 의사결정참가 유형에 해당한다.

42

정답 ③

제시문의 내용을 살펴보면, K전자는 성장성이 높은 LCD 사업 대신에 익숙한 PDP 사업에 더욱 몰입하였으나, 점차 LCD의 경쟁력이 높아짐으로써 PDP는 무용지물이 되었다는 것을 알 수 있다. 따라서 K전자는 LCD 시장으로의 사업전략을 수정할 수 있었지만, 보다 익숙한 PDP 사업을 선택하고 집중함으로써 시장에서 경쟁력을 잃는 결과를 얻게 되었다.

43

정답 ⑤

영리조직의 사례로는 이윤 추구를 목적으로 하는 다양한 사기업을 들 수 있으며, 비영리조직으로는 자원봉사단체, 병원, 대학, 시민단체, 종교단체 등을 들 수 있다.

44

조직문화는 조직의 안정성을 가져 오므로 많은 조직들은 그 조직만의 독특한 조직문화를 만들기 위해 노력한다.

45

일반적인 조직에서 인사부는 조직기구의 개편 및 조정, 업무분장 및 조정, 직원수급계획 및 관리, 직무 및 정원의 조정 종합, 노사관리, 평가관리, 상벌관리, 인사발령, 교육체계 수립 및 관리, 임금제도, 복리후생제도 및 지원업무, 복무관리, 퇴직관리 등의 업무를 수행한다.

오답분석

① 총무부의 업무이다.
② 기획부의 업무이다.
③ 회계부의 업무이다.
⑤ 영업부의 업무이다.

46

직무전결표 중 각종 위원회 위원 위촉에 관한 전결규정은 없으므로 ②의 처리는 옳지 않다. 단, 대표이사의 부재중에 부득이하게 위촉을 해야 하는 경우가 발생했다면 차하위자(전무)가 대결을 할 수는 있다.

47

문제 발생의 원인은 회의내용에서 알 수 있는 내용이다.

오답분석

① 회의에 참가한 인원이 6명일 뿐 조직의 인원은 회의록에서 알 수 없다.
② 회의 참석자는 생산팀 2명, 연구팀 2명, 마케팅팀 2명으로 총 6명이다.
③ 마케팅팀에서 제품을 전격 회수하고 연구팀에서 유해성분을 조사하기로 했다.
⑤ 연구팀에서 유해성분을 조사하기로 결정했을 뿐 결과는 알 수 없다.

48

회의 후 가장 먼저 해야 할 일은 '주문량이 급격히 증가한 일주일 동안 생산된 제품 파악'이다. 문제의 제품이 전부 회수돼야 포장재질 및 인쇄된 잉크 유해성분을 조사한 뒤 적절한 조치가 가능해지기 때문이다.

49

비품은 기관의 비품이나 차량 등을 관리하는 총무지원실에 신청해야 하며, 교육 일정은 사내 직원의 교육 업무를 담당하는 인사혁신실에서 확인해야 한다.

오답분석

기획조정실은 전반적인 조직 경영과 조직문화 형성, 예산 업무, 이사회, 국회 협력 업무, 법무 관련 업무를 담당한다.

50

이팀장의 지시 사항에 따라 강대리가 해야 할 일은 회사 차 반납, S은행 김팀장에게 서류 제출, 최팀장에게 회의 자료 전달, 대표 결재이다. 이 중 대표의 결재를 오전 중으로 받아야 하므로 강대리는 가장 먼저 대표에게 결재를 받아야 한다. 이후 1시에 출근하는 최팀장에게 회의 자료를 전달하고, 이팀장에게 들러 회사 차를 찾아 차 안의 서류를 S은행 김팀장에게 제출한 뒤 회사 차를 반납해야 한다. 즉, 강대리가 해야 할 일의 순서를 정리하면 '대표에게 결재 받기 → 최팀장에게 회의 자료 전달 → S은행 김팀장에게 서류 제출 → 회사 차 반납'의 순이 된다.

제2회 최종점검 모의고사

01	02	03	04	05	06	07	08	09	10	11	12	13	14	15	16	17	18	19	20
③	⑤	④	④	①	④	④	③	②	③	①	⑤	④	③	⑤	④	③	④	②	⑤
21	22	23	24	25	26	27	28	29	30	31	32	33	34	35	36	37	38	39	40
③	①	④	②	③	③	②	④	⑤	③	③	④	②	④	③	②	④	③	④	⑤
41	42	43	44	45	46	47	48	49	50										
③	⑤	②	④	③	⑤	③	④	③	②										

01

정답 ③

주어진 조건에 따라 A ~ E의 이번 주 당직일을 정리하면 다음과 같다.

구분	월	화	수	목	금
경우 1	A, B, E	B	C	D	A, D
경우 2	A, B	B	C	D	A, D, E
경우 3	A, D, E	D	C	B	A, B
경우 4	A, D	D	C	B	A, B, E

따라서 C는 항상 수요일에 혼자 당직을 서므로 반드시 참인 것은 ③이다.

02

정답 ⑤

가장 높은 등급을 1등급, 가장 낮은 등급을 5등급이라 하면, 네 번째 조건에 의해 A는 3등급을 받는다. 또한 첫 번째 조건에 의해, E는 4등급 또는 5등급이다. 이때, 두 번째 조건에 의해, C가 5등급, E가 4등급을 받고, 세 번째 조건에 의해, B는 1등급, D는 2등급을 받는다. 측정결과를 표로 정리하면 다음과 같다.

등급	1등급	2등급	3등급	4등급	5등급
환자	B	D	A	E	C

따라서 발송 대상자는 C와 E이다.

03

정답 ④

'KS901012'는 아동용 10kg 이하의 자전거로, 109동 101호 입주민이 2번째로 등록한 자전거이다.

오답분석
① 등록순서를 제외한 일련번호는 7자리로 구성되어야 하며, 종류와 무게 구분 번호의 자리가 서로 바뀌어야 한다.
② 등록순서를 제외한 일련번호는 7자리로 구성되어야 한다.
③ 자전거 무게를 구분하는 두 번째 자리에는 L, M, S 중 하나만 올 수 있다.
⑤ 등록순서는 한 자리 숫자로 기재한다.

04

마지막의 숫자는 동일 세대주가 자전거를 등록한 순서를 나타내므로 해당 자전거는 2번째로 등록한 자전거임을 알 수 있다. 따라서 자전거를 2대 이상 등록한 입주민의 자전거이다.

[오답분석]

① 'T'를 통해 산악용 자전거임을 알 수 있다.
② 'M'을 통해 자전거의 무게는 10kg 초과 20kg 미만임을 알 수 있다.
③ 104동 1205호에 거주하는 입주민의 자전거이다.
⑤ 자전거 등록대수 제한에 대한 정보는 나타나 있지 않다.

05

입사순서는 해당 월의 누적 입사순서이므로 'W05180401'은 4월의 첫 번째 입사자임을 나타낼 뿐, 생산부서 최초의 여직원인지는 알 수 없다.

06

M01190903	W03191005	M05190912	W05190913	W01191001	W04191009
W02190901	M04191101	W01190905	W03190909	M02191002	W03191007
M03190907	M01190904	W02190902	M04191008	M05191107	M01191103
M03190908	M05190910	M02191003	M01190906	M05191106	M02191004
M04191101	M05190911	W03191006	W05191105	W03191104	M05191108

여성(W) 입사자 중 기획부(03)에 입사한 사원은 모두 5명이다.

07

(A) : © 특허를 통한 기술 독점은 기업의 내부환경으로 볼 수 있다. 따라서 내부환경의 강점(Strength) 사례이다.
(B) : © 점점 증가하는 유전자 의뢰는 기업의 외부환경(고객)으로 볼 수 있다. 따라서 외부환경에서 비롯된 기회(Opportunity) 사례이다.

[오답분석]

㉠ 투자 유치의 어려움은 기업의 외부환경(거시적 환경)으로 볼 수 있다. 따라서 외부환경에서 비롯된 위협(Threat) 사례이다.
㉣ 높은 실험비용은 기업의 내부환경으로 볼 수 있다. 따라서 내부환경의 약점(Weakness) 사례이다.

08

최은빈을 제외한 대학 졸업자 중 (서류 점수)+(필기시험 점수)+(개인 면접시험 점수)를 구하면 다음과 같다.
• 이선빈 : 84+86+35=205점
• 유미란 : 78+88+32=198점
• 김지은 : 72+92+31=195점
• 이유리 : 92+80+38=210점
따라서 이선빈과 이유리가 영업본부에 채용된다.
영업본부 채용 후 나머지 세 사람(유미란, 김지은, 최은빈)의 그룹 면접시험 점수와 영어시험 점수 합을 구하면 다음과 같다.
• 유미란 : 38+80=118점
• 김지은 : 40+77=117점
• 최은빈 : 39+78=117점
따라서 유미란이 경영본부에 채용되며, 불합격자는 김지은, 최은빈이다.

09

변경된 직원 채용 규정에 따른 환산점수를 계산하면 다음과 같다.

- 이선빈 : $(84 \times 0.5) + 86 + 35 = 163$점
- 유미란 : $(78 \times 0.5) + 88 + 38 = 165$점
- 김지은 : $(72 \times 0.5) + 92 + 40 = 168$점
- 최은빈 : $(80 \times 0.5) + 82 + 40 = 162$점
- 이유리 : $(92 \times 0.5) + 80 + 38 = 164$점

따라서 가장 점수가 낮은 응시자 2명인 이선빈, 최은빈이 불합격자가 된다.

10

정답 ③

애플리케이션에 판단 (A), (B)의 영향도를 분석하면 아래와 같다.

(A) 애플리케이션의 응답시간에 대한 사용자 요구 수준을 볼 때, 기본적인 성능이 잘 제공되는 것으로 판단된다. → (성능 영향도 0)

　　그러나 고장 시 불편한 손실이 발생되며, 다행히 쉽게 복구가 가능하다. → (신뢰성 영향도 1)

　　설계 단계에서 하나 이상의 설치 사이트에 대한 요구사항이 고려되며, 유사한 하드웨어나 소프트웨어 환경 하에서만 운영되도록 설계되었다. → (다중 사이트 영향도 1)

　　그리고 데이터를 전송하는 정도를 보면 분산처리에 대한 요구사항이 명시되지 않은 것으로 판단된다. → (분산처리 영향도 0)

(B) 애플리케이션에서 발생할 수 있는 장애에 있어서는 기본적인 신뢰성이 제공된다. → (신뢰성 영향도 0)

　　응답시간 또는 처리율이 피크타임에 중요하며, → (성능 영향도 1)

　　애플리케이션의 처리기능은 복수개의 서버 상에서 동적으로 상호 수행된다. → (분산처리 영향도 2)

　　그리고 이 애플리케이션은 동일한 소프트웨어 환경 하에서만 운영되도록 설계되었다. → (다중 사이트 영향도 0)

따라서 판단에 대한 총 영향도는 (A)는 2, (B)는 3이다.

11

정답 ①

퍼낸 소금물의 양을 xg이라고 하면,

$$\frac{6}{100} \times 700 - \frac{6}{100}x + \frac{13}{100}x = \frac{9}{100} \times 700 \rightarrow 4,200 - 6x + 13x = 6,300$$

$$\rightarrow 7x = 2,100$$

$$\therefore \ x = 300$$

12

정답 ⑤

A, B기차의 길이를 각각 am, bm라고 가정하고 터널을 지나는 시간에 대한 방정식을 세우면 다음과 같다.

- A기차 : $\dfrac{600+a}{36} = 25 \rightarrow 600 + a = 900 \rightarrow a = 300$
- B기차 : $\dfrac{600+b}{36} = 20 \rightarrow 600 + b = 720 \rightarrow b = 120$

따라서 A기차의 길이는 300m이며, B기차의 길이는 120m이다.

13

정답 ④

작년보다 제주도 숙박권은 20%, 여행용 파우치는 10%를 더 준비했다고 했으므로 제주도 숙박권은 $10 \times 0.2 = 2$명, 여행용 파우치는 $20 \times 0.1 = 2$명이 경품을 더 받는다. 따라서 작년보다 총 4명이 경품을 더 받을 수 있다.

14

소비자물가를 연도별로 계산해 보면 다음과 같다. 서비스는 존재하지 않기 때문에 재화만 고려한다.

연도	소비자물가	소비자물가지수
2021년	120×200+180×300=78,000원	100
2022년	150×200+220×300=96,000원	123
2023년	180×200+270×300=117,000원	150

보리와 쌀이 유일한 재화이므로, 물가지수는 보리와 쌀의 가격으로 구할 수 있다.
기준 연도의 물가 : 기준 연도의 물가지수=해당 연도의 물가 : 해당 연도의 물가지수이므로,
2023년 물가지수를 x로 두면,
$78,000 : 100=117,000 : x$, $x=150$이 된다.
따라서 2023년도 물가상승률은 $\dfrac{150-100}{100}\times100=50\%$이다.

15

조건을 분석하면 다음과 같다.
- 첫 번째 조건에 의해 ㉠ ~ ㉣ 국가 중 연도별로 8위를 두 번 한 두 나라는 ㉠과 ㉣이므로 둘 중 한 곳이 한국, 나머지 하나가 캐나다임을 알 수 있다.
- 두 번째 조건에 의해 2020년 대비 2021년의 이산화탄소 배출량 증가율은 ㉡과 ㉢이 각각 $\dfrac{556-535}{535}\times100≒3.93\%$와

  $\dfrac{507-471}{471}\times100≒7.64\%$이므로 ㉢은 사우디가 되며, 따라서 ㉡은 이란이 된다.
- 세 번째 조건에 의해 이란의 수치는 고정값으로 놓고 2015년을 기점으로 ㉠이 ㉣보다 배출량이 많아지고 있으므로 ㉠이 한국, ㉣이 캐나다임을 알 수 있다.

따라서 ㉠ ~ ㉣은 순서대로 한국, 이란, 사우디, 캐나다이다.

16

2019년 7월부터 2020년 12월까지 매출액은 1,520−510=1,010만 원 감소했으므로, 평균적으로 매달 약 60만 원 정도 감소하였다.

[오답분석]
①·② K국 여행자가 감소하는 2019년 7월 이후 매출이 줄어들고 있으므로 옳다.
③ 여행자 수 그래프가 거의 평행하게 변화하므로 옳다.
⑤ 그래프를 보고 2020년 2 ~ 3월 K국 여행자들이 급감했음을 알 수 있다.

17

- 50대의 2021년 전체 일자리의 2020년 대비 증가 수 : 532−515=17만 개
- 60세 이상의 2021년 전체 일자리의 2020년 대비 증가 수 : 288−260=28만 개

18

제시된 자료를 통해 50대와 60세 이상의 연령대를 제외한 다른 연령대의 전체 일자리 규모는 감소했음을 알 수 있다.

오답분석

① 2020년 전체 일자리 규모에서 20대가 차지하는 비중은 $\frac{332}{2,301} \times 100 ≒ 14.4\%$, 2021년은 $\frac{330}{2,323} \times 100 ≒ 14.2\%$이므로, 약 0.2%p 감소했다.

② 2021년 전체 일자리 규모에서 30대가 차지하는 비중은 $\frac{530}{2,323} \times 100 ≒ 22.8\%$이다.

③ 2020년 40대의 지속 일자리 규모는 신규채용 일자리 규모의 $\frac{458}{165} ≒ 2.8$배이다.

⑤ 2021년 전체 일자리 규모는 2020년에 비해 $2,323-2,301=22$만 개 증가했다.

19

ㄱ. 남성 박사학위 취득자 중 50세 이상이 차지하는 비율은 $\frac{1,119}{5,730} \times 100 ≒ 19.5\%$이고, 여성 박사학위 취득자 중 50세 이상이 차지하는 비율은 $\frac{466}{2,966} \times 100 ≒ 15.7\%$이다. 따라서 남성 박사학위 취득자 중 50세 이상이 차지하는 비율이 더 높다.

ㄷ. 남성과 여성의 연령대별 박사학위 취득자 수가 많은 순위는 30세 이상 35세 미만>35세 이상 40세 미만>50세 이상>40세 이상 45세 미만>45세 이상 50세 미만>30세 미만 순서로 동일하다.

오답분석

ㄴ. 공학계열 박사학위 취득자 중 남성의 비율은 $\frac{2,441}{2,441+332} \times 100 ≒ 88.0\%$, 사회계열 박사학위 취득자 중 남성의 비율은 $\frac{1,024}{1,024+649} \times 100 ≒ 61.2\%$, 자연계열 박사학위 취득자 중 남성의 비율은 $\frac{891}{891+513} \times 100 ≒ 63.5\%$이므로 남성의 비율이 높은 순위는 공학계열>자연계열>사회계열 순서이다.

ㄹ. 연령대별 남녀 박사학위 취득자 수의 차이를 구해보면, 30세 미만은 $196-141=55$명, 30세 이상 35세 미만은 $1,811-825=986$명, 35세 이상 40세 미만은 $1,244-652=592$명, 40세 이상 45세 미만은 $783-465=318$명, 45세 이상 50세 미만은 $577-417=160$명, 50세 이상은 $1,119-466=653$명이다. 따라서 연령대가 올라갈수록 남녀 박사학위 취득자 수의 차이가 점점 커지고 있다는 설명은 옳지 않다.

20

강수량의 증감추이를 나타내면 다음과 같다.

1월	2월	3월	4월	5월	6월	7월	8월	9월	10월	11월	12월
-	증가	감소	증가	감소	증가	증가	감소	감소	감소	감소	증가

이와 동일한 추이를 보이는 그래프는 ⑤이다.

오답분석

① 증감추이는 같지만 4월의 강수량이 50mm 이하로 표현되어 있다.

21

밴쿠버 지사에 메일이 도착한 밴쿠버 현지 시각은 4월 22일 오전 12시 15분이지만, 업무 시간이 아니므로 메일을 읽을 수 없다. 따라서 밴쿠버 지사에서 가장 빠르게 읽을 수 있는 시각은 전력 점검이 끝난 4월 22일 오전 10시 15분이다. 모스크바는 밴쿠버와 10시간의 시차가 있으므로 이때의 모스크바 현지 시각은 4월 22일 오후 8시 15분이다.

22

정답 ①

- 인천에서 아디스아바바까지 소요시간

(인천 → 광저우)	3시간 50분
(광저우 경유시간)	+4시간 55분
(광저우 → 아디스아바바)	+11시간 10분
	=19시간 55분

- 아디스아바바에 도착한 현지 날짜 및 시각

한국시간	4월 5일 오전 8시 40분
소요시간	+19시간 55분
시차	−6시간
	=4월 5일 오후 10시 35분

23

정답 ④

- 인천에서 말라보까지 소요시간

(인천 → 광저우)	3시간 50분
(광저우 경유시간)	+4시간 55분
(지연출발)	+2시간
(광저우 → 아디스아바바)	+11시간 10분
(아디스아바바 경유시간)	+6시간 10분
(아디스아바바 → 말라보)	+5시간 55분
	=34시간

- 말라보에 도착한 현지 날짜 및 시각

한국시간	4월 5일 오전 8시 40분
소요시간	+34시간
시차	−8시간
	=4월 6일 오전 10시 40분

24

정답 ②

ⅰ) A사원이 용산역에서 오전 7시 30분 이후에 출발한다고 하였으므로 오전 7시 45분에 출발하는 KTX 781 열차를 탑승하고, 여수에 오전 11시 19분에 도착한다. 여수 지사방문 일정에는 40분이 소요되므로 일정을 마치는 시각은 오전 11시 59분이고, 낮 12시부터는 점심식사 시간이다. 식사를 마친 뒤 여수에서 순천으로 가는 열차는 오후 1시 5분에 출발하는 KTX 712 열차를 탑승하고, 순천에 오후 1시 22분에 도착한다. 순천 지사방문 일정에는 2시간이 소요되므로 일정을 마치는 시각은 오후 3시 22분이다. 따라서 용산역으로 돌아오는 열차는 오후 4시 57분에 출발하는 KTX 718 열차를 탑승할 수 있고, 이때 용산역 도착 시각은 오후 7시 31분이다.

ⅱ) 열차의 요금은 KTX 781−46,000원, KTX 712−8,400원, KTX 718−44,000원이므로, 총요금은 46,000+8,400+44,000=98,400원이다.

25

정답 ③

성과급 지급 기준에 따라 영업팀의 성과를 평가하면 다음과 같다.

구분	성과평가 점수	성과평가 등급	성과급 지급액
1분기	8×0.4+8×0.4+6×0.2=7.6	C	80만 원
2분기	8×0.4+6×0.4+8×0.2=7.2	C	80만 원
3분기	10×0.4+8×0.4+10×0.2=9.2	A	100+10=110만 원
4분기	8×0.4+8×0.4+8×0.2=8.0	B	90만 원

따라서 영업팀에게 1년간 지급되는 성과급의 총액은 80+80+110+90=360만 원이다.

26

정답 ③

도시락 구매비용을 요일별로 계산하면 다음과 같다.
- 월요일 : $(5,000 \times 3) + (2,900 \times 10) = 44,000$원
- 화요일 : $(3,900 \times 10) + (4,300 \times 3) = 51,900$원
- 수요일 : $(3,000 \times 8) + (3,900 \times 2) = 31,800$원
- 목요일 : $(4,500 \times 4) + (7,900 \times 2) = 33,800$원
- 금요일 : $(5,500 \times 4) + (4,300 \times 7) = 52,100$원
- 토요일 : $(3,900 \times 2) + (3,400 \times 10) = 41,800$원
- 일요일 : $(3,700 \times 10) + (6,000 \times 4) = 61,000$원

따라서 K공사의 지난주 도시락 구매비용은 총 316,400원이다.

27

정답 ②

제시된 자료를 이용해 원격훈련 지원금 계산에 필요한 수치를 정리하면 다음과 같다.

구분	원격훈련 종류별 지원금	시간	수료인원	기업 규모별 지원 비율
X기업	5,400원	6시간	7명	100%
Y기업	3,800원	3시간	4명	70%
Z기업	11,000원	4시간	6명	50%

세 기업의 원격훈련 지원금을 계산하면 다음과 같다.
- X기업 : $5,400 \times 6 \times 7 \times 1 = 226,800$원
- Y기업 : $3,800 \times 3 \times 4 \times 0.7 = 31,920$원
- Z기업 : $11,000 \times 4 \times 6 \times 0.5 = 132,000$원

따라서 바르게 짝지어진 것은 ②이다.

28

정답 ④

진급 대상자의 항목별 점수에 따른 합산 점수를 정리하면 다음과 같다.

(단위 : 점)

성명	직위	재직기간	공인영어	필기	면접	인사평가	합산 점수
최근원	사원	5	3	10	20	5	43
김재근	대리	10	3	10	10	×	
이윤결	대리	5	×	10	20	20	
정리사	사원	5	5	15	5	10	40
류이현	사원	5	10	10	5	10	40
정연지	사원	5	3	15	20	10	53
이지은	대리	10	5	×	10	20	
이윤미	사원	5	×	20	5	20	
최지나	대리	5	3	15	×	×	
류미래	사원	2	3	20	×	20	

따라서 총 4명의 사원이 진급하며, 가장 높은 점수를 받은 사람은 53점의 정연지이다.

29

신입사원 채용시험 영역별 점수를 가중치를 적용하여 총점을 계산하면 다음과 같다.

구분	언어	수리	정보	상식	인성	총점
A	90×0.3=27	80×0.3=24	90×0.1=9	80×0.1=8	90×0.2=18	86
B	80×0.3=24	90×0.3=27	80×0.1=8	90×0.1=9	90×0.2=18	86
C	90×0.3=27	70×0.3=21	100×0.1=10	90×0.1=9	80×0.2=16	83
D	80×0.3=24	90×0.3=27	100×0.1=10	100×0.1=10	80×0.2=16	87
E	100×0.3=30	80×0.3=24	70×0.1=7	80×0.1=8	90×0.2=18	87

따라서 D와 E가 합격자로 선발된다.

30

정답 ③

변화된 선발기준의 가중치를 적용하여 총점을 계산하면 다음과 같다.

구분	언어	수리	정보	상식	인성	총점
A	90×0.3=27	80×0.2=16	90×0.1=9	80×0.1=8	90×0.3=27	87
B	80×0.3=24	90×0.2=18	80×0.1=8	90×0.1=9	90×0.3=27	86
C	90×0.3=27	70×0.2=14	100×0.1=10	90×0.1=9	80×0.3=24	84
D	80×0.3=24	90×0.2=18	100×0.1=10	100×0.1=10	80×0.3=24	86
E	100×0.3=30	80×0.2=16	70×0.1=7	80×0.1=8	90×0.3=27	88

따라서 A와 E가 합격자로 선발된다.

31

정답 ③

조직 외부의 정보를 내부 구성원들에게 전달하는 것은 정보 수문장(Gate Keeping)의 혁신 활동으로 볼 수 있다. (C)에 들어갈 내용으로는 '프로젝트의 효과적인 진행을 감독한다.' 등이 적절하다.

[오답분석]

④ 조직 외부의 정보를 내부 구성원들에게 전달하고, 조직 내에서 정보원 기능을 수행하기 위해서는 '원만한 대인관계능력'이 요구된다.

32

정답 ④

패턴 A, 패턴 B 모두 1인 경우에만 결괏값이 1이 되므로 AND 연산자가 사용되었다.

33

정답 ②

NOR(부정논리합) : 둘 다 거짓일 때만 참, 나머지 모두 거짓

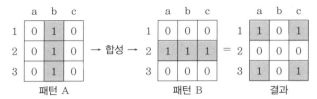

34

정답 ④

주의사항에서 유산소 운동의 효과를 가져올 수 있는 운동 시간에 대해 안내된 바가 없으므로 ④는 안내문의 내용으로 적절하지 않다.

35

정답 ③

볼트와 너트 체결부분이 느슨해지면 제품에서 소음이 발생할 수 있으므로 체결부분을 다시 조여주어야 한다.

36

정답 ②

'수시'는 '일정하게 정하여 놓은 때 없이 그때그때 상황에 따름'을 의미한다. 즉, 하루에 한 번 청소할 수도 있고, 아닐 수도 있다. 따라서 정수기 청소는 하루에 1곳만 할 수도 있다.

[오답분석]
① 설치 시 주의사항에 설명되어 있다.
③ '제품 이상 시 조치방법' 맨 마지막에 설명되어 있다.
④ 10mm=1cm이므로, 외형치수를 환산하면 옳은 설명임을 알 수 있다.
⑤ 적정 시기에 필터를 교환하지 않으면 물이 나오지 않거나 정수물이 너무 느리게 채워지는 문제가 발생한다.

37

정답 ④

ㄱ. 정수기에 사용되는 필터는 세디먼트 필터, 프리카본 필터, UF중공사막 필터, 실버블록카본 필터이다.
ㄹ. 설치 시 주의사항으로 벽면에서 20cm 이상 띄워 설치하라고 언급했다. 따라서 지켜지지 않을 경우 문제가 발생할 수 있다.

[오답분석]
ㄴ. 시너 및 벤젠은 제품의 변색이나 표면이 상할 우려가 있으므로 사용하지 말라고 명시되어 있다. 따라서 급한 경우라도 사용하지 않는 것이 옳다.
ㄷ. 프리카본 필터의 교환주기는 약 8개월이다. 3년은 36개월이므로, 4번 교환해야 한다.

38

정답 ③

필터 수명이 종료됐을 때와 연결 호스가 꺾였을 때 물이 나오지 않는다. 이때 연결 호스가 꺾였다면 서비스센터에 연락하지 않고 해결이 가능하다.

39

정답 ④

제시된 제품설명서를 살펴보면, 이온 발생 기능을 작동시킬 때, '찌지직' 소리가 나는 것은 정상적인 소음이며 안심하라고 설명하고 있다. 따라서 문제가 있어 서비스센터에 문의하겠다는 답변은 적절하지 못하다.

40

정답 ⑤

공기청정기의 바람세기는 운전모드에서 자동모드로 변경하여 설정하면 해결할 수 있는 문제이다. 반면, ①～④의 경우에는 서비스센터에 문의하여야 한다.

41

정답 ③

경영은 경영목적, 인적자원, 자금, 전략의 4요소로 구성된다.
ㄱ. 경영목적
ㄴ. 인적자원
ㅁ. 자금
ㅂ. 전략

오답분석
ㄷ. 마케팅

42

정답 ⑤

조직문화는 구성원 개개인의 개성을 인정하고 그 다양성을 강화하기보다는 구성원들의 행동을 통제하는 기능을 한다. 즉, 구성원을 획일화·사회화시킨다.

43

정답 ②

시각, 청각, 후각, 촉각, 미각의 다섯 가지 감각을 통해 만들어진 감각 마케팅의 사례로, 개인화 마케팅의 사례로 보기는 어렵다.

오답분석
① 고객들의 개인적인 사연을 기반으로 광고 서비스를 제공함으로써 개인화 마케팅의 사례로 적절하다.
③ 고객들이 자신이 직접 사과를 받는 듯한 효과를 얻게 됨으로써 개인화 마케팅의 사례로 적절하다.
④ 댓글 작성자의 이름을 기반으로 이벤트를 진행함으로써 개인화 마케팅의 사례로 적절하다.
⑤ 고객의 이름을 불러주고 서비스를 제공해 줌으로써 개인화 마케팅의 사례로 적절하다.

44

정답 ④

교육 내용은 R&D 정책, 사업 제안서, 지식재산권 등 모두 R&D 사업과 관련된 내용이다. 따라서 기상산업 R&D 사업 관리를 총괄하는 산업연구지원실이 제시된 교육 내용과 가장 관련이 높은 부서이다.

45

정답 ③

기상상담실은 기상예보 해설 및 상담업무 지원, 기상상담실 상담품질관리, 대국민 기상상담 등의 업무를 수행하므로 기상예보 해설 PPT 및 보도자료 결과보고와 밀접하게 관련이 있다.

46

정답 ⑤

세계적 기업인 맥킨지에 의해 개발된 7S 모형은 조직의 내부역량을 분석하는 도구이다. 조직문화를 구성하고 있는 7S는 전략, 공유가치, 관리기술, 시스템, 스태프, 스타일, 조직 구조를 말한다. 7S 모형은 기업, 부서나 사업뿐만 아니라 지방자치단체, 국가 등 큰 조직을 진단하고 변혁할 때도 사용된다.

7S 모형
- **3S** : 경영 전략의 목표와 지침이 되는 항목
  - 시스템(System) : 조직 운영의 의사결정과 일상 운영의 틀이 되는 각종 시스템
  - 조직 구조(Structure) : 조직의 전략을 수행하는 데 필요한 틀로서 구성원의 역할과 그들 간의 상호관계를 지배하는 공식 요소
  - 전략(Strategy) : 조직의 장기적인 목적과 계획 그리고 이를 달성하기 위한 장기적인 행동지침
- **4S** : 상위 3S를 지원하는 하위 지원 요소
  - 스태프(Staff) : 조직의 인력 구성, 구성원들의 능력과 전문성 · 가치관과 신념 · 욕구와 동기 · 지각과 태도 · 행동패턴
  - 스타일(Style) : 구성원들을 이끌어 나가는 전반적인 조직관리 스타일
  - 공유가치(Shared Value) : 조직 구성원들의 행동이나 사고를 특정 방향으로 이끌어 가는 원칙이나 기준
  - 관리기술(Skill) : 하드웨어는 물론 이를 사용하는 소프트웨어 기술을 포함하는 요소

47

정답 ③

오전 반차를 사용한 이후 14시부터 16시까지 미팅 업무가 있는 J대리는 택배 접수 마감 시간인 16시 이전에 행사 용품 오배송건 반품 업무를 진행할 수 없다.

오답분석

① A부장은 G과장에게 부서장 대리로서 회의에 참석해 달라고 하였다.
② ○○프로젝트 보고서 초안 작성 업무는 해당 프로젝트 회의에 참석하는 G과장이 담당하는 것이 적절하다.
④ · ⑤ 사내 교육 프로그램 참여 이후 17시 전까지 주요 업무가 없는 L사원과 O사원은 우체국 방문 및 등기 발송 업무나 사무비품 주문서 작성 업무를 담당할 수 있다.

48

정답 ④

재무분석은 회계감사 분야의 직무내용으로 인사팀이 아닌 재무회계팀이 담당하는 업무이다.

49

정답 ③

예산편성 및 원가관리 개념은 경영기획 분야에서 필요로 하는 지식으로, 경영기획 분야에서는 주로 사업 환경을 분석하고, 사업별 투자와 예산, 경영 리스크 등을 관리한다.

오답분석

① · ② · ④ · ⑤는 마케팅전략 계획 수립과 신상품 기획 등의 직무를 수행하는 마케팅전략기획 분야에서 필요로 하는 지식 · 기술 · 태도이다.

50

정답 ②

자료에 따르면 위원회는 1명의 위원장과 3명의 위원으로 구성되어 있을 뿐, 위원장 선출방식은 나타나 있지 않다.

나는 내가 더 노력할수록 운이 더 좋아진다는 걸 발견했다.

– 토마스 제퍼슨 –

한국가스기술공사 NCS 답안카드

성 명

지원 분야

문제지 형별기재란

( )형

Ⓐ
Ⓑ

수험번호

0	0	0	0	0	0	0
①	①	①	①	①	①	①
②	②	②	②	②	②	②
③	③	③	③	③	③	③
④	④	④	④	④	④	④
⑤	⑤	⑤	⑤	⑤	⑤	⑤
⑥	⑥	⑥	⑥	⑥	⑥	⑥
⑦	⑦	⑦	⑦	⑦	⑦	⑦
⑧	⑧	⑧	⑧	⑧	⑧	⑧
⑨	⑨	⑨	⑨	⑨	⑨	⑨

감독위원 확인

(인)

문번						문번						문번					
1	①	②	③	④	⑤	21	①	②	③	④	⑤	41	①	②	③	④	⑤
2	①	②	③	④	⑤	22	①	②	③	④	⑤	42	①	②	③	④	⑤
3	①	②	③	④	⑤	23	①	②	③	④	⑤	43	①	②	③	④	⑤
4	①	②	③	④	⑤	24	①	②	③	④	⑤	44	①	②	③	④	⑤
5	①	②	③	④	⑤	25	①	②	③	④	⑤	45	①	②	③	④	⑤
6	①	②	③	④	⑤	26	①	②	③	④	⑤	46	①	②	③	④	⑤
7	①	②	③	④	⑤	27	①	②	③	④	⑤	47	①	②	③	④	⑤
8	①	②	③	④	⑤	28	①	②	③	④	⑤	48	①	②	③	④	⑤
9	①	②	③	④	⑤	29	①	②	③	④	⑤	49	①	②	③	④	⑤
10	①	②	③	④	⑤	30	①	②	③	④	⑤	50	①	②	③	④	⑤
11	①	②	③	④	⑤	31	①	②	③	④	⑤						
12	①	②	③	④	⑤	32	①	②	③	④	⑤						
13	①	②	③	④	⑤	33	①	②	③	④	⑤						
14	①	②	③	④	⑤	34	①	②	③	④	⑤						
15	①	②	③	④	⑤	35	①	②	③	④	⑤						
16	①	②	③	④	⑤	36	①	②	③	④	⑤						
17	①	②	③	④	⑤	37	①	②	③	④	⑤						
18	①	②	③	④	⑤	38	①	②	③	④	⑤						
19	①	②	③	④	⑤	39	①	②	③	④	⑤						
20	①	②	③	④	⑤	40	①	②	③	④	⑤						

※ 본 답안지는 마킹연습용 모의 답안지입니다.

한국가스기술공사 NCS 답안카드

성 명		

지원 분야		

문제지 형별기재란	
( )형	Ⓐ Ⓑ

수험번호	

0	1	2	3	4	5	6	7	8	9
0	1	2	3	4	5	6	7	8	9
0	1	2	3	4	5	6	7	8	9
0	1	2	3	4	5	6	7	8	9
0	1	2	3	4	5	6	7	8	9
0	1	2	3	4	5	6	7	8	9
0	1	2	3	4	5	6	7	8	9

감독위원 확인	
(인)	

1	① ② ③ ④ ⑤	21	① ② ③ ④ ⑤	41	① ② ③ ④ ⑤
2	① ② ③ ④ ⑤	22	① ② ③ ④ ⑤	42	① ② ③ ④ ⑤
3	① ② ③ ④ ⑤	23	① ② ③ ④ ⑤	43	① ② ③ ④ ⑤
4	① ② ③ ④ ⑤	24	① ② ③ ④ ⑤	44	① ② ③ ④ ⑤
5	① ② ③ ④ ⑤	25	① ② ③ ④ ⑤	45	① ② ③ ④ ⑤
6	① ② ③ ④ ⑤	26	① ② ③ ④ ⑤	46	① ② ③ ④ ⑤
7	① ② ③ ④ ⑤	27	① ② ③ ④ ⑤	47	① ② ③ ④ ⑤
8	① ② ③ ④ ⑤	28	① ② ③ ④ ⑤	48	① ② ③ ④ ⑤
9	① ② ③ ④ ⑤	29	① ② ③ ④ ⑤	49	① ② ③ ④ ⑤
10	① ② ③ ④ ⑤	30	① ② ③ ④ ⑤	50	① ② ③ ④ ⑤
11	① ② ③ ④ ⑤	31	① ② ③ ④ ⑤		
12	① ② ③ ④ ⑤	32	① ② ③ ④ ⑤		
13	① ② ③ ④ ⑤	33	① ② ③ ④ ⑤		
14	① ② ③ ④ ⑤	34	① ② ③ ④ ⑤		
15	① ② ③ ④ ⑤	35	① ② ③ ④ ⑤		
16	① ② ③ ④ ⑤	36	① ② ③ ④ ⑤		
17	① ② ③ ④ ⑤	37	① ② ③ ④ ⑤		
18	① ② ③ ④ ⑤	38	① ② ③ ④ ⑤		
19	① ② ③ ④ ⑤	39	① ② ③ ④ ⑤		
20	① ② ③ ④ ⑤	40	① ② ③ ④ ⑤		

한국가스기술공사 NCS 답안카드

문번	1	2	3	4	5	문번	1	2	3	4	5	문번	1	2	3	4	5
1	①	②	③	④	⑤	21	①	②	③	④	⑤	41	①	②	③	④	⑤
2	①	②	③	④	⑤	22	①	②	③	④	⑤	42	①	②	③	④	⑤
3	①	②	③	④	⑤	23	①	②	③	④	⑤	43	①	②	③	④	⑤
4	①	②	③	④	⑤	24	①	②	③	④	⑤	44	①	②	③	④	⑤
5	①	②	③	④	⑤	25	①	②	③	④	⑤	45	①	②	③	④	⑤
6	①	②	③	④	⑤	26	①	②	③	④	⑤	46	①	②	③	④	⑤
7	①	②	③	④	⑤	27	①	②	③	④	⑤	47	①	②	③	④	⑤
8	①	②	③	④	⑤	28	①	②	③	④	⑤	48	①	②	③	④	⑤
9	①	②	③	④	⑤	29	①	②	③	④	⑤	49	①	②	③	④	⑤
10	①	②	③	④	⑤	30	①	②	③	④	⑤	50	①	②	③	④	⑤
11	①	②	③	④	⑤	31	①	②	③	④	⑤						
12	①	②	③	④	⑤	32	①	②	③	④	⑤						
13	①	②	③	④	⑤	33	①	②	③	④	⑤						
14	①	②	③	④	⑤	34	①	②	③	④	⑤						
15	①	②	③	④	⑤	35	①	②	③	④	⑤						
16	①	②	③	④	⑤	36	①	②	③	④	⑤						
17	①	②	③	④	⑤	37	①	②	③	④	⑤						
18	①	②	③	④	⑤	38	①	②	③	④	⑤						
19	①	②	③	④	⑤	39	①	②	③	④	⑤						
20	①	②	③	④	⑤	40	①	②	③	④	⑤						

한국가스기술공사 NCS 답안카드

성 명	

지원 분야	

문제지 형별기재란

（ 　 ）형 Ⓐ Ⓑ

수험번호

⓪	①	②	③	④	⑤	⑥	⑦	⑧	⑨
⓪	①	②	③	④	⑤	⑥	⑦	⑧	⑨
⓪	①	②	③	④	⑤	⑥	⑦	⑧	⑨
⓪	①	②	③	④	⑤	⑥	⑦	⑧	⑨
⓪	①	②	③	④	⑤	⑥	⑦	⑧	⑨
⓪	①	②	③	④	⑤	⑥	⑦	⑧	⑨
⓪	①	②	③	④	⑤	⑥	⑦	⑧	⑨

감독위원 확인
⑩

1	① ② ③ ④ ⑤	21	① ② ③ ④ ⑤	41	① ② ③ ④ ⑤
2	① ② ③ ④ ⑤	22	① ② ③ ④ ⑤	42	① ② ③ ④ ⑤
3	① ② ③ ④ ⑤	23	① ② ③ ④ ⑤	43	① ② ③ ④ ⑤
4	① ② ③ ④ ⑤	24	① ② ③ ④ ⑤	44	① ② ③ ④ ⑤
5	① ② ③ ④ ⑤	25	① ② ③ ④ ⑤	45	① ② ③ ④ ⑤
6	① ② ③ ④ ⑤	26	① ② ③ ④ ⑤	46	① ② ③ ④ ⑤
7	① ② ③ ④ ⑤	27	① ② ③ ④ ⑤	47	① ② ③ ④ ⑤
8	① ② ③ ④ ⑤	28	① ② ③ ④ ⑤	48	① ② ③ ④ ⑤
9	① ② ③ ④ ⑤	29	① ② ③ ④ ⑤	49	① ② ③ ④ ⑤
10	① ② ③ ④ ⑤	30	① ② ③ ④ ⑤	50	① ② ③ ④ ⑤
11	① ② ③ ④ ⑤	31	① ② ③ ④ ⑤		
12	① ② ③ ④ ⑤	32	① ② ③ ④ ⑤		
13	① ② ③ ④ ⑤	33	① ② ③ ④ ⑤		
14	① ② ③ ④ ⑤	34	① ② ③ ④ ⑤		
15	① ② ③ ④ ⑤	35	① ② ③ ④ ⑤		
16	① ② ③ ④ ⑤	36	① ② ③ ④ ⑤		
17	① ② ③ ④ ⑤	37	① ② ③ ④ ⑤		
18	① ② ③ ④ ⑤	38	① ② ③ ④ ⑤		
19	① ② ③ ④ ⑤	39	① ② ③ ④ ⑤		
20	① ② ③ ④ ⑤	40	① ② ③ ④ ⑤		

2024 최신판 SD에듀 All-New 한국가스기술공사 NCS + 최종점검 모의고사 5회 + 무료NCS특강

개정6판1쇄 발행	2024년 03월 20일 (인쇄 2024년 02월 29일)
초 판 발 행	2019년 05월 03일 (인쇄 2019년 04월 05일)
발 행 인	박영일
책 임 편 집	이해욱
편 저	SDC(Sidae Data Center)
편 집 진 행	김재희 · 김지혜
표지디자인	조혜령
편집디자인	김경원 · 곽은슬
발 행 처	(주)시대고시기획
출 판 등 록	제10-1521호
주 소	서울시 마포구 큰우물로 75 [도화동 538 성지 B/D] 9F
전 화	1600-3600
팩 스	02-701-8823
홈 페 이 지	www.sdedu.co.kr
I S B N	979-11-383-6812-4 (13320)
정 가	25,000원

한국가스
기술공사

정답 및 해설

기업별 맞춤 학습 "기본서" 시리즈

공기업 취업의 기초부터 심화까지! 합격의 문을 여는 **Hidden Key!**

기업별 시험 직전 마무리 "모의고사" 시리즈

실제 시험과 동일하게 마무리! 합격을 향한 **Last Spurt!**

※**기업별 시리즈** : HUG 주택도시보증공사/LH 한국토지주택공사/강원랜드/건강보험심사평가원/국가철도공단/국민건강보험공단/국민연금공단/근로복지공단/발전회사/부산교통공사/서울교통공사/인천국제공항공사/코레일 한국철도공사/한국농어촌공사/한국도로공사/한국산업인력공단/한국수력원자력/한국수자원공사/한국전력공사/한전KPS/항만공사 등

※도서의 이미지 및 구성은 변동될 수 있습니다.

SD에듀가 합격을 준비하는 당신에게 제안합니다.

성공의 기회! SD에듀를 잡으십시오.
성공의 Next Step!

결심하셨다면 지금 당장 실행하십시오.
SD에듀와 함께라면 문제없습니다.

기회란 포착되어 활용되기 전에는
기회인지조차 알 수 없는 것이다.

- 마크 트웨인 -